ヘーゲル

論理の学

❖新装版❖

G.W.F.Hegel
Wissenschaft der Logik

III 概念論

山口祐弘【訳】

作品社

論理の学・第三巻／目次

第三章　推　理　106

凡例

一　本書は、Georg Wilhelm Friedrich Hegel, *Wissenschaft der Logik*, Zweiter Band, Die subjektive Logik oder die Lehre vom Begriff, Nürnberg 1816 の翻訳である。

二　訳出に当たっては、G.W.F.Hegel, *Wissenschaft der Logik, Zweiter Teil*, PhB.56, Hamburg 1967. を底本とし、Georg Wilhelm Friedrich Hegel, *Wissenschaft der Logik*, Zweiter Teil, Die subjektive Logik oder Lehre vom Begriff, in: *Hegel Sämtliche Werke*, 5, Stuttgart-Bad Cannstatt 1964,
Wissenschaft der Logik II, Zweiter Teil, Die subjektive Logik oder die Lehre vom Begriff, in: *G.W.F.Hegel Werke in zwanzig Bänden* 6, Frankfurt am Main 1969,
Wissenschaft der Logik, ZWEITER BAND, DIE SUBJEKTIVE LOGIK ODER LEHRE VOM BEGRIFF, in: *GEORG WILHELM FRIEDRICH HEGEL, GESAMMELTE WERKE*, BAND 12, hrsg. von der RHEINISCH-WESTFÄLISCHEN AKADEMIE DER WISSENSCHAFTEN, Hamburg 1981
を参照した。

三　文中の記号――、［　］、（　）は原文に従い、原文でゲシュペルトになっている箇所には傍点を付した。原語を示すことが必要な場合は〈　〉で、訳者による補足ないし言い換えは〔　〕で示した。また、＊、＊＊、等はヘーゲル自身による注、①②、等は編者ホフマイスターによる注、（1）（2）、等は訳者による注の箇所を示す。

四　訳注は巻末に一括して収めたが、作成に当たっては、アカデミー版全集に付された注を参照した。

五　訳文は原文に忠実でありかつ日本語として自然であることを目ざしたが、意訳した部分もある。また、同一語であっても、文脈に応じて異なる訳語を当てたものもある。

論理の学

第二編　主観的論理学または概念論

第三巻　概念論

序言

論理学のこの部門は、概念についての教説を含み、全体のうちの第三部に当たる。それはまた「主観的論理学の体系」という特別のタイトルも与えられ、この学の愛好者で、最初の二部門(1)で扱われた比較的広い範囲の論理的諸対象に対するよりも、ここで論じられ普通に論理学と呼ばれるもの(2)に含まれる素材の方に習慣的に大きな関心を持つ人々の便宜に供される。——それら先行する二部門に対しては、私は準備の不足のために正しい判定者の宥恕を乞うことができた。その準備があれば、私は足場と素材、前進のための導きを与えられることができたであろう。現在の第三部においては、私はむしろ反対の理由から同じ宥恕を乞わせて貰いたい。概念の論理学に対しては、まったく出来上がっており固定的となり骨化しているとも言うべき素材が見出され、これを流動化し生きた概念をそのような死せる素材のうちで再び燃え立たせることに課題があるからである。荒廃した土地に新しい町を建設することは困難だが、古い、堅固に構築され持続的に保持され居住されてきた町に新しい構想を与えることが問題である場合には、素材は十分であるとしてもそれだけ多く別の種類の障害がある。とりわけ、人は、普通価値を認められている貯えの多くをまったく用いないという決心をしなければならない。——

しかし、何よりもまず、対象そのものの大きさが不完全な論述の弁解のために挙げられてよい。それというのも、認識にとって真理そのものよりも崇高であるようなどんな対象があろうか!——しかし、この対象こそは弁明を必要とするものではないかという疑い(3)は、ピラトが「真理とは何か」という問いを口にした時の意味を想起するならば、除去されてはいない。——かの詩人の言うとおり、

…………廷臣の顔をして

浅はかなるも微笑しつつ厳粛なる事を断罪する①

①クロプシュトック、メシア、第七頌歌[4]

その際、右の問いは、礼儀の一契機と見なされうる意味を含むとともに、真理を認識するという目標は放棄されたものであることを誰もが知っており、久しく拒否されてきたものであって、真理に到達することができないということは専門の哲学者や論理学者の間でも認められていることだ！　ということを想起させるのである。——だが、ものや洞察や行為の価値に対する宗教の問いは、内容的には同じ意味を持ち、われわれの時代にはその権利を回復せんとする要求を再び募らせている。そうだとすれば、哲学は、さしあたりその直轄の領域で、その真の目標を再び主張し、他の諸学の流儀に陥り真理への要求を失って後再びその目標にまで高まろうと努力するとしても、それももはや大して奇妙とは思われないと考えなければならないであろう。このような試みのために弁解をすることは、本来許されていることではありえない。だが、それを遂行することに関しては、私は弁解のためになお一言することが許される。それは、職務上の事情とそれ以外の私事のせいで、散漫にならず不断の緊張を必要としそれに値する学問において、私には散漫にしか仕事ができなかったということである。

ニュルンベルク　一八一六年七月二二日

概念一般について

概念の本性とは何か、は直接には述べられえない。何か別の対象の概念が直接には提示されえないようにである。ある対象の概念を示すには論理的なものが前提され、この論理的なものは、従って、さらに他のものを前提とすることもできず、導出されたものであることもありえないというように見えるかもしれない。幾何学において、論理的な諸命題が量に適用されて現れ、この学の中で用いられるが、それらは公理、すなわち導出されもせず導出されえもしない認識の諸規定の形で先行させられるようにである。概念は、主観的な前提としてばかりでなく、絶対的な基礎としても見なされるべきであるとしても、そのような基礎でありうるのは、自己を基礎としたかぎりでのことでしかない。抽象的に直接的なものは第一のものであろう。だが、それはこのような抽象的なものとしてはむしろ媒介されたものである。それは、それが真の姿で捉えられるべきだとすれば、その基礎が先ず求められなければならない。従って、それはなるほど直接的なものには違いないが、それは媒介を止揚することによって自己を直接的なものにしたという仕方でそうなのである。

概念は、この面からすれば、さしあたり一般に、存在と本質、直接的なものと反省に対する第三のものと見なされねばならない。そのかぎり、存在と本質は概念の生成の契機である。だが、概念は、それらが没落するとともに含まれてもいる場である同一性として、それらの基礎であり真理である。概念はそれらの帰結であるから、それらは概念のうちに含まれている。とはいえ、もはや存在としてでも本質としてでもない。それらがこの規定を持つのは、それらがまたそれらのこの統一に還帰してはいないかぎりでのことである。

存在と本質を考察する客観的論理学は、従って、本来概念の発生的提示をなすものである。さらに言えば、実体はすでに実在的な本質であり、存在と結合されており現実性のうちに現れているかぎりでの本質である。それ故、概念は実体をその直接的な前提とする。実体とは、自体的に、開示されたものとしての概念がそれであるものに他ならない。従って、因果性と相互作用を通じての実体の弁証法的運動は、(1) 概念の直接的な発生であり、それによって概念の生成が示される。しかし、概念の生成が持つ意味は、生成が一般にそうであるように、それは移行するものがその根拠に反省することであり、移行したものがさしあたり一見他のもののように見えるとしても、それは移行するものの真理であるということである。従って、概念は実体の真理であり、実体に特有の関係様式は必然性であるから、自由が必然性の真理として、また概念の関係様式として示されることになる。

実体に固有の必然的な規定の継続は、自体的対自的にあるものを措定することに他ならない。概念とは、何といっても存在と反省の次のような絶対的統一である。すなわち、自体的対自的にあるということは、それが同じく反省ないし措定されていることでもあることによってのみであり、措定されていることが自体的対自的にあることによってなのである。――この抽象的な帰結は、それの具体的な発生の叙述によって解明される。この叙述は概念の本性を含んでいる。だが、それは概念を論じることに先立っていなければならない。従って、その提示(それは客観的論理学の第二巻で詳細に論じられたのだが)の主要契機が、ここで手短に総括されるべきである。(2)

実体は絶対的なものであり、自体的対自的にある現実的なものである。――自体的にとは、可能性と現実性の単純な同一性、一切の現実性と可能性を自己のうちに含む絶対的な本質としてということであり――対自的には、絶対的な力ないし自己自身にのみ関係する否定性としての右のような同一性であるということである。――実体性の運動はこれらの契機によって措定されているが、その本質は次の点にある。

1．絶対的な力ないし自己に関係する否定性としての実体は自己を区別して、さしあたり単純でしかないあの諸契機が諸実体および根源的な前提としてある関係となる。――それらの間の規定された関係は、受動的な実体と能動的な実体の関係である。前者は無力で、自己を自ら措定することはなく、根源的に措定されてあることでしかない単純な自体的にあることの根源性であり——後者は自己に関係する否定性である。この否定性は、そのようなものとして自己を他のものとして措定して、この他のものに関係するのである。この他のものとはまさしく受動的な実体であり、能動的な実体がその力の根源性のうちで制約として前提したものに他ならない。——この前提の働きは、次のように捉えられなければならない。すなわち、実体それ自身の運動は、まずこの概念の一方の契機、自体的にあるという形式のもとにあり、関係のうちにある諸実体の一つのものの規定性がこの関係それ自身の規定性でもあるというようにである。

2．もう一つの契機は、対自的にあること、或いは力が自己を自己自身に関係する否定性として措定することである。それによって、この力は前提されたものを再び止揚することになる。——能動的な実体は原因である。それは作用する。すなわち、それは以前は前提する働きであったが、今では措定する働きである。すなわち、(a)力にはまた力の見かけが、措定されてあることにはまた措定されてあるという見かけが与えられるのである。前提のうちで根源的なものであったものは、因果性のうちでは、他のものへの関係によってそれが自体的にあるものとなる。原因は結果をもたらすが、しかも別の実体のうちでである。それが今や力であるのは、他のものへの関係においてである。そのかぎりで、それは原因として現象するが、このように現象することによって初めて現象することとなのである。——(b)受動的実体に結果は現れる。それによって受動的実体は措定されてあることとして現象しもする。とはいえ、それによって初めて受動的な実体なのである。

3．だが、ここには単なるこの現象以上のものがある。すなわち、(a)原因は受動的実体に作用し、その規定を変える。だが、受動的実体とは措定されてあることである。さもなければ、そのうちで変えられるものはない。これに対して、それが獲得する別の規定は原因性である。従って、受動的実体は原因、力、活動性となる。——(b)結果は原因によって受動的実体のうちに措定される。しかし、原因によって措定されたものは、作用する中で自己と同一な原因自身である。受動的実体の位置に自己を措定するのは、原因である。——能動的実体に関しても、(a)作用は原因を結果、すなわちそれに対する他のもののうちに移し置くことであり、措定されてあることとすることとである。そして、(b)結果のうちで原因はそれがあるものとして示されるのである。結果は原因と同一であり、他のものではない。従って、原因は、作用することにおいて、措定されてあることをそれが本質的にあるものとして示すのである。――それ故、他のもの同士が互いに同一的に関係するとともに否定的に関係するという二つの面から、各々はそれ自身の反対となる。しかし、各々がこのような反対になる結果、他のもの、従って各々も自己自身と同一であり続けることになる。しかし、両者、すなわち同一的関係と否定的関係は同じものである。実体はその反対の中でのみ自己自身と同一であり、このことが二つのものとして措定された実体の絶対的同一性の本質である。能動的実体が原因ないし根源的実体性として示されるのは、作用することによってである。すなわち、それが自己をそれ自身の反対として措定することによってである。それは同時に前提されたそれの他在、受動的実体を止揚することに他ならない。逆に、作用することによって、措定されてあることは措定されてあることとして、否定的なものは否定的なものとして、従って、受動的実体は自己に関係する否定性として示され、原因はこのようなそれ自身に対する他のもののうちでまったく自己と合致するにすぎないのである。それ故、この措定作用によって、前提された、或いは自体的にある根源性は対自的となる。しかし、このように自体的対自的にあるということは、この措定作用が同様に前提されたものを止揚することであることによってのみである。或いは、絶対的実体が、それの措定されていることに基づき、またその中でのみ自己自身に還帰しており、それによって絶対的であることによってあるにすぎない。従って、このような相互作用は自己を再び止揚する現象であり、原因が原因としてある因果性が仮象であることを明らかにすること、仮象が仮象であることの暴露に他ならない。自体的対自的にあることは、それが措定されてあることであることによって初めてあるというこの無限の自己自身のうちへの反省こそは、実体の完成である。しかし、このような完成はもはや実体自身ではなく、より以上のもの、概念、主体である。実体性の関係の移行が起こるのは、それ自身の内在的必然性によってであり、概念が実体の真理であり、自由が必然性の真理であるという実体自身の開示に他ならない。

すでに以前、客観的論理学の第二巻、一六四ページ〔哲学叢書版〕の注において、実体の立場に立ちそこにとどまっている哲学はスピノザの体系であることが注意された[3]。そこで同時に、この体系の欠陥が形式の面からも素材の面からも示された。とはいえ、それを論駁することは別のことである。哲学体系の論駁に関しては、別のところで同様に一般的な注意が行われた。すなわち、体系がまったく間違ったものとして示されるべきであり、それに対して真の体系が間違った体系にただ対立させられているだけであるとする誤った考え方は、そこからは締めだされるべきであるということである。ここでスピノザの体系が置かれている連関からおのずと生まれるのは、この体系の真の立場とこの体系が真であるか偽であるかという問いのそれである。実体性の関係が生み出されたのは、本質の本性からであった。従って、この関係並びにそれを一つの体系の中で全体にまで拡張して示すことは、絶対者が立脚する必然的な立場である。それ故、そのような立場は一個人の私念、主観的で恣意的な表象と思考の様式、思弁の混乱と見なされてはならない。むしろ、思弁はその途上で必然的にそこに身を置くのであり、そのかぎりで体系は完全に真なのである。——しかし、それは最高の立場なのではない。とはいえ、そのかぎり、体系は偽として、つまり、論駁を必要としまたその余地のあるものと見なされることはできない。ただ、それが最高の立場であるという点だけが偽と見なされるべきである。それ故また、真の体系は、それにただ対立しているだけだという関係をそれに対して持つことはできない。そうだとすれば、この対立者自身が一面的なものであろうからである。むしろ、より以上のものとして、それは従属的なものを自己のうちに含んでいなければならない。

さらに、論駁は外から来てはならない。すなわち、その体系の外にありそれが一致しない仮定から出発してはならない。そのような仮定は認めさえしなければよい。欠陥は、それらの仮定に基づく必要と要求から出発する人にとってのみ欠陥であるにすぎない。そのかぎり、自己意識的主観の自由と自立性を自分で決定的なこととして前提しない人にとっては、スピノザ主義に対する論駁は起こりえないと言われてきた。いずれにせよ、実体性の関係ほどに高く、自己のうちですでに豊かな内容を持つ立場は、そのような仮定を無視することはなく、それを含んでもいるのである。スピノザの実体の属性の一つは、思惟である。右の立場は、むしろ、これらの仮定がそれに対立する点である諸規定を解消し、自己のうちに吸収することができる。その結果、それらは、この立場のうちに、とはいえそれに相応しい変容を受けて現れることになる。その際、外的論駁の核心は次の点に基づいているにすぎない。すなわち、右の諸仮定の反対の形式、例えば、絶対的実体の中で延長と同一とされる思惟の形式に対して、思惟する個体の絶対的自立性を自分の方で頑なに固持するのである。真の論駁は反対者の力の中に入り込み、その強固さの圏域に身を置くのでなければならない。反対者をそれ自身の外で攻撃し、それが存在しないところで正当性を持っても、問題を前進させることにはならない。従って、スピノザ主義の唯一の論駁は次の点にしかありえない。すなわち、その立場がまず本質的で必然的なこととして認められ、第二にこの立場が自己自身に基づいてより以上の立場に引き上げられるということである。実体性の関係は、まったく自体的対自的に考察されるならば、その反対、概念に移行する。前巻に含まれる実体の説明は概念にまで導くことになったが、それはそれ故スピノザ主義の唯一かつ真実の論駁である。それは実体の覆いを取り除くことであり、それこそは概念の発生であって、その主要契機が上で総括されたのである。——実体の統一はその必然性の関係である。だが、そうであることによって、それは内なる必然性にとどまる。それは、絶対的否定性の契機によって自己を措定することにより、開示され措定された同一性となり、従って自由となる。この自由こそは概念の同一性なのである。概念とは、相互作用から結果する全体であるが、相互に作用する二つの実体の統一に他ならない。それにより、今や二つの実体は自由に属することになる。それらはもはやそれらの同一性を盲目的なものすなわち内にとどまるものとして持つのではなく、本質的に影像ないし反省諸規定としてあるという規定を持つからである。それにより、各々はそれに対する他のものないしそれが措定されてあることと同じく直ちに合致して［おり］、それが措定されてあることを自己自身のうちに含み、従ってそれに対する他のものの中でまったくただ自己と同一なものとしてのみ措定されていることになるのである。

従って、概念のうちで自由の王国が開かれたのである。概念は自由なものである。なぜなら、自体的対自的にある同一性が実体の必然性なのだが、それは同時に止揚されたもの、或いは措定されてあることとしてあるのであり、この措定されてあることは自己自身に関係していることとして、まさしく右の同一性なのだからである。因果関係のうちにある諸実体相互の不判明さは消滅している。なぜなら、それらが自己自身で存立しているということの根源性は措定されてあることに移行しており、そのことによって自己自身にとって透明な明晰さとなっているからである。根源的な事象とはこのようなものである。それは自己自身の原因でしかないからである。そして、このことが解放されて概念となった実体なのである。

ここから直ちに、概念に対して次のような立ち入った規定が生じる。自体的対自的にあるものが直ちに措定されてあることとしてあるのであるから、概念は自己自身に対する単純な関係のうちにあって、絶対的な規定性である。だが、この絶対的な規定性も同様に自己にのみ関係するものとして、直ちに単純な同一性なのである。だが、規定性が自己と合致することとして、自己自身にこのように関係することは、同様に規定性の否定であり、概念は自己自身とのこのような同等性として普遍的なものである。しかし、この同一性も同様に否定性の規定である。それは自己に関係する否定ないし規定性である。従って、概念は個別的なものである。それらの各々は全体性である。各々は他のものの規定を自己のうちに含む。従って、これらの全体は、まったくただ一つである。この統一がそれ自身を二分してこの二つという自由な仮象となるのと同様にである。――この二つであることは個別的なものと普遍的なものの区別のうちで完全な対立として現象するが、しかしこの対立は仮象であって、一方が把握され言表されることによって、その中で他方が直ちに把握され言表されているのである。

たった今講ぜられたことが、概念の概念と見なされなければならない。それは、通例人が概念のもとで理解しているものから外れるように見えるかもしれない。そうだとすれば、求められるのは、ここで概念として明らかになったことが、他の表象や説明の中にどのような形で含まれているかが示されることであろう。とはいえ、一方では、通常の理解の権威によって基礎づけられた証明は問題とはなりえない。概念の学においては、その内容と規定は内在的な演繹によってのみ証明される。この演繹が概念の発生を含んでいるのであり、それをわれわれはすでに背後にしているのである。他方、普通、概念の概念として提示されるものの中に、ここで演繹されたものが自体的に認識されるに違いない。しかし、他の人々が概念の本性について語ったことを発見するのは、それほど容易ではない。なぜなら、大抵の場合、彼らはこのような探求にはまったく関わることなく、人が概念について語る時、誰もがそれをすでに自ずと理解しているということを前提しているからである。近年、人は、概念のことで骨を折ることから解放されていると信ずることができた。一時、構想力、それから記憶力のありうるすべての好ましからざることを陰口することがしきたりであったように、概念の上に良からぬ誹謗を悉く積み上げ、思惟の最高のものである概念を蔑視し、それに代わって把握不可能なもの〈das Unbegreifliche〉、概念的に把握しないこと〈das Nichtbegreifen〉を最高の科学的道徳的頂点と見なすということが、哲学の中でかなり以前から習慣となっており、部分的にはなお現在行われているだけにである。(4)

私は、ここで一つの注意に絞って述べることにする。それは、ここで展開された諸概念を捉えることに寄与し、それを受け入れやすくするかもしれない。概念はそれ自身自由である実存となっているかぎり、自我ないし純粋な自己意識に他ならない。私は諸概念を、すなわち規定された諸概念を持つ。しかし、自我とは、概念として定在するに至った純粋概念自身である。従って、人が自我の本性をなす根本諸規定を想起する場合、周知のこと、すなわち表象になじみのことが考えられていると前提してよい。しかし、自我は、第一に、このような純粋で自己に関係する統一である。しかし、直ちにこのようなものであるわけではなく、一切の規定性と内容を捨象し自己自身との無制限の同等性の自由に還帰することによってそうなのである。従って、それは普遍性である。

すなわち、捨象する働きとして現れるあの否定的な振る舞いによってのみ自己との統一であり、それによって一切の規定されてあることを自己のうちに解消して含んでいる統一である。第二に、自我は、同様に、直接的に自己自身に関係する否定性として個別性であり、絶対的な規定されてあることであって、他のものに対立しそれを排斥するものである。すなわち、個体的人格である。右の絶対的な普遍性は同じく直ちに絶対的な個別化であり、自体的対自的にあることは直ちに措定されてあることであり、措定されてあることとの統一によってのみこの自体的対自的にあることなのである。こうしたことが同様に概念としての自我の本性をなす。右の二つの契機はそれらの抽象化されたあり方と同時に完全な統一において捉えられなければならない。さもなければ、一方についても他方についても何も把握されることはない。

私が持っている悟性について通常の仕方で語られる場合、人がそのもとで理解するのは、一つの能力ないし自我と関係している一つの性質である。物の性質が物自身に属するようにである。その際、物とは無規定な基体であって、その性質の真の根拠でありこの性質を規定しているようなものではない。このような表象によれば、私が諸概念や概念を持つのは、私がまた上着や色や他の外面的な性質を持つのと同様である。――カントは、自我に対して諸概念や概念自身の能力としての悟性が持つこのような外在的関係を超えていった。次のことは、理性批判に含まれる最も深く最も正しい洞察に属する。すなわち概念の本質をなす統一は、統覚の根源的総合的統一として、私は考える、ないし自己意識の統一として認識されるということである。(5)――この命題はいわゆるカテゴリーの超越論的演繹(6)をなすものである。しかし、この演繹は、昔からカント哲学の最も難解な部分の一つと見なされてきた。――恐らく、それは、自我と悟性ないし諸概念が物とその諸性質や偶有的属性に対して持つ関係についての単なる表象が思想へと超えて行かれるべきであるということをこの演繹が要求するからに他ならない。客観とは、その概念の中で与えられた直観の多様が結合されているものである、とカントは『純粋理性批判』第二版の一三七ページで言っている。(7)だが、諸表象の結合はすべてこれらの表象の総合における意識の統一を要求する。従って、意識のこの統一は、唯一対象に対する諸表象の関係、従ってそれらの客観的妥当性をなすものであり、悟性の可能性さえも基づくものに他ならない。カントは意識の主観的統一をこれから区別する。意識の主観的統一とは、私は多様なものを同時にあるものとして意識するのか、或いは継起的にあるものとして意識するのかということについての表象の統一であり、それは経験的な諸条件に依存しているのである。これに対して、諸表象の客観的規定の諸原理は統覚の超越論的統一の原則からしか導出されえない。カテゴリーがこれら客観的な規定なのであるが、それによって与えられた表象の多様は規定され、意識の統一にもたらされるのである。——この論述によると、概念の統一とは、或るものが単なる感情の規定や直観であったり、また単なる表象であるのではなく、客観であるようになるものに他ならない。その客観的統一とは自我の自己自身との統一なのである。——対象を概念的に把握するということは、実際には、自我が対象を我がものとし、それを貫き自我自身の形式すなわち取りも直さず規定性である普遍性ないし取りも直さず普遍性である規定性にもたらすことに他ならない。直観、或いはまた表象のうちにある対象はまだ外在的なもの、よそよそしいものである。概念的把握作用によって、対象が直観作用や表象作用の中に持つそれだけであるというあり方は措定されてあることに変えられる。自我は対象を思考しつつ貫く。しかし、思惟のうちにあることにおいてこそ、対象は初めて自体的対自的にある。直観ないし表象のうちにあるかぎりでは、対象は現象にすぎない。対象はまずわれわれに直接的な仕方で現れるが、思惟はその直接性を止揚し、対象から措定されてあることを作り出す。しかるに、対象がこのように措定されてあることこそは、対象が自体的対自的にあることないし対象の客観性なのである。従って、対象はこのような客観性を概念のうちに持つのであり、概念とは自己意識の統一であって、対象はその中に取り上げられているわけである。それ故、対象の客観性ないし概念は、それ自身自己意識の本性に他ならず、自我自身以外の契機や規定を持ってはいないのである。

従って、概念とは何かを認識するために自我の本性に注意が向けられるということは、カント哲学の主要命題から正当化される。だが逆に、このためにはたった今挙げられた自我の概念を捉えておくことが必要である。われわれの普通の意識に浮かぶ自我の単なる表象のもとにとどまられるならば、自我は魂とも呼ばれる単純な物にすぎず、それに対して概念は所有物ないし性質として内属することになる。このような表象は自我をも概念をも概念的に把握することには関わらないのであって、概念を概念的に把握することを容易にすることにも、一層近づけることにも寄与することはできない。

右に引用したカントの論述は、概念に関係し、若干のさらなる注意を必要とする二つの面をなお含んでいる。第一に、悟性の段階の前には感情と直観の段階が置かれており、直観を欠く概念は空虚であり、直観を通して与えられた多様なものの諸関係としてのみ妥当性を持つということが、カントの超越論哲学の本質的命題である。[8] 第二に、概念は認識の客観的な内容として、従って真理として与えられている。だが、別の面においては、概念は単に主観的なものとして捉えられ、そこからは実在性は捻出されないとされている。[9] 実在性とは主観性に対立させられているから、客観性として理解されなければならない。そして、総じて概念と論理的なものは、単に形式的でしかないものとして説明される。形式的なものは内容を捨象しているが故に真理を含んではいないのである。

第一に、悟性ないし概念がそれに先行する段階に対して持つ関係に関して言えば、問題となるのは、それらの段階の形式を規定するために論じられる学問は何かということである。純粋論理学としてのわれわれの学においては、これらの段階は存在と本質である。心理学においては、悟性の前に置かれるのは感情と直観、それに表象一般である。意識の学としての精神の現象学においては、感覚的意識および知覚の段階を通じて悟性に高められた。[10] カントは感情と直観をそれに先行させるだけである。さしあたり、この段階がどれほど不完全であるかを彼はすでに自ら教えている。超越論的論理学ないし悟性論に対する付録としてなお反省概念についての論考を加えることによってである。[11] ——それは直観と悟性ないし存在と概念の間にある領域なのである。

事柄そのものについて、まず次のことが注意されねばならない。直観、表象などの右の諸形態は自己意識的な精神に属するのであり、この精神そのものは論理学の中では考察されない。なるほど、存在、本質、概念といった純粋な諸規定は、精神の諸形式の基礎と内的で単純な足場をなしてもいる。直観的なものならびに感覚的意識としての精神は、直接的な存在という規定性のうちにある。表象するものとしての精神ならびに知覚する意識としての精神が、存在から本質ないし反省の段階に高まったのと同様にである。しかし、これらの具体的な形態は、論理学には関係しない。論理的な諸規定が自然の中でとる具体的な形式、また空間や時間、それから非有機的自然と有機的自然として満たされる空間や時間であろうような具体的な形態が、論理学には関係しないのと同様にである。[12] 同じくここでは、概念もまた自己意識的悟性の働きとしても主観的な悟性としても見なされず、自体的対自的にある概念として見なされなければならない。それは自然の段階をも精神の段階をも形づくる。生命ないし有機的な自然とは、概念が出現する段階の自然のことである。とはいえ、盲目的で自己自身を捉えることのない、すなわち思惟しない概念としての概念にすぎない。そのようなものとして、概念は精神に達するにすぎない。概念のあの非精神的な形態からもこの精神的な形態からも、概念の論理的形式は独立している。この点については、すでに緒論で必要な予備的注意が与えられている。[13] このような意味は、論理学の内部で初めて正当化されるべきものではなく、それに先だって人がすでに了解していなければならない事柄である。

ところが、概念に先行する形態がどのように形づくられていようとも、第二に問題となるのは、概念がそれらの形態に対してどう関係していると考えられるかということである。この関係は、普通の心理学的表象においても、カントの超越論哲学においても、次のように考えられている。すなわち、経験的素材、直観や表象の多様はまずそれだけであり、次に悟性がそれに歩み寄り、統一をその中にもたらし、抽象によってそれを普遍性の形式にまで高めるのである。悟性は、この考え方においては、単独では空虚な形式であり、これは一方では右の与えられた内容によってしか実在性を獲得しないのにかかわらず、他方では内容を捨象する、すなわち内容を或るものとし、とはいえ概念にとっては無用にすぎないものとして除去するのである。概念は、一方の働きにおいても他方の働きにおいても独立したものではなく、先にあるあの素材の本質的で真実の内容ではなく、本質的で真実なものはむしろ実在性そのものであって、それは概念からは捻出されないのである。

概念そのものはまだ完全ではなく、理念に高まらねばならず、理念が初めて概念と実在性の統一(14)であるということはとにかくもちろん認められなければならない。このことは、進行につれて概念の本性によっておのずから明らかになるに違いない。なぜなら、概念が自己に与える実在性は、外在的なものとして取り上げられてよいわけではなく、学的な要求に従って概念自身から導出されなければならないからである。だが、それは、直観や表象によって与えられ、実在的なものとして概念に対して主張されてよいような素材ではないことは、真実である。「それは概念にすぎない」と人はよく言う。理念のみならず、感覚的すなわち空間的時間的で手に取りうる定在を概念よりすぐれたものとして対立させることによってである。抽象的なものからは極めて多くのこのような素材が除去されているという理由で、人は抽象的なものを具体的なものよりも乏しいと考える。その考え方においては、抽象作用が持つ意味は次のようなものである。すなわち、具体的なものから一つの、或いは他の徴表が取り出されるのはわれわれの主観的な目的のためにすぎず、対象のその他の極めて多くの性質や性状が除去されるが、それによってこれらのものからその価値と品位が奪われることにはならないのであって、それらは実在的なものとして、それらとは別の面でのみだが、相変わらずまったく妥当なものとして容認されるのであり、そのような富を取り上げることなく貧しい抽象物で満足しなければならないということは、悟性の無能力にすぎないのである。とにかく、与えられた直観の素材と表象の多様が思惟されたものや概念に対立する実在的なものとして捉えられるとすれば、その見方を捨て去っていることは哲学的な思索の条件である。それだけでなく、宗教によってもすでに前提されていることである。感覚的で個別的なものの一時的で表面的な現象がなお真なるものと見なされるとすれば、哲学の要求と意味はいかにして可能なのであろうか。哲学は感覚的存在の実在性がどのような事情にあるのかを概念的に洞察し、感情と直観、感覚的意識などの諸段階を悟性に先行させるとしても、それはただ次のかぎりにおいてである。すなわち、それらは概念の生成にあたって制約をなしてはいるが、それらの弁証法と虚しさから概念がその根拠として現れるのであって、概念がそれらの実在性によって制約されるわけではないのである。従って、抽象する思惟は感覚的素材を単に片づけるだけであり、感覚的素材はそれによってその実在性に何ら損失を被らないと見なされてはならない。抽象的思惟とは、むしろ単なる現象としての感覚的素材を概念のうちでのみ自己を開示する本質的なものへと止揚し還元することである。但し、具体的な現象から概念のうちに取り上げられるものがもちろん徴表や記号としてしか役立たないとすれば、それはもちろんまた対象の何らかの感覚的で個別的にすぎない規定でしかありえず、何らかの外在的関心の故に他のものの中から選び取られるものであり、他のものと同じ種と本性のものであることになる。

　ここにある誤解の主たるものは、あたかも自己を形成せんとする個人の自然な発展や歴史において出発点とされる自然的原理や始元が、真なるものであって概念のうちで第一のものであるかのように考えられていることである。直観や存在は、本性的には、第一のものないし概念にとっての制約である。だが、それらは、そうだからといって絶対的に無制約なものではなく、それらの実在性はむしろ概念のうちで止揚される。従って同時に、それらが制約する実在的なものとして持っていた仮象も止揚される。表象作用や現象的な思惟のうちでのように、真理ではなく歴史的記述の[15]のみが問題であるとするならば、人はもちろん次のような説明のもとにとどまることができる。すなわち、われわれは感情や直観によって始め、悟性が多様なそれらのものの中から普遍性ないし抽象的なものを取り出すのだが、悟性はそのためにもちろん右の基礎を必要とする。この基礎は、このような抽象作用のもとでも、それが最初に持って現れた実在性を完全に帯びる表象作用の前にあり続けるというのである。しかし、哲学は何が起こるかの説明であるべきではなく、何がその中で真であるかの認識でなければならない。そして、真なるものに基づいて、説明の中で単なる生起として現れるものをさらに把握しなければならない。

概念とは何かについての表面的な捉え方のうちでは、一切の多様性は概念の外にあり、概念にはただ抽象的な普遍性ないし空虚な反省の同一性の形式が属するだけだとすれば、さっそく次のことが注意される。普通一つの概念を示したり定義を下すためにも、類に対して特殊な規定性も要求されるのは明らかであり、その類それ自身ですらすでに本来まったく抽象的な普遍性なのではないということである。いくらかでも思惟を伴う考察によってこのことの言おうとすることが反省されさえすれば、それによって、区別する作用が概念の同じく本質的な契機と見なされるということが分かるであろう。カントはこの考察をア・プリオリな総合判断があるという最も重要な思想によって導入した。[16] 統覚のこの根源的な総合は、思弁的な発展のための最も深遠な諸原理の一つである。[17] それは概念の本性の真の把握のための端緒であり、空虚な同一性ないし抽象的な普遍性であって自己のうちで何ら総合ではないものに対して完全に対立しているのである。——とはいえ、それに続く実現がこの端緒に十分に適っているとは言えない。すでに総合という表現からして、またもや、まったく分離しているものの外的統一、単なる結合という観念に導きやすい。それから、カント哲学は概念の心理学的反省のもとにとどまっているだけであり、直観の多様によって概念が恒常的に制約されているという主張に再び立ち戻っている。カント哲学が悟性認識と経験を現象する内容として語ったのは、カテゴリー自身が有限なものでしかないからではなく、心理学的観念論のせいである。それというのも、カテゴリーは自己意識に由来する諸規定でしかないとされるからである。ここにはまた、概念は、直観の多様がなければ、またもや内容を欠き空虚でなければならなくなるということが属する。概念はア・プリオリに総合であるのにである。概念は総合であることによって、もちろん、規定性と区別を自己自身のうちに含む。規定性とは概念の規定性であり、従って絶対的な規定性、個別性であるから、概念は一切の有限な規定性と多様性の根拠であり源泉なのである。

概念が悟性として保持している形式的な立場は、カントが理性とは何かを論じる中で完成される。理性は思惟の最高の段階であるが、そこにおいて人は、概念が悟性の段階で依然として囚われていると見える制約を失い、完成された真理に達するであろうと期待するべきであった。しかし、この期待は裏切られる。カントはカテゴリーに対する理性の関わりを弁証論的にすぎないと規定しており、しかもこの弁証論の帰結をまったくただ無限な無としてしか捉えない(18)。このことによって、理性の無限の統一はなおも総合を失い、それとともに思弁的で真に無限な概念の端緒を失うのである。それは、周知のまったく形式的で単に統制的な、体系的悟性使用の統一となる。単なる判定の基準でしかないはずの論理学が客観的な洞察を生み出すための道具と見なされるのは誤解であると説明される。理性概念の中に人は一層高い力と深い内容を予感しなければならなかったのだが、それらはカテゴリー以上に構成的なものはまったく持たない。それらは単なる理念である。それらを用いることはまったく十分に許容されているべきである。しかし、これらの英知的実在のうちで一切の真理が完全に開示されるべきであるのに、それらによって仮説以上のものが考えられていてはならない。それらに真理そのものを帰するということはまったくの恣意であり、無謀さであることになろう。それらが――経験のうちに現れることはありえないからである。――英知的実在は感性の空間的時間的素材を欠いているという理由で、哲学はそれらの真理を否認すると考えるべきであったろうか。

このことと直接関連するのは、概念と論理学一般の規定が考察されるに当たってとられるべき観点であり、一般的にもカント哲学の中でも同じように採用される観点である。それは、すなわち概念とその学が真理自身に対して持つ関係という観点に他ならない。先にカントによるカテゴリーの演繹に基づいて挙げられたのは、この演繹によれば、客観は直観の多様が結合されているところとして、自己意識の統一によるこの統一にすぎないということであった。従って、ここでは思惟の客観性、真理である概念と物の同一性が明確に言い表されていることになる。同様にまた一般に次のことが認められる。すなわち、思惟が与えられた対象をわがものとする際、対象はそのことによって変化を被り、感覚的なものから思惟されたものにされるということ、とはいえこの変化はその本質性を何ら変えるものでないばかりか、むしろ対象はその概念のうちで初めてその真理のうちにあり、それが与えられてあるがままの直接性においては現象であり偶然性にすぎないということ、対象を把握する対象の認識、自体的対自的にある対象の認識と概念こそが対象の客観性それ自身であるということである。(19) だが、他方、同様に次のようにも主張される。われわれは物がそれ自身において如何にあるかを認識することはできず、真理は認識する理性に対しては接近不可能である、客観と概念の統一のうちに成り立つ真理は現象にすぎない、それもまたもや内容は直観の多様にすぎないという理由に基づいてである、と。それについてはすでに次のことが注意されている。すなわち、この多様性は概念に対立する直観に属するかぎり、まさに概念のうちではむしろ止揚され、対象は概念によってその偶然的でない本質性へと還元されている、ということである。本質性は現象のうちに現われる。まさにその故に、現象は本質を欠くものにすぎないのではなく、本質の開示である。しかるに、本質のまったく自由となった開示は、概念なのである。——これらの命題にここで注意が向けられるわけだが、それらは独断的な主張というわけではない。なぜなら、それらは本質の完全な展開に基づき自己自身によって生み出された帰結だからである。現在の立場はこの発展が導いてきたものであり、それは存在と本質以上の絶対者の形式は概念であるとするものである。この面に従って言えば、概念は存在と本質を自己に従属させ、それらの無制約な根拠として自己を証ししたのであった。存在や本質には、また別の出発点のもとでは、感情や直観や表象が属しており、それらが概念に先行する諸制約として現れていたのであるが。そこで、今なお残るのは、第二の面、すなわち、概念は、どのようにしてそのうちで消滅している実在性を自己のうちでまた自己の中から形成するのか、を提示することである。そして、この面を論じることに、論理学の第三巻は充てられている。それ故、純粋に概念そのもののもとにとどまっている認識はまだ不完全であって、やっと抽象的な真理に達しているにすぎないということはもちろん認められていることであった。とはいえ、その不完全性は、認識が感情や直観のうちで与えられていると思いこまれている実在性を欠いているという点にあるのではなく、概念がそれ自身から生み出されたそれ自身の実在性をまだ自己に与えてはいないという点にあるのである。概念の絶対性は、経験的な素材に抗しまたそのうちで、一層厳密に言えば、この素材に含まれるカテゴリーや反省諸規定のうちで証示されるのだが、それは経験的な素材が概念の外でまた概念に先立って現れるがままに真理を持つのではなく、その同一性すなわち概念との［その］同一性のうちでのみ持つという点にある。導出と呼びたければ、概念から実在的なものを導出するということは、さしあたり本質的に次の点にある。すなわち、概念がその形式的な抽象的形態においては不完全なものであることが明らかとなり、それ自身のうちで基礎づけられている弁証法によって、実在性を自己のうちから生み出すという仕方で、実在性に移行するということにである。但し、概念が、出来上がった、概念に対立して見出される実在性に再び後退し、現象の非本質的な面として知られたものに逃避することにあるのではない。それも、よりよいものを探し回ったが、そのようなものを発見できなかったという理由によってである。――次のことは、常に驚くべきこととして特記されることであろう。カント哲学は感覚的定在に対する思惟の関係のもとにとどまり、それを単なる現象の相対的にすぎない関係として認識し、理念一般のうちでの両者のより以上の統一を、例えば直観的知性[20]の理念のうちに極めてよく認め言明したに拘わらず、どうしてあの相対的な関係と、概念はまったく実在性から分離されており、されたままであるという主張のもとにとどまっているのか――従って、有限な認識として語ったものを真理として主張し、真理として認識しはっきりした概念を定立したものを度はずれなもの、許されないもの、思惟物として説明するようなことをしたのか[21]、ということである。

真理への関係が問われているのは、さしあたりここでは論理学であって学一般ではない。従って、さらに次のことが認められなければならない。すなわち、形式的な学としての論理学は哲学のそれ以上の部門、自然と精神の学の内容をなす実在性までも含むことはできず、また含むべきではない。これらの具体的な学問は[22]、もちろん、論理学以上に実在的な理念の形式にまで歩み出る。とはいえ、また、それらが現象を超えて学にまで高まった意識が放棄［した］実在性の方に再び振り向いたり、或いはまた、論理学において有限で真でないことが示されたカテゴリーや反省規定といった諸形式の使用に再び立ち戻るというわけではない。むしろ論理学は、理念が自然の創始者となり具体的な直接性の形式にまで超えて行くための出発点たる段階に上昇する様を示すのである。だが、その概念はこの形態をも再び破壊し、具体的な精神として自己自身になろうとするのである。(23)これら具体的な学は、論理的なものや概念を範型としたように、これらを内的な彫塑者として持ち保持する。それらに対して、論理学自身はもちろん形式的な学である。とはいえ、絶対的な形式の学であり、自己のうちで全体であり、真理の純粋理念そのものを含んでいるのである。この絶対的な形式はそれ自身のうちに内容ないし実在性を持っている。概念は陳腐で空虚な同一性であるわけではないから、その否定性ないし絶対的な規定作用の契機のうちに区別された諸規定を持つ。内容は総じてそのような絶対的形式の諸規定に他ならない――絶対的な形式自身によって措定され、従ってまたそれに相応しい内容なのである。――この形式は、従ってまた、通常論理的形式が理解されるのとはまったく違った性質のものである。この内容がその形式に、或いはこの実在性がその概念に適合しているが故に、それはすでにそれ自身で真理である。そして、純粋な真理である。なぜなら、概念の諸規定は、絶対的に他であるという形式、絶対的な直接性という形式をまだ持ってはいないからである。――カントは『純粋理性批判』〔第二版〕の八三ページで、論理学に関して「真理とは何か」という古く有名な問いを論ずるに至るが、まず陳腐な事柄として、真理とは認識とその対象との一致であるという名前の説明を贈る。(24)――それは大きな、それどころか最高の価値を持つ定義に他ならない。人が、理性認識は物自体を捉えることはできず、実在性はまったく概念の外にあるという超越論的観念論の根本主張のもとでこの定義を思い起こすならば、その対象、物自体と一致することのできない理性、理性概念と一致しない物自体、実在性と一致しない概念、概念と一致しない実在性は真ならざる表象であるということが直ちに示される。カントが直観的知性の理念を真理の右の定義に繋ぎ止めていたならば、彼は要求された一致を表現するこの理念を思惟物としてではなく、むしろ真理として取り扱ったであろう。

「人が知りたいと思っていることは、一切の認識の真理の普遍的で確実な基準である」とカントはさらに述べる。「それは認識の諸対象の区別なしに一切の認識に妥当するものであろう。だが、人はそのもとで認識の全内容（認識の客観への関係）を捨象しており、真理はまさにこの内容に関わるのであるから、認識のこの内容の真理の徴表を問うことはまったく不可能であり、不合理であろう」[25]。――ここには、論理学の形式的な機能についての普通の見方が極めてはっきりと表現されており、挙げられた推理は極めて明瞭であるように思われる。しかし、先ず第一に注意されるべきことは、そのような形式的推理は、普通、議論する中で基礎として論じている事柄を忘れているということである。認識の内容の真理基準を問うことは不合理であろう、と言われる。――だが、定義によれば、内容が真理なのではなく、内容が概念と一致することが真理なのである。概念なしにここで語られる内容は概念を欠くもの、従って本質を欠くものである。そのような内容の真理の基準はもちろん問われえない。とはいえ、反対の理由によってである。すなわち、内容はその没概念性の故に、要求された一致ではなく、真理を欠く臆見に属するものでしかありえないという理由によるわけではない。――われわれがここで混乱の因となる内容への言及を無視することにし――とはいえ、形式主義は常にその混乱に陥り、説明に取りかかるたびに、それが提出したいと思う事柄の反対のことを言わされるのである――そして、論理的なものは形式的でしかなく、むしろ一切の内容を捨象するものであるという抽象的な見方にとどまるならば、如何なる対象も含んではならない一面的な認識、空虚で無規定な形式を持つことになる。この形式は、従って、同じく一致ではなく――なぜなら、一致には本質的に二つのものが必要だからである――同様に真理ではない。――カントは、概念のア・プリオリな総合のうちに、統一のうちにある二重性、従って真理に要求されるものが認識されえたとされる一層高い原理を持っていた。しかし、感覚的素材、直観の多様は彼にとっては余りにも強力であるため、そこから概念とカテゴリーの自体的対自的考察と思弁的哲学的思索に達することはできなかったのである[26]。

論理学は絶対的な形式の学であるから、この形式的なものは、真理であるためには、それ自身にその形式にふさわしい内容を備えていなければならない。そして、論理的な形式的なものは純粋な形式であり、従って論理的に真なるものは純粋な真理自身でなければならないだけに、一層そうである。この形式的なものは、従って、通常理解されているよりも自己のうちで一層規定性や内容に富んでおり、また具体的なものに対して無限により大きな作用を持っていると考えられねばならない。論理的諸法則そのもの（応用論理学やそれ以外の心理学的人間学的素材などいずれにせよ異質なものを除外した）は、通常矛盾律の他は、判断の換位や推理の形式に関するいくつかの貧しい命題に制限される。自らここに現れる諸形式のみならず、それらのさらなる規定はいわば拾い上げられ記録されるにすぎず、それらが絶対的に真なるものであるか否かの批判には委ねられていない。かくして、例えば、肯定判断の形式はそれ自体においてまったく正しいものと見なされる。その際、そのような判断が真であるか否かは、まったく内容の問題に帰せられる。この形式がそれだけで真理の形式であるか否か[27]、それが言明する命題「個別的なものは普遍的なものである」[28]が自己のうちで弁証法的でないかどうかという研究が考えられることはない。まさにこの判断はそれだけで真理を含むことができ、各々の肯定判断が言い表す命題が真なる命題であると見なされる。肯定判断には真理の定義が要求していること、すなわち概念とその対象の一致が欠けていることが直ちに明らかになるにもかかわらずである。述語はここでは普遍的なものであり、概念として捉えられ、主語は個別的なものであって対象として捉えられているために、一方が他方と合致することはない。しかし、述語である抽象的普遍は、まだ、もちろん一層多くのものが帰属するものとしての概念となっていないとすれば――そのような主語もまた文法的な主語以上のものではおよそまだないのと同様――どのようにして判断は真理を含むことができようか。その概念と対象は一致せず、それには概念も恐らくまた対象もまったく欠けているからである。――従って、肯定判断並びに判断一般といった諸形式のうちで真理を捉えようとすることは、むしろ不可能であり不合理なことになる[29]。カント哲学は諸カテゴリーを自体的対自的に考察することはせず、それらが自己意識の主観的な形式であるという間違った理由によるだけで、それらは真なるものを含みえない有限な諸規定であると説明した。ましてや、カント哲学は通常の論理学の内容をなす概念の諸形式を批判のもとに置くことはしなかった。むしろ、それは概念の諸形式の一部すなわち判断の諸機能をカテゴリーの規定として取り上げ、それらを妥当な前提と主張したのである。論理的諸形式の中に見られるべきものはやはり思惟の形式的諸機能以上のものであってはならないとすれば、それだけですでに、それらはどこまで単独で真理に一致するかの吟味に値するであろう。論理学がこのことを行わないとすれば、それはせいぜい見出されるがままの思惟の諸現象の博物学的な記述の価値しか要求しえない。こうした記述を最初に企てたのはアリストテレスの無限の功績であろう。それはこの精神の強靭さに対する最高の驚嘆でわれわれの心を満たさざるをえない。とはいえ、必要なことはさらに前進を続け、体系的連関が認識される一方で、諸形式の価値が知られることである。

区分

概念は表面的に考察されると、存在と本質の統一として示される。本質は存在の第一の否定であり、存在はそのことによって影像〔仮象〕となっている。概念は第二の否定ないしこの否定の否定であり、従って回復された存在である。とはいえ、存在の自己自身のうちでの無限の媒介と否定性としてのそれなのである。——従って、存在と本質は、概念のうちでは、それらが存在と本質として帯びている規定はもはや持たない。また、各々が他のうちに映現するという形での統一のうちにあるだけでもない。それ故、概念はこれらの規定へと自己を区別することはない。概念は実体的関係の真理なのであって、この関係のうちでこそ、存在と本質はそれらの充実した自立性と規定を互いによって獲得するのである。実体性の真理として示されたのは実体的同一性であるが、それは同じくそしてただ措定されてあることとしてあるだけである。措定されてあるとは、定在することであり区別することである。自体的対自的にあることは、従って、概念のうちで自己に相応しい真の定在を達成したことになる。なぜなら、右の措定されてあることは、自体的対自的にあることそのことだからである。この措定されてあることが、概念自身のうちでの概念の区別となる。措定されてあることは直ちに自体的対自的にあることであるから、概念の区別〔区別された諸契機〕はそれ自身完全な概念である。それらの規定性のうちにありながら普遍的な区別であり、それらの否定と同一なのである。

とにかく、これが概念の概念そのものである。だが、それはやっと概念の概念にすぎない。――或いは、概念はそれ自身やはり概念であるにすぎない。概念は措定されてあることであるかぎりの自体的対自的にあることであり、区別された諸実体の必然性を同一性として啓示するかぎりの絶対的実体であるから、この同一性はそれがあるものを自ら措定しなければならない。概念は実体性の関係の運動を通じて生まれたのだが、この運動の諸契機とそれによって提示される実在性は、初めは、概念への移行過程にある。それはまだ概念自身の、概念から現れた規定なのではない。それは必然性の領域に属していた。概念の規定は概念の自由な規定でしかありえず、定在でしかありえない。その中で概念は自己と同一なので［あり］、その諸契機は諸々の概念なのであって、概念自身によって措定されたものなのである。

従って、第一に、概念は自体的に真理であるにすぎない。それは内なるものでしかないが故に、同じく外なるものにすぎない。概念は、まずは、一般的に直接的なものである。そして、この形態においては、その諸契機の持つ形は直接的で固定的な諸規定のそれである。その概念は規定された概念、単なる悟性の領域として現れる。――直接性のこの形式は概念の本性にはまだ相応しくない定在である。概念はただ自己自身にのみ関係する自由なものだからである。それ故、直接性の形式は外面的な形式であって、そこにおいては概念は自体的対自的にあるものとしてではなく、ただ措定されただけのものないし主観的なものと見なされることができる。――直接的な概念の形態が形づくる立場は、概念が主観的な思惟、事象に対して外在的な反省とされるような立場である。従って、この段階は主観性ないし形式的な概念に当たる。概念の外面性はその諸規定の固定的な存在のうちに現れる。それを通して、各々の規定はそれだけで孤立したもの、質的なものとして、それに対する他のものに対して外在的な関係のうちにあるにすぎないものとして現れる。これに対して、概念の同一性はまさにそれらの規定の内なるないし主観的な本質であり、それらを弁証法的な運動のうちに置く。それによって、それらの個別化とともに事象からの概念の分離は止揚され、その真理として全体性が現れることになる。この全体性が客観的な概念なのである。

第二。その客観性のうちにある概念は、自体的対自的にある事象そのものである。概念が必然的にさらに規定を進めることによって、形式的な概念は自己自身を事象にし、それによって事象に対する主観性と外在性の関係を失う。或いは逆に、客観性はその内面性の外に出て定在に移行した実在的な概念である。――事象とのこの同一性のうちで、概念は自分固有の自由な定在を持つことになる。とはいえ、それは、なお直接的でまだ否定的ではない統一である。事象と一体のものとして、概念は事象のうちに沈み込んでいる。概念の諸々の区別は客観的な実存であるが、その中で概念自身はまたもや内なるものなのである。客観的定在の魂として、概念は、形式的な概念として直接持っていた主観性の形式を自己に与えなければならない。そのようにして、概念は、客観性のうちではまだ持っていなかった自由なものの形式を身につけて客観性に対立し、その中で客観的な概念として客観性とともに自体的対自的に持っている客観性との同一性を措定されもした同一性にするのである。

この完成のうちで、概念は客観性のうちにありながら、同じく自由の形式を持つことになる。そこでは、十全な概念は理念である。理念の領域は理性であるが、理性は自己自身に対して露わとなった真理であり、そこで概念はまったくそれに相応しい実在化〔実現〕を獲得し、このような自らの客観的世界を自らの主観性のうちに、また後者を前者のうちに認識するかぎり、自由である。

第一部　主観性

概念は、第一に、形式的な概念、始元における概念ないし直接的な概念としての概念である。――直接的な統一のうちでは、それの区別ないし措定されてあることは、第一に、さしあたりそれ自身単純であって影像にすぎない。そのため、区別の諸契機は取りも直さず概念の全体性であり、概念そのものにすぎない。

第二に、しかし、概念は絶対的な否定性であるから、自己を分割し、否定的なものとして、或いはそれ自身に対する他のものとして自己を措定する。しかも、概念は始めは直接的な概念であるから、この措定ないし区別する働きは、諸契機が互いに無関係となり、各々がそれだけであることになるという規定を持つ。概念の統一は、この分割の中ではまだ外在的な関係にすぎない。そのように、自立的で無関係に措定された諸契機としての概念の関係として、概念は判断(1)である。

第三に、判断は自らの自立的な諸契機のうちに失われた概念の統一を含むが、それは措定されていない。統一が措定されたものとなるのは、判断の弁証法的運動を通してである。判断はそれによって推理(2)すなわち完全に措定された概念となっている。推理のうちでは、自立的な極としての概念の諸契機とともに、それらを媒介する統一も措定されているからである。

だが、直接的には、この統一自身は結合する媒辞として、諸契機は自立的な極として、さしあたり互いに対立しているために、形式的な推理のうちで起こるこの矛盾する関係は自己を止揚し、概念の完全性は全体性の統一に移行し、概念の主観性はその客観性に移行する。

第一章　概　念

通常悟性によって表現されるのは、諸々の概念一般の能力である。そのかぎり、悟性は、判断力と形式的な理性としての推理の能力から区別される。だが、特にそれが対立させられるのは、理性に対してである。しかし、そのかぎりでは、悟性は概念一般の能力を意味するわけではなく、規定された概念の能力を意味する。そこでは、概念は規定されたものにすぎないという観念が支配している。この意味の悟性が形式的な判断力と形式的な理性から区別されるとすれば、それは個別的な規定された概念の能力と解されねばならない。なぜなら、判断と推理ないし理性は、抽象的な概念規定性のもとに立つことによって、それ自身形式的なものとして悟性的なものにすぎないからである。ところが、ここでは、概念はそもそも単に抽象的に規定されただけのものとは見なされない。従って、悟性が理性から区別されるのは、悟性が概念一般の能力にすぎないというようにしてのみである。

今ここで考察されるべきものは、この普遍的な概念である。それは普遍性、特殊性、個別性という三つの契機を含んでいる。区別と概念が区別する働きの中で自己に与える諸規定は、以前措定されてあることと名づけられた面をなす。それは、概念のうちでは自体的対自的にあることと同一であるから、右の諸契機の各々は完全な概念であるとともに規定された概念でもあり、また概念の一規定でもある。

まず、概念は純粋概念ないし普遍性という規定である。純粋ないし普遍的な概念は、しかしまた、規定された或いは特殊な概念であり、一方の側に他方と並んで立つものにすぎない。概念は全体性であり、従ってその普遍性ないし自己自身に対する純粋で同一的な関係のうちにあって本質的に規定し区別する働きであるから、それ自身のうちに尺度を持つ。そして、それによって、自己との同一性というその形式はすべての契機を貫き自己のうちに取り込みながら、同様に直接的に自己を規定し、諸契機が区別されていることに対立する普遍者にすぎないものとなる。

第二に、概念は、このことによって、この特殊な概念ないし他のものに対して区別されたものとして措定されている規定された概念としてある。

第三に、個別性は、区別から絶対的な否定性に反省する概念である。これは同時に、概念がその同一性から自らの他在に変わっており判断となる契機でもある。

A　普遍的概念

純粋な概念は、まったく無限で無制約かつ自由なものである。ここで概念をその内容とする論述が始まるが、今一度その発生が省みられねばならない。本質は存在から生まれ、概念は本質から生まれたのであるから、概念はまた存在から生まれたのである。この生成は、しかし、自己自身を突き返すという意味を持つのであって、生成したものはむしろ無制約で根源的なものであることになる。存在は本質に移行する中で影像ないし措定されてあることになり、生成ないし他のものへの移行は措定作用となった。そして逆に、措定することないし本質の反省は自己を止揚し回復して、措定されていないもの、根源的存在となったのである。概念はこれらの契機を貫通することである。すなわち、質的なものないし根源的に存在するものは措定する作用と自己内還帰としてのみあり、この純粋な自己内反省はまったく他になることないし規定性なのであって、この規定性は、従って、同じく自己に関係する無限な規定性である。

それ故、概念は、第一に、絶対的な自己同一性であるが、絶対的自己同一性が絶対的自己同一性であるのは、否定の否定ないし自己自身との否定性の無限の統一としてのみである。このような概念の純粋な自己関係は、このことによってこうした関係なのであるが、否定性によって自己を措定するものとして概念の普遍性である。普遍性とは最も単純な規定であるから、説明することはできないように思われる。説明するには諸規定や区別に関わらねばならず、その対象に述定しなければならないからである。だが、単純なものはこれによってむしろ説明されるというよりも変えられる。しかし、絶対的な否定性によって最高の区別と規定性を自己のうちに含む単純なものであることが、まさしく普遍的なものの本性である。存在は、直接的なものとしての単純なものである。よって、それは思念されたものにすぎず、人はそれについてそれが何であるかを言うことはできない。従って、それはそれに対する他のもの、非存在と直ちに一つである。まさにその反対のうちで直ちに消えてしまうような単純なものであることが、存在の概念である。存在の概念は生成である。これに対して、普遍的なものは、同じく自己自身のうちで最も豊かなものである単純なものである。それは概念だからである。

従って、普遍的なものは、第一に、自己自身への単純な関係である。それは自己のうちにのみある。しかし、この同一性は、第二に、自己のうちで絶対的な媒介である。とはいえ、媒介されたものではない。媒介されたもの、すなわち抽象的で特殊なものや個別的なものに対立した普遍的なものである普遍的なものについては、規定された概念のところで初めて問題になる。──だが、抽象的なものでさえも、それを維持するには具体的なものの他の諸規定を捨象することが要求されるということを含んでいる。これらの規定は、限定一般として否定である。(1)同様にさらに、それらの規定を捨象することは否定することである。従って、抽象的なものにおいても、否定の否定が同様に現れる。しかし、この二重否定は、あたかも抽象的なものに対して外在的であり、捨象された具体的なもののそれ以上の性質は、抽象的なものの内容である保持される性質と異なるとともに、残りのものを捨象し一つの性質を保持するこの手続きもこの性質の外で行われているように見なされる。普遍的なものは、先の運動に逆らって、そのような外在性にまではまだ自己を規定していない。それは、なお、それ自身自己のうちで、まさしく否定の否定ないし絶対的な否定性である絶対的な媒介なのである。

この根源的な統一によると、まず、第一の否定的なものないし規定は、普遍的なものにとって制限ではない。普遍的なものはその中で自己を保持し、肯定的に自己と同一である。存在の諸カテゴリーは、概念として、本質的にそれらの制限ないし他在のうちでの諸規定の自己自身とのこうした同一性であった。だが、この同一性は自体的に概念であったにすぎず、まだ開示されてはいなかった。従って、質的な規定そのものはそれに対する他の規定のうちで没落し、それとは異なった規定をその真理として持っていた。これに対して、普遍的なものは、一つの規定のうちに措定されているとしても、その中でそれのあるものであり続ける。それはそれの内在する具体的なものの魂であり、この多様性と差異性のうちで妨げられることなく自己自身に等しい。それは同時に生成のうちに引き込まれることはなく、生成によって曇らされることなく連続し、不変不死の自己保存の力を有している。

同様に、普遍的なものは、反省規定のようにそれに対する他のものに映現するだけではない。相対的なものとしての反省規定は自己に関係するだけでなく、〔他のものに〕関係することでもある。それは、それに対する他のもののうちで自己を告げ知らせる。だが、やっとそこに映現するだけである。各々のものが他のもののうちに映現すること、或いはそれらが互いに規定しあうことは、それらが自立性を保っている場合は、外在的な行為という形式を持つ。――これに対して、普遍的なものは、その規定の本質として、この規定自身の肯定的な本性として措定されている。なぜなら、規定は普遍的なものの否定に当たるが、概念のうちではまったくただ措定されてあることとして、或いは本質的にただ同時に否定的なものを否定するものとしてあるにすぎないからである。そして、それはただこのような否定的なものの自己同一性としてあるだけである。この自己同一性が普遍的なものなのである。そのかぎり、普遍的なものはその諸規定の実体でもある。それも、実体そのものにとって偶然的であったものは、概念の自己自身との媒介であり、概念自身の内在的反省であるというようにである。このような媒介が偶然的なものを初めて必然性に引き上げるのであるが、それは開示された関係である。概念は形式のない実体の深淵ないし互いに異なり制限しあう諸事物ないし諸状態の内的同一性としての必然性なのではなく、絶対的な否定性として形成し創造するものである。そして、規定は制限としてではなく、まったく止揚されたもの、措定されてあることとしてあるのであるから、影像は同一的なものの現象としての現象なのである。

従って、普遍的なものは自由な力である。それは、それ自身であるとともにそれに対する他のものの上に力を及ぼす。とはいえ、暴力的なものとしてではなく、むしろ他のものの中で落ち着いていて自己自身のもとにあるものとしてである。それは自由な力と呼ばれるように、また自由な愛、制限のない浄福と呼ばれることができよう。なぜなら、それは区別されたものに対してただ自己自身に対するものとしてのみ関係することだからである。区別されたもののうちで、それは自己自身に立ち戻っているのである。

たった今規定性について述べられた。概念はやっと普遍的なもの、また自己とのみ同一なものとして、まだそこまでは進んでいないにかかわらずである。とはいえ、普遍的なものについては、規定性、より詳しく言えば、特殊性と個別性である規定性を抜きにしては語られえない。なぜなら、普遍的なものは、その絶対的な否定性のうちに規定性を自体的対自的に含んでいるからである。従って、普遍的なもののもとで規定性について語られる場合、規定性は外からそこに取ってこられるわけではない。否定性一般として、或いは第一の直接的な否定に従って、普遍的なものは規定性一般を特殊性として身に帯びている。第二のもの、否定の否定として、普遍的なものは絶対的な規定性ないし個別性と具体化である。――それ故、普遍的なものは概念の全体である。それは具体的なものであり、空虚なものではなく、むしろその概念によって内容を持つ。――内容とは、そのうちで普遍的なものが自己を保持するだけでなく、普遍的なものに固有のものであり内在的である内容に他ならない。内容はなるほど捨象されうる。だが、そうすることによって、人は、概念の普遍的なものではなく、抽象的なものを獲得することになる。抽象的なものは、孤立した完全でない概念の契機であって、真理を持ってはいないのである。

普遍的なものはこうした全体性として、さらに次のようなものであることが明らかとなる。普遍的なものが規定性を自己のうちに持っているかぎり、規定性は第一の否定ではなく、この否定の自己内反省でもある。右の第一の否定によってだけ捉えられるとすれば、普遍的なものは特殊なものである。このことは直ちに考察されるところである。しかし、普遍的なものは、この規定性のうちにあって本質的になお普遍的なものである。この面がここでなお捉えられなければならない。——すなわち、この規定性は概念のうちにあるものとして全体的な反省であり、二重の映現である。一方では、外への映現、他のものへの反省であり、他方では内への映現、自己のうちへの反省である。前者の外への映現は他のものに対する区別をなす。これによって、普遍的なものは特殊性を持つことになる。そして、この特殊性はその解消をより上の普遍的なものの中に持つのである。とにかく、普遍的なものは相対的に普遍的なものであるにすぎないとしても、それは普遍的なものというその性格を失うわけではない。それはその規定性のうちで自己を保存する。それも規定性と結合されながら、ただこれに対して無関係であり続けるというようにではない。——そうだとすれば、それは規定性と合成されているにすぎないであろう。——そうではなく、それはたった今内への映現と呼ばれたものであるというようにである。規定性は、規定された概念として、外面性から自己のうちに立ち帰っている。規定性は固有の内在的な特徴であり、これは、普遍性のうちに取り上げられ、普遍性によって貫かれ、普遍性と同じ広がりを持ち、普遍性と同一であって、それを同じく貫いていることによって、本質的なものである。それは、普遍的なものから分離されない規定性として、類に属する特徴である。そのかぎり、それは外に向かう制限なのではなく、普遍性によって自己自身への自由な関係のうちにあることによって、肯定的である。規定された概念もまた、そのようにして自己のうちで無限に自由な概念なのである。

別の面から見れば、類は、その規定された性格によって制限されてもいる。この面に関しては、だが、より下位の類としての類はより上位の普遍的なもののうちに解消されるということが注意された。この普遍的なものもまた再び類として、とはいえ、一層抽象的な類として捉えられる。とはいえ、再び、外に向かって規定された概念の面に属するだけである。真に上位の普遍者においては、この外に向かう面が内に取り戻されている。それは第二の否定であり、そこでは規定性はまったくただ措定されたものないし影像としてあるにすぎない。生、自我、精神、絶対的な概念はより上の類としてのみ普遍者であるのではなく、具体的なものである。その規定性もまた種ないし下位の類であるだけでなく、その実在性のうちでまったく自己のうちにのみあり、それによって満たされている。生、自我、有限な精神はやはり規定された概念でしかないかぎり、それらの絶対的な解消は真に絶対的な概念、無限な精神の理念として捉えられるべき普遍者のうちにある。この精神の措定されたあり方は無限で透明な実在性であり、精神はその中に自己の創造を見、そこに自己自身を直観するのである。

真の無限な普遍者は、直ちに、自己のうちで特殊性であり個別性でもある。だが、さしあたりは特殊性として一層詳しく考察されねばならない。それは自己を自由に規定する。その有限化は移行ではない。それは存在の領域で起こるにすぎない。それは自己自身に関係する絶対的な否定性としての創造的な力である。それは、そのようなものとして自己のうちで区別する働きであり、この区別作用は、区別作用が普遍性と一体であることによって規定する働きである。従って、それは普遍的で自己に関係するものとしての諸々の区別そのものを措定することである。このことによって、諸区別は固定され、孤立した区別となる。有限なものの孤立した存立は、かつては、有限なものがそれだけであることとして、物性と実体としても規定されたのであったが[3]、その真相においては普遍性なのであり、その形式によって無限な概念はその区別を覆っているのである。——この形式は、まさしく無限の概念の諸区別そのものの一つに他ならない。概念の創造作用はここにあり、それは概念自身のこの最内奥においてのみ捉えられるのである。

B　特殊的概念

規定性そのものは、存在と質的なものに属する[4]。概念の規定性としては、それは特殊性である。それは、限界ではなく、その彼岸としての他のものに関係するわけではない。むしろたった今示されたように、普遍的なもの自身の内在的契機である。従って、普遍的なものは特殊性において他のもののもとにあるのではなく、まったく自己自身のもとにあるのである。

特殊なものは、それの実体である普遍性を含んでいる。類はその種のうちで不変である。種は普遍的なものからではなく、互いに異なっているにすぎない。特殊なものは、それが関係する他の特殊なものとともに同じ普遍性を有する。同時に、これら特殊なものの差異性は、それらが普遍的なものと同一であることによって、それ自身普遍的である。それは全体性である。——従って、特殊なものは普遍的なものを含むばかりでなく、その規定性によっても普遍的なものを表現する。普遍的なものは、そのかぎり、特殊なものが汲み尽くさねばならない領域となる。この全体性は、特殊なものの規定性が単なる差異性と解されるかぎり、完全性として現れる。この点においては、それ以上種がないかぎり、種は完全である。種に対しては、内的な尺度や原理はない。差異性はまさしく統一を欠く区別であり、そこでは、それだけでは絶対的な統一である普遍性が単に外的な反射物、制限のない偶然的な完全性だからである。しかし、差異性は対立、すなわち異なったものの内在的な関係に移行する。(5)しかし、特殊性は自己自身においてまた自己自身に対してある普遍性としてあるのであり、移行によってそのような内在的な関係であるわけではない。それはそれ自身において全体であり、単純な規定性であり、本質的に原理なのである。特殊性の持つ規定性は普遍的なもの自身によって措定されており、普遍的なものから次の仕方で生ずる規定性に他ならない。

特殊なものは普遍的なもの自身である。とはいえ、それは普遍的なものの区別ないし他のものへの関係であり、普遍的なものが外に向かって映現することである。しかし、特殊なものが区別されるような他のものは、普遍的なもの自身の他にはない。——普遍的なものは自己を規定する。従って、それはそれ自身特殊なものである。規定性は、普遍的なものの区別である。それは自己自身から区別されているにすぎない。従って、その種は、ただ

（a）普遍的なもの自身と（b）特殊なものである。概念としての普遍的なものは、それ自身とその反対である。そして、この反対も措定された普遍的なものの規定性としてのそれ自身に他ならない。普遍的なものはこの反対の上に力を及ぼし、その中で自己自身のもとにある。従って、普遍的なものはその差異性の全体であり原理である。差異性はまったく普遍的なもの自身によってのみ規定されているのである。

従って、真の分類とは、概念が自己自身を直接的で無規定な普遍性として傍らに置くことに他ならない。まさしくこの無規定なものが概念の規定性なのであり、概念が特殊なものであるということなのである。両者は特殊なものであり、従って並べ置かれている。両者はまた、特殊なものとして、普遍的なものに対立する規定されたものである。そのかぎり、両者は普遍的なものに従属している。普遍的なものに対立するものとして特殊なものは規定されているのだが、まさしくこの普遍的なものは、それによってむしろそれ自身も対立しあうものの一つであるにすぎない。われわれが二つの対立しあうものについて語る時、われわれはまた次のようにも言わなければならない。それらはともに特殊なものを形づくるが、ただ一緒になってというだけではない。すなわち、それが特殊なものであるという点で外的反省に対して同じであるにすぎないというようにではない。それだけではなく、それらの相互的規定性は本質的に同時に一つの規定性であるにすぎず、普遍的なもののうちで単純である否定性にすぎないのである。

ここで示されるとおり、区別はその概念のうちにあり、従って概念の真理のうちにある。以前のすべての区別は概念におけるこの統一を持っている。それは、存在においては直接的な区別であるが、そのような区別としては、それは他のものの限界としてある。(6)反省のうちでの区別としては、それは相対的で、それに対する他のものへと本質的に関係するものとして措定されている。(7)従って、ここでは概念の統一が措定され始めている。だが、さしあたりそれは他のものにおける影像にすぎない。――これらの規定の移行と解消が持つ真の意味は、それらがその概念、真理に達するということに他ならない。存在、定在、或るものないし全体と部分など、実体と偶有的属性、原因と結果はそれだけでは思想の諸規定である。各々が各々の他の規定ないし対立した規定との統一において認識されるかぎりで、それらは規定された概念として捉えられるのである。――例えば、全体と部分、原因と結果などはまだ互いに特殊なものとして規定された異なったものではない。それらは自体的には一つの概念を形づくっているとはいえ、それらの統一はまだ普遍性の形式を獲得してはいないからである。従って、この関係のうちにある区別も一つの規定性であるという形式をまだ持っているわけではない。例えば、原因と結果は二つの異なった概念なのではなく、一つの規定された概念にすぎず、因果性というものは、各々の概念がそうであるように、単純な概念なのである。

完全性に関して言えば、特殊性の規定された内容は完全に普遍的なものと特殊なものの区別のうちにあり、これらの二つだけが特殊な種をなすということが明らかとなった。自然界においては、一つの類に二つ以上の種が見出されるのはもちろんのことであり、これら多くの種も右に示された相互関係を持つことはありえない。このことは、概念の厳密さを保持し示すことができず、没概念的で盲目的なこの多様性へと四散していく自然の無力さである。われわれは自然が様々な類と種を持ち、無限に異なった形態化を遂げていることに感嘆することができる。なぜなら、感嘆とは概念を欠いており、その対象は理性を欠くものだからである。自然とは概念が自己の外にあることであるから、この差異性のうちで自己を忘れることは許されている。精神が概念を概念の形態において持つにかかわらず、表象活動にも関わりを持ち、その無限の多様性の中を歩き回るようにである。様々な自然の類や種は、精神が諸表象の中で持つ恣意的な思いつきより高尚なものと見なされてはならない。どちらも至るところで概念の痕跡と予感を示しているが、概念を忠実に模写しているわけではない。なぜなら、それらは概念が自己の外に自由にあるという面なのだからである。概念が絶対的な力であるのは、その区別を解き放って自立的な差異性、外在的な必然性、偶然性、恣意、臆見の形態とすることができることによる。とはいえ、この形態は、虚しさという抽象的側面以上のものとして解されてはならないのである。

われわれが見たとおり、特殊なものの規定性は単に原理としてある。とはいえ、それはまた全体の契機、他の規定性に対する規定性としてもある。概念は自己を規定し区別するかぎり、その統一に対して否定的に向かっており、存在というそれの観念的な契機の形式を自己に与えている。規定された概念として、それは定在一般を持つ。しかし、この存在の持つ意味は、単なる直接性ということではなく、普遍性、絶対的な媒介を介して自己自身に等しい直接性ということであり、この直接性は同様に別の契機、本質ないし自己内反省を含んでもいる。規定されたものがこの普遍性によって覆われている場合、この普遍性は抽象的な普遍性である。特殊なものは普遍性をそれ自身のうちにその本質として持っている。しかし、区別の規定性が措定されており、それによって存在を持っているかぎり、普遍性は特殊なものに具わる形式であり、規定性そのものは内容である。普遍性が形式となるのは、区別が本質的なものとしてあるかぎりにおいてである。逆に、それが純粋に普遍的なもののうちにある場合には、絶対的な否定性としてあるだけであり、区別として措定されている区別としてあるわけではないのと同様である。

とにかく、規定性は他の規定性に対して抽象的なものである。だが、他の規定性とは普遍性それ自身に他ならない。そのかぎり、普遍性もまた抽象的なものであり、概念の規定性ないし特殊性はまたもや規定された普遍性にすぎない。概念は、その中では自己の外にある。概念がその中で自己の外にあるものであるかぎり、抽象的に普遍的なものは概念のすべての契機を含んでいる。それは、(α)普遍性、(β)規定性、(γ)両者の単純な統一である。とはいえ、この統一は直接的な統一であり、特殊性は、それ故、全体性としてあるわけではない。それ自体においては、特殊性はこのような全体性であり媒介でもある。それは本質的に他のものへの排斥的関係ないし否定すなわち他の規定性の止揚である。——他の規定性とは、しかし、臆見として思い浮かべられているだけである。なぜなら、それは直ちに消滅し、それに対して他のものであるはずだったものであることが明らかになるからである。従って、この普遍性を抽象的な普遍性とするのは、媒介が制約でしかなく、それ自身のうちで措定されているわけではないという事情である。媒介が措定されていないために、抽象的なものの統一は直接性の形式を持つことになり、内容はその普遍性に対して無関係であるという形式を［持つ］。なぜなら、それは絶対的否定性の普遍性である全体性としてあるわけではないからである。従って、抽象的に普遍的なものは概念ではあるが、没概念的なものとしてであり、概念として措定されているわけではない概念としてである。

規定された概念について語られる時、考えられているのはまったくただそのような抽象的に普遍的なものでしかないことが普通である。概念一般のもとで理解されるのも大抵はこのような没概念的な概念にすぎない。そして、悟性とはそのような諸概念の能力のことなのである。証明は、概念に即して、すなわち諸規定に即してのみ進むかぎり、このような悟性に属する。従って、そのように諸概念に即して進むことは、有限性や必然性を超えることはない。それの達する最高のものは、否定的な無限者であり、最高の実在という抽象である。その最高実在はそれ自身無規定性という規定性に他ならない。絶対的な実体もこのような空虚な抽象ではなく、内容的にはむしろ全体であるが、しかし、それは絶対的な形式を欠くために抽象的である。概念がその最内奥の真理であるわけではない。それは普遍性と特殊性、思惟と相互外在性の同一性であるにかかわらず、この同一性は概念の規定性ではない。その外にはむしろ一つの——しかもまさしく絶対的実体の外にあるが故に、偶然的な——悟性があり、この悟性の中でまたこの悟性に対して、絶対的実体は様々な属性と様態を持つのである。

ところで、抽象は、普通そう言われているようには空虚ではない。それは規定された概念である。それは何らかの規定性を内容としている。最高の実在、純粋抽象ですら、先に注意されたとおり、無規定性という規定性を持っている。だが、無規定性が規定性であるのは、それが規定されたものに対立しているとされるからである。しかし、それが何であるかを人が言おうとすると、それがあるべきものは自ら自己を止揚する。それは規定性と一体のものとして語られる。こうして抽象から概念とその真理が回復されるのである。——だが、一切の規定された概念は、全体ではなく一面的な規定性しか含まないかぎり、もちろん空虚である。それが、例えば人間、国家、動物などといった具体的な内容を別に持つとしても、その規定性がその区別の原理であるわけではないかぎり、それは空虚な概念にとどまる。原理は、規定された概念の展開と実在化の始まりと本質を含んでいる。これに対して、概念の何かある別の規定性は実りのないものである。従って、概念が総じて空虚なものとして非難されるとすれば、概念の区別であり概念の境位のうちの唯一真なる内容である概念の絶対的な規定性は否認されるのである。

近年悟性が低く評価され理性と対照的にはなはだしく冷遇される理由となる事情がここにある。悟性が、諸規定性や、従って有限性に与えるのは、固定性である。この固定的なものは、右で考察された抽象的普遍性という形式のうちにある。諸規定性はこの形式によって不変なものとなるのである。なぜなら、反省規定と質的な規定性は本質的に制限されたものとしてあり、それらの制限によってそれらにとって他のものへの関係を、従って移行と消滅の必然性を持つからである。これに対して、それらが悟性のうちに持つ普遍性は、それらに自己内反省という形式を与える。それによってそれらは他のものへの関係から切り離され、不変なものとなっている。今、純粋概念においてこの永遠性がその本性に属するとすれば、その抽象的な諸規定は、それらの形式によってのみ永遠の本質性であることとなろう。だが、それらの内容はこの形式に相応しくはない。従って、それらは真理でも不変性でもない。それらの内容が形式に相応しくないのは、内容は普遍的なものとしての規定性自身ではない、すなわち概念の区別の全体性としてあるのではないからであり、すなわちそれ自身で完全な形式ではないからである。これに対して、制限された悟性の形式はそれ自身不完全な、すなわち抽象的な普遍性である。――だがさらに、具体的なものを抽象的な諸規定性に分かち区別の深みを捉えるということは、悟性の無限の力と見なされなければならない。それのみが同時に抽象的な諸規定性の移行を引き起こす威力でもあるのである[8]。直観の捉える具体的なものは全体である。とはいえ、感覚的な全体であり――空間と時間のうちに無関係に別々にある実在的な素材である。具体的なものが直観の内容であるのは、多様なもののこの不統一なあり方においてに他ならない。このような不統一は、具体的なものの功績と見なされたり悟性的なものに対する長所とされてはならない。

具体的なものが直観のうちで示す可変性は、すでに普遍的なものを示唆している。それについて直観されるのは、別の、同じく可変的なものにすぎない。従って、ただ同じものにすぎない。それに代わって現れ現象するものは、普遍的なものではない。しかし、少なくとも、例えば幾何学や算術といった学問の素材が携えている直観的なものは、それらの学問の功績に算《かぞ》えられ、その諸命題は直観的なものによって基礎づけられていると考えられるべきである。〔だが〕、そのためそれらの学の素材は、むしろ、低次の本性しか持たない。図形や数を直観するということは、それらの学の役に立っているわけではない。それについての思惟のみが学を生み出すことができるのである。──とはいえ、直観のもとで感覚的なものだけでなく客観的な全体性が理解されるかぎりでは、直観は知的直観である。(9) すなわち、直観は外的実存の形での定在を対象としているわけではなく、対象とするのは定在のうちで不変の実在性であり真理であるもの──本質的に概念のうちにあり、概念によって規定されているかぎりでのみある実在性であり、理念である。その立ち入った本性は後に明らかにならねばならない。直観そのものが概念に先立って持つとされるものは、外在的な実在性であり、没概念的なものであって、概念によって初めて価値を持つものなのである。

従って、悟性が示すのは、普遍的なものを規定したり、逆に規定性がそれだけでは不安定であることに対しては普遍性の形式によって固定した存立を与える無限の力である。それ故、それ以上先に進むことがないとしても、とにかくそれは悟性の責任ではない。これらの規定性をそのようなあり方で認め、あの抽象的な普遍性に対立した弁証法的な力によって、すなわちそれらの規定性の本来的な本性つまり概念によって統一に還元できないのは、理性の主観的な無力さである。悟性は、それらに対して抽象的な普遍性の形式によって、いわばそれらが質的な領域や反省の領域において持つことのない存在の堅固さを与えはする。しかし、悟性はこの単純化によって同時にそれらに息吹を与え、それらを先鋭化して、それらがまさにこの先端においてのみ、自己を解消しその対立者に移行する能力を獲得するようにさせるのである。何かあるものが達成することのできる最高の成熟と段階はその没落が始まるところである。悟性が突き当たるように見える規定性が堅固なものであること、不変なものであるという形式は、自己自身に関係する普遍性の形式である。だが、それは概念に固有のものである。従って、それ自身のうちに有限なものの解消が表現されている。しかも、限りない近さにおいてである。この普遍性は有限なものの規定性を直接示しており、有限なものがそれに相応しくないことを表現しているのである。――或いはむしろ有限なものの相応しさはすでに存在している。抽象的な規定されたものは普遍性と一つのものとして措定されている。――まさにそのために、それは規定されたものでしかないかぎり、それだけであるわけではないものとして、それと普遍的なものの統一すなわち概念としてのみ措定されているのである。

従って、普通行われているように、あらゆる観点において、悟性と理性を分離することは退けられなければならない。概念が理性を欠くと見なされるならば、それは、むしろ、理性が概念のうちに自己を認識することができないという無能力と見られねばならない。規定されたそして抽象的な概念は、理性に対する制約或いはむしろ理性の本質的な契機である。それは魂を与えられた形式であり、その中で有限なものはそこにおいて自己に関係する普遍性によって自己のうちで燃え上がり、弁証法的なものとして措定され、よって理性の現象の始まりそのものなのである。

これまでのところで、規定された概念が真のあり方において示された。それ故、残っているのは、それによって規定された概念は何としてすでに措定されているかを示すことのみである。――区別は概念の本質的な契機であるが、純粋に普遍的なものの中ではまだそのものとしては措定されていない。だが、それは規定された概念のうちでその権利を手に入れている。普遍性の形式のうちにある規定性は、普遍性と結びついて単純なものとなっている。この規定された普遍者は自己自身に関係する規定性である。規定された規定性ないし、絶対的な否定性がそれだけで措定されたものである。だが、自己自身に関係する規定性とは個別性である。普遍性が直接的にそれ自身だけですでに特殊性であるのに応じて、特殊性はそれだけ直接的にそれだけで個別性でもある。個別性は、さしあたりは、概念の最初の二つの契機に対立したものとして固持されるかぎり、概念の第三の契機と見なされねばならないが、また概念の絶対的な自己内還帰としても、そして同時に概念自身の措定された喪失としても見なされなければならない。

注　普通の概念の種類

普遍性、特殊性、個別性は、これまで述べてきたところによれば、三つの規定された概念である。すなわち、人が規定された概念の数を示そうとするならばである。概念の諸規定をその中に納めるには数は不適切な形式であり、ましてや概念自身の諸規定のためには最も不適切であることが、以前すでに示された(10)。数は一を原理とするために、数えられたものをまったく分散したものとして互いにまったく無関係なものとする。これまでのところで明らかとなったのは、様々な規定された概念は数に分裂するというよりは、むしろただ一つの同じ概念であるということであった。

論理学の普通の論述においては、概念の様々な分類や種が現れる。量、質などに関して次のような概念があるといったように種が導入されるが、このことは不整合であることが一目で分かる。「ある」という表現は、人がそれらの種を見出しそれらが経験に従って明らかになるという正当化しか示さない。人がこのような仕方で獲得するのは、経験的論理学である。――それは奇妙な学であって、合理的なものの非合理的な認識である。論理学は、これによって、それ自身の教説への非常に良くない従い方の例を与えていることになる。論理学は、それが規則として定めていること、すなわち諸概念は演繹されねばならず、学問的諸命題（従って、それほど多くの概念の種があるといった命題もまた）は証明されねばならないということの反対を自分自身で敢えてしているのである。――カント哲学は、この点でそれ以上の不整合を犯している。それは、超越論的論理学のためにいわゆる基幹概念としての諸カテゴリーを主観的論理学から借りている。[11] 主観的論理学においては、それらは経験的に拾い上げられたのである。カント哲学は後者を認めるのであるから、何故に超越論的論理学はそのような学から借用することを決意するのか、そして直ちに自ら経験的に取りかかろうとしないのかは見てとることはできない。

この点について若干述べるならば、諸概念は主としてそれらの明晰さによって分類される。しかも、明晰な概念と曖昧な概念、判明な概念と不判明な概念、十全な概念と十全でない概念にである。[12] また、完全な概念と混合概念およびその他同様の余分なものが、ここに含まれる。——明晰さによる右の分類に関して言えば、この観点とそれに関係する区別は心理学的な規定から取られたものであり、論理学的な規定から取られたものではないということがすぐに分かる。いわゆる明晰な概念は一つの対象を他の対象から区別するのに十分であるとされる。そのようなものは、まだ概念と名づけられることはできない。それは主観的な表象以上のものではない。曖昧な概念は自己に基づいていなければならない。さもなければ、それは曖昧な概念ではなく、判明な概念となるだろうからである。——判明な概念は人がその徴表を示すことができる概念であるとされる。従って、それは本来規定された概念である。徴表とは、すなわちその中にある正しいものが捉えられる場合のことだが、概念が普遍性の形式から区別されるかぎりでの概念の規定性ないし単純な内容のことに他ならない。しかし、徴表とは、さしあたり、まさしくこのような一層厳密な意味を持つわけではない。それは、総じて第三者が対象ないし概念に気づくための規定にすぎない。従って、それは極めて偶然的な事情でありうる。総じて、それが表現するのは、規定の内在性ないし本質性ではなく、むしろ外在的な悟性に対する規定の関係である。悟性が実際に悟性であるならば、概念を前にしており、概念のうちにあるものによる他に概念に気づくということはない。だが、徴表がそれから区別されているとすれば、それは記号であるか、さもなければ事象の表象に属し、事象の概念には属さない規定である。——判明でない概念とは何かは、余計なこととして通り過ぎてよい。

しかし、十全な〈adäquat〉概念とはより以上のものである。そのもとでは、本来概念と実在性の一致が考えられている。その一致は概念そのものではなく、理念に他ならない。[13]

判明な概念の徴表が実際に概念の規定そのものであるとすれば、論理学は単純な概念に関して当惑に陥ることであろう。それらは、別の分類によれば、合成された〈zusammengesetzt〉概念に対立させられるのである。それというのも、単純な概念について真のすなわち内在的な徴表が示されるとすれば、人はそれを単純な概念と見なそうとはしないだろうからである。そうかといって何の徴表もそれについて示されなければ、それは判明な〈deutlich〉概念ではないであろう。だが、明晰な〈klar〉概念はその際助けとなる。[14] 統一、実在性などの規定は単純な概念でなければならない。論理学者たちはそれによって概念の規定を見出すことはできず、単に明晰な概念を持つこと、すなわちそれについて何の概念も持たないことに満足したというそれだけの理由からである。定義、[15] すなわち概念を示すには、一般に類と種差を挙げることが求められる。従って、定義は概念を単純なものとしてではなく、二つの数えられる構成部分において与えるのである。しかし、そうだからといって、そのような概念は合成されたものでなければならないというわけではないであろう。――単純概念のもとでは、抽象的な単純性が思い浮かべられていると思われる。それは区別や規定性を含まない統一であり、従ってまた概念に相応しい統一ではない。対象が表象のうちに、とりわけ記憶のうちにあるか、或いはまた抽象的な思想規定であるかぎり、それはまったく単純でありうる。自己のうちで最も豊かな対象、例えば精神、自然、世界、また神といった対象ですら、同じく単純な表現の単純な表象、精神、自然、世界、神のうちにまったく没概念的に取り込まれるならば、単純なものであることになろう。意識は、固有の規定や徴表をさらに際だたせることなしに、そのもとにとどまることができる。しかし、意識の諸対象はこのような単純なもののままでいるべきではなく、表象や抽象的な思想規定にとどまるべきではない。それらは概念的に把握されなければならない。すなわち、それらの単純さはそれらの内的区別によって規定されていなければならない。――とはいえ、合成された概念はごつごつした鉄以上のものではないであろう。人は、合成されたものについて概念を持つことはできる。しかし、合成された概念は唯物論よりもひどいものであろう。唯物論は魂の実体だけを合成されたものとして想定するが、思惟は単純なものとして捉えるのである。教養のない反省は、さしあたりまったく外在的な関係としての合成のことを考える。それは、諸事物が考察されうるためには最悪の形式である。最も低級な自然物ですら、内的な統一でなければならない。最も真ならざる定在の形式が完全に自我、概念に転用されるということは、予期された以上のことであり、不適切で野蛮なことと見なされなければならない。

さらに、諸概念は、主として反対〈konträr〉概念と矛盾〈kontradiktorisch〉概念に分類される。――概念を論じるに当たって問題となるのは、どのような規定された概念があるかということであるとすれば、あらゆる可能な規定が挙げられねばならないであろう。――なぜなら、すべての規定が概念であり、従って規定された概念だからである。――そしてまた、存在のすべてのカテゴリーならびに本質のすべての規定が、概念の種として挙げられねばならないであろう。実際、幾つもの論理学のうち、肯定概念、否定概念、同一概念、被制約的概念、必然的概念などがあるということの説明が、或るものにおいては任意により多く、他のものにおいてはより少なく行われている有様である。それらの規定は概念自身の本性をすでに背後で支えているものであり、従ってそれらが概念のもとで挙げられる場合には、それら固有の場所で現れることにはならないから、それらは言葉の表面的な説明を許容するだけであり、ここでは何ら重要性を持たないものとして現れる。――反対概念や矛盾概念といった区別がここで特に考察されるが――これらの概念の基礎には差異性や対立といった反省規定がある。[16]それらは二つの特殊な種と見なされる。すなわち、各々はしっかりとそれだけであり、他の概念に対しては無関係にあるものと見なされる。如何なる弁証法の思想も、これらの区別の本質的な虚しさの思想もなくである。――あたかも、反対であるものは同じく矛盾したものとして規定されてはならないかのようにである。それらが表現する反省の形式の本性と本質的な移行については、然るべきところで考察された。概念のうちでは、同一性は普遍性に、区別は特殊性に、対立は根拠に還帰して、個別性へと形成されている。これらの形式のうちに、反省諸規定がそれらの概念においてあるあり方があるのである。普遍的なものは同一的なものとして示されるだけでなく、同時に特殊なものや個別的なものに対して異なったものないし反対のものとしても示され、さらにはこれらに対立ないし矛盾したものとしても示される。とはいえ、この対立のうちで普遍的なものはそれらと同一であり、それらの真の根拠なのであって、それらはこの根拠のうちで止揚されているのである。同じことが特殊性ないし個別性についても当てはまる。これらも同じく反省諸規定の全体なのである。

さらに、概念は従属〈subordiniert〉概念と同位〈coordiniert〉概念に分類される。――この区別は、概念の規定すなわち普遍性と特殊性の関係に一層密接に関係している。そこで、これらの表現もついでにではあったが考察されたのであった。但し、それらは同じくまったく固定的な関係としても見られ、従って、それらについての数多くの実りなき命題が定立されるのが常である。それについての最も広汎な取り扱いは、またもや反対と矛盾が従属と同位に対して持つ関係に関係するものである。判断とは規定された諸概念の関係であるから、そのもとで初めて真の関係が明らかにならねばならない。これらの規定を比較しはするが、それらの弁証法とそれらの規定が前進するにつれ変わっていくこと、或いはむしろそれらのうちに存在する対立的諸規定の結合についての思想を欠いたままであるというやり方では、いわばあたかもそれらの一致ないし不一致が別々のものであり不変のものであるかのように、それらのうちで何が一致しているかいないかを考えることはすべてただ実りなく内容のないものになる。――オイラーは算術的な大きさ〔量〕の一層深い関係を把握し結合することにおいて無限に豊かで鋭い洞察をした偉大な人物であったし、ランベルトは飾り気のない悟性的な人であった。そうしたオイラーやとりわけランベルトおよびその他の人々は概念的諸規定のこの種の関係を線や図形などによって示そうとした(17)。人々は、総じて、論理的な関係の仕方を計算に高めようとした――或いはむしろ実際には貶めようとしたのである。人が記号と記号で示されるべきものの本性を互いに比較するならば、右のような表示の試みがすでにまったく無意味であることを直ちに露呈する。普遍性、特殊性、個別性といった概念諸規定はもちろん異なっている。

線や代数の文字のようにである。それらはさらに対立しあってもおり、そのかぎりプラスやマイナスといった記号をも認める。しかし、それら自身およびそれらの関係はなおのこと──包摂や内属のもとにとどまっているにすぎないとしても──文字や線およびそれらの関係、大きさ〔量〕の等しさや違い、プラスやマイナス、或いは線の重なり合い、或いはそれらが結びついて作る角、それらが取り囲む空間の位置などとはまったく別の本質的な本性を持つ。それらに対して、ここに挙げられた諸対象は互いの外にあり、固定的な規定を持つという特徴を有する。諸概念がそれらの記号に一致するという仕方で捉えられるならば、諸概念は概念であることを止める。それらの規定は数や線のように死んで横たわっているものではなく、それらの間の関係はそれ自身それらに属するものではない。それらは生きた運動である。一方の区別された規定性は直ちにまた他方のうちにもあり、数や直線のもとでは完全な矛盾であろうものが、概念の本性に対しては本質的なのである。──高等数学もまた無限なものに進み矛盾を許容するが、それらの規定を表現するのにその他の記号を用いることはもはやない。二つの縦座標の無限の接近についてのなお極めて没概念的な表象を示すために、或いは一つの曲線を限りなく小さな直線の無限の集まりと等しいとする場合、二つの直線を別々に示し、幾つもの直線を引いて曲線にするが、曲線とは違ったものとして引く以上のことはしない。無限なものがそこでは問題となっているのだが、高等数学はそのために表象作用に向かうよう指示するのである。(18)

さしあたり右のような企てに導いたものは、専ら普遍性、特殊性、個別性が互いに持っているとされる量的な関係である。普遍的なものは特殊なものと個別的なもの以上のものであり、特殊なものは個別的なもの以上のものである。概念は具体的で最も豊かなものである。なぜなら、概念は存在のカテゴリーや反省諸規定といった以前の諸規定の根拠であり、全体だからである。従って、これらのものも概念のうちに現れることになろう。しかし、これらのものが概念のうちでなお抽象的なものとして固持されるならば、概念の本性はまったく否認される。普遍的なもののより大きな外延を理解するのに、普遍的なものは特殊なものや個別的なものより多くのもの、大きな定量であるという形で捉えられる場合にはである。概念は絶対的な根拠として量の可能性である。だが、また質の可能性でもある。すなわち、その諸規定は同じく質的に区別されているのである。従って、それらは量の形式のもとでのみ措定される場合には、すでにその真理に反して考察されることになる。従って、さらに反省規定は相対的なものであり、そのうちではその反対が映現している。それは定量のように外的な関係のうちにあるのではない。だが、概念はこのすべて以上のものである。その諸規定は規定された概念であり、本質的にそれ自身すべての規定の全体である。それ故、そのような内的全体性を捉えるのに、数や空間の関係を適用しようとすることは、不適切である。その中では、すべての規定が別々になる。それらの関係はむしろ用いられうる媒体の中で最後の、そして最も劣ったものである。例えば、磁気や色彩の関係といった自然の関係は、そのために限りなく上にある一層真なる象徴となろう。人間は理性に固有の表示手段として言語を持っているのであるから、一層不完全な表現手段を探し回り、それに苦しもうとすることは、無駄な思いつきである。概念は、概念としては、本質的にただ精神によってのみ捉えられるのであって、精神の所有物であるばかりでなく、精神の純粋な自己でもあるのである。概念を、外在的な眼や没概念的で機械的な扱い方、計算のために空間的図形や代数的記号を用いて固持しようとするのは無駄なことである。記号として役立ちそうな他のどんなものであれ、せいぜい神の本性に対する象徴と同じように、概念を予感させ想起させることができるにすぎない。だが、それによって真面目に概念を表現し認識しようとするならば、すべての記号の外在的本性はそれに相応しくない。むしろ、関係は逆であって、記号のうちでより以上の規定を想起させるものは、概念によって初めて認識され、概念を表現するべきであった感覚的な付随物を分離することによってのみ概念に近づけられ［うる］のである。

C　個別的なもの

明らかなように、個別性はすでに特殊性によって措定されている。特殊性は規定された普遍性であり、従って自己に関係する規定性、規定された規定されたものである。

1．従って、第一に、個別性は、概念がその規定性から自己自身のうちに反省することとして現れる。個別性は、概念の自己による媒介である。その他在が再び他のものとされ、それによって概念は自己自身に等しいものとして回復されるが、それが絶対的な否定性という規定のうちにあるかぎりにおいてである。――普遍的なものはそのうちにある否定的なものによって特殊なものとなるが、この否定的なものは先に二重の映現として規定された。それが内に向かっての映現であるかぎり、特殊なものは普遍的なものであり続ける。外へ向かっての映現によって、普遍的なものは規定されたものである。この面が普遍的なものに還帰するということには、二通りの行程がある。抽象によるか、個別性によるかである。前者は規定されたものを捨象し、より上位のまたは最高の類に達する。後者に対しては普遍的なものは規定性の中でそれへと降り下っていく。――ここには、抽象作用が概念の行程から離れ、真理を見捨てるという邪道はない。抽象が到達する一層上位のそして最高の普遍者は、ますます無内容となる表面にすぎない。それによって貶められている個別性こそは、概念が自己自身を捉え、概念として措定されている深淵なのである。

一方で、普遍性と特殊性は、個別性が生まれる際の契機として現れた。しかし、すでに示されたところによれば、それらはそれら自身において全体的な概念であり、従って個別性の中にあっても他のものに移行するわけではない。それらが自体的対自的に何であるかがその中で措定されているにすぎない。普遍的なものはそれだけである。なぜなら、それはそれ自身において絶対的な媒介であり、絶対的な否定性としてのみ自己への関係だからである。この止揚が外在的な働きであり、それ故規定性を捨象することであるかぎり、普遍的なものは抽象的な普遍者である。従って、この否定性は抽象的なもののうちにありはするだろうが、抽象的なものの単なる制約として、その外にとどまる。それは抽象の働きそのものであって、その普遍者を自己に対立させており、従って、普遍者は個別性を自己自身のうちに持つわけではなく、没概念的であり続けることになる。――生命、精神、神――並びに純粋概念を抽象作用は捉えることができない。まさしく抽象作用はその産物、個別性、個体性と人格性の原理を寄せ付けず、生命と精神を欠き、色彩も内容も持たない普遍性に達するだけだからである。

しかし、概念の統一はまったく分離できないものであって、これら抽象の産物も個別性を捨象するとされることによって、それ自身むしろ個別的な産物である。抽象作用が具体的なものを普遍性に持ち上げ、普遍的なものをむしろ規定された普遍性としてしか捉えないことによって、この普遍性こそが個別性であり、自己自身に関係する規定性として明らかとなったものなのである。従って、抽象作用は具体的なものを分離することであり、その諸規定を個別化することである。それによって捉えられるのは、個別的な諸性質や契機にすぎない。なぜなら、その産物はそれ自身であるものを含まなければならないからである。とはいえ、その産物のこうした個別性と概念の個別性は区別される。この区別は、前者においては、個別的なものは内容として、普遍的なものは形式として互いに異なっているということである。――なぜなら、まさしく内容は絶対的な形式、概念それ自身としてあるわけではなく、言い換えれば、形式は形式の全体としてあるわけではないからである。――とはいえ、この立ち入った考察によって、抽象的なもの自身が個別的な内容と抽象的な普遍性の統一として、従って具体的なもの、それがあろうとするものの反対として示されることになる。

特殊なものは、規定された普遍的なものでしかないという同じ理由で、個別的なものでもある。逆にまた、個別的なものは、規定された普遍的なものであるが故に、同じく特殊なものである。この抽象的な規定が固執されるならば、概念は三つの特殊な規定、普遍的なもの、特殊なものおよび個別的なものを持つことになる。以前は、普遍的なものと特殊なものだけが特殊なものの種として示されたのであったが。個別性は否定的なものとしての概念が自己のうちに還帰することであるから、この還帰自身が本来その中で止揚されている抽象作用によって、無関係な契機として他の契機の傍らに置かれ、数えられることができる。

個別性が特殊な概念諸規定の一つとして挙げられるとすれば、特殊性はすべてを自己のうちに包摂する全体である。まさしくこうした全体として、特殊性はそれら諸規定からなる具体的なものであり、言い換えれば個別性自身である。だが、それはまた先に注意された面から見ても、規定された普遍性として具体的なものである。従って、それは直接的な統一であり、その中ではこれらの契機のどれ一つとして区別されたものないし規定するものとしては措定されていない。そして、この形式において、それは形式的推理の媒辞となることであろう。

次のことが自ずと気づかれる。概念のこれまでの提示において行われたどの区別も、それを孤立させ固持すべき考察のうちでは混乱する。それに対する他のものへと消えいったということである。どの区別も、それを孤立させ固持すべき考察のうちでは混乱する。それが抽象作用を孤立化させたのは表象のためであったが、単なる表象だけが普遍的なもの、特殊なものおよび個別的なものを別々にして固持することができる。従って、これらのものは数え上げられることができる。そして、さらに区別するために、表象は存在のまったく外面的な区別、量を頼りとする。だが、量がここにおいてほど適切でないところはないのである。——個別性のうちではあの真の関係、概念諸規定の不可分性が措定されている。なぜなら、否定の否定として、それはそれらの規定の対立を含んでいると同時に、この対立をその根拠ないし統一のうちに含み、各々の規定が他の規定と一体化していることを含んでいるからである。普遍性はこの自体的対自的反省のうちにあるのだから、個別性が本質的に概念諸規定の否定性であるということは、個別性がそれらの規定に対して単なる第三の異なるものにすぎないというだけではない。今や、措定されてあることが自体的対自的にあることであるということが措定されているのである。すなわち、区別に属する諸規定自身の各々が全体であるということがである。規定された概念の自己内還帰とは、概念がその規定性のうちで完全な概念であるという規定を持つことである。

2. しかし、個別性は、概念が自己自身のうちに還帰することであるだけではない。それは取りもなおさず概念の喪失でもある。個別性のうちで概念は自己のうちにあるのと同じく、個別性によって概念は自己の外にあることにもなり、現実性に歩み出る。抽象作用は個別性の魂として否定的なものに対する否定的なものの関係であるが、先に示されたとおり、普遍的なものと特殊的なものに対して外在的なものではなく、内在的である。そして、これらは抽象作用によって具体的なもの、内容、個別的なものなのである。だが、個別性はこのような否定性として、規定された規定性、区別作用そのものである。区別がこのように自己の内に反省することによって、概念は固定的な概念となる。特殊なものを規定する作用は、個別性によって初めてである。なぜなら、個別性とは、今や、まさしく個別性として、措定された抽象作用である抽象作用だからである。

従って、個別的なものは、自己に関係する否定性として、否定的なものの自己との直接的な同一性である。それは自己に対してあるもの〔対自存在〕である。換言すれば、それは、概念を存在という概念の観念的な契機に従って直接的なものとして規定する抽象作用である。――それ故、個別的なものは質的な一ないしこのものである。[19]この質によって、個別的なものは、まず自己を自己自身から突き返すことである。それによって多くの他の一が前提されることになる。第二に、個別的なものはとにかくこの前提された他のものに対して否定的な関係であり、個別的なものはそのかぎり排斥的である。無関係な一としてのこれらの個別的なものに普遍性が関係づけられる場合――そして、普遍性は個別性の概念の契機であるから、それらに関係づけられなければならない――それは、個別的なものに共通のものにすぎない。幾つもの個別的なものに共通のものが普遍的なもののもとで理解される場合には、個別的なものの無関係な存立が出発点となり、概念規定のうちに存在の直接性が混入することになる。だが、個別的なものに関係している普遍的なものについて人が持つことのできる最も低級な表象は、単に共通なものでしかないものとしての個別的なもののこのような外面的な関係なのである。

実存という反省の領域でこのものとしてある個別的なものは、他の一に対する排斥的な関係を持たない。この関係は質的な対自存在〔自己に対してあること〕に属するのである。[20]このものは反撥なしにそれだけである自己内反省した一としてある。或いは、反撥はこの反省のうちでは抽象作用と一体であり、反省的な媒介である。この媒介は、このものが措定され外のものによって示された直接性であるという仕方でこのもののうちにある。このものはある。それは直接的にある。だが、それがこのものであるのは、それが示されるかぎりにおいてのみである。示すということは、力をこめて直接性を措定する反省的運動である。とはいえ、自己の外にあるものとしてである。――とにかく、個別的なものは媒介から回復された直接的なものとしてのこのものでもある。だが、それは媒介を自己の外に持つわけではない。――それは、それ自身突き返しつつ切り離すことであり、措定された抽象作用である。とはいえ、切り離すことそのことにおいて肯定的な関係なのである。

個別的なものをこのように抽象することは、区別の自己内反省として、まず区別されたものを自立的で自己のうちに反省したものとして措定することである。それらは直接的にある。だがさらに、この分離作用は反省一般であり、一つのものが他のもののうちに映現することである。従って、それらは本質的な関係のうちにある。さらに、それらは互いに対して存在するだけの個別的なものであるだけではない。そうした数多性は存在に属する。自己を規定されたものとして措定する個別性は、外のもののうちにではなく、概念の区別のうちで自己を措定する。従って、個別性は普遍的なものを自己から排斥する。しかし、普遍的なものは個別性自身の契機なのであるから、それは、同じく本質的に個別性に関係するのである。

自立的なものとなった概念の諸規定のこのような関係としての概念は、失われた。なぜなら、そうであれば、概念はもはや諸規定の措定された統一ではないからである。それらは、もはや、概念の諸契機、影像としてあるのではなく、それだけで存立しているものとしてある。――概念は、個別性として、規定性のうちにありながら自己のうちに還帰する。そのことによって、規定されたもの自身は全体となっている。従って、概念の自己内還帰は、概念の絶対的で根源的な分割である。換言すれば、個別性として、概念は判断〈Urteil〉として措定されているのである。

第二章　判　断

判断とは、概念そのもののうちに措定された概念の規定性である。概念の諸規定は、先に示されたとおり、規定された諸概念であるものと同じである。それらはすでにそれだけで考察された。しかし、このような考察はむしろ主観的な反省ないし主観的な抽象であった。とはいえ、概念はそれ自身この抽象作用に他ならない。その諸規定を対立させることは、それ自身の規定作用なのである。判断とは、概念自身によって規定された諸概念をこのように措定する作用である。

判断作用は、概念自身による概念の規定作用であるかぎり、概念把握作用とは別の機能、あるいはむしろ概念の別の機能である。そして、判断が様々な判断へとさらに進んでいくことは、このような概念の規定の前進である。どのような規定された概念があり、これらの概念諸規定はどのようにして必然的に生まれるのかということは判断のうちで示されねばならない。

従って、判断は概念の最初の実在化[1]〔実現〕と名づけられうる。実在性とは規定された存在一般としての定在に歩み入ることを表すかぎりにおいてである。さらに、この実在化の本性は次のような仕方で明らかとなった。第一に、概念の諸契機は概念の自己内反省によって、或いは概念の個別性によって自立的な全体であるが、第二に、概念の統一はそれらの関係であるというようにである。自己内反省した諸規定は、本質的に無関係で関係のない存立を持つとともに、相互に媒介しあうことによって存在する規定された全体である。規定作用自身は、これらの全体とそれらの関係を含むことによってのみ全体である。こうした全体が判断に他ならない。——従って、それは、第一に、主語と述語と呼ばれる二つの自立的なものを含む。各々が何であるかは、本来、まだ語られえない。それらはまだ無規定である。なぜなら、判断によって初めてそれらは規定されるべきものだからである。判断は規定されたものとしての概念であるから、次のような一般的な相互区別、すなわち判断は規定された概念をまだ規定されていない概念に対して含むということがあるにすぎない。従って、主語はさしあたり述語に対して、普遍的なものに対する個別的なもの、或いはまた特殊なものとしても捉えられうる。それらが、ただ一般的に、比較的規定されたものと比較的普遍的なものとして互いに対しているかぎりにおいてである。

従って、判断諸規定に対して主語、述語というこれらの名前を持つことは適切であり、また必要なことである。名前としてはそれらは無規定なものであり、これからその規定を獲得せねばならないものである。それ故、それらは名前以上のものではない。概念諸規定自身は、判断の二つの項のために用いられることはできないであろう。一方では右の理由から、他方ではより一層、概念諸規定の本性は抽象的で固定したものではなく、その対立者を自己のうちに含み、自己に帯びることとして現れるからである。判断の両項はそれ自身諸概念であり、従って概念の諸規定の全体であるから、それらはこれらすべてを通過せねばならず、判断が抽象的或いは具体的な形式においてあるということを自己のうちで示さねばならない。しかし、判断の両項がそれらの規定をこのように変化させる中で、それらを一般的な仕方で固持するには、その中で同じであり続ける名前が最も役に立つ。——しかし、名前は事象ないし概念に対立している。この区別はそれ自身判断そのもののうちで現れる。主語は一般に規定されたものを、従ってむしろ直接的に存在するものを表現するが、述語は普遍的なもの、本質ないし概念を表現するのであるから、主語そのものはさしあたりただ一種の名前にすぎない。なぜなら、主語が何であるかを最初に表現するのは述語であり、述語こそが概念の意味での存在を含むのである。これは何であるか、それはどんな植物であるか、といった問いにおいて、問われている存在のもとで理解されているのはしばしば単に名前にすぎず、そして人がそれを聞くと満足し、事象が何であるかを知るのである。これが主語の意味での存在である。しかし、概念、或いは少なくとも本質と普遍的なもの一般が初めて述語を与えるのであり、判断の意味で問われているものは述語に他ならない。——従って、神、精神、自然或いは何であれ、それらは判断の主語としてはやっと名前にすぎない。そのような主語が概念的に何であるかは、述語のうちに初めてあるのである。そのような主語にどのような述語が帰属するかが探求される場合、判定のためにはすでに一つの概念が基礎になければなるまい。しかし、概念を最初に言明するのは述語自身なのである。従って、本来、前提された主語の意味を形づくり名前の説明に導くのは単なる表象であり、その際一つの名前のもとで何が理解され、されないかは偶然であり、歴史的な事実である。或る主語に一つの述語が属するか属さないかをめぐる多くの論争は、右の形式から発するのであるから、言葉の争い以上のものではない。基礎にあるもの（*subjectum, ὑποκείμενον*）はまだ名前以上のものではないのである。

　とにかく、一層詳細に考察されるべきことは、第二に、判断における主語と述語の関係はどのようになっており、それら自身はまさにこの関係によってさしあたりどう規定されているかということである。判断がその両項として一般に持つのは、さしあたり本質的に自立的なものとしてある全体である。従って、概念の統一はやっと自立的なものの関係にすぎない。具体的な、この実在性から自己のうちに還帰し充実した統一ではまだなく、その外に自立的なものが、そのうちで止揚されていない極として存立しているのである。——判断の考察は概念の根源的な統一から出発するか、或いは両極の自立性から出発するかのいずれかでありうる。判断は、概念の自己自身による分割[2]である。従って、この統一が根拠であり、判断がその真の客観性の面から考察されるのは、この根拠からである。そのかぎり、判断は根源的な一者の根源的な分割である。判断という言葉は、それ故、それが自体的対自的にあるものと関係している。しかし、判断のうちではその諸契機が自立性を得てしまっているから、概念はそのうちでは現象としてある。——むしろこの外面性の面に固執するのが表象である。

　従って、この主観的な考察によれば、主語と述語の各々は、他方の外にそれだけで出来上がったものとしてあると見なされる。主語は対象として、その述語を持たないとしても存在するものと見なされ、述語は普遍的な規定として、この主語に帰属しないでも存在するものと見なされる。よって、判断作用には、頭の中にあるあれこれの述語がその外にそれだけで存在する対象に帰せられうるか、帰せられるべきか否かという反省が結びついている。判断作用それ自身は、それによって初めて述語が主語に結合されるという点にある。この結合が生じない時も、主語と述語は各々それがあるがままにそれだけであり続け、前者は実存する対象、後者は頭の中の表象であることになる。――主語に添えられる述語は、しかしまた、主語に帰属しもしなければならない。すなわち、まったく主語と同一でなければならない。添えるということのこの意味によって、判断作用の主観的な意味と主語と述語の無関係で外在的な存立は再び止揚される。「この行為は善い(3)〔善くある〕」と言う時、繋辞は、述語が主語の存在に属しており、単に外的にそれと結合されるにとどまらないということを示している。文法的な意味では、右の主観的な関係は、主語と述語の無関係な外在性が出発点とされるものであるにかかわらず、完全な妥当性を有する。なぜなら、ここで外在的に結合されるのは、言葉〔語〕だからである。――この機会にまた次のことが述べられうる。命題は文法的な意味では主語と述語を持つが、だからと言って判断ではまだない(4)。判断に必要なことは、述語が主語に対して概念諸規定の関係に従って、それ故特殊なものないし個別的なものに対する普遍的なものとして関係するということである。個別的な主語について語られることがそれ自身ただ個別的なものを表現するにすぎないとすれば、これは単なる命題である。例えば、アリストテレスは、一一五オリンピア紀の四年、齢七三歳で亡くなった――ということは単なる命題であって、判断ではない。その中に何らかの判断に当たるものがあるとすれば、もろもろの事情の一つ、死の時ないしこの哲学者の年齢が疑われはしたが、何らかの根拠に基づいて上述の数が主張されるといった場合のみであろう。なぜなら、この場合には、これらの数は普遍的なものとして、アリストテレスの死という右の規定された内容なしにも存立し、他の内容によって満たされもすればまた空虚でもある時と解されるであろうからである。従って、私の友人Nは死んだという報告は命題である。そして、彼は実際に死んだのか或いは気絶しているだけではないのかという問いがある場合にのみ、判断なのであろう。

通常判断は二つの概念の結合であると説明されるが、その場合、人は結合という漠然とした表現を外在的な繋辞と見なすことができよう。さらには、結合されたものは少なくとも概念でなければならないということを認めることができよう。だが、普通はこの説明は最も表面的であることになろう。例えば、選言判断[5]においては二つのいわゆる概念以上のものが結合されているということがある。それだけではなく、むしろ、説明の方が事実よりも遥かにましであるという事情もあるのである。なぜなら、考えられているのは、そもそも概念ではなく、概念の諸規定ではほとんどなく、本来ただ表象の諸規定にすぎないからである。概念一般、規定された概念のもとで注意されたのは、人が概念と習慣的に呼ぶものは概念の名に値するものではないということである。では、判断において概念が現れるのはどこなのであろうか。——特に、右の説明では、判断の本質的な面すなわちその諸規定の区別が看過されている。ましてや概念に対する判断の関係は顧慮されていない。

主語と述語のさらなる規定について言えば、それらは判断において本来初めてその規定を獲得しなければならないということが注意された。判断が概念の措定された規定性であるかぎり、この規定性は上述の区別を直接的かつ抽象的に個別性と普遍性として持つ。——しかし、判断がそもそも概念の定在ないし他在［であって］、概念は、それが概念としてある所以である統一へとまだ自己を回復していないかぎり、概念を欠く規定性、存在と反省ないし自体存在の対立も現れる。しかし、概念は判断の本質的な根拠であるから、これらの規定は少なくとも無関係で、そのため、各々の規定は、一方は主語に、他方は述語に帰属するわけだが、この関係が逆転した形で同様に起こることにもなるのである。個別的なものとしての主語は、さしあたり、個別的なものの規定された規定性に従って存在するものないしそれだけであるものとして現われる。——表象のうちの対象にすぎないとしても、現実的な対象としてである。——例えば、勇気、正義、同意などのように——そして、それについて判断が下されるのである。——これに対して、普遍的なものとしての述語は対象についてのこのような反省として、或いはまたむしろ対象の自己自身のうちへの反省として、右の直接性を超えていき、単に存在するものとしての諸規定性を止揚するものとして現れる。——対象の自体存在としてである。——そのかぎり個別的なものが第一のもの、直接的なものとされて出発点とされ、それが判断によって普遍性へと持ち上げられるとともに、逆にただ自体的にあるにすぎない普遍的なものが個別的なもののうちで定在へと引き下ろされ、自己に対してあるものとなることになる。

判断のこの意味は、判断の客観的な意味として解されるとともに、移行の以前の諸形式の真の意味として解されねばならない。存在するものは生成し、変化する。有限なものは無限なもののうちで没落する。実存するものはその根拠から出て現象のうちに現れ、そして没落する〔根拠に帰る〕。偶有的属性は実体の富とその力を開示する(6)。存在においては他のものへの移行が、本質においては他のものにおける映現があり、それを通して必然的な関係が明らかになる。だが、このような移行や映現は、今や概念の根源的な分割に移行している。概念は個別的なものをその普遍性という自体的存在に連れ戻すことによって、同様に普遍的なものを現実的なものとして規定する。個別性がその自己内反省へと措定され、普遍的なものが規定されたものとして措定されるというこの二つのことは同一の事態に他ならない。

ところが、この客観的な意味には同じく次のことが属している。すなわち、上述の区別は、概念の規定性のうちで再び現れることによって、同時に現象するものとしてのみ措定されているということ、すなわち、それらは固定したものではなく、一つの概念規定にも他の概念規定にも帰属するということである。従って、主語は同様に自体的にあることとしても捉えられ、それに対して述語は定在としても捉えられる。述語のない主語は、現象の中で性質を欠く物、物自体であるものであり、空虚で無規定な根拠である。従って、それは自己自身のうちにある概念であり、述語において初めて区別と規定性を獲得するのである。よって、述語が主語の定在の面をなすことになる。この規定された普遍性によって、主語は外のものへの関係の中に置かれ、他の事物の影響に対して開かれ、そのことによってそれらに対して働きかけるものとなる。定在するものは、その自己内存在から出て連関と関係の普遍的な境位に入り、現実の否定的な関係と変動の中に投ぜられる。しかし、それは個別的なものが他のもののうちに続いていくこと、従って普遍性なのである。

たった今示された同一性、すなわち主語の規定は同様に述語にも帰属し、その逆も成り立つということは、しかし、われわれの考察に属するだけではない。それは自体的にあるだけでなく、判断のうちで措定されてもいる。なぜなら、判断は両者の関係だからである。繋辞は主語が述語であることを表現する。主語は規定された規定性であり、述語は主語のこの規定性が措定されたものである。主語はその述語のうちでのみ規定されている。或いは、述語のうちでのみ主語は主語である。主語は述語において自己に還帰しており、その中で普遍的なものである。――ところが、主語が自立的なものであるかぎり、右の同一性には、述語は自立的な存立をそれだけで持つのではなく、その存立を主語のうちにしか持たないという事情がある。述語は主語に内属する。これによって述語が主語から区別されるかぎり、述語は主語の個別的な一規定性にすぎず、その諸性質の一つにすぎない。これに対して、主語自身は具体的なもの、多様な諸規定性の全体であって、述語はそれらの一つを含むにすぎない。主語は普遍的なものである。――だが、他方ではまた、述語が自立的な普遍性であり、主語は逆に述語の一規定にすぎない。そのかぎり、述語は主語を包摂する。個別性と特殊性はそれだけで［ある］のではなく、その本質と実体を普遍的なものの中に持つ。述語は主語をその概念のうちで表現するのである。個別的なものと特殊なものは述語のうちの偶然的な諸規定である。述語はそれらの絶対的な可能性である。包摂するということで考えられるのは、主語と述語の外在的な関係であり、主語は自立的なものとして表象されるとすれば、包摂する作用は先に言及された主観的な判断に関係する。この判断においては、両者の自立性が出発点とされるのである。従って、包摂とは普遍的なものを特殊なものないし個別的なものに適用することにすぎない。特殊なものや個別的なものは普遍的なもののもとに、無規定な表象に従って、より劣った質を持ったものとして措定されるのである。

主語と述語の同一性は、ある時は主語に一つの概念規定が、そして述語には別の概念規定が帰属し、別の時には同様にその逆となるというように考察された。だが、それによっては、同一性は相変わらずまだ自体的にある同一性にとどまる。判断の両項が自立的な差異性を持っているため、措定されたそれらの関係もこれら二つの項をさしあたり異なったものとして持つことになる。だが、本来述語に対する主語の真の関係を形づくるのは区別のない同一性である。概念規定は本質的にそれ自身関係である。なぜなら、それは普遍的なものだからである。従って、主語と述語が持つ同じ諸規定は、それらの関係自身をも持つ。概念規定は普遍的である。なぜなら、それは主語と述語、両者の肯定的な同一性だからである。だが、それはまた規定された同一性でもある。なぜなら、述語の規定性が主語の規定性なのだからである。それは、さらにまた個別的な同一性でもある。なぜなら、そのうちで自立的な極は、それらの否定的な統一において止揚されたものとしてあるからである。――しかし、判断においてはこの同一性はまだ措定されていない。繋辞は「AはBである」という存在一般のまだ無規定な関係としてある。なぜなら、概念の諸規定性ないし極の自立性は、判断のうちでは、概念が自分の中に持っている実在性だからである。繋辞の「である」が主語と述語のあの統一の規定され充実したものとして、それらの概念としてすでに措定されているならば、判断はもはや推理であろう。(7)

概念のこの同一性を回復すること、或いはむしろ措定することが判断の運動の目標である。判断のうちにすでにあるものは、一方では主語と述語の自立性であるが、また両者が互いに対して持つ規定性でもある。だが他方では、それらの関係、とはいえ抽象的な関係である。主語は述語であり、これがまずは判断が言い表すものである。しかし、述語は主語があるところのものであるべきではないから、矛盾があることになる。この矛盾は解消して一つの結果に移行しなければならない。とはいえ、むしろ主語と述語は本来概念の全体であり、判断は概念の実在性であるから、判断の前進は展開にすぎない。(8) 判断の中には、すでにそのうちに現れるものがあり、そのかぎり証明は開示であり、判断の両極のうちにすでにあるものを措定することとしての反省にすぎない。だがまた、この措定作用そのものもすでに存在している。それは両極の関係なのである。

直接的である判断は、まず、定在の判断である。直接的には、その主語は抽象的な存在するだけの個別的なものであり、述語は個別的なものの直接的な規定性ないし性質、抽象的なものとしての普遍的なものである。

主語と述語のこの質的な面が止揚されると、さしあたり一方の規定は他方のうちに映現することになる。判断は、今や第二に、反省の判断である。

この一致はむしろ外的な一致であるが、しかし、それは実体的に必然的な連関の本質的な同一性に移行する。そうすると、判断は、第三に、必然性の判断となる。

第四に、この本質的な同一性のうちでは、主語と述語の区別は形式となっているから、判断は主観的になる。それは概念とその実在性との対立を含み、両者の比較である。こうした判断は概念の判断である。

概念がこのように発現することが、判断が推理に移行することの根拠である。

A　定在の判断

主観的な判断においては、人は同一の対象を二重に見ようとする。一方では、その個別的な現実性において、他方では、その本質的な同一性ないしその概念においてである。個別的なものはその普遍性に引き上げられる。或いは、同じことだが、普遍的なものはその現実性へと個別化される。判断はこのような仕方で真理である。なぜなら、それは概念と実在性の一致だからである。しかし、始めは判断はそのようにはできていない。なぜなら、第一に、そのうちには諸規定の反省や運動が生まれていないため、それは直接的だからである。この直接性によって、最初の判断は定在の判断となる。それは、また質的な判断とも呼ばれうる。但し、質が存在の規定性に属するだけでなく、抽象的な普遍性もその中に含まれているかぎりにおいてのみである。この抽象的普遍性がその単純さの故に同様に直接性の形式を持つのである。

定在の判断は、また、内属の判断でもある。(9) 直接性がその規定であるが、主語と述語が区別されるかぎりでは、主語が直接的なものであって、従って、この判断のうちの第一のものであり本質的なものであるから、述語は非自立的なもの、主語にその基礎を置くものの形式を持つのである。

(a) 肯定判断

1. 注意されたとおり、主語と述語はさしあたり名前である。その現実的な規定は判断の進展を通して初めて獲得される。しかし、判断は措定され規定された概念であり、その両項として、それらは判断の諸契機という規定を持つ。とはいえ、直接性の故に、まだまったく単純な規定を持つにすぎない。それは、一方では、媒介によって豊かになった規定ではなく、また他方では、さしあたり抽象的な対立に従って抽象的な個別性と普遍性としてあるにすぎない。——述語についてまず述べるならば、述語は抽象的な普遍者である。しかし、抽象的なものは個別的なものないし特殊なものを止揚するという媒介によって制約されているから、そのかぎり媒介は前提であるにすぎない。概念の領域では、述語は、それ自体媒介を含み媒介を止揚することによってのみ生じた直接性以外の直接性を与えることはありえない。すなわち普遍的な直接性以外にはである。従って、質的な存在自身もその概念のうちでは普遍的なものである。とはいえ、存在としては、直接性はまだそのように措定されてはいない。普遍性として初めて直接性は概念規定であり、そこでは直接性に否定性が本質的に属しているということが措定されているのである。この関係は、直接性が主語の述語となるような判断のうちに見出される。——同様に、主語も、抽象的に個別的なものないし直接的なものとしてあるとされる直接的なものである。従って、それは、或るもの一般としての個別的なものでなければならない。そのかぎり、主語は判断のうちの抽象的な面をなす。その面からすれば、概念は判断のうちで外面性に移行している。——二つの概念規定が規定されているように、それらの関係、「である」、繋辞もまた直接的で抽象的である。関係も同じく直接的で抽象的な存在という意味を持ちうるにすぎない。まだ媒介や否定を含んでいない関係によって、この判断は肯定判断と名づけられる。

2．従って、肯定判断のさしあたっての純粋な表現は、命題「個別的なものは普遍的である」である。

この表現は「AはBである」と捉えられてはならない。なぜなら、AとBは、まったく形式を持たず、よって意味のない名前だからである。しかし、判断一般は、従って、定在の判断はそれ自身すでにその両極として概念規定を持つ。「AはBである」は、判断を表わすとともに一切の単なる命題を表わすことができる。しかし、どの判断においても、またその形式において一層豊かに規定された判断においても、「個別的なものは普遍的である」ということの規定された内容を持った命題が主張されている。——すなわち、どの判断も抽象的な判断一般でもあるかぎりにおいてである。否定判断が同様にこの表現のもとに属するかぎり、それについてはすぐに問題となろう。——さしあたり、少なくとも肯定的な判断のどれにおいても、まさしく、個別的なものは普遍的なものであるという主張がなされるということに考え及ぶことが普通はないとすれば、それは、一方では主語と述語が区別される特定の形式が看過されるという理由によって起こる。——判断は他ならぬ二つの概念の間の関係でなければならないからである。——またもう一方では、判断のその他の内容「カイウスは学識がある」或いは「バラは赤い」が、カイウスなどの表象にかかずらって形式を反省しない意識に現れるという理由による。——少なくとも、通常例として使われざるをえない論理的なカイウスといった内容は極めて関心を引かない内容であり、むしろ注意を形式から自分の方に引かないためにまさしく無関心に選ばれるにもかかわらずである。

客観的な意味の面からは、個別的なものは普遍的であるという命題は、以前折に触れて注意されたように、個別的なものの無常性を示す一方、概念一般のうちにそれらが肯定的な存立を持っていることを示している。概念自身は不滅である。しかし、その分割の中で概念の外に現れるものは変化に曝され、その普遍的な本性に立ち帰る運動に従わされている。だが逆に、普遍的なものは定在を獲得する。本質がその諸規定のうちで影像となり、根拠が実存の現象となって現れ、実体が自己を啓示し偶有的属性となるように、[10] 普遍的なものは個別的なものへと開かれる。判断とは、普遍的なもののこのような開示であり、普遍的なものが自体的にすでにある否定性の展開なのである。――この後のことを表現するのが、換位命題「普遍的なものは個別的である」である。それが肯定判断のうちで同じように言明されているのである。主語、さしあたり直接的に個別的なものは、判断自身のうちでそれに対する他のもの、すなわち普遍的なものに関係づけられている。したがって、それは具体的なものとして措定されている。――存在の面からすれば、多くの質を持ったもの[11]として、或いは反省の具体的なもの、様々な性質を持った物、多様な可能性を持った現実的なもの、まさにそうした偶有的属性を持った実体としてである。ここで、これらの多様なものは判断の主語に属するのであるから、或るものないし物などはその質、性質ないし偶有的属性において自己に反省している。或いは、それらを貫いて連続しており、それらの中で自己を保存するとともにそれらを自己のうちで同じく保存している。措定されてあることないし規定性は、自体的対自的にあることに属しているのである。従って、主語はそれ自身において普遍的なものである。――これに対して、述語、この実在的ないし具体的な普遍性ではなく抽象的な普遍性は、主語に対して規定性であり、他の契機を排除して主語の全体の一契機だけを含むにすぎない。判断の極として同時に自己に関係するこの否定性のために、述語は抽象的に個別的なものである。――例えば、「バラはよい匂いがする」という命題のうちでは、述語はバラの多くの性質の一つだけを表現する。述語は主語のうちで他の性質と結合している諸性質を個別化する。物が解体することによって、それに内属している様々な性質が諸物質として自立化することによって個別化されるのと同様である。[12] 従って、判断の含む命題は、この面からすると、「普遍的なものは個別的である」というものになる。

判断のうちでの主語と述語のこの相互規定を一緒にすると、次の二つのことが明らかになる。(一)主語は、直接的には存在するものないし個別的なものとしてあり、述語は普遍的なものである。しかし、判断は両者の関係であり、主語は述語によって普遍的なものとして規定されているから、主語は普遍的なものである。(二)述語は主語のうちで規定されている。なぜなら、述語は規定一般ではなく、主語の規定だからである。「バラはよい匂いがする」。この芳香は何らかの無規定的な芳香ではなく、バラの芳香である。従って、述語は個別的なものである。とにかく、主語と述語は判断の関係のうちにあるのだから、それらは概念の諸規定に従って対立していなければならない。因果性の相互作用がその真理に至る以前には、そのうちで二つの項がそれらの規定の等しさに対してなお自立的で対立しあっているものでなければならないのと同様である。従って、主語が普遍的なものとして規定されているとすれば、普遍性というその規定もまた述語によって受け取られてはならない――さもなければ、判断はないことになろう――個別性というその規定だけが受け取られるべきである。主語が個別的なものとして規定されているかぎり、述語は普遍的なものと解されねばならないのと同様である。――あの単なる同一性に反省が向けられるならば、二つの同一命題が示される。

個別的なものは個別的なものである

普遍的なものは普遍的なものである

それらのうちでは、判断の諸規定はまったく分裂しており、それらの自己関係だけが表現され、それらの相互関係は解消し、従って判断は止揚されていることになろう。――先の二つの命題の一方、「普遍的なものは個別的である」は内容の面から判断を表現している。その内容は、述語のうちでは個別化された規定であるが、主語のうちではその規定の全体である。もう一方の命題「個別的なものは普遍的である」は、命題自身によって直接示されている形式を表現している。――直接的な肯定判断のうちでは、両極はなお単純である。従って、形式と内容はなお結合されている。言い換えると、それは二つの命題からなるわけではない。そのうちで明らかになった二重の関係は、直接一つの肯定判断をなす。なぜなら、それらの極は、(a)自立的で抽象的な判断の諸規定としてある。(b)各項は、それらを関係づける繋辞のために他の項によって規定されている。だが、自体的には、従って形式の区別と内容の区別が、先に示されたとおり、そのうちにはある。しかも、第一命題「個別的なものは普遍的である」が含むものは、形式に属する。なぜなら、その命題は、判断の直接的な規定性を表現するからである。これに対して、もう一方の命題「普遍的なものは個別的である」が表現する関係、或いは主語は普遍的なものとして、述語はこれに対して特殊なものないし個別的なものとして規定されているということは、内容に関係する。なぜなら、その諸規定は自己内反省によって初めて生ずるのであり、これによって直接的な規定性は止揚され、従って、形式は、形式区別に対立し自己のうちに還帰した同一性、内容となるからである。

3．とにかく、

（主語）　（述語）

個別的なものは普遍的である

普遍的なものは個別的である

という形式と内容を表す二つの命題は、一つの肯定判断のうちに含まれているという理由で結合されると、その結果、主語も述語もともに個別性と普遍性の統一として規定されることになろう。そうすると、それらはともに特殊なものであろう。これが、それらの内容規定として自体的に認められるべきことである。しかし、一方では、この結合は外的な反省によってのみ成立したのであろうし、他方では、そこから帰結した命題「特殊なものは特殊なものである」はもはや判断ではなく、空虚な同一命題であることになろう。すでに判断の中に見出された命題「個別的なものは個別的である」、「普遍的なものは普遍的である」がそうであったようにである。――個別性と普遍性はまだ特殊性に向けて結合されることはできない。なぜなら、それらは、肯定判断のうちではなお直接的なものとして措定されているからである。――或いは、判断は、その形式と内容に関して言えば、なお区別されなければならない。まさしく主語と述語はなお直接性と媒介されたものとして区別されているからであり、言い換えると、判断は、その関係に関して言えば、関係づけられたものの自立性とそれらの相互規定ないし媒介の双方だからである。

従って、第一に、判断はその形式の面から考察されれば、「個別的なものは普遍的である」ということを意味する。しかし、むしろこのような直接的である個別的なものは普遍的ではない。その述語は一層広い外延を持ち、個別的なものに一致しない。主語は直接的にそれだけで存在するものであり、従って右の抽象の反対物、媒介によって措定され、主語について言表されるべきであった普遍性の反対物なのである。

第二に、判断はその内容の面から見られるならば、或いは「普遍的なものは個別的である」という命題としての判断においては、主語は諸々の質を持った普遍的なもの、無限に規定されている具体的なものである。そして、その諸規定性はやっと質、性質、偶有的属性であるにすぎないから、主語の全体はそれらのまったく無限な数多性である。従って、そのような主語は、むしろ、その述語が言い表しているような個別的な性質ではない。従って、二つの命題は否定されねばならず、肯定判断はむしろ否定判断として措定されねばならない。

(b) 否定判断

1. 論理的な真理は形式にしか関わらず、内容は自己矛盾していないということしか要求しないから、判断が真であるか否かはその内容のみに依存するという普通の考え方が、すでに先に論じられた。判断の形式そのものには、二つの概念の関係であるということしか含まれていない。しかし、これら二つの概念は集合数という関係のない規定を持つだけでなく、個別的なものと普遍的なものとして関係しもするということが明らかとなった。これらの規定こそが真に論理的な内容なのであり、しかもこのような抽象的な形で肯定判断の内容をなしているのである。他にどんな内容（太陽は丸い、キケロはローマの偉大な弁論家であった、今は昼である、など）が判断のうちに現れるかということは、判断そのものには関わらない。判断が言表するのは、「主語は述語である」、或いは、これらは名前にすぎないから、もっとはっきり言えば、「個別的なものは普遍的であり、その逆である」ということにすぎない。――この純粋に論理的な内容の故に、肯定判断は真ではなく、否定判断のうちにその真理を持つ。――内容は、判断のうちでは自己に矛盾してさえいなければよい、と人は要求する。しかし、既に示されたとおり、肯定判断のうちで内容は自己に矛盾する。――だが、右の論理的な内容を形式とも呼び、内容のもとでそれ以外の経験的充実だけを理解するということは、まったく重要なことではない。従って、形式は空虚な同一性だけを含み、その外に内容規定があるというわけではない。その際、肯定判断は、肯定判断というその形式によっては真理を持たない。直観ないし知覚の正しさ、対象との表象の一致を真理と名づける人は、少なくとも哲学の対象と目的であるものに対する表現をもはや持っていない。人は哲学の対象と目的を少なくとも理性真理と呼ぶに違いない。そして、「キケロは偉大な弁論家であった」、「今は昼である」などの諸判断は理性真理ではないということを認めることであろう。しかし、それらが理性真理でないのは、それらがいわば偶然に経験的な内容を持つからではなく、それらが肯定判断でしかなく、直接的に個別的なものと抽象的な規定以外のものを内容とすることはできず、するべきでないからである。

肯定判断は、その真理をさしあたり「個別的なものは抽象的に普遍的ではない」という否定判断のうちに持つ。――そうではなく、個別的なものの述語は、それがそのような述語である、或いは、主語と関係することなくそれだけで考察されるならば、抽象的に普遍的なものであるから、それ自身規定されたものである。それ故、個別的なものはさしあたり特殊なものであることになる。さらに、肯定判断のうちに含まれているもう一つの命題によれば、否定判断は次のことを意味する。普遍的なものは抽象的に個別的ではなく、この述語はすでに述語であるが故に、或いは普遍的な主語に関係しているが故に、単なる個別性以上のものであり、従って普遍的なものは同じくさしあたり特殊なものである。――主語としてのこの普遍的なものは、それ自身個別性という判断規定のうちにあるのであるから、二つの命題は「個別的なものは特殊なものである」という一命題に帰着する。

注意されうるのは、(a)ここで、先にすでに論じられた特殊性が述語であることが明らかになっていることである。しかし、ここでは、特殊性は外在的な反省によって措定されているのではなく、判断のうちで示された否定的な関係を介して生じている。(b) この規定がここで現れるのは、述語に対してのみである。直接的な判断、定在の判断のうちでは、主語は根底にあるものである。従って、規定はさしあたり述語のうちで推移するもののように見える。しかし、事実上は、この第一の否定はまだ規定ではありえず、本来個別的なものの措定ではありえない。個別的なものとは、まず第二のもの、否定的なものを否定するものに他ならないからである。「個別的なものは特殊なものである」は、否定判断の肯定的な表現である。この表現は肯定判断そのものではない。肯定判断はその直接性の故にその極として抽象的なものしか持たず、特殊なものはまさしく判断の関係を措定することによって第一の媒介された規定として明らかになるかぎりにおいてである。――しかし、この規定は極の契機として解されるだけでなく、それが本来まずあるとおり関係の規定としても解されねばならない。或いは、判断は否定判断としても見なされなければならない。

この移行は、判断一般の中での両極と両極の関係との関係に基づく。肯定判断は直接的に個別的なものと普遍的なものの関係である。従って、その一方が同時に他方でもあるものではないもの同士の関係である。それ故、関係は同じく本質的に分離であるか否定的である。そのために、肯定判断は否定的なものとして措定されねばならないのであった。それ故、論理学者たちによって、否定判断の「ない」が繋辞の方に引きつけられていることを止揚することはなされなかった。判断のうちで極の規定であるものは、同じく規定された関係である。判断規定ないし極は、直接的存在というまったく質的な規定ではない。すなわち、その存在の外にある他のものに対して対立しているとされるだけの規定ではない。また、それは反省の規定でもない。反省の規定はその普遍的な形式に従って肯定的かつ否定的なものとして振る舞い、その各々は排斥的なものとして措定されており、自体的にのみ他のものと同一であるにすぎない。概念の規定としての判断の規定はそれ自身において普遍的なものであり、それにとって他の規定へと続いていくものとして措定されている。逆に、判断の関係は、両極が持つのと同じ規定である。なぜなら、それはまさしく両極相互のこの普遍性と連続であるからである。これらの極が区別されているかぎり、その関係は否定性をも帯びている。

関係の形式から規定の形式への移行が右に示されたわけだが、この移行は繋辞の「ない」が同様に述語に結びつけられ、述語が普遍的でないものとして規定されねばならないという直接的な帰結を生じる。(13)しかし、普遍的でないものは、同様に直接的な帰結によって特殊なものである。——否定的なものが直接的な非存在というまったく抽象的な規定に従って固持されるならば、述語はまったく無規定な普遍的でないものにすぎない。論理学においては、通常この規定は矛盾概念のところで論じられ、次のことが重要なこととして教え込まれる。すなわち、或る概念の否定のもとでは否定的なものだけが堅持され、肯定的概念に対する他のもののまったく無規定な範囲として理解されねばならないということである。(14)そうだとすれば、単なる非‐白は赤、黄、青などであるとともに、黒でもあろう。しかし、白そのものは直観の没概念的な規定である。その際、白でないということは、同様に没概念的な非存在である。この抽象物は、論理学の最初のところで考察され、それのさしあたりの真理は生成であると認識されたものに他ならない。(15)判断諸規定を考察するに当たって、直観や表象から取られたそのような没概念的な内容が例として用いられ、存在と反省の諸規定が判断の諸規定として解されるならば、このやり方は、カントに倣って言えば、悟性概念が無限な理性概念ないしいわゆる物自体に適用される場合と同じ無批判なやり方である。概念にはそれから出る判断も属しているわけだが、それこそは真の物自体ないし理性的なものである。右の諸規定は、しかし、存在ないし本質に属しており、まだそれらの真理、概念のうちにあるようなあり方にまで仕上げられた諸形式ではないのである。——感覚的な表象としての白や赤のもとにとどまったままであれば、普通のように、表象の規定にすぎないものが概念と呼ばれることになる。そして、その際、もちろん非白、非赤は、肯定的でないものである。非三角形が完全にまったく無規定なものであるのと同様にである。なぜなら、数と定量一般に基づく規定は、本質的に無関係で没概念的な規定であるからである。しかし、非存在自身と同様に、そのような感覚的な内容も概念的に把握され、それが盲目的で運動を欠く表象のうちで持つ無関係性と抽象的な直接性を失わねばならない。定在のうちですでに、思想を欠く無は限界になる。すなわち、或るものがその外にある他のものと関係することになる限界にである。[16] これに対して、反省においては、本質的に肯定的なものに関係し、従って規定されているのは、否定的なものである。否定的なものは、もはやあの無規定な非存在ではない。それに対して肯定的なものが対立することによってのみ、それは存在するものとして措定されているのである。第三のものがそれの根拠である。[17] 従って、否定的なものは囲い込まれた領域の中に置かれており、そのうちで一方でないものは規定されたものなのである。——だがさらに、概念とその諸規定のまったく流動的な連続性のうちでは、「ない」は直ちに肯定的なものであり、否定は規定性であるだけでなく、普遍性のうちに取り上げられてもおり、それと同一とされているのである。従って、非・普遍的なもの〔普遍的でないもの〕は直ちに特殊なものなのである。

2．否定は判断の関係に関わり、否定判断はなお判断と見なされるのだから、それは何よりもまずなお判断である。従って、主語と述語の関係ないし個別性と普遍性の関係は存在しており、それらの関係は判断の形式である。基礎にある直接的なものとしての主語は、否定によって触れられることはない。よって、それは述語を持つというその規定ないし普遍性へのそれの関係を保持している。それ故、否定されるものは、述語のうちの普遍性一般ではなく、抽象物であり、あの普遍性に対して内容として現れていた述語の規定性である。——従って、否定判断は全面的な否定ではない。述語を含む普遍的な領域は、なお存続している。それ故、述語に対する主語の関係は、本質的になお肯定的である。なお残る述語の規定は同様に関係なのである。——例えば、「バラは赤くない」と言われる時、それによって否定されるのは述語の規定性だけであって、述語に同様に帰属する普遍性からそれが切り離されるのである。普遍的領域、色は保存されている。「バラは赤くない」場合、それが一つの色、そして他の色を持つことは想定されている。この普遍的な領域に関しては、判断はなお肯定的である。

個別的なものは特殊なものである。——否定判断のこの肯定的な形式はこのことを直ちに表現している。特殊なものは普遍性を含む。それは、さらに、述語は普遍的なものであるだけでなく、なお規定されたものでもあるということを表現する。否定的な形式は同じことを含んでいる。なぜなら、例えば、バラはなるほど赤くはないといっても、色という普遍的な領域を述語として保持するのみならず、何か別の規定された色をも持つからである。従って、赤という個別的な規定性が止揚されているだけであって、普遍的な領域はそのままであるだけでなく、規定性も保持されている。とはいえ、無規定な領域、普遍的な規定性とされており、従って特殊性とされているのである。

3．特殊性が否定判断の肯定的な規定であることが明らかと［なった］わけだが、それは個別性と普遍性の間を媒介するものである。従って、否定判断は何といっても総じて媒介者であり、第三の歩み、定在の判断が自己自身に反省することへと媒介するものである。それは、その客観的な意味からすれば、偶有的属性の変化の契機であるにすぎない。――或いは、定在のうちでは、具体的なものの個別的な諸性質の契機にすぎない。この変化によって述語の完全な規定性ないし具体的なものが措定されたものとして現れるのである。

否定判断の肯定的表現に従って言えば、個別的なものは特殊なものである。しかし、個別的なものはやはり特殊なものではない。なぜなら、特殊性は個別性よりも広い外延を持っているからである。従って、特殊性は主語と一致しない述語である。その中で、主語はその真理をまだ持っていない。個別的なものは個別的なものにすぎない。他のもの、それが肯定的であれ否定的であれ、他のものに関係することなく、自己自身にのみ関係する否定性なのである。――バラは何かの色を持つというわけではない。それはバラの色である規定された色を持つだけである。個別的なものは無規定的に規定されたものではなく、規定された規定されたものなのである。

否定判断のこの肯定的な形式から出発するならば、それの持つこのような否定はやはり第一の否定としてあるにすぎない。しかし、否定はこのようなものではない。むしろ、否定判断はすでに本来的に第二の否定または否定の否定である。そして、否定判断が本来的にそれであるこのことが措定されなければならない。すなわち、それが否定するのは肯定判断の述語の規定性であり、その抽象的な普遍性、ないし内容として見られるならば、それが主語について含んでいる個別的な質である。しかし、規定性の否定はすでに第二の否定であり、従って、自己自身のうちへの個別性の無限の還帰である。従って、これによって主語の具体的な全体の回復が起こっていることになる。或いは、むしろ主語は今初めて個別的なものとして措定されているのである。それは、否定と否定の止揚によって自己と媒介されているからである。述語の方は、それによって最初の普遍性から絶対的な規定性へと移行しており、主語と釣り合いを取っている。そのかぎり、判断は、「個別的なものは個別的である」という意味となる。――別の面からすると、主語は同じく普遍的なものとして考えられねばならなかったため、そして述語は主語のこの規定に対しては個別的なのだが、否定判断のうちで特殊性へと拡大されたかぎり、そして、今やさらにこの規定性の否定は同じく述語の含む普遍性の純化でもあるから、右の判断の内容は「普遍的なものは普遍的なものである」ということにもなる。

これら二つの判断は、以前外的反省によって生じたものであったが、その中で述語はすでに肯定的なものとして表現されている。しかし、さしあたり否定判断自身の否定は、否定判断の形で現れざるをえない。否定判断においては、述語に対する主語の肯定的関係と述語の普遍的領域がなお存続していたことが示された。従って、否定判断は、この面からすると、制限されていることから一層純化された普遍性を肯定判断として含んでいたのであり、それ故、それだけ一層個別的なものとしての主語については否定されねばならない。このようにして、述語の全範囲は否定されており、述語と主語の間には、肯定的な関係はもはやない。これが無限判断である。

(c) 無限判断

否定判断は、肯定判断と同様、真の判断ではない。だが、無限判断は、否定判断の真理たるべきものであって、その否定的な表現によれば、否定的に無限なものであり、判断の形式すらも止揚されている判断である。――しかし、それは不条理な判断である。それは判断でなければならない。従って、主語と述語の関係を含んでいなければならない。しかし、そのような関係はまたそこにあってはならない。——無限判断という名前は、通常の論理学においても常に挙げられる[18]。しかし、それがどのような事情にあるかはまさに明らかになることはないままにである。——否定的無限判断[19]の例を持つのは、容易なことである。主語と述語として諸規定が否定的に結合されており、その一方は他方の規定性でないだけでなく、その普遍的な領域も含んでいない。従って、例えば、精神は赤でも黄でもない、など、酸性でも苛性などでもない、など。バラは象でない、悟性は机でない、などである。——これらの判断はいわゆる正しい、或いは真である。しかし、そのような真理性にかかわらず馬鹿げており、愚かしい——言い換えれば、それらはむしろ判断ではない。——無限判断の一層実在的な例は、悪い行為である。市民間の係争の場合は、或るものが他の当事者[20]の財産としてのみ否定される。とはいえ、その者がそれに対する権利を持っているならば、その者のものであろうということは想定されている。或るものは権利という名のもとでのみ要求されるのである。従って、普遍的な領域、権利は、右の否定判断においては承認され保持される。これに対して、犯罪は無限判断である。それは特殊な権利を否定するだけでなく、普遍的な領域も同時に否定し、権利としての権利を否定する。それは、なるほど現実的な行為であることによって正当性を持つ。しかし、それは、その普遍的な領域である人倫性に対してまったく否定的に関係するが故に、愚かしい。

無限判断、否定の否定の肯定的な内容は、個別性の自己自身のうちへの反省である。それによって、個別性は初めて規定された規定性として措定されているのである。右の反省に従えば、個別的なものは個別的であるというのがその表現であった。主語は定在の判断のうちでは、直接的な個別的なものとして、そのかぎりむしろただ或るもの一般としてあるにすぎない。否定判断と無限判断の媒介によって、それは初めて個別的なものとして措定されているのである。

従って、個別的なものは、それと同一であるそれの述語へと連続したものとして措定されている。それ故、普遍性もまた同様にもはや直接的な普遍性としてではなく、区別されたものの総括としてある。肯定的無限判断[21]の内容も、同様に、普遍的なものは普遍的であるというものである。従って、普遍的なものも自己自身のうちへの還帰として措定されている。

判断の諸規定のこうした自己内反省によって、今や判断は止揚されている。否定的無限判断のうちでは、区別はいわば大きすぎ、それはなお判断であり続けることはできない。主語と述語は肯定的な相互関係をまったく持たない。逆に、肯定的無限判断のうちには同一性だけがあって、区別がまったく欠けているために、それはもはや判断ではない。

さらに言えば、止揚されたのは定在の判断である。それによって、判断の繋辞が含んでいるものが措定されている。すなわち、質的な両極はこのようなそれらの同一性のうちで止揚されているのである。しかし、この統一は概念なのであるから、それは直ちに同様に再びその極へと分割されており、判断としてある。とはいえ、その諸規定はもはや直接的なものではなく、自己内還帰したものである。定在の判断は反省の判断に移行している。

B　反省の判断

今生まれた判断においては、主語は個別的なものそのものである。同様に普遍的なものは、もはや抽象的な普遍性ないし個別的な性質ではなく、区別されたものの関係を通じて一つのものへと自己を統合した普遍的なもの、或いは様々な規定一般の内容の面から考察されるならば、多様な性質と実存が総括されることとして措定されている。――反省の判断の述語の例が与えられるべきだとすれば、それらは定在の判断の場合とは別の種類のものでなければならない。反省の判断のうちに本来初めて規定された内容、すなわち内容一般が現れる。なぜなら、内容は同一性へと反省した形式規定であり、区別された規定性であるかぎりの形式――それが判断として依然そうであるように——から区別されたものとしてあるからである。定在の判断においては、内容は直接的ないし抽象的かつ無規定なものにすぎない。——従って、反省の判断の例となりうるのは、「人間は可死的である」、「諸々の物は可変的である」、「このものは有用である、有害である」などである。物体の硬さ、弾性、幸福などはこのような独特の述語である。それらは本質性を表現するが、しかし、この本質性は関係のうちの規定ないし総括的な普遍性である。この普遍性は反省の判断の運動のうちでさらに規定されていくことになるが、なお概念の普遍性そのものからは区別されている。それは、なるほど、もはや質的な判断の抽象的普遍ではない。しかしなお、それが由来したもとである直接的なものへの関係を持っており、直接的なものをその否定性の基礎としている。——概念は、定在を先ず関係諸規定に、実存の様々な多様性の中でそれらの規定性自身が保っている連続性へと規定する。——とはいえ、なるほど真に普遍的なものがそれらの内的本質ではあるが、それは現象の中でのことであり、この相対的な本性ないしその徴表もまだそれらが自体的対自的にあるものなのではない。

反省の判断にとっては、量の判断として規定されることは明白なことと見られる。定在の判断がやはり質的な判断として規定されたようにである。しかし、定在の判断においては、直接性は存在するだけの直接性であるだけでなく、本質的に媒介されまた抽象的な直接性でもあったように、ここでも右の止揚された直接性は単に止揚された質なのではなく、従って単に量であるわけではない。量はむしろ、質が最も外在的な直接性であるのと同様に、最も外在的で媒介に属する規定なのである。

なお、反省の判断のうちで運動するものとして現れる規定について、次の注意がなされなければならない。すなわち、定在の判断は直接性という規定のうちにあり、従って主語は基礎にあるものとして現れたために、この判断においては規定の運動は述語において示されたのであった。同じ理由から、反省の判断においては、規定作用の進展は主語に即して推移する。なぜなら、この判断は反省された自体存在をその規定としているからである。従って、本質的なものは、ここでは、普遍的なものないし述語である。それ故、普遍的なものないし述語が基礎にあるものとなり、それに則して主語は測られ、それと一致するように規定されねばならないのである。——とはいえ、述語もまた主語の形式のさらなる形成によってさらなる規定を獲得する。ただし間接的にである。これに対して、主語の形式は、右の理由から、直接的な規定の進展として示される。

判断の客観的な意味に関して言えば、個別的なものがその普遍性を通じて定在するに至る。しかし、本質的な関係規定、現象の多様性を通じて自己を保持する本質性を持ったものとしてである。主語は自体的対自的に規定されたものでなければならない。それはこの規定性をその述語のうちに持つ。他方、個別的なものはこのようなそれの述語へ反省しており、述語がそれの普遍的な本質［である］。そのかぎり、主語は実存し現象するものである。この判断のうちでは、述語はもはや主語に内属するわけではない。それはむしろ自体的に存在するものであって、右の個別的なものは偶有的なものとしてそれのもとに包摂されているのである。定在の判断が内属の判断としても規定されうるとすれば、反省の判断はむしろ包摂の判断である[22]。

（a）単称判断

直接的な反省の判断は、今や再び「個別的なものは普遍的である」という形を取る。——とはいえ、右の意味での主語と述語としてである。従って、さらに詳しく言えば、「このものは本質的に普遍的なものである」と表現されうる。

しかし、一つのこのものは本質的に普遍的なものではない。右の判断は、一般的な形式からすれば、肯定判断一般であるが、それは否定的に解されねばならない。だが、反省の判断は単なる肯定的なものではないから、否定は述語に直接関わるわけではない。述語は内属するのではなく、自体的に存在するものなのである。むしろ、主語の方が可変的であり、規定されるべきものである。従って、否定判断は、ここでは次のように捉えられなければならない。「一つのこのものでないものが反省の普遍者である」。そのような自体的なものは、一つのこのもののうちにだけあるものとしてよりも一層普遍的な実存を持っているのである。それ故、単称判断はそのさしあたりの真理を特称判断のうちに持つことになる。

（b）特称判断

最初の反省の判断においては、主語は単一のものであったが、この単一性に代わって、その非個別性が措定されねばならない。それは特殊性である。しかし、個別性は、反省の判断においては、本質的な個別性として規定されている。従って、特殊性は単純で抽象的な規定であることはできない。そこでは個別的なものは止揚され、実存するものは没落していることであろう。そうではなく、特殊性は外的反省における個別的なものの拡大としてのみありうる。それ故、主語は幾つかのこのものないし特別の数の個別的なものなのである。

この判断は、幾つかの個別的なものは反省の普遍的なものであるという形を取り、さしあたり肯定判断として現れるが、しかし同様に否定的である。なぜなら、幾つかのものは普遍性を含み、この面からすればそれは包括的なものと見なされうるが、しかしそれが特殊性であるかぎり、同様に普遍性には相応しくないからである。主語は単称判断の移行を通じて否定的な規定を獲得したが、その規定は、先に示されたように、関係、繫辞の規定でもある。――「幾らかの人は幸福である」という判断のうちには、「幾らかの人は幸福でない」という直接的な帰結が含まれている。幾つかのものが役に立つとすれば、まさにその故に幾つかのものは役に立たない。肯定判断と否定判断はもはや分かれることはない。特称判断は、まさにそれが反省の判断であるが故に、直ちに両者をともに同時に含んでいる。――しかし、特称判断はそのために無規定的となる。

さらに、われわれがそのような判断の例のうちの主語「幾らかの人々、動物」などを考察するならば、それは「幾らかの」という特称的な形式規定の他になお「人間」などという内容規定をも持っている。単称判断の主語が意味しえたのは「この人」であった。それは単一性であって、本来外在的な指示に属するべきものである。従って、それはむしろ、例えばカイウスという内容でなければならない。しかし、特称判断の主語は、もはや「幾らかのカイウス」ではありえない。なぜなら、カイウスは一個人そのものでなければならないからである。従って、幾らかのものに与えられるのは、一層普遍的な内容、例えば人々や動物たちなどである。これは経験的な内容であるだけでなく、判断の形式によって規定されている内容である。すなわち、それは普遍的なものである。なぜなら、幾らかのものは普遍性を含んでおり、そしてこの普遍性は、反省された個別性が基礎にあるから、同時に個別的なものから分離されていなければならないからである。さらに言えば、この普遍性はまた普遍的な本性ないし人間、動物という類である。――それは反省の判断の帰結であり、この帰結を予料する普遍性である。肯定判断が個別的なものを主語としていることによって、やはり定在の判断の帰結である規定を予料したようにである。

主語は個別的なものと特殊性に対するそれらの関係および普遍的な本性を含んでおり、そのかぎりすでに概念諸規定の全体として措定されている。しかし、この考察は、本来、外在的なものである。主語のうちでその形式によってすでに相互関係のうちにまず措定されているのは、このものを特殊性へと拡張することである。しかし、この普遍化はこのものには相応しくない。このものは完全に規定されたものであるが、若干のこのものは無規定である。拡張はこのものに属し、従ってそれと合致し、完全に規定されていなければならない。そのようなものは全体であるか、さしあたり普遍性一般である。

この普遍性はこのものを基礎に置いている、なぜなら、個別的なものはここでは自己のうちに反省したものだからである。従って、それのさらなる規定はその上を表面的に推移していく。そして、特殊性がそのため幾らかのものとして規定されたように、主語が獲得した普遍性は総体性〈Allheit〉であり、特称判断は全称判断に移行しているのである。

（c）全称判断

全称判断の主語のうちにある普遍性は外的な反省の普遍性であり、総体性である。すべてのものは個別的なものとしてある。個別的なものは変わらずにその中にある。従って、この普遍性はそれだけで存在する個別的なものを総括することにすぎない。それは共通性であり、比較の中でのみそれらに帰属するのである。――このような共通性は、普遍性が問題となる場合、主観的な表象活動にまず思い浮かぶのが常である。なぜ一つの規定が普遍的な規定と見なされねばならないのかの理由として、最も近くにあるものとして挙げられるのは、それが幾つものものに帰属しているからということである。――解析学において主として思い浮かべられるのも、このような普遍性の概念である。例えば、多項式における関数の展開は、二項式におけるそれの展開よりも普遍的なものと見なされる。なぜなら、多項式は二項式より多くの個別性を提示するからである。関数はその普遍性において提示されねばならないという要求は、本来全項式、すなわち汲み尽くされた無限性を求める。しかし、ここでは右の要求の限界が自ずと現れる。そして、無限の量の提示は、それの当為〔そうでなければならないということ〕で満足する他はなく、従ってまた多項式で満足しなければならない。事実上はしかし、場合によって二項式がすでに全項式であることがある。それらの場合には、方法ないし規則は一つの項が他の項に依存しているということだけに関わり、幾つかの項がそれに先行する項に依存しているということは特殊化されず、同一の関数が基礎にあり続けるのである。方法ないし規則は真に普遍的なものと見なされなければならない。展開の継続、或いは多項式の展開においては、それは単に反復されるにすぎない。従って、それは項の数が大きくなることによって普遍性を獲得することにはならない。悪無限やその欺瞞についてはすでに以前問題となった。概念の普遍性は到達された彼岸である。右の無限性は到達不可能なものとしての彼岸に付きまとわれている。それが単なる無限進行に止まるかぎりである。普遍性のもとで総体性しか思い浮かべられず、個別的なものとしての個別的なものの中で尽くされるべき普遍性しか考えられなければ、これは先の悪無限への後退である。或いはまた、数多性が総体性と見なされるにすぎないことにもなる。しかし、数多性はどれだけ大きかろうとまったくただ特称性にすぎず、総体性ではない。――しかし、そこでは概念の自体的対自的にある普遍性が朧に思い浮かべられている。概念こそは、表象が頼りとする膠着した個別性と表象の反省作用の表面的なものを強制的に超えて行かせ、全体性としての総体性或いはむしろ絶対的な自体的対自的存在を押し入れるのである。

このことは、さらにまた、一般に経験的な普遍性である総体性においても示される。個別的なものが直接的なものとして前提されており、従って目の前にあるものとして見出され、外から取り上げられるかぎり、それを総括して総体性にする反省もそれに対して同じく外在的である。しかし、このものとしての個別的なものは、この反省に対してまったく無関係であるから、普遍性とそのような個別的なものは結びついて統一をなすことはできない。それ故、経験的な総体性は課題、当為に止まり、従って存在として提示されることはできない。経験的な全称命題は――というのは、それがとにかく定立されるからである――次のような暗黙の一致に基づいている。すなわち、反対の例が示されさえしなければ、事例が多くあるということ〔数多性〕は総体性と見なされなければならず、或いは、主観的な総体性すなわち認識されるに至った事例の総体性は客観的な総体性と見なされてよい、ということである。

われわれが考察している全称判断をさらに考察するならば、主語は、先に注意されたように、自体的対自的にある普遍性を前提されたものとして含んでいるのであるが、それを措定されたものとしても具えている。「すべての人」という表現は、第一に、人間という類を表し、第二に、この類を個別化して示している。とはいえ、個別的なものが拡大されて同時に類という普遍性になっているという仕方でである。逆に、普遍性は個別性とのこの結合によって、同様に個別性として完全に規定されている。これによって、措定された普遍性は前提された普遍性に等しくなっているのである。

しかし、本来は前提されたものに前もって考慮を払うべきではなく、結果が形式規定に即してそれだけで考察されるべきである。――個別性は総体性へと拡大されたことによって、自己への同一的関係である否定性として措定されている。従って、それは、例えば、一カイウスという人の個別性のようにあの最初の個別性に止まっているものではなく、普遍性と同一の規定ないし普遍的なものが絶対的に規定されてあることである。——単称判断のあの最初の個別性は肯定判断の直接的な個別性ではなく、定在の判断一般の弁証法的運動によって生じたものであった。それは、すでに定在の判断の諸規定の否定的な同一性であるものとして規定されていたのである。これが反省の判断における真の前提である。反省の判断において進行するこの措定作用に対して、個別性のあの最初の規定性は個別性の自体的なあり方である。従って、個別性が自体的にあるものが、今や反省の判断の運動を通して措定されているのである。すなわち、規定されたものの自己自身への同一的関係としての個別性がである。このことによって、個別性を総体性に拡大する反省は、個別性に対して外在的ではないものとなる。個別性が自体的にすでにそれであるものが、それによって対自的になるにすぎない。——従って、帰結は真に客観的な普遍性である。そのかぎり、主語は、「このもの」から「幾つかのもの」を通して「すべてのもの」〔総体性〕に達した反省の判断の形式規定を捨て去ったことになる。「すべての人」という代わりに、今や「人〔人類〕」と言われることになる。

　これによって成立した普遍性が、類である。——それは、それ自身において具体的なものである普遍性に他ならない。類は主語に内属するものではない。或いは、主語の個別的な性質ではなく、総じてその性質ではない。それは、すべての個別化された規定性をその実体的な充実のうちに解消したものとして含んでいる。——従って、それは、この否定的な自己同一性として措定されているから、本質的に主語である。とはいえ、その述語のうちに包摂されているわけではもはやない。このことによって、今や総じて反省の判断の本性は変わることになる。

　反省の判断は、本質的に包摂の判断であった。述語は、その主語に対して自体的にある普遍的なものとして規定されていた。その内容に関しては、それは本質的な関係規定ないし徴表としても見なされることができた。——それは、主語が本質的な現象にすぎないものとなる規定である。しかし、主語は客観的な普遍性として規定されることによって、そのような関係規定ないし総括的な反省のもとに包摂されていることを止める。このような述語は、この普遍性に対してはむしろ特殊なものである。こうして、主語と述語の関係は逆転し、そのかぎり判断はさしあたり止揚されたことになる。

判断のこの止揚は、繋辞の規定がなるものと合致する。その規定をわれわれはさらに考察しなければならない。判断の諸規定の止揚とそれらが繋辞に移行することは同じである。――すなわち、主語が普遍性へと引き上げられたかぎり、それはこの規定において述語と等しくなっている。述語は、反省した普遍性として、自己のうちに特殊性も含んでいる。従って、主語と述語は同一である。すなわち、それらは合体して繋辞となっている。この同一性が類であり、ものの自体的対自的にある本性である。従って、この同一性が再び分割されて判断となるかぎり、主語と述語が互いに関係しあうようにさせているものは、内的本性である。――それは必然性の関係であり、そこにおいてはあの判断諸規定は非本質的な区別にすぎない。類に属するすべての個別的なものに帰属するものは、それらの本性によって類に帰属する。――このことは、以前に明らかとなったこと、すなわち、主語、例えば「すべての人」がこの形式規定を捨て去り、それに代わって「人〔人類〕」と言われることの直接的な帰結であり表現である。――この自体的対自的にある連関が新しい判断――必然性の判断の基礎をなす。

C　必然性の判断

普遍性が自己形成して達した規定は、明らかなとおり、自体的対自的にある、或いは客観的な普遍性であり、本質の領域においては実体性(23)が対応するものに他ならない。それが実体性から区別されるのは、それが概念に属し、よってその諸規定の内的な必然性であるだけでなく、措定された必然性でもあること、或いは区別がそれに内在しているのに対し、実体はその区別を偶有的属性のうちに持つだけであり、原理として自己自身のうちに持つわけではないことによる。

とにかく、判断のうちで措定されているのは、このような客観的な普遍性である。従って、第一に、この普遍性に内在するものとしてのその本質的な規定性を伴うものとして、第二に、特殊性としてそれから異なっており、右の普遍性がその実体的な基礎であるようなものとしてである。客観的普遍性は、こうして、類と種として規定されている。

(a) 定言判断

類は自己を分割する。或いは本質的に自己を突き離して種となる。それが類であるのは、種を自己の下に含むかぎりにおいてのみである。種が種であるのは、それが個別的なもののうちに実存する一方、類のうちでもっと上位の普遍性であるかぎりでのみである。——定言判断は、とにかくそのような普遍性を述語とする。その述語のうちに、主語は自らの内在的な本性を持つのである。だが、定言判断は、それ自身、最初の、或いは直接的な必然性の判断である。従って、主語を類や種に対して特殊なものないし個別的なものとする規定性は、そのかぎり外在的実存の直接性に属することになる。——しかし、客観的普遍性は、同様に、ここではやっとその直接的な特殊化を持つにすぎない。従って、一方ではそれ自身規定された普遍性であり、それに対してはより上位の類が存在する。——他方、それはまさしく最近の類ではない。すなわち、その規定性はまさしく主語の種的な特殊性の原理ではない。しかし、定言判断において必然的なものは、主語と述語の実体的同一性であり、それに対して主語が述語から区別される所以の固有のものは、非本質的な措定されてあることとしてあるにすぎない——或いはまた名前にすぎない。主語は、その述語のうちでその自体的対自的な存在に反省しているのである。——そのような述語は、従来の判断の述語と一緒にされるべきではないであろう。例えば、次の諸判断、

バラは赤い

バラは植物である

或いは、

この指輪は黄色である

それは金である

が一つのクラスとされ、花の色のような外面的な性質が、その植物的本性と同じ述語と解されるならば、最も普通に理解して気づかれるはずの区別が看過されることになる。――それ故、定言判断ははっきりと肯定判断と否定判断から区別されねばならない。これらにおいては、主語について語られることは、個別的で偶然的な内容であるが、定言判断においては、それは自己内反省した形式の全体である。従って、そのうちでは繋辞は必然性の意味を持つが、肯定、否定判断においては抽象的で直接的な存在という意味を持つにすぎない。

主語はこの規定性によって述語に対して特殊なものとなるが、この規定性はさしあたりなお偶然的なものである。主語と述語は形式ないし規定性によって必然的なものとして関係づけられているわけではない。必然性は、それ故、なお内なるものとしてである。――だが、主語が主語であるのは特殊なものとしてだけである。そして、それが客観的な普遍性を持つかぎり、本質的に、まずは直接的な右の規定性によって持つのでなければならない。客観的に普遍的なものは、それが自己を規定する、すなわち判断のうちに自己を措定することによって、本質的にそれから突き離されて生じるこの規定性そのものとの同一的関係のうちにある。すなわち、この規定性は、本質的に単に偶然的なものとして措定されるべきではない。定言判断は、その直接的存在のこの必然性によって初めてその客観的普遍性に一致し、こうして仮言判断に移行しているのである。

(b) 仮言判断

AがあればBがある。或いは、Aの存在はA自身の存在ではなく、他のもの、Bの存在である。――この判断のうちで措定されているのは、直接的な諸規定性の必然的な連関であり、定言判断においてはまだ措定されていないものである。――ここには、二つの直接的な実存ないし外在的で偶然的な実存がある。定言判断においてはさしあたりその一つだけが主語である。しかし、一方が他方に対して外在的であることによって、この他方も直ちに第一のものに対して外在的である。――この直接性の面から見ると、両項の内容は互いになお無関係である。従って、この判断は、さしあたり空虚な形式の命題である。ところで、直接性は、第一に、直接性として自立的で具体的な存在である。しかし、第二に、この存在の関係こそが本質的なものである。右の存在は、従って同じく単なる可能性としてある。仮言判断が含んでいるのは、「Aがある」、「Bがある」ということではなく、ただ一方があれば他方があるということにすぎない。両極の連関だけが存在するものとして措定されているのであり、両極自身が措定されているのではない。むしろ、この必然性のうちでは、各々は同様に他のものの存在として措定されているのである。――同一律が言明することは、「AはただAであり、Bではない」、「BはただBであり、Aではない」ということである。これに対して、仮言判断においては、有限な諸物の存在は、それらの形式的な真理に関しては、概念によって措定されている。すなわち、有限なものはそれ自身の存在であるが、同じくそれの存在ではなく、他のものの存在であるということによってである。存在の領域では、有限なものは変化する。それは他のものになる。本質の領域においては、有限なものは現象であり、存在は、他のものがそこで映現するという点にあるということが措定されている。そして、必然性は内にあってまだそのものとして措定されてはいない関係である。だが、概念とは、この同一性が措定されていること、そして存在するものは抽象的な自己同一性ではなく、具体的な同一性であり、直ちにそれ自身において他のものの存在であるということである。

仮言判断は、反省の関係によってさらに詳細な規定性を与えられて、根拠と帰結、制約と制約されたもの、因果性などの関係として捉えられることができる。定言判断のうちに実体性があるように、仮言判断においては因果性の連関がその概念形式をとってある。(24) 因果性とともに、他の関係はすべて仮言判断のもとにある。しかし、ここではもはや自立的な項の間の関係としてではなく、これらの項は本質的に同じ同一性の契機としてあるにすぎない。——とはいえ、それらは、仮言判断のうちでは、まだ概念諸規定に従って個別的なものないし特殊なものと普遍的なものとして対立しているわけではなく、やっと契機一般としてあるにすぎない。仮言判断はそのかぎりむしろ命題の形を持つ。特称判断が無規定な内容を持っているように、仮言判断は無規定な形式を持つ。その内容は、主語と述語という規定において関係しあうわけではないからである。——しかし、自体的には存在は他のものの存在であるから、まさにそのことによってそれ自身と他のものの統一であり、よって普遍性である。これとともに、それはまた本来特殊なものにすぎない。それは規定されたものであり、その規定性のうちにありながら単に自己にのみ関係するものではないからである。とはいえ、単純で抽象的な特殊性が措定されているわけではない。諸規定性が持つ直接性によって、その諸契機は区別されたものとしてある。それと同時に、それらの関係がそれらの統一を形づくっており、それによって特殊性はそれらの全体としてもあるのである。——従って、この判断のうちで真に措定されているものは、概念の具体的同一性としての普遍性である。概念の諸規定はそれだけで存立を持つのではなく、右の同一性のうちで措定された特殊性にすぎない。従って、仮言判断は選言判断である。

(c) 選言判断

定言判断のうちには、客観的普遍性としての概念と外在的な個別性がある。仮言判断においては、この外在性のうちに概念がその否定的な同一性の形で現れる。この同一性によって、概念の諸契機は、今選言判断において措定される規定性を獲得する。それらは、仮言判断においては、この規定性を直接的に持つだけである。従って、選言判断は、同時に形式と結合された客観的普遍性である。それ故、それは、第一に、具体的な普遍性ないし類を単純な形式において主語として含む。だが、第二に、それをその区別された諸規定の全体として含む。AはB

かCである。それは概念の必然性であり、そこにおいては、第一に、両極の同一性は、同じ外延、内包、普遍性である。第二に、両極は概念諸規定の形式に従って区別されている。とはいえ、右の同一性のために形式は単なる形式としてあるだけである。それ故、第三に、同一的で客観的な普遍性は、非本質的な形式に対して自己内反省したものとして、内容として現れる。とはいえ、その内容はそれ自身のうちに形式の規定性を持っている。一方では、類の単純な規定性として、他方ではまさしくこの規定性がその区別へと展開されたものとしてである。――このようにして、同一的な客観的普遍性は諸々の種の特殊性であり、そして、それらの全体は類の普遍性である。――特殊性の展開されたものが述語となる。なぜなら、それは、主語の普遍的な領域全体を保持するが、またそれを特殊化という対立のうちに保持してもいるかぎり、一層普遍的なものだからである。

この特殊化をさらに考察するならば、第一に、類は諸々の種の実体的な普遍性を形づくる。従って、主語はBでもCでもある。この「――でも――でもある」ということは、特殊なものの普遍的なものとの肯定的な同一性を示す。この客観的な普遍者は、その特殊性のうちで完全に自己を保っている。第二に、諸々の種は互いに排斥しあう。AはBかCかである。なぜなら、それらは普遍的な領域の規定された区別だからである。この「――であるか――であるかである」「あれかこれか」は、諸々の種の否定的な関係である。だが、この関係のうちで、それらは普遍的な領域におけるのと同様、同一である。類は規定された特殊なものの統一としてのそれらの統一である。――類が定在の判断におけるように抽象的な普遍性であるとすれば、諸々の種もまたただ異なっており、互いに無関係なものとしてのみ捉えられるべきことになろう。しかし、類は、比較や捨象によって成立したあの外的な普遍性ではなく、それらの内在的で具体的な普遍性なのである。

経験的な選言判断は必然性を持たない。AはBであるかCであるかDである、などである。種B、C、Dなどは目の前に見出されたものだからである。それによって、「あれかこれか」が真に言明されることはありえない。なぜなら、それらの種は主観的な完全性をなすにすぎないからである。一つの種は他の種を排除しはする。しかし、「あれかこれか」はそれ以外のどれをも排除する。そして、自己のうちで領域全体を完結したものとする。この全体は、その必然性を客観的に普遍的なものの否定的統一のうちに持つ。この客観的普遍は、個別性を自己のうちで解消しており、区別の単純な原理として内在的に自己のうちに含んでいる。それによって諸々の種は規定され関係づけられているのである。これに対して、経験的な種は、その区別を何らかの偶然性のうちに持つ。この偶然性は外在的な原理であり、従ってそれらの種の原理ではなく、従ってまた類の内在的な規定性ではない。それ故、それらはまたその規定性に従って互いに関係づけられているわけではない。――しかし、それらの種は、それらの規定性の関係によって述語の普遍性を形づくるのである。――いわゆる反対概念と矛盾概念の〔区別〕[25]は、ここに初めてその場を見出すべきであった。なぜなら、選言判断のうちでこそ、本質的な概念の区別が措定されているからである。しかし、これらの概念は、次の点にまた同時にその真理を持つ。すなわち、反対的なものと矛盾的なもの自身が反対的に区別されているとともに、矛盾的にも区別されているということである。諸々の種が反対であるのは、それらが異なっているにすぎないかぎりにおいてである。――すなわち、それらの客観的な本性としての類によって、それらは自体的対自的にある存立を持つのである。――それらが矛盾しあうのは、それらが互いに排斥しあうかぎりにおいてである。しかし、これらの規定の各々はそれだけでは一面的であり、真理を持たない。選言判断の「あれかこれか」のうちには、それらの統一がそれらの真理として措定されている。この統一によれば、右の自立的な存立は、具体的な普遍性自身として否定的統一の原理でもあり、それによってそれらは互いに排除しあうのである。

　たった今否定的統一による主語と述語の同一性が示されたわけだが、この同一性によって類は選言判断のうちで最近類として規定されている。最近類というこの表現は、さしあたり、より多いとかより少ないという単なる量的区別を示唆している。――これらは、普遍的なものがそのもとにある特殊性に対して持つ諸規定である。従って、本来何が最近類であるかは偶然なままである。しかし、類は、諸規定を捨象することによってのみ形成された普遍として理解されるかぎり、本来選言判断を形づくることはできない。なぜなら、「あれかこれか」の原理となる規定性がその中になお残っているかどうかは、偶然的なことだからである。類は、総じて、その規定性に従って諸々の種のうちで提示されているわけではなく、諸々の種は偶然的な完全性を持ちうるにすぎないであろう。定言判断のうちでは、類は、さしあたり主語に対するこのような抽象的な形式をとってあるにすぎず、従って必ずしも主語に直近の類ではなく、そのかぎり外在的なものである。しかし、類が具体的で本質的に規定された普遍性としてあることによって、単純な規定性としてのそれは概念の諸契機の統一であり、これらの契機は右の単純性のうちでは止揚されているにすぎないが、その実在的な区別を諸々の種のうちに持つのである。従って、種がその特殊な区別を類の本質的な規定性のうちに持ち、諸々の種は一般に原理としてのそれらの区別された規定を類の本性の中に持つかぎり、類は種の最近類である。

今考察された側面は、規定されていることと一般という面からの主語と述語の同一性を形づくる。それは仮言判断によって措定された一面であり、この判断の必然性は直接的なものと異なったものの同一性、従って本質的に否定的な統一としてある。この否定的な統一は、総じて、主語と述語を分離するものであるが、しかし今ではそれ自身区別されたものとして措定されている。主語のうちでは単純な規定性として、述語のうちでは全体性としてである。右のように、主語と述語を切り離すことは、概念の区別である。だが、述語のうちでの諸々の種の全体も同じく概念の区別以外のものではありえない。――従って、ここから選言肢相互の規定が生じる。この規定は概念の区別に還元される。なぜなら、自己を分割しその規定のうちでその否定的統一を明らかにするのは、概念にすぎないからである。さらに、種がここで考察されるようになるのは、その単純な概念規定性に従ってであり、理念からさらなる自立的な実在性に歩み出た形態に従ってではない。もちろん、実在性は類の単純な原理のうちでは失われる。しかし、本質的な区別は概念の契機でなければならない。ここで考察されている判断においては、本来、概念自身の規定の進行によって今や概念の分離すらが措定されたものとなっている。すなわち、概念のもとで自体的対自的にある概念の規定として、規定された概念への概念の区別として結果したものがである。——概念はとにかく普遍的なものであり、特殊なものの肯定的な全体であるとともに否定的な全体でもあるから、それ自身はまさにそれ故にまた直ちにその選言肢の一つである。これに対して、もう一つの方は、この普遍性がその特殊性に解体したもの、換言すれば規定性としての概念の規定性であり、まさしく普遍性がそこで自己を全体として提示する場であるそれである。——類がその種に分離することが、まだこの形式に達していないとすれば、このことは、それが概念の規定性に達しておらず、そこから発しているわけではないことの証明である。——色は菫色か藍色か淡青色か緑色か黄色か橙色か赤色である。——そのような選言には、経験的でもある混淆や不純さのあることが直ちに見て取れる。それは、この面からそれだけで見られるならば、もちろん野蛮であると呼ばれねばならない。色が明と暗の具体的な統一として捉えられたとすれば、この類は、それが諸々の種へと特殊化することの原理となる規定性を具えていることになる。しかし、これらの種のうちの一つは、まったく単純な色であり、対立を無関係に漂いその濃度のうちに閉ざされ否定されたものとして含むものでなければならない。それに対しては、明と暗の関係の対立が示されなければならない。〔とはいえ〕それは自然現象に関することであるから、それにはなお対立の無関係な中立性が加わらざるをえない。——菫色や橙色といった混合色と藍色、淡青色といった濃淡の違いを種と見なすことは、まったく無反省なやり方にしかその根拠を持ちえず、それ自身経験主義に対する反省の少なすぎる見方である。——さらに、分離が自然の境位において起こるか或いは精神の境位において起こるかに応じて、どのように区別され、なお一層規定された形式を持つかということは、ここで詳論すべきことではない。

選言判断はさしあたりその述語のうちに選言肢を持つ。だが同様に、それ自身が分離されている。その主語と述語が選言肢である。それらは、その規定性において、とはいえ同時に同一のものとして措定された概念の諸契機である。同一のものとしてというのは、(α) 主語のうちで単純な類として、そして述語のうちでは普遍的領域および諸概念契機の全体としてある客観的普遍性においてであり、また（β）否定的統一、すなわち主語のうちの単純な規定性が区別された諸々の種に分かれながら、まさにその中でその本質的な関係と自己自身と同一であるものとなる必然性の連関の展開においてである。

この統一こそはこの判断の繋辞であり、そこにおいて両極はそれらの同一性によって合致している。従って、それは概念そのものであり、しかも措定されたものとしての概念そのものである。単なる必然性の判断は、これによって概念の判断に達したのである。

D 概念の判断

「バラは赤い」、「雪は白い」などの定在の判断を下すことができるということは、大きな判断力を示すとは見なされにくいであろう。反省の諸判断はむしろ命題である。必然性の判断においては、対象はその客観的な普遍性のうちにある。しかし、今考察される判断のうちに初めて、概念に対する対象の関係はある。そこにおいては、概念が基礎に置かれ、対象と関係しているから、それは実在性が相応することもしないこともありうる当為としてある。――従って、そのような判断は、まずは真の評価を含む。善い、悪い、真である、美しい、正しいなどの述語が表現するのは、物事がその普遍的概念に照らして単に前提された当為に相応しく、それと一致しているかいないかということである。

人は概念の判断を様相の判断[26]と呼んできたが、それを次のようなものとして見ている。すなわち、それが含む形式は、主語と述語の関係が外在的な悟性の中でどのようなあり方をしているかということであり、またそれが関わるのは、思惟と関係しているだけの繋辞の価値であるということである。従って、蓋然判断は、人が肯定や否定を恣意的なものないし可能なものと見なす点にあり、実然判断は、それを真なるものすなわち現実的なものと見なす点にあり、必然判断は、それを必然的なものと見なす点にある。――この判断の下では判断自身の外に出て行き、その規定を単に主観的なものと見なすことが明白だが、なぜそうであるかは容易に納得される。すなわち、ここでは、判断のうちに再び現れ直接的な現実性に関係するのは概念であり、主観的なものである。しかし、この主観的なものは外在的反省と混同されてはならない。外在的反省ももちろん主観的なものではある。しかし、概念自身とは別の意味においてである。概念は選言判断の中から再び現れてくるものであって、むしろ単なる様式とは反対のものである。以前の諸判断は、この意味では主観的なものにすぎない。なぜなら、それが基づいているのは、抽象や一面性であり、その中では概念は失われているからである。概念の判断はむしろ客観的なものであり、以前の諸判断に対して真理である。まさしく、その根底には、概念が、とはいえ外的反省や主観的、すなわち偶然的な思惟への関係においてではなく、概念としてのその規定性においてあるからである。

選言判断においては、概念は普遍的な本性がその特殊化と同一であることとして措定されていた。これによって、判断の関係は止揚されたのである。普遍性と特殊化から成るこの具体的なものは、さしあたり単純な帰結である。それはさらに全体性へと仕上げられねばならない。それの含む諸区別がさしあたりその中では没落して［おり］、まだ互いに規定された自立性をもって対立してはいないからである。――帰結の欠陥は、一層明確には次のように表現されうる。すなわち、選言判断においては客観的普遍性はそれが特殊化する中で完全になってはいるが、特殊化の否定的統一は客観的普遍性に立ち帰るだけで、まだ第三のもの、個別性へと自己を規定していない。――しかし、帰結それ自身は否定的統一であるかぎり、すでにこの個別性である。だが、そうであることによって、それは、その否定性を措定し、極へと自己を分割し、かくして完全に推理へと発展すべき一つの規定性にすぎない。

この統一のさしあたりの分割は、この統一が、一度は主語、直接的な個別者として措定され、次に述語、その諸契機の規定された関係として措定されている判断である。

(a) 実然判断

概念の判断は、まずは直接的である。従って、それは実然判断である。主語は具体的な個別的なもの一般であり、述語は主語の現実性、規定性ないし性状がその概念に対して持つ関係として主語を表現する。(この家は悪い、この行為は善い)。さらに、それは次のことを含んでいる。(a) 主語は何かであるべきである。その普遍的本性は自立的な概念として自己を措定したのである。(b) 特殊性はその直接性のためだけでなく、その自立的で普遍的な本性から明確に区別されているために、性状と外在的実存としてあるのだが、概念が自立的であるために、こちらは普遍的なものに対して無関係でもあり、それに一致していることも一致していないこともありうる。——この性状は、選言判断における普遍的なものの必然的な規定を超えた個別性であり、種の特殊化としてまた類の否定的原理としてのみある規定である。そのかぎり、具体的普遍が選言判断から現れているのにかかわらず、それは実然判断のうちでは両極の形に分裂しており、措定されそれらを関係づける統一としての概念そのものはそれらの極にはまだ欠けていることになる。

そのために、判断はやっと実然的であるにすぎない。その確証は主観的な断言である。或るものが良いか悪いか、正しいか、適当であるか否かなどは、その連関を外にある第三のもののうちに持つ。しかし、連関が外に措定されているということは、それがやっと自体的ないし内的でしかないということと同じである。——従って、何かが良いか悪いかなどである時、それは主観的な意識のうちでのみ恐らく良いのであって、それ自体としては悪いのであろうとか、良い、悪い、正しい、適切であるなどは対象自身の述語ではないと考える者はいないであろう。この判断の主張の単に主観的な性格は、主語と述語の自体的にある連関がまだ措定されていないこと、或いは同じことだが、この連関が外在的でしかないことにある。繋辞はなお直接的で、抽象的な存在である。

従って、実然判断の断言には、まさに同じ権利で反対の断言が対立する。この行為は善いと断言される時、この行為は悪いという反対の断言がなお同じ正当性を持つ。――或いは、自体的に考察されるならば、判断の主語は直接的な個別的なものであるから、この抽象的なあり方においては、普遍的概念に対するそれの関係を含んでいるような規定性をまだそのうちに措定していない。従って、同様によく概念に一致しているか、或いはまた一致していないかは、なお偶然的なことである。それ故、判断は本質的に蓋然的である。

(b)蓋然判断

蓋然判断は、実然判断が肯定的とも否定的とも見なされねばならないかぎりでの実然判断である。――このような質的な面からすると、特称判断も同じく蓋然判断である。それは肯定的でも否定的でもあるからである。(27)――また、仮言判断においては、主語と述語の存在は蓋然的である。――また、単称判断と定言判断はなお単に主観的なものであるということが、その質的な面によって措定されてもいる。しかし、蓋然判断そのもののうちでは、この措定作用は右の諸判断におけるよりも内在的である。なぜなら、蓋然判断においては、述語の内容は概念に対する主語の関係であり、従ってここには偶然的なものとしての直接的なもの自身の規定があるからである。

さしあたり、述語が或る主語と結合されるべきか否かということは、蓋然的なこととしてしか現れない。そのかぎり、繋辞には無規定性が属している。そこからは、述語に対して規定は生じようがない。なぜなら、述語はすでに客観的で具体的な普遍性だからである。従って、蓋然的なものは主語の直接性に関わるだけである。それ故、この直接性は偶然性として規定される。――だがさらに、この理由から主語の個別性は捨象されてはならない。総じてそれから純化されるならば、主語は普遍的なものにすぎないであろう。述語は、まさしく、主語の概念はその個別性との関係のうちに措定されていなければならないということを含んでいる。――「家ないし一軒の家は良い」とは言われない。そうではなく、その出来具合に応じてそう言われるのである。――主語自身におけるその蓋然的な面がその偶然性を契機として形作っている。その客観的な本性ないしその概念に対立させられた事象の主観性、単なる様式ないし性状をである。

従って、主語自身がその普遍性ないし客観的本性、その当為と定在の特殊な性状に区別されていることになる。これによって、主語は、それがあるべきとおりにあるか否かの根拠を含んでいる。このようにして、それは述語と等しくされているのである。――それ故、蓋然的なものの否定性は、主語の直接性に向けられているかぎり、自体的にはすでに普遍的なものと特殊なものの統一としてあるものが、それのこうした諸契機に根源的に分割することを意味するにすぎない。――この分割は判断それ自身である分割である。

さらに次のような注意がなされうる。すなわち、主語の両側面の各々、その概念とその性状は、それの主観性と呼ばれうる。概念とは、事象の自己内反省した普遍的本質、その自己自身との否定的統一である。これが事象の主観性に当たる。だが、事象はまた本質的に偶然的であり、外面的な性状を持つ。これもまた同様に事象の単なる主観性と呼ばれ、右の客観性に対立する。事象自身は、その概念がそれ自身の否定的な統一としてそれの普遍性を否定し個別性という外面性へと出て行くことに他ならない。――このように二重化されたものとして、判断の主語はここで措定されている。主観性の対立的な意味は、その真相においては一体である。――主観的なものの意味がそれ自身蓋然的となったのは、それが直接的な判断のうちで持っていた直接的規定性と述語に対するそれの規定された対立を失ったことによる。――主観的なものの対立的な意味は普通の反省の議論の中でも現れるものだが、それはそれだけで少なくとも、主観的なものはその一つの意味だけでは真理を持たないということに注意を促す。二重の意味は、各々はそれだけでは一面的であることの現象である。

蓋然的なものが事象の蓋然的なもの、性状を備えた事象として措定されるならば、判断自身はもはや蓋然的ではなく、必然的である。

(c) 必然判断

必然判断（然々にできている家は良い、然々の性状を持つ行為は正しい）の主語は、それ自身のうちに、第一に、それがあるべきものである普遍的なものを持つとともに、第二に、その性状を持つ。この性状は、主語全体に概念の判断の述語がなぜ属したり属さなかったりするのかの理由、すなわち主語がその概念に一致しているかいないかの理由を持っている。――この判断は、とにかく真に客観的である。言い換えると、それは判断一般の真理である。主語と述語は合致し、同じ内容を持つ。そして、この内容はそれ自身措定された具体的な普遍性である。すなわち、それは二つの契機、客観的な普遍者ないし類と個別化されたものを含む。従って、ここには、それ自身であるとともにその反対を貫いて連続し、その反対との統一として初めて普遍的なものである普遍者がある。――良い、適切である、正しいなどの述語のような普遍者は当為を基礎としており、定在の一致を同時に含んでいる。右の当為ないし類それだけがではなく、この一致こそが必然判断の述語である普遍性である。

主語は、事象と同様、これら二つの契機を直接統一された形で含んでいる。しかし、事象の真理は、それが自己のうちでその当為とその存在に分裂しているということである。これが現実全体に関する絶対的な判断である。――この根源的な分割は概念の全能によるものであるが、同じく概念の統一に還帰することであるとともに、当為と存在相互の絶対的な関係でもある。このことによって、現実的なものは事象となるのである。それらの内在的な関係、この具体的な同一性が事象の魂である。

事象の直接的な単純性からその当為と存在の規定された関係――或いは繋辞――である一致に移行することは、さらに詳しく見れば、事象の特殊な規定性のうちにあることが分かる。類は自体的対自的にある普遍者であり、そのかぎり関係づけられていないものとして現れる。これに対して、規定性は右の普遍性のうちで自己のうちに反省すると同時に、他のものに反省するものである。それ故、判断は主語の性状のうちにその根拠を持ち、そのことによって必然的である。それ故、今や規定され充実した繋辞があることになる。繋辞は、以前は抽象的な

「である」であったが、今ではさらに根拠一般へと自己形成を遂げたのである。それは、さしあたり主語のうちなる直接的な規定性としてあるが、同様に述語への関係でもある。述語は一致そのものないし普遍性に対する主語の関係以外の内容を持たない。

このようにして、判断の形式は没落している。その理由は、第一に、主語と述語が自体的には同じ内容であり、第二に、主語がその規定性によって自己を超えたものを指示し、述語に関係することにある。だが同じく、第三に、この関係の働きは述語に移行しており、述語の内容をなすにすぎず、こうして措定された関係ないし判断自身であるということである。――概念の具体的同一性は、選言判断の結果であったものであり、概念の判断の内なる基礎をなしているのだが、それが全体的に回復されている。それはさしあたり述語のうちで措定されていたにすぎなかったのだが。

この帰結の肯定的な内容は、判断が別の形式に移行する運動を形づくる。それをさらに詳しく考察するならば、必然判断の主語と述語の各々は完全な概念であることが示される。われわれが見たようにである。――概念の統一は、主語と述語を関係させる繋辞である規定性として、同時にそれらから区別されてもいる。さしあたり、それは主語の直接的な性状として、主語のもう一つの側にあるだけである。しかし、それは本質的に関係づけるものであるから、そのような直接的な性状であるだけでなく、主語と述語を貫いていくものであり、普遍的なものである。――主語と述語が同じ内容を持つ反面、右の規定性によっては形式関係、普遍的なものとしての規定性ないし特殊性が措定されている。――従って、それは両極の二つの形式規定を自己のうちに含んでおり、主語と述語の規定された関係である。それは判断の充実した、或いは内容に富んだ繋辞であり、判断の中では両極のうちに見失われていたのだが、その判断から再び現れた概念の統一である。――繋辞のこの充実によって判断は推理になっている。

第三章　推　理

推理は、判断における概念の回復であり、従って両者の統一と真理であることが明らかとなった。概念そのものは、その諸契機を統一のうちに止揚された形で保存している。判断においては、この統一は内なるもの、或いは同じことだが、外なるものであり、諸契機は関係づけられてはいるが、しかし自立的な極として措定されている。推理のうちには、判断の両極と同様の概念諸規定があり、同時にそれらの規定された統一も措定されている。それ故、推理は完全に措定された概念である。従って、それは理性的なものである。——悟性は規定された概念の能力と解される。規定された概念とは、抽象と普遍性の形式によってそれだけであるものとして固持されるものである。しかし、理性においては、規定された諸概念はそれらの全体性と統一のうちで措定されている。従って、推理は理性的であるだけでなく、すべての理性的なものは一つの推理である。推理の働きは、久しく理性に帰せられてきた。しかし他方では、理性それ自身、理性的諸原則と法則については、推理するあの理性と、諸法則やその他の永久真理および絶対的な思想の源泉であるこの理性がどのように連関しあっているかは明らかでないと語られる。前者が形式的な理性にすぎないのに対し、後者は内容を生み出すものだとしても、この区別によっては、まさしく理性の形式、推理が後者に欠けるとすることはできないにちがいない。にもかかわらず、両者は分離され、いずれにおいても他に言及されることがないのが常であるから、絶対的な思想の理性はいわば推理の理性を恥としているようであり、推理が理性の働きとしても挙げられるのは、殆ど習慣的にのみであるかのように思われる。だが、たった今注意されたとおり、論理的な理性が形式的な理性と見なされる場合、それは、本質的に、内容と関わりを持つ理性のうちにも認識されるに違いないことは明らかである。それどころか、むしろすべての内容は理性的な形式によってのみ理性的でありうるのである。理性についてのごく普通の論議にこれ以上向かうことはできない。なぜなら、そこでは、一体理性のもとで何が理解されるべきかを示すことはなされていないからである。この認識は理性的であるべきであるが、その対象に関わる際に、理性自身を認識することを忘れ、それの持つ諸対象によってのみ理性を区別し、特徴づけることが殆どである。理性が、神、自由、権利、義務、無限なもの、無制約なもの、超感覚的なものについて知るか、或いはまたこれらについての表象や感情しか与えないような認識であるとすれば、これらの対象は、一方では、否定的な対象にすぎない。他方、右のすべての対象が理性的であるとされる所以の何がそれらすべてのうちにあるのかという最初の問いは総じて残ったままである。――それは次のような事情である。すなわち、それらの持つ無限なものは、有限なものを捨象した空虚な抽象物でも、内容や規定を欠いた普遍性でもなく、充実した普遍性、規定されておりその規定性を次のような真の仕方で具えている概念であるということである。この概念は自己のうちで自己を区別し、その悟性的で規定されたこれらの区別の統一としてあるのである。そのようにしてのみ、理性は有限なもの、制約されたもの、感覚的なもの、或いは他にどのように規定されようと、これらを超えて行く。それは、この否定性の中にありながら本質的に内容に満ちている。なぜなら、それは規定された極の統一としての統一だからである。そのようにして、理性的なものは推理にすぎないことになる。

推理は、判断と同様、まずは何といっても直接的である。従って、その諸規定〔名辞〈*termini*〉〕は単純で抽象的な規定性である。推理は、このような形では悟性推理である。推理のこの形に固執するならば、そのうちにある理性的な性格は、現にあり措定されているにせよ、目立たないことは言うまでもない。推理の本質的な点は両極の統一であり、［それら］を結合する媒辞、それらを保持する根拠である。抽象作用は両極の自立性を固持することによって、これらの極に対して、この統一を同様に固定的でそれだけである規定性として対立させ、こうしてそれを統一というよりはむしろ非統一として捉える。中名辞（*medius terminus*）という表現は空間的な表象から取ってこられたものであり、諸規定が別々にあることから離れられないということにそれなりに責任を負っている。推理の本質はとにかく両極の統一がその中で措定されているということであるのに、この統一は直ちにそれだけである特殊なものとして捉えられる一方、他方では外在的な関係にすぎないものとして捉えられ、非統一が推理の本質的な関係とされるならば、推理は理性であるといっても、理性は理性的であることに力を貸すものではないことになる。

第一に、定在の推理においては、諸規定は極めて直接的で抽象的に規定されている。だが、この推理は、判断と同様諸規定の関係である。従って、それがそれ自身のうちで示すことは、それらの規定がそうした抽象的な規定ではなく、各々の規定は他の規定への関係であり、媒辞は両極の規定に対する特殊性であるだけでなく、これらを自分のうちに措定された形で含んでいるということである。

定在の推理は、このような弁証法によって、反省の推理、第二の推理となる。――それが伴っている諸規定そのものは、そのうちに本質的に他の規定が映現しているもの、或いは媒介されたものとして措定されているものとしてある。それは、諸規定が推理一般に従ってあるとされるあり方に他ならない。

第三に、この映現ないし媒介されてあることが自己自身のうちに反省することによって、推理は必然性の推理として規定されている。そこでは、媒介するものは事象の客観的な本性である。この推理は概念の両極を同じく全体性として規定しており、これによって推理は、その概念ないし媒辞とその定在ないし両極の区別〔区別された両極〕の一致、推理の真理に達しており、従って主観性から客観性へと移行している。

A　定在の推理

1．直接的な推理は、その契機として概念規定を直接的なものとして持つ。従って、それらは、形式の抽象的な規定性であって、媒介によって具体化されておらず、個別的な規定性にすぎないものである。従って、最初の推理は、本来的に形式的な推理である。推理作用の形式主義は、このような第一の推理の規定のもとにとどまるという点にある。概念はその抽象的な諸契機に分割されると、個別性と普遍性をその両極に持ち、それ自身はそれらの間にある特殊性として現れる。それらは直接的であるため、自己にのみ関係する規定性として、総じて個別的な内容である。特殊性が媒辞となるのは、さしあたり、それが個別性と普遍性という両極を自己のうちで直接的に結合しているかぎりにおいてである。それは、一方では、規定されているために普遍的なものに包摂されており、他方では個別的なものに対して普遍性を持つために、個別的なものがそのもとに包摂されている。しかし、この具体化はさしあたり二面性にすぎない。中名辞は、直接的な推理のうちでは直接的なものとしてあるのであり、この直接性のために単純な規定性としてあるのであって、それが果たしている媒介はまだ措定されていない。定在の推理の弁証法的な運動は、とにかく唯一推理を形づくる媒介がその諸契機のうちで措定されるということにあるのである。

(a) 推理の第一格

Ｅ－Ｂ－Ａ(1)が規定された推理の一般的な図式である。個別性は特殊性を通して普遍性と結合する。個別的なものは直接的に普遍的であるわけではなく、特殊性を通じてそうなのである。また逆に、普遍的なものも同様に直接的に個別的であるわけではなく、特殊性を通してそこに下降する。――これらの規定は両極として互いに対立しあっており、異なった第三のもののうちで一体となる。それらはともに規定性である。第三のもののうちでそれらは同一なのである。こうしたそれらの普遍的な規定性が特殊性である。だが、それらは、また互いに対立しあうものとして、この特殊性に対して同じく両極である。各々は、その直接的な規定性のうちにあるからである。

この推理の普遍的な意味は、以下のとおりである。すなわち、個別的なものは、個別的なものとして無限の自己関係であり、従って内なるものにすぎないであろうが、特殊性を通して普遍性としての定在に歩み出、そこにおいてもはや自己自身にのみ属するのではなく、外との連関に立つのである。逆に、個別的なものは、特殊性としてのその規定性へと自己を分離しながら、この分離の中で具体的なものであり、規定性の自己自身への関係として、普遍的で自己に関係する個別的なものであり、従って真に個別的なものでもある。それは、普遍性の極の中で外在性から自己のうちに還帰している。——推理の客観的な意味は、最初の推理のうちではやっと表面的にあるにすぎない。その中では、諸規定は、推理の本質をなす統一としてはまだ措定されていないからである。推理の諸名辞が持つ抽象的な意味は、自体的対自的にあるわけではなく、主観的な意識のうちでそのように孤立させられているだけである。そのかぎり、推理はまだ主観的なものである。——ところで、個別性、特殊性および普遍性の関係は、推理の諸規定の必然的で本質的な形式関係であることが明らかとなる。欠陥は形式のこの規定性にあるのではなく、この形式のもとで各々の個別的な規定が同時に一層豊かであるわけではないという点にある。——アリストテレスは、推理の本性を次のように述べることで単なる内属の関係にむしろ依拠した。「一つの極が中間的な規定の全体の中にあり、この中間的な規定はもう一つの極の全体の中にあるというように、三つの規定が互いに関係しあっている場合、これら二つの極は必然的に結合されている」[2]。ここで表現されているのは、三つの名辞の相互的な規定性というよりはむしろ、一つの極が媒辞に内属し、媒辞がまたもう一つの極に内属するという同じ関係の繰り返しにすぎない。——とにかく、推理が基づくのは三つの名辞が互いに持つ右の規定性に他ならないから、諸名辞の他の関係が他の格を与えるにしても、それらが悟性推理としての妥当性を持ちうるのは、それらが右の根源的な関係に還元されるかぎりにおいてのみであるということが直ちに示される[3]。第一格と並んであるのは異なった種類の格ではない。一方では、それらが正しい推理であるべきだとすれば、第一格である推理一般の本質的な形式に基づくだけである。だが他方では、それらは、第一格から外れるかぎり、右の抽象的な形式が必然的に移行し、それによってさらにまた全体へと規定されることになる変形である。それらがどのような事情にあるかは、直ちに一層詳細に明らかとなるであろう。

従って、Ｅ－Ｂ－Ａは、規定された推理の普遍的な図式である。個別的なものは特殊なもののもとに包摂され、特殊なものは普遍的なものに包摂されている。従ってまた、個別的なものは普遍的なものに包摂されている。或いは、個別的なものに特殊なものが内属し、特殊なものには普遍的なものが内属する。従って、普遍的なものは個別的なものにも内属する。特殊なものは、一つの面からすると、すなわち普遍的なものに対しては主語であり、個別的なものに対しては述語である。言い換えると、普遍的なものに対しては個別的なものであり、個別的なものに対しては普遍的なものである。特殊なもののうちで二つの規定性は結合されている。それ故、両極はそれらのこの統一によって結合されている。「それ故」は主観のうちで進行した推理であり、二つの直接的な前提の関係への主観的な洞察から導かれるものとして現れる。主観的な反省が両極に対する媒辞の二つの関係を特殊な、しかも直接的な判断ないし命題として言明するのであるから、結論は媒介された関係として特殊な命題でもあることは言うまでもない。そして、「それ故」ないし「従って」は、結論が媒介された命題であることの表現である。だが、この「それ故」は、この命題のうちでは外在的な規定であってその根拠と位置を主観的な反省のうちにしか持たない規定と見なされてはならない。むしろ、両極の本性そのものに根ざしていると見られなければならない。このため、それらの間の関係が再び単なる判断ないし命題として言明されるのは、抽象化する反省のためまたそれによってのみである。その真の関係は媒辞として措定されているのである。――従って、ＥはＡである。これが判断であることは、単に主観的な事情である。推理とはまさに、それが単に判断であるのではない、すなわち単なる繋辞ないし空虚な「である」によってつけられた関係ではなく、規定され内容を持った媒辞による関係であるということに他ならない。

そうであるから、推理が単に三つの判断からなるものとしてしか見なされないとすれば、それは形式的な見方であって、推理において唯一問題となる諸規定の関係に言及しないものである。総じて、諸名辞の関係を別々の前提とそれらとは違う結論に分けるのは、単に主観的な反省にすぎない。

すべての人間は死すべきものである
カイウスは人間である
故に、カイウスは死すべきものである

そのような推理を聞かされると、人はすぐに退屈さに襲われる。——これは無用な形式に起因するのであって、この形式は分離された命題によって差異性の見かけを与えはするが、その見かけは問題の事柄自身の中で直ちに消えてしまうのである。推理するということは、専らこのように主観的に形づくられることによって主観的な間に合わせとして現れる。理性や悟性は、直接的に認識することができないところで、そこに避難するのである。——もちろん、ものの本性、理性的なものが仕事にかかる時には、まず第一前提、存在している普遍的なものに対する特殊性の関係が定立され、それから第二に、特殊性に対する個別性の分離された関係を見出し、ここから最後に、第三に新しい命題が成立するというようにするわけではない。——このように、分離された諸命題を通して進む推理作用は主観的な形式に他ならない。事象の本性は、事象の区別された概念諸規定が本質的な統一のうちで結合されているということである。こうした理性的なあり方は間に合わせではない。むしろ、それは判断のうちでなお起こる関係の直接性に対して客観的なものであり、認識の右の直接性はむしろ単に主観的なものにすぎず、推理はこれに対して判断の真理なのである。——すべてのものは推理である。すなわち、特殊性を通して個別性と結合されている普遍的なものである。しかしもちろん、それらは三つの命題からなる全体であるわけではない。

2．直接的な悟性推理のうちでは、諸名辞は直接的な規定という形式を持つ。それらはこの面に従って内容であるのだが、とにかくこの面から悟性推理は考察されねばならない。それは、そのかぎり質的な推理と見なされうる。定在の判断が質的規定という同じ面を持つのと同様にである。(4)よって、この推理の諸名辞は定在の判断の諸名辞と同様、個別的な規定性である。規定性は、その自己関係により、形式に対して無関係なものとして、従って内容として措定されているからである。個別的なものは何らかの直接的で具体的な対象であり、特殊性はこの対象の諸規定性、性質ないし関係のうちの一つの個別的な規定性、性質ないし関係であり、普遍性もまたなお特殊なもののうちの一層抽象的で個別的な規定性である。(5)――主語は、直接的に規定されたものとして、まだその概念のうちで措定されているわけではない。それ故、その具体化は本質的な概念諸規定に還元されてはいない。従って、その自己に関係する規定性は、無規定的で無限の多様性である。個別的なものは、この直接的なあり方においては、無限の諸規定性の集まりであり、これらの規定性は個別的なものの特殊性に属する。従って、その各々は、推理のうちで個別的なものに対する媒辞となることができる。だが、個別的なものは、他のどの媒辞によっても他の普遍的なものと結合する。その諸性質の各々によって、それは定在の他の関係と関連のうちにあるのである。――さらに、媒辞も普遍的なものと比較すると具体的なものである。それはそれ自身幾つもの述語を持ち、個別的なものは同じ媒辞を通してまた幾つもの普遍的なものと結合されうる。従って、総じて、一つの物の多くの性質のうちのどれが捉えられ、そこから一つの述語と結合されるかはまったく偶然的で恣意的である。他の媒辞は他の述語への移行であり、同じ媒辞ですら、それだけで異なった述語への橋渡しであるかもしれない。それは、普遍的なものに対する特殊なものとして、幾つもの規定を含んでいるからである。

しかし、一つの主語に対して不定数の推理が等しく可能であり、個々の推理はその内容に関して偶然であるだけではない。これらの推理は、同じ主語に関係しているため、矛盾に陥ることも避けえない。(6)なぜなら、区別一般はさしあたりは無関係な差異性であるが、同じく本質的に対立でもあるからである。具体的なものはもはや単に現象するものではなく、それが具体的であるのは、概念のうちでの対立しあうものの統一によってであり、それらが概念諸規定として規定されたことによってである。形式的な推理においては、諸名辞は質的な本性を持っており、この面からすると、具体的なものはそれに属する諸規定のうちの個別的な一規定に従って捉えられるから、推理がそれに与えるのはこの媒辞に対応する述語である。しかし、他の面からは、反対の規定性へと推理されることによって、右の結論は偽であることが示される。その諸前提並びに同じくその帰結は単独ではまったく正しいのにかかわらずである。――壁が青く塗られているという媒辞から、それ故その壁は青いと結論される場合、この推理は正しい。しかし、その壁が黄色でも塗られているとすれば、右の推理にかかわらず壁は緑色でありうる。そして、この後の事情だけからは、壁は黄色であるということが帰結するであろう。――感性を媒辞とすれば、人間は善くも悪くもないと結論される。感覚的なものについては、一方も他方も述定されえないからである。その場合、推理は正しいが結論は偽である。具体的なものとしての人間については、また精神性という媒辞も同様に妥当するからである。――惑星、衛星、彗星が太陽に対して持つ重さという媒辞から、これらの天体が太陽に落下するという結論が導かれるのは正しい。しかし、それらは、太陽には落下しない。なぜなら、それらは同じくそれだけで独自の重力の中心であり、或いはいわゆる遠心力によって運動させられているからである。――社会性という媒辞からは市民の財産共有制が結論されうるが、個体性という媒辞からは、それが同様に抽象的に追求されるならば、国家の解体が帰結する。例えば、ドイツ帝国において結果したようにである。それは個体性という後者の媒辞が尊重されたためである。――そのような形式的な推理ほどに不十分と見なされるものはないということは正しい。それは偶然ないし恣意に基づいており、それが媒辞として用いられるからである。そのような演繹が推理によって極めて見事に進められ、その正しさが完全に認められているとしても、このことはまったく何の成果にも導かない。別の媒辞がなお見出され、それに基づいてまさしく反対のことが同様に正しく演繹されうるということが常に残っているからである。カントにおける理性の二律背反は、一つの概念から、一方ではこの概念の一つの規定が基礎に置かれ、他方では同じく必然的に他の規定が置かれるということに他ならない。――そのかぎり、推理のこの不十分さと偶然性は、内容にのみ転嫁されるべきではない。あたかもそれが形式からは独立しており、論理学に関係するのは形式だけであるかのようにである。むしろ、形式的な推理の形式のうちにあるのは、内容が極めて一面的な質だということである。内容は、右の抽象的な形式によって、このように一面的なものとして規定されているのである。すなわち、内容は具体的な対象ないし概念の多くの性質ないし諸規定のうちの個別的な一つの質である。なぜなら、内容は形式からして、そのように直接的で個別的な規定性以上のものであってはならないからである。個別性の極は、抽象的な個別性として、直接的な具体的なものであり、従って無限ないし規定不可能なほど多様なものである。媒辞は同様に抽象的な特殊性であり、従ってこれら多様な質のうちの一つの個別的な質である。また他方の極も同じく抽象的な普遍的なものである。それ故、形式的な推理は、本質的にその形式の故に、内容の面からするとまったく偶然的なものである。しかも、推理にとっては、この推理にこの対象が従うのか或いは別の対象が従うのかが偶然的であるというかぎりにおいてではない。論理学はこのような内容は度外視する。そうではなく、主語が根底にあるかぎり、推理がそこからどのような内容規定を帰結するかが偶然なのである。

3．推理の諸規定は直接的、抽象的で自己のうちに反省した諸規定であるかぎり、この面からすると内容の諸規定である。しかし、それらの本質的な点は、むしろ、それらがそのような自己のうちに反省し互いに無関係なものであるわけでなく、形式諸規定であるということにある。そのかぎり、それらは本質的に関係である。これらの関係は、第一に、媒辞に対する両極の関係である。――それらは直接的な関係であり、前提命題〈*propositiones praemissae*〉であり、しかも一方は普遍的なものに対する特殊なものの関係、大前提〈*propositio major*〉であり、他方は特殊なものに対する個別的なものの関係、小前提〈*propositio minor*〉である。第二に、両極相互の関係がある。それは媒介された関係であり、結論〈*conclusio*〉である。右の直接的な関係、両前提は命題ないし判断一般であり、推理の本性に抵触する。推理の本性によれば、区別された概念諸規定は直接的に関係しているわけではなく、それらの統一も同様に措定されていなければならない。判断の真理は推理である。直接的な諸関係は、それらの内容が直接区別された諸規定であり、従って、それらが直接自体的対自的に同一だというわけではないだけ、前提であり続けることはできない。それらの外には、純粋な同一的命題すなわち空虚で何ものにも導かない同語反復があるのである。

従って、両前提に対してなされる要求は、通常、それらは証明されねばならない、すなわちそれらは同じく結論として示されなければならない、というものである。それ故、二つの前提は二つのさらなる推理を与える。(7) しかし、これら二つの新しい推理は再び合わせて四つの前提を与え、これらは四つの新しい推理を要求する。そして、これらは八つの推理を持ち、これら八つの推理はまたそれらの十六個の前提に対して十六個の推理を与え、かくして無限へと幾何級数的に進行する。

かくして、ここに存在の低次の領域で以前現れた無限進行が再び現れる。それは、概念の領域、有限なものからの絶対的な自己内反省の領域、自由な無限性と真理の領域ではもはや予期されなかったものである。存在の領域で示されたのは、進行に陥る悪無限が現れるところには、質的な存在とそれを超えていく無力な当為の矛盾があるということである。進行それ自身は、質的なものに対して生じた統一の要求と要求にそぐわない制限への逆行の繰り返しである。(8) 形式的な推理のうちで基礎をなしているのは、何といっても直接的な関係ないし質的判断であり、推理の媒介はそれ以上の真理としてそれに対して措定されたものである。両前提の証明が無限に進んでも右の矛盾が解けるわけではなく、それをただ常に更新するだけであり、同一の根本的な欠陥を繰り返すだけである。――無限進行の真理は、むしろ、それ自身とそれによってすでに欠陥のあるものとして規定された形式が止揚されるということである。――この形式はE－B－Aとしての媒介の形式である。二つの関係E－BとB－Aは媒介されたものでなければならない。これが同じ仕方で起こるとすれば、欠陥のあるE－B－Aの形式が二重化されるだけであり、かくて無限に進むことになる。BはEに対して普遍的なものという形式規定をも持ち、Aに対しては個別的なものという形式規定を持つ。これらの関係は総じて判断だからである。従って、それらは媒介を必要とする。しかし、先の形の媒介によっては、止揚されるべき関係が再び現れるだけである。

従って、媒介は別の仕方で起こらねばならない。B－Aの媒介に対してはEがある。それ故、媒介は

B－E－A

という形を持たねばならない。E－Bを媒介するにはAがある。それ故、この媒介は

E－A－B

という推理となる。

この移行をさらに詳しくその概念に従って見るならば、第一に、形式的推理の媒介はその内容に関しては、先に示されたとおり、偶然的である。直接的な個別的なものはその諸規定性のうちに無数の媒辞を有しており、これらも同じくらい多くの規定性一般を持っている。従って、どの普遍的なものと推理の主語が結合されるべきかはまったく外在的な恣意ないし総じて外的な事情と偶然的な規定のうちにあることになる。それ故、媒介は、内容に関しては必然的なものでも普遍的なものでもない。それは、事象の概念に根拠を持っているわけではない。推理の根拠は、むしろ、事象のうちの外面的なものすなわち直接的なものである。しかし、直接的なものとは、概念諸規定の中では、個別的なものである。

形式に関して言えば、媒介は同様に関係の直接性をその前提としている。従って、媒介はそれ自身媒介されている。しかも、直接的なものすなわち個別的なものによってである。――さらに、第一の推理の結論によって個別的なものは媒介されたものとなっている。結論はE－Aである。個別的なものはこれによって普遍的なものとして措定されている。前提の一つ、小前提E－Bにおいて、それはすでに特殊なものとしてある。従って、それは、これら二つの規定が結合される場としてある。――或いは、結論それ自体は、個別的なものを普遍的なものとして表現する。しかも、直接的な仕方ではではなく、媒介によって、従って必然的な関係としてである。単純な特殊性が媒辞であった。結論においては、この特殊性は展開されて個別的なものと普遍的なものの関係として措定されている。しかし、普遍的なものはなお質的な規定性であり、個別的なものの述語である。個別的なものが普遍的なものとして規定されていることによって、これは両極の普遍性ないし媒辞として措定されていることに

なる。それは、それだけでは個別性の極である。しかし、それは今では普遍的なものとして規定されているのであるから、同時に両極の統一なのである。

(b) 第二格　B－E－A

1. 第一の質的推理の真理は、或るものは普遍的な規定性としての質的な規定性と自体的対自的に結合されているのではなく、偶然性によって或いは個別性において結合されているということである。推理の主語は、そのような質においては、その概念のうちに還帰しているのではなく、その外面性において捉えられているにすぎない。直接性が関係の根拠であり、従って媒介となる。そのかぎり、個別的なものが真実のところ媒辞である。

だがさらに、推理の関係は直接性を止揚することである。結論は直接的な関係ではなく、第三のものによるものとしてある。従って、結論は否定的な統一を含む。それ故、媒介は、今や、否定的な契機を自己のうちに含むものとして規定されている。

この第二の推理のうちには、前提B－EとE－Aがある[9]。これらの前提のうち前のものだけがなお直接的である。第二の前提E－Aはすでに媒介されたものである。すなわち、第一の推理によってである。第二の推理は、従って、第一の推理を前提する。逆に、第一の推理が第二の推理を前提するようにである。――二つの極は、ここでは特殊なものと普遍的なものとして互いに規定されている。後者は、そのかぎりなおその位置を保っている。それは述語である。しかし、特殊なものはその位置を交換している。それは主語であり、個別性の極の規定性のもとで措定されている。個別的なものが媒辞の規定ないし特殊性とともに措定されているのと同様にである。従って、両者は、第一の推理においてそうであったような抽象的な直接性ではもはやない。しかし、それらはまだ具体的なものとして措定されているわけでもない。各々が他のものの位置に立つことによって、それはそれ自身の位置にあると同時に、とはいえ単に外面的にすぎないが、他の規定のうちで措定されているのである。

この推理の規定された客観的な意味は、普遍的なものは、自体的対自的に、規定された特殊なものであるわけではなく——なぜなら、それはむしろそれの含む特殊なものの全体だからである——、その種の一つが個別性によってあるということである。その種の他のものは、直接的な外面性によってそれから排除されている。他方、特殊なものも同様に、直接かつ自体的対自的に、普遍的なものであるわけではなく、否定的な統一がそれから規定性を剝奪し、そうすることでそれを普遍性に引き上げる。——個別性は特殊なものの述語であるべきかぎり、特殊なものに対して否定的に関係する。それは特殊なものの述語ではない。

2．だが、さしあたっては、諸名辞はなお直接的な規定性である。それらは、自己自身によって客観的な意味にまで続けて自己形成したのではない。それらのうち二つは位置を換えたが、その位置はそれらに辛うじて外面的に具わっているだけの形式である。従って、それらは、第一の推理におけるようにそもそもなお互いに無関係な内容であり——自体的対自的にではなく、偶然的な個別性によって結合されている二つの質である。

第一格の推理は直接的な推理であり、同じくその概念において抽象的な形式としてあるかぎりの推理である。この形式は、その諸規定性のうちでまだ実現〔実在化〕されていないのである。この純粋な形式が他の格に移行したわけだが、このことは、一方では、概念の実現の始まりである。媒介の否定的契機が措定され、それによって、諸名辞のさしあたり直接的で質的な規定性におけるさらなる形式規定性が措定されるからである。——だが、このことは、同時に、推理の純粋形式が他のものになることである。推理はもはやこの形式に完全に一致することはなく、その諸名辞のうちで措定された規定性は、あの根源的な形式規定とは異なっているのである。——この推理は、外的な反省の中で起こる主観的な推理としてしか認められないかぎり、類すなわちE－B－Aという一般的な図式に合致するべき推理の一様式と見なされる。だが、それはさしあたりこの図式に合致していない。その二つの前提はB－EないしE－BとE－Aである。中名辞は、従って二度包摂される。或いは二度主語である。従って、それには他の二つの名辞が内属する。それ故、媒辞とは言えない。媒辞は、一方では、包摂的ないし述語であり、他方では包摂される、或いは主語であるべきである。換言すれば、それには一つの名辞が内属すべきだが、しかし、それ自身は他の名辞に内属すべきなのである。[10]――この推理が推理の一般的な形式に合致していないということの真の意味は、この形式がそのうちに移行しているということである、なぜなら、この形式の真理は、主観的で偶然的な結合であるという点にあるからである。第二格における結論（すなわち、それを曖昧なものにするような、直ちに言及されるべき制限に助けを求めることなしに）が正しいとすれば、それがそれだけで正しいからであり、この推理の結論であるからではない。だが、同じ事情は第一格の結論にもある。第二格によって措定されているのは、このような第一格の真理なのである。――第二格は一つの様式でしかないという見方においては、第一の推理がこの第二の形式に必然的に移行するということが看過され、真の形式としての先の形式のもとにとどまっている。従って、第二格（それは古い習慣に基づき、それ以上の根拠なしに第三格として示されるが[11]）においては、同じようにこの主観的な意味で正しい推理が生ずるべきである。そのかぎり、この推理は第一の推理に相応しいに違いない。従って、一つの前提E－Aは中名辞を一つの極のもとに包摂するという関係を持っているから、もう一方の前提B－Eは、それが持つ反対の関係を保持しなければならず、BはEのもとに包摂されえなければならないであろう。しかし、そのような関係は、「EはBである」という規定された判断の止揚であろうし、無規定的な判断――すなわち特称判断のうちでのみ起こりうるものであろう。従って、この格における結論は特称でしかありえない。[12]だが、特称判断は、先に注意されたように、肯定的であるとともに否定的である。――従って、大きな価値を与えられることのできない結論である。――特殊なものと普遍的なものも極であり、互いに直接的で無関係な規定性であるかぎり、それらの関係自身無関係なものである。一方または他方が任意に大名辞、小名辞と見なされえ、従って、一方ないし他方の前提も大前提ないし小前提と見なされうるのである。

3. 結論は肯定的でも否定的でもあるから、これらの規定性に対しては無関係な、従って普遍的な関係である。一層詳しく考察すると、第一の推理の媒介は自体的には偶然的なものであった。第二の推理においては、この偶然性が措定されている。それ故、媒介は自己自身を止揚する媒介である。媒介は、個別性と直接性という規定を持つ。この推理によって結合されているものは、むしろ自体的かつ直接的に同一でなければならない。なぜなら、あの媒辞、直接的な個別性は、無限に多様で外在的な規定された存在だからである。従って、媒辞の中で措定されているのは、むしろ自己に対して外在的な媒介である。しかし、個別性に対する外在性とは普遍性である。直接的な個別的なものによるあの媒介は自己自身を超えて、それに対して他のもの、それ故普遍的なものによって生じるものへと向かうよう指示する。——言い換えると、第二の推理によって結合されているべきものは、直接的に結合されていなければならない。直接性がその基礎にあるのだが、この直接性によっては、規定された結合は成立しない。それがさらに指示する直接性は、その直接性に対して別のもの——存在の止揚された最初の直接性——従って、自己のうちに反省した、或いは自体的にある直接性であり、抽象的な普遍的なものである。

この推理の移行は、考察された面からすると、存在の移行と同様、他のものになることであった。なぜなら、その基礎にあるものは、質的なものであり、しかも直接的な個別性だからである。しかし、概念に従って見れば、個別性が特殊なものと普遍的なものを結合するのは、特殊なものの規定性を止揚するかぎりにおいてである。この特殊なものの規定性こそは、この推理の偶然性として示されるものなのである。両極は、それらが中名辞として持つ規定された関係によって結合されるわけではない。従って、中名辞はこれらのものの規定された統一ではなく、肯定的な統一が中名辞になお属しているとすれば、それは抽象的な普遍性にすぎない。このような規定が媒辞の真理なのであるが、かかる規定を持った媒辞が措定されると、それは推理の別の形式である。

(c) 第三格 E－A－B

1. この第三の推理は、もはや直接的な前提を一つも持たない。E－Aの関係は第一の推理により、B－Aの関係は第二の推理によって媒介されている。従って、第三の推理は最初の二つの推理を前提する。(13) だが逆に、両者は第三の推理を前提する。総じて、各々の推理が他の二つの推理を前提するようにである。従って、第三の推理において一般に推理の規定は完成されている。——この相互的な媒介はまさしく次のことを含んでいる。すなわち、各々の推理は、それだけで媒介であるにせよ、同時にそれ自身において媒介の全体であるというわけではなく、直接性を帯びており、この直接性の媒介はその外にあるということである。

推理E‐A‐Bがそれ自身において考察されるならば、それは形式的推理の真理である。それが表現しているのは、その媒介は抽象的に普遍的な媒介であり、両極はそれらの本質的な規定性に関しては媒辞のうちに含まれてはおらず、それらの普遍性に従って含まれて［いる］にすぎない、従って、むしろまさに媒介されているべきだったものはその中で結合されてはいない、ということである。従って、ここでは推理の形式主義の本質が措定されている。すなわち、推理に含まれる諸名辞は、直接的で形式に対して無関係な内容を持つ。同じことだが、それらはまだ内容諸規定に反省してはいない形式諸規定なのである。

2．この推理の媒辞は両極の統一ではある。しかし、その中では両極の規定性は捨象されており、統一は無規定な普遍的なものである。だが、この普遍的なものは、同時に、抽象的なものとして、規定されたものとしての両極から区別されている。そのかぎり、それもまたそれ自身両極に対して規定されたものである。そして、全体は一つの推理である。その概念に対するその関係が考察されねばならない。媒辞は、その両極に対して普遍的なものとして包摂的である。言い換えれば、述語であって、一度は包摂され主語でもあるというものではない。従って、第三の推理は推理の一種として推理に相応しくあるべきかぎり、このことが起こりうるのは、一つの関係E‐Aがすでに適切な関係を持つことによって、他の関係A‐Bも同じ関係を獲得するという仕方でのみである。こうしたことは、主語と述語の関係に無頓着な判断すなわち否定判断において起こる。そうすれば、推理は正しくなるが、結論は必然的に否定となる[14]。

とにかく、このことによってまた、この命題の二つの規定のうちどちらが述語として或いは主語として解されるのか、また推理のうちで、個別性の極としてか、或いは特殊性の極としてか、従って小名辞としてか、或いは大名辞として解されるのかも重要ではなくなる。普通の想定によれば、前提のどちらが大前提または小前提であるべきかはこの点に懸かっているのであるから、ここではこのことも重要ではなくなっている。——このことが通常の推理の第四格の根拠である。[15]この推理はアリストテレスの知らな［かった］ものであり、まったく完全に空虚で興味を惹かない区別に関するものである。[16]その中では、諸名辞の直接的な位置は、主語と述語の位置を逆にしたものである。否定的な結論の主語と述語は、判断の形式的な考察によれば、第一格における規定された関係を持たず、一方は他方の位置を占めることができるから、どの名辞が主語として、どれが述語として解されるかは重要でないことである。従って、どの前提が大前提であり小前提であるかも同様に重要ではない。——この無関係性には特称性という規定も（とりわけそれが内包的な意味で解されることが注意されうるかぎり）力を与えるが、それによってあの第四格はまったく余計なものとなるのである。

3．普遍的なものが媒辞となっている推理の客観的な意味は、媒介するものが両極の統一として本質的に普遍的なものであるということである。しかし、普遍性はさしあたりただ質的ないし抽象的な普遍性であるから、両極の規定性はその中には含まれていない。それらの結合が起こるべきだとすれば、それは同じくこの推理の外にある媒介のうちにその根拠を持たねばならず、この根拠に関しては先行する推理の諸形式におけると同様偶然である。ところが、普遍的なものが媒辞として規定されており、その中には両極の規定性は含まれていないのであるから、この規定性はまったく無関係な外在的規定性として措定されている。——従って、この単なる抽象の面からさしあたり生じているのは、もちろん、推理の第四格すなわち没関係的な推理の格Ａ－Ａ－Ａである。この推理は諸名辞の質的な区別を捨象しており、そのためそれらの単に外面的な統一、すなわちそれらの同等性を規定として持つのである。

(d) 第四格　A－A－Aまたは数学的推理

1. 数学的推理とは次のようなものを言う。「二つのもの或いは規定が第三のものに等しいならば、それらは互いの間で等しい」。――諸名辞の内属や包摂の関係はその中では解消している。

第三のもの一般は媒介するものである。しかし、それはその両極に対立する規定を全然持たない。従って、三つのものの各々は、同じように十分、第三の媒介者であることができる。どれが媒介者として使われるか、従って、三つの関係のどれが直接的なものとして、どれが媒介されたものとして解されるべきかということは、外的な事情とそれ以外の諸条件に依存している。――すなわち、それらのうちどの二つが直接与えられたものであるかに依存している。しかし、この規定は推理自身には関わりを持たず、まったく外在的である。

2. 数学的推理は、数学における公理と見なされる。――それ自体で明らかな第一命題であって、証明すなわち媒介を持つことはできず、必要ともせず、他の何ものも前提せず、そこから導き出されることもできないものとしてである。――直接明らかであるというその長所が一層詳しく考察されるならば、それは、諸規定の一切の質的差異を捨象し、それらの量的な同等性ないし不等性のみを取り上げるこの推理の形式主義にあることが分かる。まさにこの理由により、この推理は前提を持たず、媒介されてもいない。量的な規定のみがその中で顧慮されるのであり、それは質的な区別と概念諸規定を捨象することによってのみあるのである。――互いに等しいとされる線や形は、その大きさに関してのみ理解される。三角形は正方形に等しいとされる。だが、三角形として正方形にではなく、ただ大きさに関してなどである。同様に、概念とその諸規定はこの推理作用に現れることはない。それによって概念的に把握されることは、総じて、ない。また、悟性は決して形式的で抽象的な概念諸規定を前にすることはない。したがって、この推理の明らかさは、それが余りにも思想規定に乏しく抽象的であるということにのみ基づいている。

3. しかし、定在の推理の帰結は、このように一切の概念規定性を捨象することだけではない。そこから生じた直接的で抽象的な諸規定の否定性は、なお別の肯定的な面を持っている。すなわち、抽象的な規定性のうちにそれとは別の規定性が措定されており、そのことによって抽象的な規定性は具体的になっているということである。

まず第一に、定在の推理はすべて互いに前提しあっている。そして、両極は結論において結合されるが、それらが真実かつ自体的対自的に結合されているのは、他のところで基礎づけられた同一性によって、それとは別に結合されているかぎりにおいてである。考察された諸推理のうちにあるとおりの中名辞は、それらの概念の統一であるべきである。しかし、それらの具体的な統一としては措定されていない形式的な規定性にすぎない。だが、定在の推理の諸媒介の各々によってこのように前提されているものは、数学的な推理におけるように与えられた直接性一般であるだけではなく、それ自身媒介である。すなわち、他の二つの推理の各々に対してである。従って、真に存在するものは与えられた直接性に基づく媒介ではなく、媒介に基づく媒介である。従って、これは量的な、媒介の形式を捨象する媒介ではなく、むしろ媒介に関係する媒介ないし反省の媒介である。互いに前提しあうという円環をこれらの推理はともに形づくっているが、その円環はこの前提作用の自己自身のうちへの還帰である。この前提作用はこの円環の中で全体を形成し、個々の推理が指示する他のものを抽象によって円環の外部に持つのではなく、その内部に含んでいるのである。

さらに、個別的な形式諸規定の側から示されたのは、形式的な諸推理のこの全体の中で、各々の個別的な形式規定は媒辞の位置に来ているということである。直接的には、これは特殊性として規定されていた。続いて、それは、弁証法的な運動を通して、個別性と普遍性として規定された。同様に、これらの規定の各々は、二つの極の位置を通過した。単に否定的な帰結は、単に量的で数学的な推理のうちで質的な形式諸規定が消滅することである。しかし、真に存在するのは、媒介が個別的で質的な形式規定性によって起こるのではなく、それらの具体的な同一性によって起こるということである。考察された三つの推理の格の欠陥と形式主義は、そのような個別的な規定性がそれらの推理のうちの媒辞となるとされたところにある。――従って、媒介は、直接的な或いは抽象的な形式諸規定の無関係性として、また一つの規定が他の規定へと肯定的に反省することとして規定された。定在の直接的な推理は、これによって反省の推理に移行しているのである。

注　推理の普通の見方

推理の本性とその様々な形式の叙述がここで行われたわけだが、その中では、また付随的に、通常推理を考察し取り扱うに当たって主要な関心事、すなわちどうすれば各々の格において正しい推理がなされうるかという問題に反省が向けられた。しかし、そこでは主要な契機が示されているだけで、肯定判断や否定判断の区別が量的な規定とりわけ特称性と並んで一緒に考慮に入れられる場合に生ずる事情や混乱は、看過されていた[17]。――論理学における推理の普通の見方と論じ方について幾つかの注意を与えることが、ここでは適切であろう。――周知のとおり、この理論は極めて厳重に仕上げられており、そのいわゆるうるささは大方の不快感と吐き気を催すほどになっている。自然的な悟性が没実体的な反省形式に対して精神形成のあらゆる面で自己主張をしたことによって、それは理性形式に関する右の人工的な知識に対しても刃向かい、そのような学問はなくても済ますことができると考えるようになった。その中で示されている思惟の操作は、特に学習するまでもなく生まれつきすでに自ずから行いえたという理由によってである。人は、理性的な思惟の条件が推理形式を骨折って学習することであるとしたら、それに関して実際嫌な気持ちになることであろう。（序文においてすでに注意されたように）、人が解剖学や生理学を学んだことがなければ、歩くことも消化することもできないとしたら、不機嫌になるであろうのと同様である。これらの学問の研究も食餌療法に役立たないことはないかもしれないように、理性形式の学習にも疑いなく思惟の正しさに対するもっと重要な影響が帰せられていることであろう。しかし、このような面は主観的思惟の形成に関するものであり、従って本来教育学に関係するものであって、ここではそれに立ち入ることなく、次のことが認められなければなるまい。すなわち、理性の働き方と法則を対象とする研究は、本来最大の重要性を持っているに違いなく——自然の法則とその特殊な形態の知識に少なくとも劣らない重要性を持っているということである。およそ六〇種余りの鸚鵡、一三七種余りのクワガタソウなどを発見したということが軽視されないとすれば、理性形式を発見するということが軽視されることは一層ありえないことであろう。推理の格は、鸚鵡やクワガタソウの種類よりも無限に高尚なものではなかろうか。

従って、理性形式一般の知識を蔑視することは、粗野でしかないと見なされなければならない。それだけに、推理としての特殊な諸形態の普通の叙述は理性的認識ではなく、それを理性形式として叙述することでもなく、三段論法的な知は無価値であることによって、軽視を被り経験してきたということが認められねばならない。その欠陥は、それがまったく推理の悟性形式のもとに立ち止まっており、この形式によれば概念諸規定は抽象的で形式的な諸規定と解されるという点にある。これらの規定を抽象的な質として固持することは、それだけ一層不整合である。なぜなら、推理のうちではそれらの関係こそが本質的なものなのであり、内属と包摂は次のことをすでに含んでいるからである。すなわち、個別的なものはそれに普遍的なものが内属しているが故に、それ自身普遍的なものであり、普遍的なものは、それが個別的なものを包摂しているが故にそれ自身個別的なものであって、さらに言えば、推理はまさしくこの統一を媒辞として明確に措定しており、その規定はまさしく媒介なのである。すなわち、概念諸規定はもはや判断におけるようにそれら相互の外在性を基礎としているのではなく、むしろそれらの統一を基礎としているのである。——従って、推理の概念によって言明されているのは、形式的推理の不完全性であり、その中では媒辞は両極の統一としてではなく、形式的で両極からは質的に異なった抽象的な規定として固持されるべきなのである。——形式的な諸規定すらが否定判断や特称判断におけるように重要でなくなり、このため命題に近いものとなる諸関係や判断もがなお完全な関係として見なされることによって、考察はなお一層無内容になる。——総じて質的な形式Ｅ－Ｂ－Ａがとにかく究極にして絶対的なものと見なされることによって、推理の弁証法的な考察法はまったく失われる。それ以外の推理は、従って、右の形式の必然的な変形としてではなく、種として見なされる。――ここでは、最初の形式的な推理自身が他の種と並ぶ一つの種としてのみ考察されるのか、或いは同時に類と種として考察されるのかは、重要なことではない。後のことが起こるのは、他の諸推理が第一の推理に還元されることによってである。この還元がはっきりとは起こらないにしても、第一格が表現するのと同じ、外面的な包摂の形式的関係が常に基礎にあるのである。

この形式的推理は、媒辞が両極の規定された統一でなければならないのに、このような統一ではなく、それが統一すべきものとは質的に異なった規定としてあるという矛盾である。推理はこのような矛盾であるから、それ自身において弁証法的である。その弁証法的運動は、それを完全な概念諸契機において提示する。すなわち、あの包摂の関係や特殊性だけではなく、同様に本質的に否定的な統一と普遍性が結合の契機であるというようにである。それらの契機の各々は、それだけではまた特殊性の一面的な契機にすぎないが、そのかぎりでは同じく不完全な媒辞である。とはいえ、それらは同時にこの媒辞の発展した規定ともなる。三つの格を通って行く経過の全体は、これらの規定の各々のうちで媒辞を順次に提示するのであり、そこから生ずる真の結果は、媒辞が個別的なものではなく、その全体であるということである。

従って、形式的な推理の欠陥は、推理の形式にあるのではない――これはむしろ理性的なあり方の形式である――。そうではなく、それが抽象的で、よって没概念的な形式としてあるにすぎないという点にあるのである。抽象的な規定は、その抽象的な自己関係の故に、同じく内容としても見なされうるということが示された。そのかぎり、形式的な推理がなすことは、述語に対する主語の関係はこの中名辞からしか帰結しないのか否かということに他ならない。一つの命題をそのような推理によって証明したとしても何の役にも立たない。中名辞は没概念的な質であり、その抽象的な規定性の故に他の中名辞も同じくありえ、これらからは反対のことが帰結することになる。それどころか、同じ中名辞からまたもや対立する述語がさらなる推理によって導出されうる。(18)――形式的な推理は多くを達成しないだけでなく、極めて単純なものでもある。多くの規則が案出されているが、それらは次の理由からだけでも煩わしい。すなわち、それらは主題の単純な本性と極めて対照的だからであり、さらにまた、それらの関係する事例においては、推理の形式的な内容が、外在的な、特に特称性という形式規定によって、とりわけその形式規定がこのために内包的な意味で受け取られねばならないかぎり、完全に縮小〔され〕、形式的にもまったく無内容な結果だけが取り出されるにすぎないからである。――しかし、三段論法が陥る不都合さの最も当然で重要な面は、それが概念自身を唯一の内容としている対象と、極めて冗長かつ没概念的に関わり続けるということである。――多くの三段論法の規則は、算術家のやり方を想起させる。彼らは同じように数多くの算術的計算の規則を与えるが、これらはすべて、人が計算の概念を持ってはいないということを前提したものである。――しかし、数は没概念的な素材であり、計算は外からの総括や分離であって、機械的な方法である。実際、これらの計算を遂行する計算機が考案されているようにである。これに対して、最も無感覚で不似合いなことは、推理の形式諸規定が概念であるのに、没概念的な素材として扱われる場合である。

推理の概念規定をこのように没概念的に捉えることの最たるものは、恐らく、ライプニッツ（著作集、第二巻〔ドゥーテンス刊〕第一部）が推理を結合術的な計算に従わせたことであろう[19]。彼は、それによって、どれだけの推理の形が可能であるかを算定した。――すなわち、肯定判断と否定判断の区別、それから全称判断、特称判断、無規定的判断および単称判断の区別を勘案してである。それらの結合は二〇四八個可能であり、無用なものを除外すると二四個の役に立つ格が残ることになる。――ライプニッツは推理の諸形式のみならず他の諸概念の結合をも発見するための結合術による分析の有効性を大いに強調する。これらのことが発見されるための操作は、アルファベットはどれだけ多くの文字の結合を許容するか、賽子遊びでどれだけ多くの振りが可能であり、ロンブルカードでどれだけの遊びが可能かなどが計算される操作と同じである。従って、ここでは推理の諸規定が賽子の目やロンブルカードと一緒くたにされており、理性的なものが死んだもの、没概念的なものとされ、精神的な実在として関係しあい、この関係によってそれらの直接的な規定を止揚するという概念とその諸規定に特有のものが傍らに放置されていることが分かる。ライプニッツが結合術的な計算を推理と他の諸概念の結合に適用したことは、悪名高いルルスの術[20]と何ら区別されない。ライプニッツのものの方が数の面から見て一層方法的であるが、さらに無意味さという点ではルルスの術と同じであったというだけである。――これと連関しているのが、諸概念の普遍的な記号学[21]というライプニッツお気に入りの思想である。それを彼は若い頃手に入れ、それが未熟で浅薄であるにかかわらず、後になっても手放そうとしなかったのである。――この記号学とは、一つの文章語であり、その中で他の諸概念からなる関係であるか、或いは他の諸概念に関係する一切の概念が示されるのである。――本質的に弁証法的である理性的な結合において、あたかも一つの内容がそれだけで固定されている場合、それが持っているのと同じ規定をなお保持しているかのようにである。

プルーケの計算[22]が最も整合的な方法を捉えたことは疑いようがない。それによって推理の関係が計算に従属せられうるのである。それが基礎としているのは、判断のうちで関係の区別、個別性、特殊性、普遍性の区別が捨象され、主語と述語の抽象的な同一性が固持されることによって、それらが数学的な同等性のうちにあるということである。――それは、推理を諸命題のまったく無内容で同語反復的な形成とする関係である。――「バラは赤い」という命題においては、述語は普遍的な赤であってはならず、バラの特定の赤さを意味するにすぎない。「すべてのキリスト教徒は人間である」という命題においては、述語はキリスト教徒たる人々だけを意味すべきである。この命題と「ユダヤ人はキリスト教徒ではない」という命題から帰結する結論は、メンデルスゾーン[23]のもとでこの三段論法的な計算を推奨することが憚られるようなものであった。「従って、ユダヤ人は人間（すなわちキリスト教徒である人間）ではない」というのがそれである。――プルーケは彼の考察の結果として次のように述べている。「無知の者でも、丁度子供が算術を教わるように、全論理学を機械的に学ぶことができる。実際、もし計算を間違えなければ、自分の推理において間違える恐れはなく、また誤謬推理に陥ることもありえないようにである」〈*posse etiam rudes mechanice totam logicam doceri, uti pueri arithmeticam docentur, ita quidem, ut nulla formidine in ratiocinis suis errandi torqueri, vel fallaciis circumveniri possint, si in calculo non errant.*〉。——無教養な人々に計算によって機械的に全論理学が与えられうるというこのような勧めは、論理学の論述をめぐる考案について語られるもののうちで最も悪しきものであろう。

B　反省の推理

質的推理の辿った経過によって、この推理の諸規定の抽象的な面は止揚された。それによって、名辞はその中で他の規定も映現する規定として措定された。推理には、抽象的な諸名辞の他に、それらの関係もあり、結論において、この関係は媒介された必然的な関係として措定されている。従って、各々の規定性は、真実のところ単独の個別的規定性としてあるのではなく、他の規定との関係として、具体的な規定性として措定されているのである。

媒辞は抽象的な特殊性、それだけでは単純な規定性であり、自立的な両極に対して外在的で相対的にすぎない媒辞であった。今では、それは諸規定の全体として措定されている。従って、それは両極の措定された統一である。とはいえ、さしあたりはそれらを自己のうちに含む反省の統一である。——直接性を初めて止揚し、諸規定を初めて関係させることとして、まだ概念の絶対的な同一性ではないような含み方なのである。

両極は反省の判断[24]の諸規定であり、関係規定ないし多様なものを自己のうちで統合する反省としての本来的な個別性と普遍性である。しかし、個別的な主語は、反省の判断のもとで示されたように、形式に属する単なる個別性の外に、端的に自己のうちに反省した普遍性としての規定性を、前提された、すなわちここではなお直接的に仮定された類としても含んでいる。

両極のこの規定性は判断規定の推移に属しているのだが、そこから媒辞の一層詳細な内容が結果する。媒辞が推理を判断から区別するのであるから、推理において本質的に問題となるのは媒辞なのである。それは、（一）個別性を、（二）とはいえ、すべてのものとして普遍性にまで拡大された形で、（三）基礎にあり個別性と抽象的な普遍性をまったく自己のうちで結合する普遍性、類を含む。――反省の推理が持つのは、このようにまず形式の本来的な規定性である。媒辞が諸規定の全体として措定されているからである。直接的な推理は、それに対しては無規定な推理である。媒辞はなお抽象的な特殊性であって、その中ではそれらの概念の諸契機はまだ措定されていないからである。――反省の推理のこの第一の形式は、全体性の推理と呼ばれることができる。

(a) 全体性の推理

1．全体性の推理は完全な悟性推理であるが、それ以上のものではまだない。そのうちの媒辞は抽象的な特殊性ではなく、その諸契機へと展開しており、従って具体的なものとしてある。このことは概念に対する本質的な要求ではあるが、全体性という形式は個別的なものをさしあたり外から総括して普遍性としているにすぎない。逆に言えば、それは、個別的なものを直接的にそれだけで存立しているものとして普遍性のうちにまだ保持しているのである。諸規定の直接性の否定は定在の推理の帰結であったが、第一の否定であるにすぎず、まだ否定の否定ないし絶対的な自己内反省ではない。右の反省の普遍性は個別的な諸規定を自己のうちに含んではいるが、その基礎をなしているのはまだ個別的な諸規定である。――言い換えれば、全体性はまだ概念の普遍性ではなく、反省の外的普遍性なのである。

定在の推理が偶然的であったのは、その中名辞が具体的な主語の個別的な一規定性であり、それと同じような不特定数の他の中名辞を許容し、従って主語は不特定数の他の述語、しかも反対の述語と結合されえたためである(25)。しかし、今では媒辞は個別性を含んでおり、そのことによってそれ自身具体的であるから、それによって主語と結合されうるのは、具体的なものとしての主語に帰属するただ一つの述語にすぎない。――例えば、中名辞の「緑」から一枚の絵が心地よいと結論され、それは緑が目に快適であるからであり、一つの詩、一つの建物などが美しいのは規則性を持つからだとされる場合、それにもかかわらずその絵などには他の規定性のせいで醜いということがありえよう。この規定からこの後の述語へと推理されることもありえよう。これに対して、中名辞が総体性という規定を持つ場合、それは、緑や規則性を具体的なものとして、まさにそれ故に単なる緑色のもの、規則的なものなどといった抽象物ではないものとして含んでいる。とにかくこのような具体的なものと結合されていることができるのは、具体的なものの全体に相応しい述語にすぎない。――「緑色のものや規則的なものは心地よい」という判断においては、主語は緑や規則性という抽象物にすぎない。これに対して、「すべての緑色のものないし規則的なものは心地よい」という命題においては、主語は、緑であったり規則的であったりするすべての現実的で具体的な対象である。――従って、緑色や規則性の他になおすべての性質を具えた具体的なものと見なされる対象に他ならない。

2．しかし、推理の持つこの反省の完全性は、まさにそのせいで、推理を単なる欺瞞としてしまう。中名辞は「すべて」という規定性を持つ。これらのものには、大前提において、主語と結合される述語が直接帰属する。しかし、すべてのものとはすべての個別的なもののことである。それ故、その中では右の述語を個別的主語がすでに直接持っており、推理によって初めて獲得するわけではない。――言い換えると、主語は結論によって述語を帰結として獲得する。しかし、大前提はすでにこの結論を自己のうちに含んでいる。従って大前提はそれだけで正しいわけではない。或いは、直接的で前提された判断ではなく、結論を自らすでに前提している。大前提は、その根拠であるべきだったのにである。――好まれる完全な推理、

すべての人間は死ぬ
ところで、カイウスは人間である
故に、カイウスは死ぬ

において、大前提が正しいのは結論が正しいからであり、またそのかぎりにおいてである。もしカイウスが偶々死なないとしたら、大前提は正しくはないであろう。結論であるべきであった命題は、すでに直接それだけで正しくなければならない。さもなければ大前提はすべての個別的なものを含むことはできないだろうからである。大前提が正しいと見なされうる以前には、右の結論自身は大前提に対する反証ではないかという問いが先行することになる。

3．定在の推理のもとでは、推理の概念から次のことが生じた。すなわち、両前提は直接的なものとして、結論すなわち推理の概念によって要求される媒介に抵触するということ、従って第一の推理は他の推理を、逆にこれら他の推理は第一の推理を前提するということがである。反省の推理においては、大前提は結論を前提するということが推理自身のうちで措定されている。なぜなら、大前提は個別的なものと述語の結合を含んでおり、その結合こそはまさしくまず結論たるべきものだからである。

従って、実際にあることは、さしあたり次のように表現されうる。すなわち、反省の推理は推理するということの外面的で空虚な見せかけにすぎず、——それ故、この推理の本質は主観的な個別性に基づいており、従って個別性こそが媒辞であり、媒辞として措定されねばならないということである。——個別性とは、個別性としてあり、ただ外面的に普遍性を帯びているものにすぎない。——言い換えると、反省の推理の一層立ち入った内容に従って、次のことが示されたのである。すなわち、個別的なものはその述語に対して直接的な関係を持ち、開示された関係に置かれるわけではないということ、大前提、特殊なものと普遍的なものの結合、さらには形式的に普遍的なものと自体的に普遍的なものとの結合は、特殊なもののうちにある個別性——総体性としての個別性——の関係によって媒介されているということである。しかし、これは帰納の推理に他ならない。

（b）帰納の推理

1．全体性の推理は第一格の図式Ｅ－Ｂ－Ａのもとにあるが、帰納推理は第二格の図式Ａ－Ｅ－Ｂのもとにある。なぜなら、それは再び個別性を媒辞とするからである。とはいえ、抽象的な個別性ではなく、完全なものとしての、すなわちそれに対立する規定、普遍性とともに規定されたものとしてである。——一方の極は、これらの個別的なものすべてに共通の何らかの述語である。この述語が個別的なものに対して持つ関係が直接的な前提となる。前の推理においては、それらの前提の一つが帰結であるべきなのであった。——もう一方の極となりうるのは直接的な類である。それは前の推理の媒辞または全称判断の主語のうちにあり、個別的なものないし種々の媒辞の総体の中で尽くされている。従って、推理は次の形態を持つ。

Ａ－
ｅ　ｅ　　ｅ　ｅ
－Ｂ
限りなく

2．形式的推理の第二格Ａ－Ｅ－Ｂは、この図式と一致しない。なぜなら、媒辞となるＥは、一つの前提の中では包摂的ないし述語ではなかったからである。帰納においては、この欠陥はなくなっている。媒辞はここでは「すべての個別的なもの」である。命題Ａ－Ｅは客観的な普遍ないし類を極として析出し、主語として含んでいるが、少なくともそれと同じ外延を持ち従って外的反省にとって同一の述語を持つ。ライオン、象などは四足動物の類を構成する。同じ内容が、ある時は個別性のうちで、ある時は普遍性のうちで措定されているという区別は、従って、違いのない単なる形式規定である。——この違いのなさは、形式的推理の帰結が反省の推理のうちで措定されたものであり、それがここでは外延の等しさによって措定されているわけである。

従って、帰納は、単なる知覚ないし偶然的な定在の推理ではない。それに対応する第二格はそうであったのだが[26]。そうではなく、経験の推理であり——諸々の個物を類のうちで主観的に総括し、類を普遍的な規定と結合する推理である。類がすべての個物のうちに見出されるからである。経験の推理はまた、直接的な類が個別性の全体を通じて普遍的な性質として規定され、普遍的な関係ないし徴表のうちにそれの定在を持つという客観的な意味を持っている。——しかし、他の推理と同様、この推理の客観的な意味はやっとそれの内なる概念であるにすぎず、ここではまだ措定されているわけではない。

3．帰納は、むしろ、なお本質的に主観的な推理である。媒辞は、直接的なあり方をしている個別的なものである。それらを総体性によって類へと総括する働きは外在的な反省である。なお存続する諸々の個別的なものの直接性とそこから流出する外面性の故に、普遍性は完全性にすぎず、むしろ一つの課題にとどまる。——従って、そのうちでは再び悪無限への進行が現れる。個別性は普遍性と同一のものとして措定されねばならない。しかし、個別的なものはまた直接的なものとしても措定されているのであるから、右の統一は永遠に続く当為にとどまる。それは同等性の統一に他ならない。同一であるべきものは、同時に同一であってはならない。a、b、c、d、eがただ無限に続くことが類をなし、完全な経験を与えるのである。帰納の結論はそのかぎり蓋然的である。

しかし、帰納は、知覚が経験となるには無限に継続されねばならないということを表現しているから、類はその規定性ともともと結合されているということを前提している。従って、帰納は、その結論をむしろ直接的なものとしてもともと前提する。全体性の推理がその両前提の一つのために結論を前提するのと同様にである。——帰納に基づく経験は、知覚が認められるような形では完結していないにかかわらず、妥当なものとして仮定される。しかし、右の経験は絶対に真であるかぎり、それに対する反証は生じえないということは、ただ仮定されうるにすぎない。従って、帰納による推理は直接性に基づいているとはいえ、それが基づくべきであったもの、存在するというだけの個別性の直接性にではなく、自体的対自的にある直接性、普遍的な直接性に基づいている。——

帰納の根本規定は、推理であるということである。個別性は媒辞の本質的な規定として捉えられるが、普遍性はその外在的な規定としてしか捉えられないとすれば、媒辞は二つの結合されていない部分に分裂する。そして、推理は存在しないことになろう。この外在性はむしろ両極に属するのである。個別性が媒辞でありうるのは、普遍性と直接同一なものとしてのみである。このような普遍性は本来客観的な普遍性であり、類である。――このことは次のような形でも考察されうる。普遍性は、帰納の媒辞の基礎をなす個別性の規定においては外在的である。しかし、本質的である。そのような外在的なものは同じく直ちにその反対、内在的なものなのである。――それ故、帰納推理の真理は、個別性を直接それ自体において普遍性である媒辞として持つ推理――類比の推理である。

(c) 類比の推理

1．この推理は、直接推理の第三格E－A－Bをその抽象的な図式として持つ。しかし、その媒辞はもはや何らかの個別的な質ではなく、具体的なものの自己内反省、従って具体的なものの本性である普遍性に他ならない。――そして、逆に、媒辞は具体的なものの普遍性としての普遍性であるから、それはまたそれ自体自身においてこの具体的なものである。――従って、ここでは個別的なものが媒辞ではあるが、その普遍的な本性に従ってそうなのである。さらには、もう一つの個別的なものが極となるが、それは右の個別的なものと同じ本性を持つものに他ならない。例えば、

大地〔地球〕には住人がいる
月は大地である
故に、月には住人がいる

ということになる。

2．〔類比においては、〕普遍的なもののうちで二つの個別的なものが一体となり、それによって一方の〔個別的な

もの」が他方の個別的なものの述語となるのだが、この普遍的なものが単なる質であればあるほど、或いは質が主観的に捉えられ、一つもしくは他の徴表であればあるほど、そしてその点で二つの個別的なものの同一性が単なる類似性と解される場合には、類推はそれだけ一層表面的となる。悟性の形式や理性の形式がこのような表面性にもたらされるのは、人がそれらを単なる表象の領域にひき下げることによる。しかし、そうした表面性は論理学の中で挙げられるべきではまったくなかった。――また、この推理の大前提を次のように提示することも不適切である。すなわち、一つの客観に幾つかの徴表においで類似しているものは、他の徴表においても類似しているということを内容とする前提としてである。このような仕方では、推理の形式は内容の形で表現され、また経験的な、本来経験的と呼ばれるべき内容が一緒に小前提の中に置かれる。そうだとすれば、例えば、第一の推理の完全な形式がその大前提として表現されえよう。すなわち、「或るものが他のものに包摂され、この他のものには第三のものが内属している時、その或るものにはこの第三のものも内属する。ところで、云々」。しかし、推理それ自身のもとでは、経験的な内容は問題とはならず、内容自身の形式を大前提の内容とすることは、どんな他の経験的な内容も大前提と解されるかのように重要なことではない。しかし、類比の推理のもとでは、推理特有の形式しか含まないような内容は問題とならないであろう。そのかぎり、第一の推理のもとでも、同様に、それ、すなわち推理を推理たらしめるものは問題とはならないであろう。――問題となるのは、常に推理の形式である。その推理が経験的な内容としてこの形式自身を持とうが、他の何かを持とうがである。従って、類比の推理は特有の形式である。そして、その形式が大前提の内容ないし素材にされることはありうるが、素材は論理的なものには関わらないという理由で、類比の推理をそのような形式と見なそうとしないということはまったく空虚な根拠である。――類比の推理のもとで、恐らくはまた帰納の推理のもとでも、このような推理に導くことができるものは、次の事情である。すなわち、それらのうちで、媒辞および二つの極も、単なる形式的な推理における以上に規定されており、従って形式規定はもはや単純でも抽象的でもないために、内容の規定としても現れなければならないということである。しかし、形式がこのように内容として規定されるということは、第一に、形式的なものの必然的な進行であり、それ故、推理の本性に本質的に関わることである。従って、第二に、そのような内容規定は、他の経験的な内容と同じものとは見なされず、捨象されるわけにはいかないのである。

類比の推理の形式が、その大前提の表現、すなわち、二つの対象が一つまたは幾つかの性質において一致するならば、その一つには他方が持つさらなる性質が帰属する、という表現で考察されるとすると、この推理は四つの規定、四個名辞〈*quaternio terminorum*〉を含むことになるように思われる。――それは類推を形式的推理の形にもたらすことの難しさを伴う事情である。――二つの個別的なものがあり、第三に共通なものとして直接仮定された性質が、そして第四にもう一つの性質がある。この性質を一つの個別的なものは直接持っているが、他の個別的なものは推理によって初めて手に入れるのである。――このことは、すでに明らかとなったように、類比の推理においては媒辞は個別性として措定されているが、しかし直接また個別性の真の普遍性として措定されているということから来る。――帰納においては、二つの極の外に媒辞が規定できないほど多くの個別的なものとしてある。従って、その推理においては、無数の名辞が数えられるべきであった。――全体性の推理においては、媒辞に具わっている普遍性はやっと全体性の外在的な形式規定としてあるにすぎない。これに対して、類比の推理においては、それは本質的な普遍性としてある。上例においては、中名辞である大地〔地球〕は具体的なものとして理解されているが、それは個別的なものであるとともに、普遍的な本性ないし類であるということがその真相である。

この面からすれば、四個名辞〈*Quaternio terminorum*〉は類推を不完全な推理とするものではない。しかし、別の面からは、それは四個名辞によって不完全推理となる。なぜなら、一つの主語が他の主語と同じ普遍的な本性を持っているとしても、一方の主語に、他方の主語に対しても推理される規定性が、その本性によってまたはその特殊性によって帰属するのか、例えば、地球が天体一般として住人を持つのか、或いはこの特殊な天体としてのみ持つのかは定まっていないからである。――類推は、個別性と普遍性がその媒辞の中で直接結合されているかぎり、なお反省の推理である。この直接性の故に、反省の統一の外在性がなお存在している。個別的なものは自体的にのみ類である。それは、その規定性を類自身の規定性とするような否定性の中では措定されていない。従って、述語は媒辞である個別的なものに帰属するにせよ、すでにもう一つの個別的なものの述語でもあるということにはならない。これら二つの個物が同じ類に属するとしてもである。

3．E－B（月には住人がいる）が結論である。しかし、前提の一つ（地球には住人がいる）も同じE－Bである。E－Bが結論であるべきかぎり、その中には右の前提も結論でなければならないという要求がある。従って、この推理は、自己自身において、それの含む直接性に対立する要求である。言い換えれば、この推理はその結論を前提している。定在の推理は、その前提を他の定在の推理のうちに持つ。今考察された諸推理のもとでは、前提はそれらの中に押し込まれている。なぜなら、それらは反省の推理だからである。従って、類比の推理の媒介に付着している直接性に対して媒介の要求を突きつける場合、推理が止揚することを要求しているのは、個別性という契機に他ならない。従って、媒辞のために残るのは客観的な普遍的なもの、直接性を払拭した類である。──類比の推理のうちで類が媒辞の契機であったのは、直接的な前提としてのみであった。推理自身は前提された直接性の止揚を要求するのであるから、個別性の否定、従って普遍的なものはもはや直接的ではなく、措定されている。──反省の推理が含んでいたのは、まず直接性の第一の否定であった。今や第二の否定が登場し、それによって外在的な反省の普遍性は、自体的対自的にある普遍性へと規定されている。──肯定的な面から見られるならば、結論は前提と同一であることが、また媒介はその前提と合致していることが示され、これによって反省の普遍性の同一性が示される。この同一性によって、反省の普遍性は一層上の普遍性となっているのである。

反省の推理の展開過程を概観するならば、媒介一般は、両極の形式諸規定の統一が措定された、或いは具体的になったものである。反省の本質は、このように一つの規定を他の規定のうちに措定することである。従って、媒介するものは全体性である。しかし、全体性の本質的な根拠として示されるのは個別性であり、普遍性は個別性のうちの外在的規定、完全性として示されるにすぎない。だが、普遍性は個別的なものに対して本質的であり、その結果個別的なものは結合する媒辞となる。従って、個別的なものは自体的に存在する普遍的なものとして捉えられなければならない。とはいえ、個別的なものは普遍性とこのように単に肯定的な仕方で結合されているわけではなく、普遍性の中で止揚されており、否定的な契機である。従って、普遍的なもの、自体的かつ対自的にあるものは措定された類であり、直接的なものとしての個別的なものはむしろこの類の外面性である。換言すれば、それは極である。――反省の推理は、一般的に捉えられるならば、B－E－Aという図式のもとにある。個別的なものはその中でなお個別的なものとして、媒辞の本質的な規定である。しかし、その直接性は止揚されて、媒辞は自体的かつ対自的にある普遍性として規定されているから、推理はE－A－Bという形式的図式のもとに進んでおり、反省の推理は必然性の推理に移行している。

C　必然性の推理

媒介者は、今や、(一)単純な規定された普遍性として規定された。定在の推理における特殊性のようにである。しかし、(二)客観的な普遍性としてである。すなわち、反省の推理の全体性のように、区別された両極の全規定性を含むそれとしてである。それは充実しているが、単純な普遍性――事物の普遍的な本性、類である。

この推理は内容に満ちている。なぜなら、定在の推理の抽象的な媒辞は、反省の推理の媒辞としてそうであるように、規定された区別として措定されたが、しかし、この区別は再び単純な同一性へと反省したからである。――従って、この推理は必然性の推理である。その媒辞はその他の直接的な内容ではなく、両極の規定性の自己内反省だからである。両極は媒辞において内的同一性を持っている。そして、その内容規定は両極の形式規定に他ならない。――このことによって、諸名辞が互いに区別される所以のものは、外在的で非本質的な形式としてあり、諸名辞は必然的な定在の契機としてあることになる。

さしあたり、この推理は直接的で、そのかぎり形式的な推理である。従って、諸々の名辞の連関は、内容としての本質的な本性であり、この内容は区別された名辞のうちではただ異なった形式の中にあるにすぎず、両極はそれだけでは非本質的な存立としてあるにすぎない。――この推理の実現によって、内容は規定され、両極は、同じく、まず媒辞がそれであるこの全体として措定され、初めは実体的な内容にすぎない関係の必然性は、措定された形式の関係とならねばならない。

(a) 定言推理

1．定言推理は、二つの前提の一方ないし双方として定言判断を持つ。――ここでは、判断の場合と同様に、この推理に一層規定された意味が結びつけられる。すなわち、推理の媒辞は客観的な普遍性であるということである。表面的には、定言推理も単なる内属の推理以上のものとしては見なされない。

定言推理は、その内容に満ちた意味からすれば、最初の必然性の推理であり、その中では主語はその実体によって述語と結合されている。しかし、実体は概念の領域に引き上げられているから、自体的対自的に次のようにあるものとして措定された普遍的なものである。すなわち、実体は、それ固有の関係のうちにおけるように、偶有性を持つのではなく、概念規定をその存在の形式、様式として持つのである。従って、そのうちにある区別は推理の両極であり、はっきり言えば、普遍性と個別性である。前者〔普遍性〕は、媒辞がさらに規定されたものとして、類に対して抽象的な普遍性ないし普遍的な規定性である。――それは実体の偶有性が総括されて単純な規定性となったものだが、この規定性は実体の本質的な区別、種差に他ならない。――これに対して、個別性は現実的なものであり、自体的には類と規定性の具体的な統一である。しかし、ここでは、直接的な推理のうちにあるものとして、さしあたり直接的な個別性であり、それだけで存在する存立の形式に総括された偶有性である。

——この極が媒辞に関係することによって定言判断が成り立つ。だがまた、他の極も右の規定に従って類の種差ないし類の規定された原理を表現するかぎり、このもう一つの前提も定言的である。

2．この推理は、さしあたり必然性の推理の最初の、従って直接的なものとして、第一の形式的推理E－B－Aの図式のもとにある。——だが、媒辞は個別的なものの本質的な本性であり、その諸規定性ないし諸性質のうちのどれか一つではない。同じく普遍性の極も何らかの抽象的普遍でもまたもや個別的な質にすぎないのでもなく、普遍的な規定性、類の区別としての種的なものである。従って、主語が何らかの中名辞を通して何らかの質と結合されるという偶然性はなくなっている。——従ってまた、両極が媒辞に対して持つ関係も、定在の推理におけるように外在的な直接性を持つわけではないから、そこで生じまた無限進行に導くような意味での証明の要求は現れない。

さらに、この推理は、反省の推理のように、両前提に対して結論を前提することはしない。諸名辞は、実体的な内容に従って、自体的対自的にある同一的な相互関係のうちにある。三つの名辞を貫く一つの本質があるのであり、そこにおいては個別性、特殊性、普遍性という諸規定は形式的な契機にすぎないのである。

従って、そのかぎり定言推理はもはや主観的ではない。右の同一性のうちで客観性が始まる。媒辞はそれら両極の内容に富んだ同一性であり、両極はその中に自立性に従って含まれている。なぜなら、それらの自立性は右の実体的普遍性、類であるからである。推理の主観性は、両極が概念ないし媒辞に対して無関係に存立しているという点にあるのである(27)。

3．しかし、この推理のうちでは、なお次のことが主観的である。すなわち、右の同一性はなお実体的な同一性ないし内容としてあり、同時に形式の同一性としてあるわけではまだないということである。それ故、概念の同一性はなお内なる紐帯であり、従って関係としてはまだ必然性である。媒辞の普遍性は充実した肯定的な同一性であるが、同じく両極の否定性としてあるというわけではない。

さらに言えば、この推理の直接性は、それが自体的にあるものとしてはまだ措定されておらず、そのまま存在している。推理の本来的に直接的なものは、個別的なものである。これは媒辞としてのその類のもとに包摂されている。しかし、類のもとにはなお他の無数の個別的なもののみがそのもとに包摂されたものとして措定されているのは、偶然のことである。――だがさらに、この偶然性は外的反省に属するだけではない。外的反省は、推理のうちで措定されている個別的なものを他の個別的なものと比較することによって、偶然発見するのだが。むしろ個別的なもの自身がそれの客観的な普遍性としての媒辞に関係づけられている中で、偶然的なもの、主観的な現実性として措定されているのである。他方、主語は直接的な個別的なものであるから、普遍的な本性としての媒辞の中には含まれていない諸規定を含んでいる。それ故、個別的なものは、普遍的な本性に対して無関係の、それだけで規定され固有の内容を持つ存在をも持っている。そのことによってまた逆に、このもう一方の名辞も無関係な直接性、それとは違った存在を持つことになる。――同じような関係は、媒辞ともう一方の極との間にも生じる。なぜなら、これも同じく直接性という規定、その媒辞に対して偶然的な存在という規定を持つからである。

それ故、定言推理のうちで措定されているものは、一方では、媒辞に対して次のような関係にある両極である。すなわち、それらは、自体的には客観的な普遍性ないし自立的な本性を持っているが、同時に直接的なものとしてであり、従って互いに無関係な現実であるという関係にである。だが他方では、それらは同様に偶然的なものとしてある、換言すれば、それらの直接性はそれらの同一性のうちで止揚されたものとして規定されている。とはいえ、現実性の右の自立性と全体性の故に、この同一性は形式的で内なる同一性にすぎない。このことによって、必然性の推理は仮言推理として規定されたことになる。

(b) 仮言推理

1．仮言判断は、関係づけられるものの直接性を伴わない必然的な関係のみを含む。AがあるならばBがある。

或いは、Aの存在はまた同じく他のもの、Bの存在でもある。それによって、AがあるともBがあるともまだ言われていない[28]。仮言推理は、存在のこの直接性を付加する。

Aがあるならば、Bがある

ところで、Aがある

故に、Bがある

小前提は、それだけでAの直接的存在を言い表している。

しかし、このことが判断に加わっているだけではない。推理は主語と述語の関係を抽象的な繋辞として含むのではなく、充実した媒介的統一として含むのである。従って、Aの存在は単なる直接性としてではなく、本質的に推理の媒辞として捉えられなければならない。このことがさらに考察されるべきである。

2．さしあたり、仮言判断の関係は、実存の外在的な差異ないし現象する存在相互の無関係性の中に潜む必然性ないし内的実体的同一性であり、——内的に基礎にある同一の内容である。従って、判断の両項は、直接的な存在としてではなく、必然性のうちに保持された存在、それ故同時に止揚されているか現象しているだけの存在としてある。それらはさらに判断の両項として、普遍性と個別性として関係しあう。従って、一方は諸制約の全体としてのあの内容であり、他方は現実性としての内容である。しかし、どの項が普遍性と解され、どの項が個別性と解されるかは違いがない。すなわち、諸制約がなお現実性の内面、抽象態であるかぎり、それらは普遍的なものであり、そしてそれらが現実に現われでているのは、それらが個別性へと総括されていることによってである。逆に言えば、諸制約は個別化され分散させられた現象であり、現実性の中で初めて統一と意味、普遍的な定在を獲得するのである。

ここで、関係は、両項の間で、制約と制約されたものとの関係として想定されている[29]。しかし、この立ち入った関係は、また原因と結果、根拠と帰結〔の関係〕とも解されうる。これはここでは重要なことではない。しかし、制約の関係は、仮言判断と仮言推理のうちにある関係に一層対応する。制約は、本質的に無関係な実存としてあるのに対し、根拠と原因は自己自身によって移行するものであるかぎりにおいてである。また、制約は右の諸関係の両項を含んでいることによって、より一層普遍的な規定である。結果や帰結などは、原因や根拠がそれらの制約であるのと同様に、原因や根拠の制約だからである。[30]

Aは、第一に、直接的な存在、無関係な現実性であるが、第二に、同じく、それ自体自身において偶然的で自己を止揚する存在としてあるかぎり、何といっても媒介する存在である。諸制約を新しい形態の現実性に移しかえ、この形態の諸制約たらしめるものは、それらが抽象的な直接的なものとしての存在ではなく、その概念のうちなる存在、さしあたり生成であるということである。しかし、概念はもはや移行することではないから、一層はっきり言えば、自己に関係する否定的統一としての個別性であるということである。――諸制約は、分散し用いられることを期待し要求する素材である。この否定性は媒介するものであり、概念の自由な統一である。それは活動として規定される。なぜなら、この媒辞は、同一の内容の客観的普遍性ないし全体と無関係な直接性の間の矛盾だからである。――従って、この媒辞はもはや単に内なる必然性ではなく、存在する必然性である。客観的な普遍性は、単純な直接性、存在としての自己自身への関係を含んでいる。――定言推理のうちでは、この契機はさしあたり両極の規定であるが、しかし媒辞の客観的普遍性に対しては、偶然性として、従ってただ措定されたにすぎないもの、また止揚されたもの、すなわち統一としての概念ないし媒辞へと還帰したものとして規定される。そして、この媒辞自身が、客観性の形を取ることによって、存在でもあるのである。

結論「従って、Bがある」は同じ矛盾を表現している。すなわち、Bは直接的に存在するものであるが、同様に他のものによって、或いは媒介されてあるものだということである。その形式からすれば、それは、従って、媒辞と同じ概念である。ただ必然的なものとして必然性から区別されているにすぎない。――普遍性に対する個別性というまったく表面的な形式においてである。AとBの絶対的な内容は同じである。同じ基礎が表象に対して二つの異なった名前を持っているだけである。表象が、定在の異なった形態の現象を固持し、必然的なものからその必然性を区別するかぎりにおいてである。しかし、必然性がBから分離されているかぎりでは、Bは必然的なものではないであろう。従って、その中には媒介するものと媒介されるものの同一性があるのである。

3．仮言推理は、さしあたり必然的な関係を形式ないし否定的統一による連関として提示する。定言推理が肯定的な統一によって充実した内容、客観的普遍性を提示するようにである。しかし、必然性は、必然的なものへと凝縮する。制約する現実性を制約された現実性へと移す形式活動は、それ自体においては、以前は無関係な定在へと解放されていた対象の諸規定性が止揚されており、AとBの区別が空虚な名前でしかなくなっている統一である。従って、それは自己のうちに反省した統一であり――よって同一の内容である。そして、ただ自体的にそうであるだけでなく、そのことがこの推理によって措定されてもいるのである。Aの存在はまたA自身の存在ではなく、Bの存在であり、逆に総じて一方の存在は他方の存在であるからであり、そして結論において直接的な存在ないし無関係な規定性は、媒介された規定性として規定されており――従って外在性は止揚され［ており］、その自己内還帰した統一が措定されているからである。

以上によって、推理の媒介は個別性、直接性としてまた自己自身に関係する否定性ないし自己を区別しこの区別から自己を回収する同一性として――絶対的形式として、そしてまさしくこのことによって客観的な普遍性、自己と同一である内容として規定された。推理は、このような規定を持つようになると、選言推理である。

（c）選言推理

仮言推理が一般に第二格A－E－Bの図式のもとにあるように、選言推理は、形式的推理の第三格E－A－Bの図式のもとにある。しかし、媒辞は、この形式によって充実した普遍性である。それは、全体として、展開した客観的普遍性として規定されたのである。中名辞は、従って、普遍性であるとともに特殊性と個別性である。

普遍性としては、それは、第一に、類の実体的同一性であるが、第二に、特殊性が、とはいえ普遍性に等しいものとして拾い上げられている普遍性として、従ってその特殊化の全体を含んでいる普遍的な領域としては——その種に分裂した類である。すなわち、ＢでもＣでもＤでもあるＡである。しかし、特殊化は、区別することとして、Ｂ、Ｃ、Ｄのあれかこれかであり、否定的な統一であって、諸規定の相互排斥である。——だが、この排斥は、やはりさらに、相互的な排斥であるだけでなく、また規定は単に相対的な規定であるだけではない。同じく、本質的に自己に関係する規定、他のものを排斥することを伴う個別性としての特殊なものである。

　　ＡはＢかＣかＤである
　しかるに、ＡはＢである
　故に、ＡはＣでもＤでもない

或いはまた

　　ＡはＢかＣかＤである
　しかるに、ＡはＣでもＤでもない
　故に、ＡはＢである

Ａは二つの前提の中で主語であるだけでなく、結論においてもそうである。第一の前提においては、それは普遍的なものであり、その述語のうちでは、その種の全体へと特殊化された普遍的な領域である。第二の前提においては、それは規定されたものとして、或いは一つの種としてある。結論においては、それは排斥的で個別的な規定性として措定されている。——或いはまた、それは小前提においてすでに排斥的な個別性として、そして結論においてはそれがあるところの規定されたものとして、肯定的に措定されている。

従って、総じて媒介されたものとして現れているものは、個別性を伴ったＡの普遍性である。しかし、媒介するものは、Ａの特殊化されたものを包摂する普遍的領域であり、個別的なものとして規定されたものであるこの

Aである。仮言推理の真相は、媒介するものと媒介されるものとの統一である。従って、それが選言推理において措定されていることになる。この推理は、この理由から、同様にもはや推理ではない。すなわち、媒辞はその中で概念の全体として措定されているわけだが、それ自身、完全な規定性を持った二つの極を含んでいるのである。この媒辞から区別された両極は措定されてあることとしてあるにすぎず、媒辞に対立する固有の規定性は、それにはもはや帰属しない。

仮言推理に関するなお一層規定された観点からさらにこのことを考えるならば、仮言推理においては実体的同一性が必然性の内的紐帯およびそれから区別された否定的統一として――すなわち、全体性ないし一つの定在を他の定在に移した形式として――存在する。選言推理は、総じて、普遍性の規定のうちにある。その媒辞は類としてのAおよび完全に規定されたものとしてのAである。この統一によって、あの以前は内に隠れていた内容が措定されてもおり、逆に措定されてあることないし形式は、無関係な定在に対する外在的で否定的な統一ではなく、右の充実した内容と同一なのである。概念の完全な形式規定は、その規定された区別のうちで措定されていると同時に概念の単純な同一性のうちで措定されている。

こうして、今や、推理の形式主義ならびに推理と概念一般の主観性が止揚されたことになる。この形式的ないし主観的なものは、両極を媒介するものが抽象的な規定としての概念であり、従って［この規定は］それが統一しているものと異なっているという点にある。これに対して、推理が完成されているところでは、客観的普遍性が同様に形式諸規定の全体として措定されているのであり、媒介するものと媒介されるものとの区別は消滅している。媒介されているものは、それ自身、それを媒介するものの本質的な契機であり、そして各々の契機は媒介されたものの全体性としてあるのである。

推理の諸格は、概念の規定性の各々を個別的に媒辞として提示する。そして、媒辞は当為、媒介するものはその全体でなければならないという要求としての概念でもある。しかるに、様々な種類の推理は、媒辞を充実させ具体化していく諸段階を示す。形式的な推理のうちでは、媒辞が全体として措定されるのは、すべての規定性が、とはいえそれぞれ個別的に媒介の機能を通過することによってのみである。反省の推理のうちでは、媒辞は両極の規定を外から総括する統一としてある。必然性の推理においては、媒辞は単純であるとともに展開された全体でもある統一として規定された。そして、推理の形式はそれによって止揚されたのである。推理は、媒辞が両極に対して区別されている点に成り立っていたからである。

このことによって概念一般は実現〔実在化〕されたことになる。よりはっきり言えば、概念は客観性である実在性を獲得したのである。当初の実在性は、概念が自己のうちで否定的な統一として自己を分割し、判断としてその諸規定を一定のまた無関係な区別のうちに措定し、推理においてこれらに対して自己自身を対立させるというものであった。このように、概念はなおこうしたその外面に覆われた内なるものであるが、諸推理を経過することによってこの外面性は内的統一と等しくされる。様々な規定は、始めは第三のものの中でのみ一体であるにすぎないのだが、この媒介を通してこの統一に還帰し、外面性はそれによってそれ自身のうちで概念を提示する。従って、概念は、同様に内なる統一としてもはや外面性から区別されてはいないのである。

しかし、実在性と見なされていた概念の規定は、逆に、同じく措定されてあることでもある。なぜなら、この結果において概念の真理として示されたものは、その内面性と外面性の同一性であるだけでなく、判断における概念の諸契機が、すでに、互いに無関係でありながらも、それらの意味をそれらの関係のうちにのみ持つ規定であり続けるからである。推理は媒介することであり、完全な概念が措定されてあることである。その運動は、この媒介を止揚することである。媒介のうちでは何一つ自体的対自的にあることはなく、各々は他者を介してしか存在しない。結果は、従って、媒介を止揚することによって生じた直接性である。それは、同じく媒介と同一であり、その他在から、また他在のうちで自己自身を回復した存在である。この存在は、それ故、自体的対自的にある事象であり、――客観性である。

第二部　客観性

客観的論理学の第一巻においては、抽象的な存在は定在に移行するものとして示された。だが同じく、本質に還帰するものとしても示された。第二巻においては、本質は、根拠として自己を規定し、それを通して実存に入るとともに、実体として自己を実現するが、また概念に還帰することが明らかとなった。概念について今さしあたり示されているのは、概念は自己を客観性として規定するということである。この後の方の移行は、その規定からして、かつて形而上学において概念すなわち神の概念からその存在への推理、いわゆる神の存在の存在論的証明として現れたものと同じである。(1)――デカルトの最も崇高な思想、神はその概念がその存在を自己のうちに含むものであるという思想は、形式的推理の劣った形式、すなわちあの証明の形式に沈み込んだ後、ついには理性の批判および存在は概念から捻り出されることはできないという思想に屈服したということも同じくよく知られている。(2)この証明に関係のある若干のことについてはすでに以前明らかになった。第一巻七一ページ以下では、存在がその最初の対立物、非存在の中で消滅し、両者の真理として生成が示されたが、そこにおいて混同の生じることが気づかれた。すなわち、規定された定在のもとで、その存在がではなく、その規定された内容が固持され、従って思念され、またこの規定された内容、例えば百ターラーの銀貨が他の規定された内容、例えば私の知覚の脈絡、私の財産状態と比較され、その際先の内容が後の内容に帰属するか否かという区別が見出される場合、――あたかも存在と非存在ないしさらには存在と概念の区別すらが語られているかのようにである。(3)さらには、同じく九九ページと第二巻の六一ページでは、存在論的証明のうちに現れる一切の実在性の総体という規定が明かるみに出された。(4)――あの証明の本質的な対象は、概念と存在の関連である。それに関しては、概念と概念が客観性として自己を規定していく経過の全体の考察が関わりを持ち、その考察はたった今終えられたところである。概念はまったく自己と同一な否定性として自己自身を規定する。概念は、個別性の中で判断となるべく自己を決定することによるだけで、実在的なもの、存在するものとして自己を措定することが注意された。この依然抽象的な実在性が、客観性において完成されるのである。

概念が客観性に移行することは、神の概念から神の存在に移行することとは別のことのようにやはり見えるかもしれない。そうだとすれば、一方では、神という規定された内容は、論理的な進行においては何の違いもなく、存在論的証明とはこの論理的な進行をこの特殊な内容に適用したものにすぎないということが考察されるべきであろう。だが、他方では、先に行った注意が本質的に想起されるべきである。すなわち、主語はその述語の中で初めて規定性と内容を得るのであり、これに先立っては、内容は感情、直観、表象に対しては、その望むとおりの他のものであるかもしれないが、概念的認識に対しては名前でしかないということである。これに対して、規定性とともに実在化一般が始まるのは述語のうちでのことである。(5)――しかし、述語は、それ自身なお概念のうちに閉じこめられているものとして、従って主観的なものとして、それによってはまだ定在にまでは出向いていないものとして捉えられなければならない。そのかぎり、一方では、もちろん、概念の実在化は判断のうちではまだ完成されていない。しかし、他方では、述語によって対象を単に規定することも、それが同時に概念の実在化と客観化であるのでなければ、主観的なものであり、決して対象の概念の真の認識と規定であることにもならない。――抽象的な反省と概念的に把握されていない諸表象という意味での主観的なものなのである。――生きた神としての、さらには絶対精神としての神は、その働きの中で認識されるにすぎない。以前、人間は神を神がなした諸々の業の中に認識するよう指示されていた。これらから、神の性質と呼ばれる諸規定が初めて現れうるのである。その中にはまた、神の存在も含まれている。従って、神の働きすなわち神自身を概念的に認識することは、神の概念をその存在のうちに、神の存在をその概念のうちに捉えることに他ならない。存在それだけでは、或いは定在ですら極めて貧しくまた制限された規定であり、それらを概念のうちに見出すのが難しいということは、一体存在ないし定在それ自身とは何であるかが考察されていないことから来たものにすぎないであろう。――自己自身に対するまったく抽象的で直接的な関係としての存在は、概念の抽象的な契機に他ならない。それは抽象的な普遍性であって、人が存在に対して要求すること、概念の外にあることまでやってのけるのである。なぜなら、それが概念の契機であればあるだけ、それは概念の区別ないし抽象的な判断〔根源的分割〕なのであり、その中で概念は自己自身に自己を対立させるからである。概念は形式的なものとしてであるにせよ、存在を一層真実で豊かな形ですでに直接的に含んでいる。それは、自己に関係する否定性として、個別性であるからである。

しかしもちろん、次のような場合には、概念一般のうちに、また同じく神の概念のうちに存在を見出すことの難しさは克服できなくなる。すなわち、存在とは、外的経験の脈絡、或いは感覚的知覚の形式において、私の財産状態に含まれる百ターラーのように、手で捉えられ、精神では捉えられないもの、本質的に外部の眼に見える内なる眼には見えないものとしてのみ現れるべきものでなければならず、――感覚的、時間的、移ろい行くものとしての事物の持つ存在が実在性、真理と名づけられる場合にはである。――哲学的思索が存在のもとで感覚を超えて行くということがなければ、それは、概念のもとでも単に抽象的な思想を離れることがないということと同じである。抽象的な思考こそは存在に対立するものに他ならない。

概念を抽象的な思想のような一面的なものとしてのみ捉える習慣にとっては、先に提案されたこと、すなわち神の概念からその存在に移行することを、概念の客観化として論述された論理的経過の適用と見なすことはもちろん疑わしいと思われるであろう。しかし、普通行われているように、形式的なものとしての論理的なものこそが一切の規定された内容の認識のための形式であることが認められるならば、少なくとも右の事情は納得されるに違いない。総じて、まさに客観性に対する概念の対立のもとにとどまり、真ならざる概念と同じく真ならざる実在性を究極のものとしてそこに立ち止まるのでなければである。――しかし、純粋な概念を提示するに際しては、それ以上のことが示唆されている。つまり、純粋概念は絶対的で神的な概念そのものであり、実際には適用という関係は起こりようがなく、あの論理的経過は神が存在へと自己を規定する働きを直接提示するものなのである。しかし、この点についてはなお次のことが注意されねばならない。概念は神の概念として提示されるべきであるから、それはすでに理念のうちに取り上げられているとおりに捉えられなければならない。右の純粋概念は判断や推理の有限な諸形式を通り抜けていくが、それは、純粋概念がまだ自体的対自的に客観性と一体のものとされておらず、客観性になる過程のうちに初めてあるにすぎないからである。従って、この客観性もまだ神的な実存ではなく、理念のうちに映現している実在性ではない。しかし、客観性は、純粋概念が全実在性の総体といったあの形而上学的な虚ろな観念よりも豊かで上位にあるものであるだけ、存在論的証明の存在ないし定在よりも豊かで上位にある。――しかし、私は、論理学の形式主義によって神の存在の存在論的証明ならびにそれ以外の証明とされているものの中に持ち込まれている多くの誤解、それにまたそれらについてのカントの批判を一層明るみに出し、それらの真の意味を回復することによってその基礎にある思想に、それらの価値と名誉を再び取り戻させることは他の機会に譲りたいと思う(6)。

すでに注意されたように、早くも幾つもの直接性の形式が現れている。但し、様々な規定においてである。存在の領域では、それは存在自身と定在であり、本質の領域では、実存および現実性ならびに実体性であり、概念の領域においては、抽象的普遍性としての直接性の他に今や客観性が現れている。――哲学的な概念の区別の厳密さが問題とならないとすれば、これらの表現は同義語として用いられるかもしれない。それらの規定は、概念の必然性から現れたものである。――存在とは、そもそも最初の直接性であり、定在は、最初の規定性を伴った直接性である。実存は、物とともに根拠から出現する直接性――本質の単純な反省の、自己を止揚する媒介から生じる直接性である。これに対して、現実性と実体性は、現象としてのなお非本質的な実存とその本質性の区別が止揚されるところから現われた直接性である。最後に、客観性とは、概念がその抽象と媒介の働きを止揚することによって自己を規定する結果としての直接性である。――普通の生活の言葉は、表象の世界のために作られている。哲学はそうした言葉の中から概念の諸規定に近いと見える表現を選ぶ権利がある。普通の生活の言葉から選ばれた語のために、次のことを証明することは問題とはなりえない。すなわち、哲学がその語を概念のために用いる場合、人は普通の生活においてもその概念をその語と結びつけているということをである。なぜなら、普通の生活が持つのは、概念ではなく表象であり、普通は単なる表象にすぎないものの概念を認識するのは、哲学自身だからである。従って、哲学的規定のために用いられる諸表現によってそれらの区別のおおよそのところが表象に思い浮かべられれば十分であるとしなければならない。人が、それらの中に、対応する諸概念に一層近い関係にある表象の影を認識するということが、それらのもとでは起こりうるようにである。――人は、恐らく、或るものが実存することなく存在しうるということを認めるのは難しいと思うであろう。しかし、少なくとも、人は、例えば、この商品は高い、適当であるなど、貨幣は金属であると言う代わりに、判断の繋辞としての存在を実存するという表現と混同し、この商品は高く、適当に実存するなど、貨幣は金属ないし金属製品として実存するとは言わないであろう。存在することと現象すること、現象と現実性は、単なる存在が現実性に対して区別されるように、やはり普通は区別されることであろう。これらの表現がすべて、より一層客観性から区別されるのと同様にである。――それらが同じ意味で用いられることがあるにしても、哲学はとにかく言葉のそうした空虚な過剰をそれらの違いを示すために利用する自由を持つであろう。

　必然判断[7]は判断の完成であり、そこでは主語は述語に対立する規定性を失う。その必然判断を論じた際に、この規定性に由来する主観性の二重の意味が想起された。すなわち、概念という意味と概念に通常対立する外在性と偶然性という意味がである。それと同様に、客観性に対しても、自立的な概念に対立しているということと、しかしまた自体的対自的に存在するものであるという二重の意味が現れる。先の意味の客観は、主観的な観念論において真の絶対者として語られる自我＝自我に対立する。そのため、それは直接的な定在というあり方をする多様な世界となる。自我ないし概念はただそれと無限な闘いに入り、このそれ自体では虚しい他のものを否定することによって、自己自身についての最初の確信に自己との同等性という現実的な真理を与えようとするのである。(8)——従って、それは主観の何らかの関心と活動のための対象一般を漠然と意味することになる。

しかし、反対の意味では、客観的なものとは、制限も対立もない自体的対自的に存在するもののことである。理性的な諸原則、完全な芸術作品などは、それらが自由で、一切の偶然性を超えているかぎり、客観的と呼ばれる。理性的な、理論的道徳的諸原則は主観的なもの、意識に属するにすぎないにせよ、このものの自体的かつ対自的に存在する内容は客観的と呼ばれる。真理の認識は、主観的反省の付加から自由に［ある］客観としての客観を認識することにあるとされ、正義の行いは、主観的なものには由来せず、恣意や必然性を転倒させる扱い方を許さない客観的法則を追究することであるとされる。

われわれの論考の現在の立場では、客観性が持つ意味は、まず、概念、すなわちそれが自己を規定する中で措定された媒介を直接的な自己自身への関係に止揚した概念が自体的対自的にあるということである。このことによって、この直接性は、それ自身直ちにまた完全に概念によって貫かれている。概念の全体が、直ちにその存在と同一であるようにである。しかし、さらに、概念は同じくその主観性が自由にそれだけであるというあり方を回復しなければならないから、客観性に対して概念が目的として関係するということも現れている。この関係の中では、客観性の直接性は、概念に対して否定的で、概念の働きによって規定されるべきものとなり、そうすることで、それが概念に対立するかぎり、絶対的に虚しいものであるという別の意味を持つことになる。

第一に、直接的なものとしての客観性の諸契機は、すべての契機が全体であるために、それぞれが自立しており無関係であって、別々の諸客観として存立し、それらが関係しあう場合には、概念の主観的な統一を内なる統一ないし外在的な統一として持つだけである。このような客観性は、機械的機制である。——しかし、機械的機制の中で、第二に、右の統一は諸客観自身の内在的法則として示される。そうすると、それらの関係は、それら固有の、それらの法則によって基礎づけられた差異であり、またそれらの規定された自立性が止揚される関係となる。すなわち、化学機序となる。

第三に、諸客観のこの本質的な統一は、まさにそれ故に、それらの自立性から区別されたものとして措定されている。それは、主観的な概念である。しかし、それ自身で客観性に関係するものとして、目的として措定されている。すなわち目的論的関係である。

目的とは、それ自身において客観性に関係し、主観的であるというその欠陥を自己によって止揚するように措定されている概念である。それ故、合目的性は、まずは、外的な合目的性であるが、目的の実現によって内的な合目的性、理念となる。

第一章　機械的機制

客観性は統一に立ち戻った概念の全体であるから、それによって措定されているのは直接的なものである。この直接的なものはそれ自体としては右の全体であり、またそのようなものとして措定されてもいる。とはいえ、その中では、概念の否定的統一はまだこの全体の直接性から分離されていない。それは概念を内在的に自己のうちに持ってはいる。——言い換えれば、客観性はまだ判断として措定されてはいない。それは概念を内在的に自己のうちに持ってはいる。そのかぎり、概念の区別がそれには具わっている。しかし、区別されたものは、客観的な全体性を帯びているために、完全で自立した客観であり、従って互いに関係するに際しても自立的なものとして互いに関係しあうだけで、どの結合においても互いに外在的であり続ける。——機械的機制の特徴をなすのは次の点である。結合される物の間にどのような関係が起ころうと、この関係はそれらには疎遠であり、それらの本性には関わりを持たない。そして、仮にそれが一つのものという見かけと結合されていようとも、合成、混合、堆積など以上のものとはならない。物質的な機械的機制と同様、精神的なそれも、精神のうちで結合されているものは、互いにもまた精神自身に対しても外在的であり続けるということを本質とする。機械的な考え方、機械的な記憶、習慣、機械的な行動様式とは、精神が捉え行うものに精神独特の浸透と現前が欠けているということである。なるほど、精神の理論的或いは実践的な機械的機制は、精神の自立性、衝動、意識なしには起こりえない。それにもかかわらず、個体性の自由はそれには欠けている。そして、自由はその中には現れないから、そうした行為は単に外在的なものとして現れるのである。

A　機械的客観

すでに明らかになったように、客観は、その媒介がむらのないものとなり、従って直接的な同一性となっている推理である。それ故、客観は自体的対自的に普遍的なものである。普遍性とは、諸性質の共通性という意味においてではなく、特殊性を貫き、特殊性の中で直接的な個別性であるものに他ならない。

1．従って、まず第一に、客観は、物質〔質料〕と形式〔形相〕に分かれ、前者が客観の自立的で普遍的な面であり、後者が特殊かつ個別的な面となるというわけではない。個別性と普遍性といったそうした抽象的な区別は、客観の概念に従えば、客観にはない。それが物質と見なされる場合には、それはそれ自身において形を与えられた物質[1]として考えられねばならない。同様に、それは諸性質を持った物、部分からなる全体、偶有的属性を持つ実体として、また反省の他の諸関係に従って規定されることができる[2]。しかし、これらの関係は、総じてすでに概念の中で没落している。それ故、客観は性質も偶有的属性も持たない。なぜなら、そうしたものは、物や実体から分離されうるからである。客観のうちでは、しかし、特殊性はすっかり全体のうちに反省している。全体の諸部分のうちには、なるほど自立性があり、それは客観の諸々の区別に帰属するものと同じである。しかし、これらの区別は、直ちに本質的にそれ自身客観であり、全体であって、部分のようにこの規定性を全体に対して持つわけではない。

従って、客観は、まず、規定された対立を具えていないかぎり、無規定である。なぜなら、それは、媒介が収縮して直接的な同一性となったものだからである。概念が本質的に規定されているかぎり、客観は規定性を、なるほど完全ではあるがしかしその他の点では無規定なすなわち関係のない多様性としてそのうちに持つ。この多様性は、同様に、さしあたりそれ以上は規定されていない全体となる。諸々の側面や部分が客観のうちで区別されうるとしても、それらは外的反省に属するものである。それ故、あのまったく無規定な区別は、幾つもの客観があるが、その各々はその規定性をその普遍性に反省した形で含むにすぎず、外に向かって映現することがないというものにすぎない。——客観にとっては、この無規定な規定性が本質的であるから、客観は自己自身のうちでそうした多数性であり、従って合成されたもの、集積と見なされなければならない。——とはいえ、それは原子から成り立っているわけではない。なぜなら、原子は全体ではないため、客観とは言えないからである。ライプニッツのモナド(3)の方がむしろ客観であろう。なぜなら、それは世界表象の全体だからである。しかし、それは内向的な主観性のうちに閉ざされているかぎりでは、少なくとも本質的に自己のうちで一でなければならない。とはいえ、モナドは排他的な一として規定される場合には、反省によって想定された原理にすぎない。しかし、モナドが客観であるのは、一方ではそれの持つ多様な表象の根拠、単に自体的にあるにすぎないその全体の諸規定が展開すなわち措定されたものとなる根拠がモナドの外にあるかぎりにおいてであり、他方ではモナドにとっては、他のモナドと一緒に一つの客観を形づくるということは無関係なことであるかぎりにおいてである。従って、客観は、実際には、排他的でそれ自身で規定されたものであるわけではない。

2．とにかく、客観は規定されてあることの全体であるが、無規定で直接的であるために、規定されてあることの否定的な統一ではない。それ故、それは、個別的で自体的対自的に規定されたものとしての諸規定に対しては、これら自身が互いに無関係であるように、無関係である。従って、これらの規定は客観からもまた互いからも捉えることはできない。客観の全体性は、その多様性が自己自身においては規定されていない個別性一般に反省しているという普遍的なあり方の形式である。客観が具えている諸規定性はなるほど客観に帰属しはする。しかし、それらの区別となりそれらを結合して統一とする形式は外在的で無関係なものである。それが混合、或いはさらに秩序、諸部分や諸側面の一定の配列であろうと、これらはそのように関係づけられたものに対して無関係な結合なのである。

それ故、客観は定在一般と同様、その全体の規定性をその外に、他の諸客観のうちに持つ。そして、これらも同様にまたその規定性を互いの外に持ち、かくて無限に至る。このように無限に出て行くことが自己のうちに還帰するということも同様に想定され、全体として表象されねばならない。つまり、世界としてである。しかし、それは、無規定な個別性によって自己のうちに閉じた普遍性、宇宙に他ならない。

従って、客観は規定性を持つにしても、これに対して同様に無関係である。それ故、客観は規定されるために、自己自身によって自己の外を指示する。つまり、諸々の客観の方をである。だが、これらの客観も、規定するものであることに対しては同様に無関係である。それ故、自己規定の原理はどこにも存在しない。決定論——それは認識活動にとって、ここでさしあたり明らかとなった客観が真なるものであるかぎり、認識活動が取る立場である——は、客観を規定しようとする場合、常に他の客観の規定を挙げることになる。とはいえ、この他の客観も同様に、規定されてあることに対しても能動的に振る舞うことに対しても無関係なのである。——それ故、決定論はそれ自身また無限に進行するように定められているわけではない。それは任意にあらゆるところに立ち止まり、満足することができる。なぜなら、それが移っていく先である客観は、形式的な全体として自己完結しており、他の客観によって規定されることに対して無関係だからである。従って、一つの客観の規定を説明したり、そのためにこの表象が進んでいくといったことは、空言にすぎない。なぜなら、この表象が他の客観に進んで行くにしても、その中には自己規定はないからである。

3．とにかく客観の規定性は他の客観のうちにあるのだから、それらの間の規定された差異はないことになる。それ規定性は二重化されているにすぎない。まずは、一つの客観のうちに、次には、他の客観のうちにである。それはまったくただ同一のことであり、説明ないし把握することはそのかぎり同語反復的である。この同語反復は外在的で空虚な行き来である。諸客観は規定性に対して無関係であり、それらのものの規定性は特有の区別性を含んではおらず、従って同一でしかない。それ故、一つの規定性があるだけである。そして、それが二重であるということが示しているのは、まさしく区別がこのように外在的であり虚しいということである。しかし、同時に諸客観は互いに自立的である。それ故、それらは、右のように同一でありながら、まったく外在的であり続ける。——従って、諸客観相互の完全な無関係性とそれらの規定性の同一性、ないしそれらの規定性が同一でありながらそれらはまったく外在的であることの間に矛盾がある。それ故、この矛盾は複数の客観の否定的統一であり、その中でこれらの客観は互いにまったく突き離しあうのである。——これが機械的過程に他ならない。

B　機械的過程

諸々の客観が自己のうちに閉じた全体としてしか見られない場合には、互いに作用を及ぼすことはできない。それらは、このような規定を持つものとしては、モナドと同じである。モナドは、まさにこの理由で互いに作用することがまったくないものとして考えられたのである。しかし、モナドという概念は、まさにそのために欠陥のある反省である。なぜなら、第一に、モナドは、ただ自体的にのみあるその全体の規定された表象だからである。或る度合いでその世界表象が展開し措定されていることとして、モナドは規定されたものなのである。モナドはとにかく自己のうちに閉じた全体であるから、この規定性に対して無関心でもある。従って、この規定はモナド自身の規定性ではなく、他の客観によって措定された規定性である。第二に、モナドはただ表象するだけのものとされるかぎり、直接的なもの一般である。それ故、その自己関係は抽象的な普遍性である。このことによって、モナドは他のモナドに対して開いた定在である。——実体の自由を獲得するためには、自己のうちで完成しており、外から何も受け取る必要のない全体として実体を考えるだけでは十分ではない。むしろ、まさしく概念を欠き単に表象するだけの自己自身への関係は、他のものに対する受動性である。——同様に、規定性は、存在するものないし表象するものの規定性、内面に由来する独自の発展の度合いとして捉えられようとも、外在的なものである。——発展が到達する度合いは、その限界を他のもののうちに持つ。諸々の実体の相互作用を予定調和にまで押し出すことは、それを一つの前提すなわち概念から引き離されるものとすることである。——諸実体の相互作用を回避せねばならないということは、絶対的な自立性と根源性という契機が基礎に置かれていることによっていた。しかし、この自体的なあり方に措定されたあり方、発展の度合いというものは一致しない。まさにそのため、それはその根拠を他のもののうちに持つのである。

かつて実体性の関係について、それは因果関係に移行することが示された[4]。しかし、ここでは、存在するものはもはや実体という規定ではなく、客観という規定を持つ。因果性の関係は、概念のうちでは没落している。一つの実体が他の実体に対して持つ根源性は仮象として示され、その作用は対立者への移行として示された。従って、この関係は客観性を持つわけではない。それ故、一つの客観が主観的な統一という形をとって作用する原因として措定されているかぎり、それはもはや根源的な規定とは見なされず、媒介されたものとして見なされる。作用する客観は、このようなその規定を他の客観を介してのみ持つのである。——機械的機制は概念の領域に属するのであるから、因果性の関係[5]の真理として示されたこと、すなわち原因はそれだけであるものとされるが、本質的に同様に結果でもあり措定されてあることでもあるということを自らにおいて措定した。従って、機械的機制においては、客観の原因性は直ちに非根源性である。客観はこのようなそれの規定に対しては無関係である。それが原因であることは、それ故、客観にとっては偶然的なものであることになる。——そのかぎり、人は諸々の実体の因果性は表象されたものにすぎないと言うことができよう。しかし、まさしくこの表象された因果性が機械的機制である。それというのも、機械的機制とは、因果性は異なる諸実体の同一の規定性として、従ってそれらの自立性がこの同一性の中で没落することとして単なる措定されてあることであるということだからである。諸々の客観はこの統一に対して無関係であり、それに対して自己を保持する。だが同様に、こうした客観の無関係な自立性も単なる措定されてあることにすぎない。従って、それらは混じり合い、集まり、集合として一つの客観となることができる。このようにそれらの移行にもそれらの自立性にも無関係であることによって、諸々の実体は客観なのである。

(a) 形式的な機械的過程

機械的過程は機械的機制の概念のうちにあるもの、さしあたりはつまり矛盾を措定する働きである。

1. 右に示された概念に基づいて、諸々の客観の作用は、それらの同一的な関係を措定することであることが明らかとなる。この措定の本質は、ただ、規定される規定性に普遍性という形式が与えられるという点にあるにすぎない。——それは対立するものへの移行のない伝達である。——精神的な伝達は、いずれにせよ普遍性の形を取った普遍的なものである境位において起こる。それは、それだけで観念的な関係であり、その中では一人の人物の規定性が曇りなく他の人物の中に続いて行き、少しも変化することなく普遍化される。——丁度、蒸気が抵抗のない大気の中を自由に拡散するようにである。だが、物質的な客観の間の伝達においても、それらの規定性は、同様に観念的な仕方で、言わば拡散する。人格性は、諸客観が持つより無限に強い固さである。客観一般の形式的な全体は、規定性に対して無関係であり、従って自己規定ではない。それは客観を他の客観から区別されていないものとし、従って、作用を、まずは一つの客観の規定性が他の客観のうちで妨げられることなく連続することにするものである。

精神的なものにおいては、伝達可能なものは無限に多様な内容である。それは、知性のうちに取り上げられるならば、伝達可能となるための普遍性のこの形式を手に入れるからである。しかし、形式によってだけでなく、自体的対自的に普遍的なものは、精神的なものにおいても物体的なものにおいても客観的なものそのものである。それに対して、外なる諸客観のみならず諸々の人格の個別性は非本質的なものであり、この普遍的なものに対して抵抗することはできない。精神的なもののうちでは、法や慣習や理性的な表象一般が、諸々の個体を無意識的な仕方で貫きそれらのうちで力を振るう伝達可能なものである。物体的なものにおいては、運動、熱、磁気、電気などが――人がそれらを素材や物質として表象しようとも、不可量な作用素として規定されねばならない――それらの個別化を基礎づける物質性の性格を持たない作用素なのである。

2．とにかく、諸客観の相互作用においては、まず、それらの同一的な普遍性が措定されるとすれば、同様に必然的に別の概念の契機、特殊性が措定されなければならない。従って、諸客観はそれらの自立性をも証明し、互いの外にあるものとして自己を保持し、右の普遍性の中で個別性を回復する。この回復は反作用一般である。さしあたり、それは、作用と伝達された規定性を単に止揚することとして捉えられてはならない。伝達されたものは、普遍的なものとして特殊な諸客観のうちに肯定的に存在し、それらの差異性に即してのみ自己を特殊化する。従って、伝達されたものは、それのあるとおりのものであり続ける。それは諸々の客観に分け与えられる、或いはそれらの特殊性によって規定されるだけである。――原因はそれに対する他のもの、結果の中で失われ、原因となる実体の能動性はその作用の中で失われる。とはいえ、作用する客観は普遍的なものになるにすぎない。その作用は、さしあたり、その規定性を失うことではなく、特殊化することに他ならない。それによって、作用する客観のうちで個別的なあの完全な規定性であったものが、今やその規定性の一つの種となり、規定性はそれによって初めて普遍的なものとして措定されることになる。両者すなわち伝達の中で個別的な規定性が普遍性に達することと、ただ一つのものであったそれが特殊化すること、ないしそれが分け与えられることによって一つの種に降り下るということは同じことである。

反作用は作用に等しい。――このことは、第一に、次のように現れる。すなわち、他の客観が普遍的なものの全体を自己のうちに受け取り、そのようにして今度は第一の客観に対して能動的なものとなるのである。従って、それの反作用は作用と同じであり、衝突の相互的な突き離しである。第二に、伝達されたものは客観的なものである。従って、諸々の客観の差異が前提されてはいても、それはそれらの実体的な規定であり続ける。それ故、普遍的なものは同時にそれらのうちで特殊化し、よって各々の客観は作用のすべてをただ返すわけではなく、それの特殊な分け前を持つことになる。しかし、第三に、反作用は各々の客観がそれぞれの自立性の持つ弾性によって他の客観がそのうちに措定されているということをはねのけ、その自己関係を維持するかぎり、まったく否定的な作用である。諸客観のうちで伝達された規定性に特有の特殊性は先に種と呼ばれたが、それは個別性に帰り、客観は伝達された普遍性に対するそれの外在性を主張するのである。これによって、作用は静止状態に移行する。それは、自己のうちに閉じた無関係な客観の全体としてただ表面的で一次的な変化であることを明らかにする。

3．この還帰が機械的過程の産物となる。直接的には、客観は個別的なものとして前提されており、次には、他の諸客観に対する特殊なものとして、第三にはしかし、その特殊性に対して無関係なもの、普遍的なものとして前提されている。産物は、あの前提された概念の全体が措定されたものとなったものである。それは、伝達される普遍的なものが客観の特殊性を通して個別性と連結されている帰結である。しかし同時に、静止のうちには媒介が止揚されたものとして措定されている。言い換えれば、産物はそれがこのように規定されることに対して無関係であり、保存されている規定性は外在的なものとしてそれに付着しているということがである。

従って、産物は、初めに過程に入った客観と同じものである。しかし同時に、それはこの運動を通して初めて規定されている。機械的客観は、総じて、ただ産物として客観であるにすぎない。なぜなら、それがあるところのものは、他のものの媒介を通じて初めてそのうちにあるのだからである。従って、それがそれ自体においてあるはずのものは、産物として、合成されたもの、混合されたもの、諸部分の一定の秩序と配置であり、総じてその規定性が自己規定ではなく措定されたものであるようなものである。

他方、同じく、機械的過程の帰結は、それ自身にすでに先立ってあるというわけでもない。その終わりは、目的におけるように、その始まりのうちにあるわけではない。産物は、外在的に措定されたものとして客観に具わる規定性である。従って、概念的には、この産物は客観がすでに始めからあるものと同じであろう。しかし、始めのうちは、この外在的な規定性はまだ措定されたものとしてあるわけではない。そのかぎり、結果は、客観の最初の定在とはまったく別のものであり、客観に対してまったく偶然的なものとしてあるのである。

(b) 実在的な機械的過程

機械的過程は静止に移行する。すなわち、客観がそれを通して獲得する規定性は、外在的な規定性にすぎない。それにとっては、この静止そのものが同じく外在的なものである。それというのも、静止は客観の作用に対立した規定性であるが、どの規定性も客観に対しては無関係だからである。従って、静止は外在的な原因によって生じさせられたものとしても見なされうる。作用するものであるということが客観にとって無関係であったかぎりである。

さらに、規定性は措定された規定性であり、客観の概念は媒介を経て自己自身に還帰したのであるから、客観は規定性を自己のうちに反省したものとして具えている。従って、今や諸々の客観は機械的な過程の中で一層規定された関係を持ち、機械的な過程自身もそうである。諸客観は異なっているだけでなく、互いにはっきりと区別された客観である。形式的な過程の結果は、一方では無規定な静止であるが、他方では、それ故、自己内反省した規定性によって、客観一般が具えている対立を機械的に関係しあう幾つもの客観の間に配分することである。客観は、一方では、無規定なものであり、非弾性的、非自立的に振る舞うものであるが、他方では、他の諸客観の突破しえない自立性を持つ。諸客観は、とにかく、互いに自立的な個別性と非自立的な普遍性というこの一層規定された対立を持ってもいる。――それ以上の区別は、物体的なものにおける質量の様々な大きさないし強度といった単に量的な区別として、或いは様々な他の仕方で捉えられることができる。しかし、総じて区別は、単に右の抽象的な形に固定されるべきではない。両者は、客観として肯定的な自立的なものでもあるのである。

この実在的過程の第一の契機は、先に見たとおり、何といっても伝達である。相対的に弱い方が強い方を受け入れ、それとともに一つの領域を形成するかぎりでのみ、弱い方は強い方によって捉えられ貫かれる。物質的なものにおいて、弱いものが比較にならないほど強いものに対して守られている（空中に力なく垂れ下がっている亜麻布が銃丸によって打ち抜かれることがないように、弱い有機的感受性は強い刺激物によるよりもむしろ弱い刺激物によって作用を受ける）ように、まったく弱い精神は強い精神に対して、これにもっと近い精神よりも安全である。もし人がまったく愚かな者、高貴でない者を考えようとすれば、この者に対しては高い知性、高貴なものは感銘を与えることはできない。理性に対抗する唯一整合的な手段は、それとまったく関わらないことである。――自立的でないものは自立的なものと一致することはありえず、それらの間の伝達は起こりえない。そのかぎり、後者はやはり抵抗することはできない。すなわち、伝達された普遍的なものを自分で特殊化することはできない。――それらが一つの領域の中にはないとすれば、それら相互の関係は無限判断[6]であり、それらの間の過程は可能ではない。

抵抗は、一つの客観が他の客観によって圧倒される際のもう一つの契機である。なぜなら、抵抗は、伝達された普遍的なものを配分し自己に関係する否定性、回復されるべき個別性を措定する働きの始めとなる契機だからである。抵抗は、その規定性が伝達された普遍的なものに相応しくないかぎり、圧倒される。その普遍的なものは、客観によって受け入れられ［ており］その中で個別化するべきものなのである。客観の相対的な非自立性は、その個別性が伝達されたものに対する受容力を持たず、従ってこれによって粉砕されることに示される。それは、この普遍的なものにおいて主語として自己を構成することができず、普遍的なものを自らの述語とすることができないからである。――客観に対する暴力がこの客観に対して疎遠なものであるのは、この第二の面においてのみである。力が暴力と化するのは、力、すなわち客観的な普遍性は客観の本性と同一ではあるが、その規定性ないし否定性は、客観が個別性である所以の客観自身の否定的な自己内反省ではないことによる。客観の否定性が力に接して自己のうちに反省せず、力が客観自身の自己関係ではないかぎり、客観の否定性は力に対して抽象的な否定性にすぎない。その現れは没落なのである。

客観的普遍性としての、また客観に対する暴力としての力は、運命と名づけられるものである。――これは、盲目的である、すなわちその客観的な普遍性が主観によってその特殊な特性において認識されないかぎり、機械的機制に属する概念である。――この点について少しだけ注意をするならば、生命体一般の運命は、類である。生きた諸個体が現実的な個別性の形であるかぎりでは、類を類として持つことはない。類はこれらの個体の無常性を通して明らかになる。ただ生きているだけの自然は、単なる客観としては、一層低い段階の他のものと同じように運命を持つことはない。それらの上に起こることは、偶然である。しかし、それらは、客観としてのそれらの概念のうちでは、互いに外在的である。従って、運命の疎遠な力は、まったくそれら自身の直接的な本性、外在性と偶然性自身にすぎない。本来的な運命を持つのは、自己意識だけである。なぜなら、自己意識は自由であり、それ故、その自我の個別性の中でまったく自体的対自的にあり、そしてその客観的普遍性に対立し、それに対して疎遠になることができるからである。しかし、この分離そのものを通して、自己意識は自己自身に対して運命という機械的関係を掻き立てるのである。従って、そうした関係が自己意識に対して暴力を行使しうるためには、自己意識は本質的な普遍性に対立する何らかの規定性を自己に与え、所行をなしたのでなければならない。そのことによって、それは自己を特殊なものにしたのである。しかし、この定在は、抽象的な普遍性として、同時にそれにとって疎遠になってしまったその本質の伝達に対して開かれた面でもある。この面において、それは過程の中に引き込まれる。行為のない民族は非難を被ることがない。それは客観的な人倫的普遍性の中に包み込まれており、その中で解消している。不動なものを動かす個体性を欠いているからである。個体性は外に向かっての規定性と客観的普遍性から分離された抽象的な普遍性を自己に与え、そうすることでまたその本質を奪われたもの、客観に対する主観となり、その本性に対する外在性と機械的機制の関係に入っているのである。

(c) 機械的過程の産物

形式的な機械的機制の産物は客観一般であり、無関係な全体である。この全体には規定性が措定されたものとして具わっている。このように、客観は規定されたものとして過程に入っているのである。それ故、客観の没落によって結果としてあるものは、一方では、客観の根源的な形式主義としての静止であり、客観がそれだけで規定されてあるという否定性である。しかし他方では、規定されてあることの止揚は、それが肯定的に自己に反省することとして、自己のうちに帰った規定性である。すなわち、概念の措定された全体であり、客観の真の個別性である。客観は、最初はその無規定的な普遍性において、次に特殊なものとして規定されたのだが、今では客観的に個別的なものとして規定されている。その結果、実体的な普遍性に対立する自立性でしかないという個別性の見かけは、その中で止揚されているのである。

とにかく、明らかになったとおり、この自己内反省は諸々の客観が客観的に一つであることであり、それが個体的な自立性の形を取ると――中心である。第二に、否定性の反省は規定性に対立したものではなく、自己のうちで規定された理性的な運命である普遍性である。――それはそれ自身のうちで特殊化する普遍性であり、静止した、諸客観の非自立的な特殊性とそれらの過程の中で変わることのない区別、法則である。こうした結果が機械的過程の真理であり、従ってまた基礎でもあるのである。

C　絶対的な機械的機制

(a) 中心

第一に、客観の空虚な多様性は、客観的な個別性、単純で自己規定的な中心へと集められている。しかし、第二に、客観は、直接的な全体としては規定性に対する無関係性を保持している。そのかぎり、規定性は客観のうちに非本質的なものとして、或いは多くの客観が別々にあることとしても存在する。前者、本質的な規定性は、これに対して、機械的に作用しあう多くの客観の間の実在的な中心をなす。それによって、諸客観は自体的対自的に結合されている。それは、諸客観の客観的な普遍性に他ならない。普遍性は、最初は、伝達の関係の中で措定作用によってのみ存在するものであることが示された。しかし、客観的な普遍性としては、それは諸客観を貫く内在的な本質である。

物質界においては、それは中心物体である、それは、個別的な諸客観とそれらの機械的過程の類であるが、しかし個体的な普遍性である。非本質的な個別的物体は、互いに衝突し圧迫しながら関係しあう。そのような関係は中心物体と諸客観の間には起こらない。中心物体はそれらの客観の本質である。なぜなら、それらの外在性はもはやそれらの根本規定とはならないからである。従って、中心物体とのそれらの同一性は、むしろ、静止である。すなわち、それらの中心に存在することである。この統一こそが、それらの自体的対自的に存在する概念に他ならない。しかし、その同一性は当為にとどまる。なぜなら、同時になお措定されている諸客観の外在性は右の統一とは合致しないからである。従って、それらが中心に向かおうとする努力は、それらの絶対的な、伝達によって措定されたものではない普遍性である。同一性は、真の、それ自身具体的で外から措定されたものではない静止である。そして、非自立性の過程はそこに立ち帰らねばならない。——従って、機械装置の中では、運動させられている物体一般は、外から抵抗によってその運動を失うことがなければ、無限にまっすぐに進むであろうと仮定されるとすれば、(7)それは空虚な抽象である。摩擦、或いはその他どのような形態を抵抗が持とうが、それは中心性の現象にすぎない。物体を絶対的に自己のもとに連れ戻すのはこの中心性に他ならない。なぜなら、運動する物体がこすれるものは、それが中心と一体であることによって抵抗の力を持つだけだからである。——精神的なものの中では、中心と中心との一体性はより以上の形式をとる。概念とその実在性の統一は、ここではさしあたり機械的な中心性である。しかし、それは精神的なものにおいても根本規定でなければならない。

そのかぎり、中心物体は単なる客観であることを止めている。なぜなら、客観のうちでは規定性は非本質的なものだからである。というのも、中心物体が持つのは、もはや客観的全体が自体的にあることだけではなく、対自的にあることでもあるからである。従って、それは個体と見なされることができる。その規定性は、本質的に諸部分の単なる秩序ないし配列や外的連関とは異なっている。それは自体的対自的に存在する規定性として内在的な形式であり、それ自身規定的な原理である。諸々の客観はそれに内属し、それらはそれによって真の一者と結びつけられているのである。

しかし、この中心的個体はやっと中心であるにすぎず、まだ真の極を持ってはいない。しかるに、全体的概念の否定的統一として、それはそれらのものへと自己を分割する。換言すれば、先に非自立的で互いに外在的であった諸客観は、概念の還帰によって同じく個体として規定されるのである。中心物体の自己同一性はなお努力であるが、外在性に付きまとわれている。この外在性は中心物体の客観的個別性のうちに取り上げられていることによって、この同一性が分与されている。右の諸客観は、最初の中心の外に置かれているが、独自のこの中心性によって、それ自身非自立的な諸客観に対する中心である。これら第二の中心と非自立的な客観は、先の絶対的な中心によって結合されている。

だが、相対的な中心的個体もまた、それ自身、第二の推理の媒辞となる。それは、一方では、一層上の極、絶対的な中心の客観的普遍性と力のもとに包摂されており、他方では、非自立的な諸客観を自己のもとに包摂する。これらの客観の表面的ないし形式的な個別化はその媒辞によって担われる。――これらの非自立的なものも、第三の、形式的推理の媒辞である。それらは絶対的な中心的個体性と相対的なそれの間の紐帯だからである。そうであるのは、相対的な中心的個体性がそれらの中にその外面性を持ち、それによって自己への関係が同時に絶対的な中心点への努力であるかぎりにおいてである。形式的な諸客観は、それらの主語および個別性の極としてそれらが内属する直接的な中心物体の持つ同一の重力をその本質として持つ。この中心物体は、それらが形づくる外面性によって絶対的な中心物体に包摂されているのである。従って、それらは特殊性という形式的媒辞に他ならない。——しかし、絶対的な個体は客観的に普遍的な媒辞である。それは相対的な個体の自己内存在とその外面性を結びつけ、堅持する。——従って、政府、市民的個人、個々人の欲求と外面的生活も三つの名辞であり、その各々は他の二つの名辞の媒辞となっている。政府は絶対的な中心であり、その中で個々人の極はその外面的な存立と結合される。同様に諸個人も媒辞である。これは右の普遍的個体を外的実存たらしめ、その人倫的本質を現実性の極に移し置く。第三の推理は、形式的な推理、仮象の推理である。すなわち、個々人が、その欲求と外面的定在によって、この普遍的で絶対的な個体性に結びつけられているのである。それは、単に主観的な推理として他の推理に移行し、それらのうちにその真理を持つ推理である。

この全体の諸契機は、それ自身概念の完全な諸関係、諸推理である。その中では、三つの区別された客観の各々が媒辞と極という規定を通過する。こうして、全体は自由な機械的機制となる。その中では、区別された諸客観は、客観的な普遍性、貫通的で特殊化しながら自己を同一のものとして保持する重力をその根本規定として持つ。圧迫、衝突、牽引などとともに凝集や混合といった諸関係は外在性の関係に属する。そして、それらが、統合された諸推理のうちの第三の推理を基礎づけるのである。秩序は諸客観の単に外在的な規定性であるが、内在的で客観的な規定に移行している。これが法則である。

(b) 法則

法則のうちでは、外在的な実在性に対する客観性の観念的な実在性の一層規定された区別が現れる。客観は、概念の直接的な全体としては、まだ外面性を概念から区別されたものとしては含んでおらず、概念も対自的に措定されてはいない。客観が過程を経て自己のうちに帰ったことによって、外面性に対する単純な中心性の対立が現れたのである。外面性は今や外面性として規定されており、すなわち自体的対自的にあるものではないものとして措定されている。個体性のあの同一的なものないし観念的なものは、外面性に関係するために当為である。それは、自体的にも対自的にも規定され自己規定的な概念の統一である。それに対しては、右の外面的な実在性は一致せず、従ってただ努力に達するにすぎない。しかし、個体性は自体的にも対自的にも否定的統一の具体的な原理であり、そのようなものとしてそれ自身全体であって、自己を分割して規定された概念の区別となり、自己自身と等しいその普遍性のうちにとどまる統一である。それ故、その純粋な観念性のうちにありながら区別によって拡張された中心点なのである。――概念と一致するこの実在性は観念的な実在性であり、右の努力するだけの観念性から区別されている。それはさしあたり多くの客観ではあるが、その本質性においてまた純粋な普遍性のうちに取り上げられた区別である。この実在的な観念性が先に展開された客観的な全体、自体的にも対自的にも規定されている体系の同一性なのである。

従って、客観的な自体的対自的にあるというあり方は、その全体において中心の否定的統一として一層規定された形で明らかになる。この統一は、主観的な個体性と外在的な客観性に分かれ、後者のうちで前者を保持し、観念的な区別の中で規定する。この自己規定的で外在的な客観性を観念性のうちに絶対的に還元する統一は、自己運動の原理である。この生気づけるものの規定性は、概念自身の区別であり、法則である。――死んだ機械的機制は、見られたとおり、直接的には自立的なものとして現れていたがまさにそれ故に真実のところ非自立的でありその中心をそれらの外に持つような諸客観の機械的過程である。この過程は静止に移るが、それが示すのは、偶然性と無規定な不等性ないし形式的な単調さである。この単調さは規則ではあるが法則ではない。自由な機械的機制だけが法則を持つ。純粋な個体性ないし対自的に存在する概念自身の規定をである。それは自己自身における区別として、自己自身に点火する運動の変わることなき源泉である。それはその区別の観念性の中で自己にのみ関係するからである。それは自由な必然性に他ならない。

(c) 機械的機制の移行

しかし、この魂はその身体の中にまだ沈み込んでいる。客観的な全体の概念は今では規定されてはいるが、内なるものであり、法則がその客観にまだ対立してはいないという意味での自由な必然性である。それは、その客観性のうちに直接広がっている普遍性としての具体的な全体である。従って、あの観念性は、諸客観自身をその規定された区別として持つわけではない。これらは全体の自立的な個体である。或いはまた、われわれが形式的な段階を省みるならば、非個体的で外在的な諸客観である。法則はそれらに対して内在的であり、それらの本性ないしそれらを支配する力ではある。しかし、その区別は、その観念性のうちに閉ざされており、諸客観は、それ自身法則の観念的な差異に分かれているわけではない。とはいえ、客観は観念的な中心性とその諸法則においてのみ、その本質的な自立性を持つ。従って、客観は、概念の根源的分割〔判断〕に抵抗し、抽象的で無規定な自立性と閉鎖性の中で自己を保存する力を持つわけではない。観念的で客観に内在している区別によって、客観の定在は、概念によって措定された規定性である。こうして、客観の非自立性はもはや中心点に向かっての努力ではない。それに対して、客観がなお自立的で外在的な客観であるという見かけを呈するのは、まさにその運動が努力でしかないからである。そうではなく、客観は一定の仕方でそれに対立する客観に向かっての努力なのである。それとともに、中心はそれによってそれ自身分裂しており、その否定的統一は客観化された対立に移行している。従って、中心性は、今では、対立しあう否定的で緊張を孕んだこれらの客観性の関係となっている。こうして、自由な機械的機制は化学機序として規定されることになる。

第二章　化学機序

化学機序は、客観性の全体の中では、判断、すなわち客観的となった差異と過程の契機にあたる。それは規定性と措定されてあることとともにすでに始まっており、化学的客観は同時に客観的な全体でもあるから、それのさしあたっての経過は単純であり、その前提によって完全に規定されている。

A　化学的客観

化学的客観が機械的な客観から区別されるのは、後者が規定性に対して無関係な全体であることによる。これに対して、化学的客観においては、規定性、従って他のものへの関係とこの関係の様式がその本性に属している。——この規定性は、本質的に、同時に特殊化である。すなわち、普遍性のうちに取り上げられたものである。従って、それは原理であり——普遍的な規定性、それも一つの個別的客観のそれであるのみならず、他の客観のそれでもある。従って、化学的客観においては、二つの規定性の内的全体としてのそれの概念と、外面性と実存のうちにある個別的客観の本性である規定性が区別される。それは、このようにして自体的に完全な概念である。それ故、それは、それに対立していて一面的である存立を止揚し自己を定在の形を取った実在的な全体とする必然性と衝動をそれ自身に伴っている。それは、その概念に従えばそうした全体なのである。

客観性の差異の関係が明らかとなったが、この関係を表すものとしての化学機序という表現について、さらに次のことが注意されうる。ここでは、この関係は、本来的ないわゆる化学機序と呼ばれる元素的自然の形式のうちでしか示されないかのように理解されてはならない。気象学的関係でも、その諸部分が化学的元素よりは物理的要素の本性をより多く持つだけの過程であると見なされねばならない。生きたもののうちでは、両性の関係がこの図式のもとにある。それが愛や友情などの精神的な関係に対しても形式的な基礎となっているようにである。

一層詳しく見るならば、化学的客観は、まず自立的な全体一般として自己のうちに反省したものであり、そのかぎり外へと反省しているということから区別されたものである。——無関係な基礎、まだ異なったものとして規定されていない個体である。人もまた、始めは、ただ自己とのみ関係するそうした基礎である。だが、化学的客観の差異となる内在的な規定性は、第一に、自己のうちに反省している。外への関係をこのように取り戻すことは、形式的で抽象的な普遍性にすぎないというようにである。従って、外への関係は、客観の直接性と実存の規定である。この面からすると、客観はそれ自身において個体的全体に立ち帰るわけではない。そして、否定的な統一は、その対立の二つの契機を二つの特殊な客観のうちに持つことになる。従って、化学的客観はそれ自身に基づいて捉えられるものではなく、一つの客観の存在はもう一つの客観の存在なのである。——しかし、第二に、規定性は完全に自己のうちに反省しており、全体の個体的概念の具体的な契機である。この概念は特殊な客観の普遍的な本質であり、実在的な類である。従って、化学的客観は、それが措定されてあるという直接的なあり方とその内在的で個体的な概念の間の矛盾であり、その定在の規定性を止揚し概念の客観的全体に対して実存を与えようとする努力である。従って、それは同じく非自立的なものである。とはいえ、それに対してその本性自身によって緊張状態にあり、反応を自己規定的に開始するのである。

B　化学〔反応〕

1．化学反応は、次の前提によって始まる。緊張状態にある諸客観は自己自身に対して緊張しているかぎり、さしあたりまさにそのことによって互いに対して緊張関係にある。——それは諸客観の親和性と呼ばれる関係である。各々の客観は、その概念によってその実存に固有の一面性に対する矛盾のうちにあり、従ってこの一面性を止揚しようと努めるから、その中には、直ちに他の客観の一面性を止揚し相互に補いあい結合することによって、実在性を二つの契機を含む概念に相応しくしようとする努力が措定されている。

各々の客観は、それ自身において矛盾しあい止揚しあうものとして措定されているかぎり、それらが互いに分離され、また互いに補完しあうことから分離されるのは、外からの力によってのみである。それらの極を結合する媒辞は、第一に、両者が自体的に持っている本性、両者を自己のうちに保持する完全な概念である。だが、第二に、それらは実存においては対立しあっているから、それらの絶対的統一はまた、それらから区別されて実存する、なお形式的な要素でもあり——それらが互いに外的な共同性に入る伝達の要素である。実在的な区別が両極には属しているから、この媒辞はそれらの抽象的な中和性、実在的な可能性にすぎない。——いわば、化学的客観の実存、それらの反応、その結果という理論的な要素なのである。——物体的なものにおいては、水がこうした媒体の機能を持つ。精神的なものの中でこのような関係の類同物が起こるかぎり、記号一般、一層詳しく言えば、言葉がそのようなものと見なされる。

諸客観の関係は、この要素における単なる伝達としては、静かに合一することである一方、他方では同様に否定的に関係することでもある。諸客観の本性である具体的な概念が伝達の中で実在性のうちに置かれ、そうすることで諸客観の実在的な区別が概念の統一に還元されるからである。それらが以前持っていた自立的な規定性は、これによって両者のうちで同じものである概念に相応しい結合の中で止揚され、それらの対立と緊張はこれを通して中和される。こうして、努力は、この相互的な補完の中でその安定した中和性を獲得するのである。

このようにして反応は消えている。概念と実在性の間の矛盾は調停されて〔いる〕から、推理の極はそれらの対立を失い、よって互いと媒辞に対立する極であることを止めている。産物は中和的なものである。すなわち、成素はもはや客観と呼ばれることはできず、それらの緊張関係とともに、緊張したものとしてのそれらに属していた諸性質をもはや持たないようなものである。とはいえ、それらが以前持っていた自立性と緊張の能力は、保持されている。中和物の否定的統一は、すなわち、前提された差異から出発する。化学的客観の規定性は、その客観性と同一である。それは根源的なものである。右に見た反応によっては、その差異はやっと直接的に止揚されているにすぎない。従って、規定性はまだ完全に自己内反省したものとしてあるわけではなく、従って反応の産物は形式的統一にすぎない。

2．この産物の中では、対立の持つ緊張と反応の活動としての否定的統一は消えている。しかし、この統一は、概念にとって本質的であると同時に、それ自身実存するに至っている。従って、それはなお存在している。とはいえ、中和的な客観の外に出てしまっている。反応は差異をその前提として持つだけで、自ら措定したわけではない。そのかぎり、自分から自分を再びあおり立てることはない。――客観の外にあるこの自立的な否定性は、抽象的な個別性という実存である。それはそれだけであるのだが、この自独存在はその実在性を無関係な客観のうちに持つ。だが、それはとにかく自己自身のうちでその抽象的なあり方に対して緊張状態にあり、自己のうちで不安定な活動であって、身を焦がして外に向かう。それは直接客観に関係する。客観の安定した中和性は、この活動の引き起こす対立の実在的な可能性なのである。この客観は、以前はただ形式的であった中和性の媒辞であるが、今では自己自身のうちで具体的で規定されたものになっている。

否定的な統一の極が客観に対して持つ直接的な関係のそれ以上のものは、客観が否定的統一によって規定され、それによって分割されることである。この分割は、さしあたり、化学機序の始まりとなった、緊張を孕む諸客観の対立を回復することと見なされうる。しかし、この規定は推理の別の極となるわけではなく、差異を生じる原理が媒辞に対して直接関係することに属している。この媒辞において、差異を生じる原理はその直接的な実在性を得るのである。それは、選言推理の中で、媒辞が、対象の普遍的本性であるということの外に、同時に持つ規定性である。それによって、対象は客観的な普遍性であるとともに、規定された特殊性でもある。推理のもう一つの極は、個別性という外的で自立的な極に対立している。従って、それは普遍性という同様に自立的な極である。それ故、媒辞の実在的な中和性がその中で経験する分割は、媒辞が互いに異なった契機に分裂することではなく、無関係な契機に分裂させられるということである。従って、これらの契機は、一方では、抽象的で無関係な基礎であるとともに、他方では、それらを活性化する原理である。この原理は基礎から分離することによって同様に無関係な客観性という形式を持つことになる。

こうした選言推理が化学機序の全体である。その中では、同じ客観的な全体が、自立的で否定的な統一としても、それから媒辞において実在的な統一としても——そして最後に化学的実在性としても、それらの抽象的な契機に解体したものとして提示されている。これら後のものにおいては、規定性は中和物におけるように他のものにおいてその自己内反省に達しているわけではなく、自体的にそれらの抽象態に立ち戻っており、根源的に規定された要素である。

3．これによって、これらの要素的客観は化学的緊張から解放されている。それらのうちで、化学機序が始まる際の前提であったものの根源的な基礎が、実在的な反応を通して措定されているのである。ところが、一方では、それらの内的規定性そのものは、何しろ本質的にそれらが単純に無関係に存立することとそれらが規定性としてあるということの矛盾であり、外に向かおうとする衝動である。この衝動は自己を分割し、それらの規定性の客観と他の客観のうちに緊張を措定し、その客観が異なったものとして関係するものを持つようにし、そこにおいて自己を中和し、自己の単純な規定性に定在する実在性を与えることができるようにする。そのかぎり、それによって化学機序はその始めに戻っている。そこでは、互いに緊張した関係を持つ諸客観が求め合い、それから形式的で外在的な媒辞によって結合されて中和物となるのである。だが他方では、化学機序はこのようにその概念に立ち戻ることによって自己を止揚し、一層上の領域に移行しているのである。

C　化学機序の移行

例えば、一つの物体がその塊の一部により高い度合いの酸化を割り当て、それによって他の部分をより低い度合いのそれに引き下げるということがある。その度合いにおいて初めて、この物体はそれに近づけられた他の異なる物体と中和的な結合をなしうるのである。最初の直接的な酸化の度合いにおいては、それはそうした中和化を受け入れることはできなかったであろう。こうした化学的変化の例が、通常の化学においてすでに示されている。ここで起こっているのは、次のことである。客観は、直接的で一面的な規定性によって他の客観に関係することはなく、根源的関係の内的全体に従って、実在的な関係に必要な前提を措定し、そうすることで自らの概念をその実在性と結合するための媒辞を自己に与えるということである。それは、自体的対自的に規定された個別性であり、両極への分離の原理としての具体的な概念である。そして、それらの極を再び結合することは、同じ否定的原理の働きに他ならない。この原理は、そうすることでその最初の規定に、とはいえ、客観化された形で立ち帰るのである。

化学機序自身は、無関係な客観性と規定性の外在性の最初の否定である。従って、それはなお客観の直接的な自立性と外在性に付きまとわれている。従って、それは、それだけではまだ、それがそこから生まれむしろ自己を止揚するところである自己規定の全体ではない。――三つの推理が生じたことになるが、それらが化学機序の全体を構成する。第一の推理は、形式的な中和性を媒辞に持ち、二つの極として緊張関係にある客観を持つ。第二の推理は、第一の推理の産物、実在的な中和性を媒辞として持ち、分割する働きとその産物、無関係な要素を両極として持つ。しかし、第三の推理は、自己を実現する概念であり、その実現の過程を制約する前提を自己に対して措定する。――この推理は、普遍的なものを本質として持つ推理である。しかし、化学的客観性は直接性と外在性という規定のうちにあり、これらのせいで右の諸推理はなお別々になる。第一の反応の産物は、緊張関係にある諸客観の中和であるが、この反応はその産物の中で消滅する。そして、反応を再び起こさせるものは、外から加えられる差異化の働きである。直接的な前提によって制約されているために、この反応はその中で終わる。——同様に、中和したものから異なった極を析出する働きおよび抽象的な諸要素に分解する働きは、外から加えられる諸条件や活動の励起から出発しなければならない。しかしまた、反応の二つの本質的な契機、一方では中和化、他方では分離と還元は同一の反応の中で結合されており、緊張関係にある両極の化合と中和化はまたそれらの極への分離でもある。そのかぎり、それらの契機は、なお基礎にある外在性の故に、二つの異なった項となる。同じ反応の中で分離される極は、その中で結合されるものとは別の客観ないし物質である。前者は、反応の中から再び異なったものとして現れるかぎり、外に向かわねばならない。それらを新たに中和化することは、最初の反応の中で起こったのとは別の反応である。

これらの様々な反応は必然的なものとして生じたものであるが、しかしそれらはまた幾つもの段階であり、それを通して外在性と制約されてあるというあり方が止揚され、そこから自体的対自的に規定され外在性によって制約されていない全体としての概念が生じることになる。最初の反応においては、実在性の全体を構成する異なった極が互いに外在的であるということと、自体的に存在する規定された概念がその定在する規定性から区別されているということが止揚される。第二の反応においては、実在的な統一の外在性と単に中和的な結合としての結合が止揚される。——さらには、さしあたり同じ形式的な基礎ないし無関係な規定性の中にある形式的な活動が、止揚される。その内的概念は、今ではそれ自身において自己を実現するものとして自己のうちに還帰した絶対的な働きとなっている。すなわち、それは、自己のうちで規定された区別を措定し、その媒介を通じて実在的な統一として自己を構成するのである。——従って、この媒介は概念自身の媒介であり、概念の自己規定であって、そこから自己に反省することに関して言えば、内在的な前提作用である媒介に他ならない。第三の推理は、一方では、先行する反応の回復であるが、他方では、さらに無関係な基礎であるという最後の契機を止揚する推理である。――この契機はまったく抽象的で外在的な直接性であるが、このようにして概念が自己自身によって媒介する働きに固有の契機となるのである。こうすることで、概念は外在的なものとしてのその客観的定在の契機をすべて止揚し、自己の単純な統一の中に措定したのであり、それによって客観的な外在性から完全に解放されている。概念は、そうした客観性をただ非本質的な実在性としてそれに関係するだけなのである。この客観的で自由な概念は、目的である。

第三章　目的論

合目的性が認められるところでは、その創始者としての知性が想定される。従って、目的に対しては概念独自の自由な実存が要求される。目的論は専ら機械論に対立させられる。後者においては、客観のうちに措定された規定性は本質的に外在的なものとしてあり、自己規定が示されることのないものである。起成因〈causa efficiens〉と目的因〈causa finalis〉、単に作用的な原因と目的因の対立は右の区別、この区別が具体的な形で捉えられたものに関係する。世界の絶対的本質は盲目的な機械的機制として捉えられるべきか、或いは目的に従って自己を規定する知性として捉えられるべきかという探求もそこに帰する。決定論を伴う宿命論と自由の二律背反は、同様に機械論と目的論の対立に関係する。なぜなら、自由なものは概念が実存の形を取ったものだからである。

以前の形而上学は、これらの概念に対して他の概念に対するのと同じように振る舞った。それは、一方で一つの世界観を前提し、一方か他方の概念がそれに相応しく、反対の概念は、それによって右の世界観は説明されないから欠陥があるということを示すのに腐心した。だが、他方では、その際機械的原因と目的の概念を探求し、どちらが絶対的に真理を持つかを調べはしなかった。もしこのことだけでも確認されているならば、客観的世界は機械的原因と目的因を示すかもしれない。世界の実存が真理の尺度であるというわけではなく、真なるものが、むしろこれらの実存のうちどちらが世界の真の原因であるかの基準なのである。主観的な知性が自己のうちに誤謬を示すこともあるように、客観的世界は、それだけでは最初は一面的で不完全であり現象の諸関係にすぎない真理の諸側面や諸段階を示すこともある。機械的機制や合目的性が対立しあうとすれば、まさにその理由でそれらは無関係なものとして考え[られる]ことはできず、その各々がそれだけで正しい概念であり、他方と同じだけの妥当性を持ち、ただ問題となるのはどこで一方ないし他方が適用されうるかということだけだと考えられるわけにはいかない。二つがこのように等しい妥当性を持つということは、それらがある、すなわちわれわれがそれらを二つとも所有するという理由によるだけである。しかし、必然的な第一の問いは、それらは対立しているのであるから、それらのどちらが真の概念であるか、ということである。またそれ以上の本来的な問いは、第三のものがその真理ではないのか、或いは一方が他方の真理なのかということである。——しかし、目的関係は機械的機制の真理であることが示された。——化学機序として論じられたものは、機械的機制と一緒にされる。目的は、自由な実存の形を取った概念であり、それに対しては総じて概念の不自由さ、それが外在性に沈み込んでいるということが対立するかぎりにおいてである。従って、両者、機械的機制と化学機序は自然必然性のもとに総括される。機械的機制においては、客観が機械的なものとして自己規定を含んでいないために、概念は客観のうちには実存していないからである。これに対して、化学機序においては、概念は、緊張を孕んだ一面的な実存を持つか、さもなければ、中和した客観を両極に向かって緊張させる統一として現れるかぎりでは、この分離を止揚するかぎりの自己自身に対して外在的だからである。

目的論の原理は世界の外にある知性の概念と繋がっており、そのかぎりで信心深さによって厚遇されるということがあった。だが、そうなればなるほど、それは真の自然研究からは遠ざかるように思われた。真の自然研究は自然の諸性質を疎遠な規定性としてではなく、内在的な規定性として認識しようとし、そのような認識だけを概念的把握と認めるのである。目的とは、概念自身が実存の形を取っているものであるから、諸々の客観をそれらの概念に基づいて認識することはむしろ異質の要素への不当な逸脱として現れ、これに対して、客観の規定性が客観のうちに外から他の客観によって措定された規定性となるような機械論の方が目的論よりも内在的な見方と見なされるのは奇妙なことに思われるかもしれない。機械的機制、少なくとも通俗的で不自由なそれと化学機序が内在的な原理と見なされなければならないのは、もちろん、規定する外在的なもの自身が再びそうした客観、外から規定されたものにすぎず、そのように規定されることに対して無関係であるかぎりにおいてである。或いは、化学機序においては他の客観が同様に化学的に規定されたものであったかぎりにおいてであり、総じて全体の本質的契機が常に外のもののうちにあるかぎりにおいてである。従って、これらの原理は、有限性という同じ自然的形式のうちにとどまっている。それらは有限なものを超えていこうとはせず、諸現象に対しては、それ自身さらに進むことを要求する有限な原因に導くにすぎない。しかし、それにもかかわらず、それらはまた、一方では、力、原因および根源性を示すべき同様の反省諸規定の概念のうちで、他方では、諸々の力の総体、対抗しあう諸原因の全体という抽象的な普遍性によって形式的な全体にまで広がっていく。機械論は、自然をそれだけで、その概念のために他のものを必要としない全体であると捉えようとすることで、全体への努力として自己自身を示す。――この全体は、目的とそれに関連している外在的な知性の中には見出されないのである。

とにかく、合目的性は、まずは、様々な客観をそれだけで存在している統一によって外から規定し諸客観の無関係な規定性がこの関係によって本質的となるようにする知性よりは上にあるもの一般として示される。機械的機制のうちでは、諸規定性が本質的となるのは、単なる必然性という形式によってである。そこでは、それらの内容は問題にならない。なぜなら、それらは外在的なものであり続け、知性のみが内容の連関、抽象的な同一性を認識することによって自己を満足させる［べき］だからである。これに対して、目的論においては、内容が重要である。なぜなら、それは、概念と自体的対自的に規定されたもの、従って自己を規定するものを前提し、従って諸々の区別とそれらが互いに規定されあっていることの関係、形式から、自己のうちに反省した統一、自体的対自的に規定されたもの、従って内容を区別したからである。しかし、もしこの内容がさらに有限で意味のないものであるとすると、それはそれがあるべきものに矛盾する。なぜなら、目的は、その形式から言って自己のうちで無限な全体だからである。――特に、目的に従って働く行動が絶対的な意志と知性として想定されている場合には、そうである。目的論は愚かな考え方であるという非難を激しく受けてきたが、それは、目的論の示す諸目的が事情によって一層重要なものであったり、また取るに足りないものであったりすることがあるからである。そして、諸客観の間の目的関係は、極めて外在的で、従って偶然的なものに見えるために、しばしば戯れとして見られざるをえなかったのである。これに対して、機械論の方は、諸客観の規定性に対して、内容の面からは偶然的なものの価値しか与えない。それらの規定性に対して、客観は無関係であり、諸客観にとっても主観的な知性に対しても大した価値を持つものではないとされている。従って、この原理は、外的必然性しか持たない連関の中で、目的論とは逆に無限の自由の意識を与えることになる。目的論はその内容のつまらなさやくだらなさをすら絶対的なものとして定立するのであり、その中では、比較的普遍的な思想も限りなく圧迫され吐き気すら催させられると思うしかないのである。

　こうした目的論がさしあたり置かれている形式上不利な点は、それが外的合目的性にしか達しないことである。それによって、概念は形式的なものとして措定されており、そのため、それにとって内容もまた客観的世界の多様性の中でそれに外から与えられたものであることになる。――まさしく、機械的機制の内容でもあるが、外在的なもの、偶然的なものとしてある規定性を帯びたものとしてである。こうした共通性のために、合目的性という形式だけが目的論的なものの本質をなすことになる。さらに、外的合目的性と内的合目的性の区別を見ることはせずこの観点に立つならば、目的関係一般は自体的にも対自的にも機械的機制の真理であることが示された。――目的論は、一般に一層上の原理、自体的対自的に無限で絶対的なものである実存する概念を持つ――それは自由の原理であり、自らの自己規定をまったく確信しており、機械的機制において外から規定されるということから完全に免れている原理に他ならない。

　哲学をめぐるカントの偉大な功績の一つは、相対的ないし外的合目的性と内的合目的性の間に区別[1]を設けたことにある。後者において、彼は生命の概念と理念を開示し、そうすることで哲学を積極的に反省諸規定や形而上学の相対的世界を超えるものとした。それは、理性批判には、不完全に、極めて歪んだ形でまた消極的にしかできないことである。――目的論と機械論の対立は、さしあたり自由と必然性の一層普遍的な対立であることが注意された。カントは、この形式における対立を、理性の二律背反のもとで、しかも超越論的理念の第三の対立として俎上に載せた。――その論述は以前参照されたが、私はそれをごく簡潔に引用することにする。その本質的な点は単純であり、回りくどい分析を必要とせず、カントの二律背反論の流儀は別のところで一層詳しく解明されているからである。(2)(3)

ここで考察されるべき二律背反の定立は、次の通りである。――自然の諸法則に従う因果性は、そこから世界の諸現象がすべて導出されうる唯一のものではない。自由による因果性をそれらの説明のために想定することがなお必要である。

反定立は、次の通りである。――自由はない。世界の中の一切はまさしく自然の諸法則に従って起こる。

他の二律背反の場合と同様に、証明は先ず間接帰謬法的になされる。各々の主張の反対が仮定される。第二に、この仮定を論駁するものを示すために、今度はその反対が、つまり証明されるべき命題が仮定され、妥当なものとして前提される。――従って、証明するという迂路はまったくなくてよかったのである。それは二つの対立しあう命題を断定的に主張することに他ならない。

すなわち、定立の証明のためには、まず次のことが仮定されねばならない。自然の諸法則すなわち化学機序を含む機械的機制一般の必然性に従う因果性以外の因果性はない。この命題は次の理由で論駁される。すなわち、自然の法則は、十分ア・プリオリに規定された原因――それは絶対的な自発性を含むことになるが――なしには何も起こらないというのである。――すなわち、定立に対立する仮定が〔自己〕矛盾しているのは、それが定立と反対であるが故である。

反定立の証明のためには、次のことを仮定せねばならないとされる。すなわち、特別の種類の因果性としての自由、一つの状態を、従ってまたその状態の結果の系列をも端的に始める自由があるということである。ところが、そのような開始は、一つの状態［すなわち自由の］を前提し、そしてこの状態は自由に先行する状態と因果性の連関を何ら持たないのであるから、因果律に反する。経験の統一と経験一般はそれに従ってのみ可能なのである。――すなわち、反定立に対立する自由の仮定は、反定立に反するためになされえないのである。

目的論的判断力の批判において以下の対立として繰り返されるのは、本質的にはこれと同じ二律背反である。(4) すなわち、物質的事物の産出はすべて単なる機械的法則に従って起こるという主張と、その産出のうち若干のものはそうした法則によっては可能でないという主張の対立である。この二律背反に対するカントの解決は、他の二律背反の一般的解決と同じである。すなわち、理性は一方の命題も他方の命題も証明することはできない。なぜなら、われわれは自然の単なる経験的法則に従う事物の可能性については、ア・プリオリな規定的原理を持つことはできないからである。――従って、さらに、二つの主張は客観的な命題としてではなく、主観的な格率と見なされなければならない。すなわち、私は、一方では、すべての自然界の出来事を常に単なる自然の機械的機制の原理に従って反省しなければならないが、しかしこのことは、若干の自然形式を時折他の格率に従って、すなわち目的因の原理に従って追跡することを妨げるものではない、ということである。――これら二つの格率は、ついでに言えば、人間の理性にとってのみ必要とされ、それの命題が置かれているのと同じ対立のうちにはないかのようにである。――先に注意されたとおり、この立場のどこにおいても、哲学的関心が唯一要求すること、すなわち二つの原理のうちどちらが絶対的に真であるかは探求されていない。だが、この観点にとっては、二つの原理が客観的なものとして、すなわち、ここでは外に実存する自然の諸規定と見なされるべきか、或いは主観的な認識活動の単なる格率と見なされるべきかは違いがない。――むしろ、これは、主観的すなわち偶然的な認識活動であり、時々の機会に応じて、その都度それらの格率が与えられた客観に適合すると見なすことで、一方ないし他方を適用し、それら二つが客観の規定であろうが認識活動の規定であろうが、それ以上これらの規定自身の真理を問うことはしないものなのである。

それ故、カントが目的論的原理に与えた説明が本質的な観点に関して不十分であるだけ、カントがそれに与える地位は常に注意するべきものとなる。彼はそれを反省的判断力に帰しているが、そうすることで、それを理性の普遍的なものと直観の個別的なものの間を結びつける媒介項としている。――彼は、さらに、右の反省的判断力を規定的判断力と区別する。(5) 後者は、特殊なものを普遍的なもののもとに包摂するだけである。ただ包摂するだけのそうした普遍的なものは抽象的なものであり、他のもの、特殊なもののうちで初めて具体的になる。これに対して、目的は具体的な普遍であって、それ自身の内に特殊性と外面性の契機を持ち、従って活動的であって、自己を自己から突き離す衝動であるものである。概念は、目的としてはもちろん客観的な判断である。そこでは、一方の規定、主語はすなわち自己自身によって規定されたものとしての具体的な概念であり、他方は述語であるだけでなく外にある客観性である。だがこのため、目的関係は反省的な判断作用というわけではない。この判断作用は、ある知性が外なる客観をわれわれの認識能力のために与えたかのように、ただ統一に関して考察するだけである。そうではなく、目的関係は自体的対自的にある真理であって、客観的に判断し、外なる客観性を絶対的に規定するものである。このことによって、目的関係は判断以上のものである。それは自立的で自由な概念の推理であり、客観性を通して自己を自己自身と繋ぐものである。

目的は機械的機制と化学機序に対して、第三のものであることが明らかとなった。それは、これらのものの真理である。それ自身はなお概念全体の客観性ないし直接性の領域の内部にある。よって、それは外在性そのものから依然触発を受け、客観的世界に向かいあっており、それと関係を持つ。この面からすると、機械的因果性――それには一般的に化学的関係も加えられるべきであるが――は、この目的関係のもとにもなお現れる。それは、外的な目的関係に他ならない。とはいえ、目的関係に従属するものとして、それ自身としては止揚されたものとしてである。それ以上の関係について言えば、機械的客観は、直接的な全体として、それが規定されていることに対して、従って規定するものであることに対して無関係である。このように外から規定されていることは、今では自己を規定することにまで形成されており、従って客観の中でただ内なる、換言すれば外なるものにすぎない概念が今では措定されたものになっている。目的は、まずはまさにこのような、機械的客観に対して外在的な概念そのものに他ならない。従って、目的は、化学機序に対しても自己規定的なものである。これは目的の制約である外から規定されることを概念の統一に連れ戻すものである。——ここから、客観的過程の以前の二つの形式を従属させることの本性が明らかになる。それらのうちで無限進行の過程にある他のものは、それらに対してさしあたり外のものとして措定された概念であり、それが目的なのである。概念は、それらの実体であるだけではない。外在性もまたそれらに対して本質的で、それらの規定性を構成する契機である。それ故、機械的ないし化学的技術は、外から規定されているという性格によって自ずから目的関係に自己を供する。この関係が、今一層立ち入って考察されねばならない。

A　主観的目的

主観的概念は、規定性に対する無関係性である客観的領域の中心で、まず否定的な統一点を再発見し措定したが、化学機序の中では概念諸規定の客観性を再発見し措定した。それによって、主観的概念は初めて具体的で客観的な概念として措定されているのである。その規定性ないしその単純な区別は、今や、それ自身に外面性という規定性を具えている。そうすることで、それの単純な統一は、自己を自己自身から突き離し、その中で自己を保持する統一となっている。従って、目的とは、自己を外に措定しようとする本質的な努力と衝動としての主観的な概念である。その際、それは移行することを免れている。それは、自己を外化する力でも、偶有的属性や結果の中で自己を示す実体や原因でもない。力は、自己を外化しなかった場合には、抽象的に内にこもっているものにすぎない。言い換えると、力は外化するべく誘発されねばならず、外化の中で初めて定在を持つ。原因と実体も同様である。それらは偶有的属性と結果の中でのみ現実性を持つから、それらの活動は移行であり、それに対して、それらは自由の中に自己を保つことはない。目的は力と原因としても規定されうるであろう。しかし、これらの表現は、その意味の不完全な面を満たすにすぎない。それらが目的の真のあり方について語られるべきものだとすれば、それらの概念を止揚する仕方でしかそうすることはできない。——すなわち、外化することへと自己自身を誘発する力として、それ自身の原因、或いはその結果が直ちに原因であるような原因としてである。

先に述べられたように、もし合目的なものが或る知性に帰せられるとするならば、その場合には、内容の規定に眼が向けられているのである。しかし、この知性は、一般に、実存している理性的なものとして考えられねばならない。それ故、知性は理性的な性格を示す。それは具体的な概念であり、客観的な区別をその絶対的な統一のうちに保持しているからである。従って、それは、本質的にそれ自身において推理である。それは、自己に等しい普遍者である。しかも、自己を自己から突き離す否定性を含むものとして、まずは普遍的な、そのかぎりまだ未規定な活動である。しかし、この活動は自己自身への否定的な関係であるから、自己を直接的に規定し、自己に特殊性の契機を与える。この特殊性は、同じく自己のうちに反省した形式の全体として、措定された形式の区別に対立する内容である。この否定性は同様に直接的に自己自身に関係することによって、形式の絶対的な自己内反省であり、個別性である。一方で、この反省は主観の内的普遍性であるが、他方では、外に向けられた反省である。そのかぎり、目的はなお主観的なものであり、その活動は外の客観性に向けられている。

すなわち、目的は、客観性という場で自己自身に立ち帰った概念である。客観性においてそれが自己に与えた規定性は、規定されてあることが客観的に無関係であり外在的であるという規定性に他ならない。従って、それが自己を自己から突き離すその否定性は、その諸契機が概念自身の諸規定にすぎないために、互いに客観的に無関係であるという形式をも持つのである。——形式的な判断のうちでは、主語と述語はすでに互いに自立的なものとして規定されている。しかし、その自立性はやっと抽象的な普遍性にすぎない。その自立性が今客観性という規定に達したのである。しかし、この完全な差異性は、概念の契機として概念の単純な統一の中に包含されている。とにかく、目的はこうした客観性の全面的な自己内反省であり、しかも直接的であるかぎり、第一に、自己規定ないし特殊性は単純な自己内反省として具体的な形式から区別されており、規定された内容である。このため、目的は有限である。それが形式的には無限な主観性であるにかかわらずである。第二に、その規定性は客観的な無関係性という形式を持つために、前提という形を取る。そして、その有限性は、この面から見ると、目的が客観的で機械的かつ化学的な世界を前にし、これを眼の前にあるものとして、これにその働きが関係するという点にある。従って、その自己規定的な活動は同一性を保ちながら、直ちに自己自身に対して外在的であり、自己内反省であるのと同じだけ外への反省でもある。すなわち、目的に対して右の客観性が対立しているかぎり、目的はなお真に世界の外にある実存を持つ。客観性の方は、逆に、機械的かつ化学的で目的によってまだ規定されておらず貫かれていない全体として目的に対立しているのである。

従って、目的の運動は、とにかく次のように表現されることができる。それは、目的の前提すなわち客観の直接性を止揚し、客観を概念によって規定されたものとして措定しようとする。客観に対するこの否定的な関係は、同様に自己自身に対する否定的な関係であり、目的の主観性を止揚することでもある。肯定的に見れば、それは目的の実現である。すなわち、客観的な存在を目的に結びつけることであり、目的の契機として直接目的と同一な規定性であるものが外面的な規定性としてあり、逆に前提としての客観的なものがむしろ概念によって規定されたものとして措定されることになるのである。――目的は、それ自身のうちで自己を実現しようとする衝動である。概念諸契機の規定性は外面性である。概念の統一の中でそれらが単一であることは、概念の統一であるものに相応しくないことである。従って、概念は、自己を自己自身から突き離す。この突き離しは、否定的な統一が自己に対して関係することを決意すること一般である。それによって、概念の統一は排斥的な個別性となる。

しかし、このように排斥することによって、それは自己を決定する、すなわち自己を開示する。なぜなら、そうすることは自己を規定することであり、自己自身を措定することだからである。一方では、主観性は、自己を規定することによって自己を特殊性とし、自己に内容を与える。この内容は、概念の統一の中に閉ざされている場合は、まだ内的なものである。しかし、このように措定すること、すなわち単純な自己内反省は、明らかなとおり、直ちにまた前提することでもある。そして、目的の主観が自己を規定するのと同じ瞬間に、主観は無関係で外在的な客観性に関係しているのである。この客観性は、主観によって先の内的規定性に等しくされる、すなわち概念によって規定されたものとして、さしあたりは手段として措定されるべきものである。

B　手段

目的における最初の直接的な措定活動は、同時に、内なるものすなわち措定されたものとして規定されているものを措定することであるとともに、目的規定に対して無関係なものである客観的世界を前提することである。しかし、目的の主観性は、絶対的な否定的統一である。従って、それのなす第二の規定作用は、その前提一般を止揚することである。この止揚の働きは、それによって第一の否定のあの契機、主観に対して否定的なものを措定すること、外在的客観が止揚されるかぎり、自己内還帰である。しかし、前提ないし規定作用の直接性、客観的世界に対しては、それはやっと最初のそれ自身直接的で従って外からの否定にすぎない。それ故、この措定の働きはまだ達成された目的そのものではなく、やっとそれへの始まりであるにすぎない。そのように規定された客観は、まず手段である。

目的は手段を通して客観性と繋がり、客観性の中で自己自身と合体する。手段は推理〔合体〕の媒辞である。目的がその達成のために手段を必要とするのは、それが有限だからである。——手段とはすなわち、媒辞であるが同時に外在的で目的自身とその達成に対して無関係な定在の形を持つものでもある。絶対的概念は自己自身のうちに媒介を含むが、それは、その概念の最初の措定作用が無関係な外在性を根本規定とする客観を持つ前提作用ではないという仕方でである。しかし、被造物としての世界はそのような外在性の形式しか持たない。とはいえ、その否定性と措定されているというあり方が、むしろその根本規定をなしている。――それ故、目的の有限性は次の点にある。すなわち、その規定作用一般が自己自身の外にあり、それ故その最初の規定作用は、われわれが見たとおり、措定する働きと前提する働きに分裂するということである。従って、この規定作用を否定することは、やはり、一面だけから見れば、すでに自己内反省であるが、他面から見ればむしろ第一の否定にすぎない。――換言すれば、自己内反省はそれ自身また自己に対して外在的であり、外への反省なのである。

従って、手段は、形式的な推理の形式的な媒辞である。それは、主観的な目的の極に対して外のものであるとともに、そのためにまた客観的な目的の極に対して外のものでもある。形式的推理における特殊性が無関係な中名辞〈*medius terminus*〉であり、その位置には他のものも来ることができるようにである。さらに、特殊性が媒辞であるのは、それが一方の極との関係においては規定性であるが、他方の極との関係においては普遍的なものであり、それが媒介する規定を持つのは他のものを通して相対的にである。そのように、手段もまた媒介する媒辞であるのは、第一に、それが直接的な客観であるということに他ならず、第二に、目的という極に対するそれにとって外在的な関係によってそれが手段であるということである。――この関係は、手段にとってはそれが無関係である形式なのである。

従って、概念と客観性は、手段のうちでは、外的に結合されているにすぎない。そのかぎり、それは単に機械的な客観である。目的に対する客観の関係は、前提である。換言すれば、目的に関しては、先に示されたように、自己自身への反省である直接的な関係である。手段は、内属する述語である。その客観性は、目的規定のうちに包摂されている。目的規定は、それが具体化するために、普遍性である。手段のうちにあるこの目的規定によって、手段は以前未規定であった客観性のもう一つの極に対しても包摂的である。――逆に、手段は、主観的な目的に対しては直接的な客観性として、目的の主観的個別性をまだ欠いている定在の普遍性としてある。――このように、目的はさしあたり手段のうちの外在的規定性としてあるだけだから、目的自身は手段の外なる否定的統一であり、手段の方も目的を一つの規定性として持つだけで、全体の単純な具体化として帯びているわけではない機械的な客観である。しかし、結合するものとしては、媒辞はそれ自身目的の全体でなければならない。手段における目的規定は、同時に自己自身への反省でもあるということが示された。そのかぎり、それは形式的な自己関係である。なぜなら、規定性は実在的な没関係性として、手段の客観性として措定されているからである。だが、まさにそれ故に、この一方で純粋な主観性は、同時に活動でもあるのである。――主観的な目的の中では、自己自身への否定的な関係はなお規定性そのもの、すなわち内容および外在性と同一である。しかし、目的の客観化が始まるところ、単純な概念が他のものとなる中では、右の諸契機は分裂する。逆に、この点に他のものになることないし外面性そのものの本質があるのである。

従って、この完全な媒辞がそれ自身推理の全体である。その中では、抽象的な活動と外にある手段が両極をなし、それらの間の媒辞となるのは目的による客観の規定性である。この規定性によって、客観は手段となるわけである。――だがさらに、普遍性は目的活動と手段の関係である。手段は客観であるが、自体的には概念の全体である。それは目的に抵抗する力を持たない。さしあたり、他の直接的な客観に対して持つようにはである。従って、措定された概念である目的にとっては、それはまったく浸透可能であり、この伝達の影響を受けやすい。なぜなら、それは自体的には目的と同一だからである。だが、それは今やまた概念にとって浸透可能なものとして措定されてもいる。なぜなら、中心性において、それは否定的な統一への努力だからである。同様に、化学機序においては、それは中和的なものとしても差異のあるものとしても非自立的なものになっている。――その非自立性は、まさしくそれが自体的にのみ概念の全体であるという点にある。これに対して、概念は対自存在である。それ故、客観は、目的に対して、無力で目的に仕えるという性格を持つ。目的は客観の主観性ないし魂であり、それは客観のうちにその外の面を持つのである。

客観は、このように目的に直接従属しており、推理の極ではない。そうではなく、この関係は推理の前提なのである。とはいえ、手段は、目的に対してなお自立性を持つという面も持つ。手段のうちで目的と結びつけられている客観性は、ただ直接的に手段であるにすぎないために、目的に対してなお外在的である。そして、前提はなお存続することになる。それ故、手段を通しての目的の活動は依然として客観性に向けられており、目的が活動であってもはや単に衝動や努力でないのは、手段の中で客観性の契機がその規定性において外のものとして措定されており、概念の単純な統一が客観性そのものをとにかく自己のうちに持っているかぎりにおいてである。

C　達成された目的

1．目的は、手段に関係する中ですでに自己自身に反省している。しかし、その客観的な自己内還帰はまだ措定されていない。手段を介しての目的の活動は、根源的な前提としての客観性にまだ向けられている。それは、まさしく、規定性に対して無関係であるということである。活動の方も直接的な客観性を規定するという点にあるだけであるから、産物もまた手段にすぎないであろうし、そのようにして無限に進むのである。生まれるのは目的に適った手段だけである。しかし、目的自身の客観性ではない。従って、手段の中で働いている目的は、外にあるものとして直接的な客観を規定してはならず、従って客観も自己自身によって概念の統一に達してはならない。換言すれば、手段を通しての目的の外在的活動は媒介として自己を規定し、自ら止揚しなければならない。

目的が手段を通して外の客観に働きかけるという関係は、さしあたり推理の第二の前提である。――それは、もう一つの極に対する媒辞の直接的な関係である。それが直接的であるのは、媒辞がそのうちに持つのは外在的な客観であり、もう一つの極も、まさにそのようなものだからである。手段は活動的であり、客観に対して力がある。なぜなら、その客観は自己規定的な活動と結びついているが、客観にとってはそれが持つ直接的な規定性は無関係なものだからである。こうした関係の中での自己規定的活動の過程は機械的ないし化学的なものに他ならない。この客観的な外在性の中では、以前の諸関係が現れる。とはいえ、目的の支配のもとでである。――しかし、これらの過程は、それらのうちで示されたとおり、自己自身によって目的に還帰する。つまり、さしあたり、加工されるべき外の客観に対する手段の関係が直接的な関係であるとすれば、それは以前すでに推理として示されたのである。目的がその真の媒辞と統一として示されたからである。それ故、手段は目的の側に立ちその働きを自己のうちに持つ客観であるから、ここで生じる機械的機制は同時に客観性の自己自身、つまり概念のうちへの還帰である。だが、概念はすでに目的として前提されている。そのかぎり、客観に対する合目的的活動の否定的な振る舞いは外在的なものではなく、客観性がそれ自身において概念に変化し移行することである。

目的が直接客観に関係し客観を手段とすること、また目的が手段を介して他のものを規定することは、暴力と見なされうる。目的は客観とはまったく別の本性を持ち、二つの客観も同じく互いに自立的な全体であるかぎりでである。しかし、目的が客観との間接的な関係に入り、自己と客観の間に別の客観を挿入することは、理性の窃知と見なされうる[(6)]。すでに注意されたとおり、理性的であることが有限であることには、目的が客観という前提すなわちその外在性に対して関係するという面がある。目的は、客観に対して直接関係することによって、自ら機械的機制と化学機序のうちに入り、そうすることによって偶然性に曝され、自体的対自的に概念であるというその規定の没落を余儀なくされる。だが、そうすることで目的は客観を手段として表に出し、自分の代わりに客観を外で働かせて、消耗させ、自らはその背後にあって機械的な暴力に抗して自己を保存するのである。

目的は有限であるから、さらに有限な内容を持っている。それ故、目的は絶対的なものではなく、まったく自体的対自的に理性的なものなのではない。しかし、手段は、目的の達成である推理の外面的媒辞である。従って、手段のうちで目的のうちなる理性性そのものが示される。すなわち、この外にある他のものの中で、そしてまさしくこの外面性を介して自己を保存するという理性性がである。そのかぎり、手段は外的合目的性の有限な諸目的以上のものである。――鋤は、それによって準備され目的である享受が直接そうであるより名誉に富んでいる。直接的な享受は過ぎ去り忘れられるが、道具は保存される。人は手にする道具によって外の自然に対する支配力を持つ。人間は、その目的に関しても、むしろ自然に従属しているにせよである。

しかし、目的は機械的過程の外にとどまるだけではなく、その中で自己を保ち、その規定でもある。目的は、客観とその過程に対して自由に存在し、自己自身を規定する働きである概念としてである。それは、同様に機械的機制の自体的対自的な真理であるから、機械的機制の中で自己自身とのみ合致する。客観に対する目的の力は、それだけで存在するこうした同一性であり、目的の働きはこの同一性を開示することである。内容としての目的は自体的対自的にある規定性であり、客観のうちでは無関係で外在的なものである。だが、その働きは、一方では過程の真理であり、否定的な統一として外在性という仮象を止揚することである。抽象的に見れば、同様に外から他の規定性によって置き換えられるのは、客観の無関係な規定性にすぎない。しかし、規定性という単純な抽象物は、真実には、否定的なものの全体であり、具体的で自己のうちに外面性を措定する概念なのである。

目的の内容は、自己内反省した単純な特殊性としての目的の否定性であり、形式としての目的の全体から区別されたものである。この単純性の規定性は、自体的対自的には概念の全体であり、それによって、内容は、目的の実現の中で同一であり続けるものとして現れる。目的論的過程は、概念として区別されて実存する概念を客観性に移すことである。前提された他のものにこのように移すことは、概念が自己自身によって自己自身と合致することであることが示される。とにかく、目的の内容は、同一的なものという形式の中で実存するこの同一性に他ならない。あらゆる移行の中で、概念は自己を保持する。例えば、原因が結果になる場合、原因は結果において自己自身と合致するにすぎないものである。これに対して、目的論的な移行の中では、概念は、それ自身すでに原因として、絶対的で、客観性とその外的規定可能性に対して自由な具体的統一として実存しているものに他ならない。目的が自己を移し置く外面性は、われわれが見たとおり、すでにそれ自身概念の契機、概念が自己のうちで区別する際の形式として措定されている。従って、目的は外面性のうちにそれ自身の契機を持つ。そして、具体的な統一の内容として、内容は、目的の単純な形式であって、これは目的の様々な契機――主観的な目的、手段と媒介された働きおよび客観的な目的としての――の中で自体的に等しくあり続けるだけでなく、自己に等しくあり続けるものとしても実存しているのである。

従って、人は目的論的な働きについて次のように言うことができる。すなわち、その中では終わりが始めであり、帰結が根拠、結果が原因である、それはすでに成ったものになることである、その中ではすでに実存しているものが実存するに至る、など。つまり、総じて反省ないし直接的な存在の領域に属するすべての関係規定はそれらの区別を失っており、終わり、帰結、結果などのように他のものとして語られるものは、目的関係の中ではもはや他のものであるという規定を持っておらず、むしろ単純な概念と同一のものとして措定されているということである。

2. 目的論的な働きの産物をより一層詳細に考察するならば、それが主観的目的に対して絶対的な前提であるかぎり、すなわち合目的的な活動がその手段を介してただ機械的に客観に関係するだけであり、客観の無関係な規定性の代わりに客観に対して同じく外在的な他の規定性を措定することに止まるかぎり、産物は目的を外在的に持つにすぎない。客観が目的を通して持つそうした規定性が、そもそも単に機械的な他の規定性から区別されるのは、それ［客観］が統一の契機であること、従ってそれ［すなわち規定性］は客観に対して外在的であるにせよ、自己自身においては単に外在的なものであるわけではないことによる。そのような統一を示す客観は、その諸部分、それ自身の外面性が無関係であるような全体であり、区別された諸関係や規定性を自己のうちで結合する規定された具体的な統一である。この統一は、客観の特殊な本性からは捉えられえず、規定された内容の面からは、客観固有の内容とは別のものであり、それ自身だけでは機械的な規定性ではないが、客観のうちではなお機械的である。合目的的活動のこの産物のうちでは、目的の内容と客観の内容は互いの外にあり、それらの持つ諸規定は推理の他の諸契機においてもそれと同じように関係しあう。――結合する媒辞においては、合目的的な働きと手段である客観とが、別の極である主観的な目的においては、概念の全体としての無限な形式と概念の内容とがである。主観的目的が客観性と結合される関係によれば、一方の前提すなわち手段として規定された客観がなお外の客観に対して持つ関係も、他の前提すなわち主観的な目的が手段にされる客観に対して持つ関係も、直接的な関係である。従って、推理は形式的推理一般の欠陥を持つ。すなわち、推理を構成する諸関係はそれ自身帰結ないし媒介であるわけではなく、結論を生み出すことに手段として寄与するべきそれらが、むしろ結論をすでに前提しているということである。

われわれが一方の前提、客観を手段にする主観的な目的の客観に対する直接的な関係を考察するならば、主観的目的は直接客観に関係することはできない。なぜなら、この客観は他の極の客観と同様直接的なものであるからである。この客観の中で目的は媒介を通して実現されるべきなのである。こうして、それらが異なったものとして措定されているかぎり、この客観性と主観的目的の間には、それらを関係づける手段が挿入されなければならない。しかし、この手段は同様にすでに目的によって規定された客観であり、その客観性と目的論的規定の間には新しい手段が挿入されねばならず、かくて無限に進むことになる。こうして、媒介の無限進行が措定されている。――同じことが、他の諸前提、まだ無規定な客観に対する手段の関係に関して起こる。それらはまったく自立的であるが故に、第三のものの中でのみ結合されていることができ、かくて無限に進むのである。――逆に言えば、諸前提は結論をすでに前提しているのであるから、結論は、右の直接的でしかない前提によってあるわけであり、不完全なものにすぎない。結論ないし合目的的行為の産物は、それにとって外在的である目的によって規定された客観に他ならない。従って、それは手段と同じものである。それ故、そうした産物自身において、生じているのは手段にすぎず、達成された目的ではない。或いは、目的はその中で客観性を真に獲得しているとは言えない。——それ故、外の目的によって規定された客観を達成された目的と見るか、手段としてのみ見るかはまったく同じである。それは、相対的で、客観自身の外の客観的でない規定である。つまり、外的目的が達成されている客観は、すべて同じく目的の手段にすぎない。目的の達成のために用いられ本質的に手段と見なされるべきものは、その規定性に従って消耗させられるべき手段である。だがまた、達成された目的を含み自己をその客観性として示すべき客観も、可変的である。それもまた、静止した自己自身を保存する定在によってその目的を満たすわけではなく、それが消耗させられるかぎりでのみそうするのである。なぜなら、その外面性すなわち外面性のうちなるその客観性が止揚されるかぎりでのみ、客観は概念の統一と合致するからである。——家や時計は、それを生み出すのに用いられる道具に対して目的として見られることができる。しかし、目的の現実性を構成する石や角材、歯車、軸などは、それらが被る圧力、それらが空気、光、水とともに委ねられそれらを人間から奪い取る化学的反応、それらの摩耗などによって目的を満たすだけである。従って、それらが使命を果たすのは、それらを用い使い果たすことによってのみであり、それらの否定によってのみ、それらがあるべきものに合致するのである。それらは肯定的に目的と結合されているわけではない。なぜなら、それらは自己規定を外在的に備えているにすぎず、相対的な目的ないし本質的にはまた手段にすぎないからである。

　すでに示されたように、これらの目的は一般に制限された内容を持つ。それらの形式は概念の無限な自己規定であるが、その概念がこの内容によって自己を制限し外的な個別性となったのである。制限された内容によってこれらの目的は概念の無限性に相応しくないものとなり非真理となる。そうした規定性は必然性の領域、存在によってすでに生成と変化に委ねられており、可変的なものである。

3．このことによって結果するのは、外的合目的性は辛うじてトートロジーの形式を持つだけであり、本来手段に達するのみで客観的目的に達することはないということである。——なぜなら、主観的な目的は外在的で主観的な規定としてあり続けるからである。――換言すれば、主観的な目的が働いており、手段のうちでしかないにせよ自己を完成するかぎり、それはなお直接客観性と結びついており、その中に埋没しているのである。それはそれ自身客観であり、目的はそのかぎり手段に達することはないと言うことができる。なぜなら、手段によって目的の実現が成就しうる以前に、手段は目的の実現を前もってすでに必要とするからである。

しかし、事実上は、結果は、外的な目的関係であるだけでなく、その真理、内的目的関係、客観的な目的である。目的は概念に対して自立的な客観の外在性を前提しているが、この前提の中では、それは非本質的な仮象として措定されており、自体的対自的にもすでに止揚されている。従って、目的の働きは本来この仮象を提示し、それを止揚することにすぎない。――概念によって示されたとおり、最初の客観は伝達によって手段となる。なぜなら、それは自体的には概念の全体であり、外在性自身に他ならないその規定性は、外なるもの、非本質的なものとして措定されているにすぎず、よって目的自身の中で目的固有の契機としてあり、目的に対して自立的なものとしてあるわけではないからである。このことによって、手段に対する客観の規定はまったく直接的な規定となる。従って、主観的な目的にとっては、客観を手段にするために、客観に対して暴力を加えたりその他の確証を得て自己自身を確証する必要はない。決断や開示、自己自身のこうした規定は、客観の外在性がただ措定されただけのものである。客観はその中で直ちに目的に従属したものとしてあり、それだけであることの虚しさという規定以外の規定を目的に対して持つわけではない。

客観性による客観性の第二の止揚は、これとは違っている。第一の止揚としての先の止揚は客観的な直接性の形での目的であるが、後の止揚は、それ故、最初の直接性の止揚であるだけではなく、ただ措定されただけのものとしての客観的なものと直接的なものの両者の止揚でもある。こうして、否定性は自己自身に還帰する。それは、否定性が客観性を、とはいえ否定性と同一の客観性として回復することであり、その中で同時に目的によって規定されたにすぎない外なる客観性としての客観性を措定することでもあるというようにである。後者によっては、この産物は以前と同じように手段でもあり続ける。前者によっては、産物は概念と同一の客観性であり、実現された目的であって、その中では手段であるという面は目的自身の実在性なのである。実現された目的の中では手段は消滅する。手段は辛じて直接的に目的のもとに包摂された客観性だからであり、この客観性は実現された目的の中では、目的が自己自身に還帰することとしてあるからである。このことによってさらに、外なるものの振る舞いである媒介自身も、客観的な目的の具体的な同一性のうちに消滅する一方、定在の抽象的な同一性および直接性としての同一性のうちに消滅する。

その中には、第一の前提、客観に対する目的の直接的な関係のために要求された媒介も含まれている。達成された目的は手段でもあり、逆に手段の真相も同様に実在的な目的そのものであるということである。そして、客観性の第一の止揚は、すでに第二の止揚でもある。第二の止揚が第一の止揚をも含むことが示されるようにである。すなわち、概念が自己を規定するのである。その規定性は外面的な無関係性ではあるが、直ちに決断の中で止揚された無関係性すなわち内的で主観的なそれとして規定されているとともに前提された客観として規定されているのである。概念がさらに自己の外に出ていくことは、すなわち直接的な伝達であり、前提された客観を概念のもとに包摂することとして現れたが、それは同時にあの内にとどまり概念のうちに閉ざされた、つまり止揚されたものとして措定された外面性の規定性の止揚であるとともに客観を前提することの止揚に他ならない。従って、無関係な客観性をこのように一見初めて止揚することのように見えるものは、すでに第二の止揚でもあり、媒介を貫いた自己内反省であり、達成された目的なのである。

ここ、概念の規定性が無関係な外在性の形式を持つ客観性の領域において、概念は自己自身と相互作用をしている。そのため、その運動の論述はここでは二倍困難であり錯綜している。なぜなら、その運動は直ちにそれ自身二重化されており、第一のものは常に第二のものでもあるからである。概念そのものすなわち概念の主観性の中では、概念の自己からの区別は直接的で同一的な全体そのものである。だが、ここでは概念の規定性は無関係な外在性であるから、その中での自己自身との同一性はまた直ちに自己自身からの突き離しでもあり、同一性に対して外在的で無関係なものとして規定されたものはむしろ同一性自身であり、同一性自身、すなわち自己内反省したものとしての同一性はむしろ同一性にとって他のものであることになる。このことがしっかりと捉えられることによってのみ、概念の客観的な自己内還帰すなわち概念の真の客観化が——捉えられる。すなわち、この媒介が通過する個々の契機の各々が、それ自身媒介の全推理であることがである。概念の根源的で内的な外面性によってこそ、概念は自己を自己から突き離す統一であり、目的と目的が客観化に達しようとする努力に他ならないのだが、この外面性は外なる客観を直接的に措定し前提することに他ならない。自己規定はまた概念によっては規定されていない外のものとしての客観の規定でもある。そして、逆に、この規定は、自己規定すなわち止揚され内なるものとして措定された外面性——ないし外なる客観が非本質的であることの確実性である。——第二の関係、客観を手段として規定することについては、それがそれ自身において客観のうちでの目的の自己媒介であることがたった今示された。——同様に、第三のもの、目的の支配のもとで進行し客観を客観によって止揚する機械的機制は、一方では手段、すでに止揚されたものとして措定された客観を止揚すること、従って第二の止揚であり自己内反省であるが、他方では外なる客観の最初の規定である。後者は、注意されたとおり、再び達成された目的の中でただの手段を産出することに他ならない。有限な概念の主観性は手段を蔑んで放棄するならば、その目標において何一つよりましなことをしていないことになる。しかし、目的は手段の中で達成され、そして果たされた目的の中には手段と媒介が保持されているというこの反省は、外的な目的関係の最後の結果であり、その中でそれは自ら自己を止揚し、この結果をその真理として示したのである。——最後に考察された第三の推理は、次のことによって区別されている。すなわち、それは、第一に、先行する諸推理の主観的な目的活動であるが、また外在的客観性、それとともに外在性一般を自己自身によって止揚することでもあり、かくて全体が措定されてあることだということである。

今やわれわれは概念の主観性、対自存在がその自体存在、客観性に移行する様を見たことになるが、さらに後者の中で概念の対自存在の否定性が再び現れた。概念は、その中で、その特殊性が外なる客観性であるように規定された。すなわち、その外面性がその自己規定である単純な具体的統一としてである。目的の運動は、こうしてとにかく次のことを達成した。外面性という契機が概念のうちで措定され、概念が当為ないし努力としてあるだけでなく、具体的な全体として直接的な客観性と同一であるということをである。この同一性は、一方では、単純な概念であり、同じく直接的な客観性でもあるが、他方では同様に本質的に媒介であり、自己自身を止揚する媒介としての媒介によってのみ右の単純な直接性である。従って、概念は、本質的に、それだけで存在する同一性として、その自体的に存在する客観性から区別されており、そのことによって外面性を持ちはするが、しかしこの外面的な全体の中でこの全体の自己規定的な同一性であるということである。かくして、概念は今や理念である。

第三部　理　念

理念は十全な概念であり[1]、客観的である真なるもの、真なるものそのものである。何か或るものが真理を持つという場合、それはその理念による。言い換えれば、或るものが真理を持つのは、それが理念であるかぎりにおいてのみである。——理念〈Idee〉という表現は、普通は、哲学においても普通の生活においても、概念に対しても用いられることがよくあった。それどころか、単なる観念〔表象〕に対してすら用いられてきた。「私はこの訴訟、建物、地域についてまだイデーを持たない〔分からない〕」という場合、観念〔表象〕のことを言い表そうとするものに他ならない。理念という表現を理性概念に返還させたのは、カントであった。——理性概念は、カントによれば、何と言っても無制約なものの概念であるが、現象に関しては超絶的である、すなわち、それに関しては、それに相応しい経験的な用い方がなされえない、とされる。理性概念は概念的把握〈Begreifen〉に、悟性概念は知覚の理解〈Verstehen〉に寄与するとされる[2]。——しかし、後者が真に概念であるとすれば、それらは、実際、概念であり——それによって概念的な把握がなされ、悟性概念による知覚の理解は概念的に把握することであることになろう。しかし、理解するということが、例えば、全体と部分、力、原因などの諸規定によって諸知覚を規定することにすぎないとすれば、それは反省によって規定することを意味するにすぎない。また、理解するということによって、まったく規定された感覚的内容を表象する一定の働きしか考えられていない可能性もある。人がある人に道を示して、森のはずれを左に行かねばならないと言い、その人が分かりましたと答える時、分かる〔理解する〕ということは、表象や記憶の中に収めるということを言うだけである。――理性概念というのも多少不適切な表現である。なぜなら、概念というものはそもそも理性的なものだからである。理性が悟性と概念そのものから区別されるかぎり、それは概念と客観性の全体である。――この意味で、理念は理性的なものである。――理念は無制約なものである。なぜなら、制約を持つものは、本質的に客観性に関係するが、自己自身によっては規定されていない客観性、それに対して関係がなく外在的であるという形式をなお残している客観性に関係するものにすぎないからである。外的目的がなお持っていたようにである。

理念という表現は、客観的ないし実在的な概念のために取っておかれ、概念そのものから、さらには単なる観念〔表象〕から区別される。それ故、さらに理念を非現実的なものにすぎないものと見えさせ、真の思想について、それは理念にすぎないと言わせるような理念の評価も一層斥けられなければならない。思想が単に主観的で偶然的であるとすれば、それらはもちろんそれ以上の価値は持たず、その点で、やはり偶然的なものや現象が持つ価値しか持たない時間的かつ偶然的な現実に劣るものではない。これに対して、逆に、理念は、現象に関して超越的で[3]〔あって〕、感覚世界にそれと合致する対象が与えられえないために真理という価値を持たないとされる場合、これも奇妙な誤解である。理念から客観的妥当性が奪われるのは、現象、客観的世界の真ならざる存在を形づくっているものが理念に欠けているためだというのだからである。実践的理念に関して、カントは次のように認識している。「理念に対立すると称する経験を引き合いに出すという卑俗なやり方ほど、危険で哲学に値しないものは見出されえない。例えば、国家の諸制度が丁度良い時に諸理念に従って適切に整えられ、それらの代わりに、まさに経験から汲み取られたために粗野である概念がすべての良き意図を挫折させるようなことがない場合には、このようなやり方はまったく存在しないであろう[4]」。カントは理念を必然的なもの、目標と見なしている。それを最大のことに対する模範として立て、現実の状態をそれに一層近づける努力がなければならないというのである。

しかし、生じた結果は、理念とは概念と客観性の統一であり、真なるものであるということであった。それ故、理念は、接近されるべきではあるが、それ自身は常に一種の彼岸にとどまる目標と見なされるだけではなく、一切の現実は、理念を自己のうちに有しそれを表現するかぎりでのみ存在すると見なされねばならない。対象、客観的かつ主観的世界一般は理念と合致しなければならないというだけでなく、それ自身概念と実在性の一致なのである。概念と一致していない実在性は単なる現象であり、主観的なもの、偶然的なもの、恣意的なものであって、真理ではないものである。経験のうちには理念と完全に一致する対象は見出されないと言われる時、理念は主観的な尺度として現実的なものに対立させられる。しかし、現実的なもののうちにその概念がなく、現実的なものの客観性がこの概念にまったく相応しくない場合、それは真実のところ何であるとされるかは語られえない。なぜなら、それは何ものでもないだろうからである。機械的かつ化学的な客観は、精神を欠く主観、有限なものだけを意識し、自己の本質を意識しない精神と同様、それらの異なった本性に従ってそれらの概念を持つにせよ、概念自身が自由な形をとってそれらのうちに実存しているわけではない。とはいえ、それらが総じて真なるものであるのは、それらがそれらの概念と実在性、それらの魂と身体の結合であるかぎりにおいてのみである。国家や教会のような全体は、それらの概念と実在性の統一が解体されている場合には、実存することを止める。人間、すなわち生きたものは、魂と身体がそのうちで分離するならば、死んでいる。死んだ自然、機械的かつ化学的な世界——すなわち、死んだものが非有機的世界と解されるならば、それ以外に積極的な意味を持つことはまったくなかろう——すなわち、死んだ自然は、それがその概念と実在性に分けられる場合には、考えられた形式と形式を欠く物質という主観的な抽象物に他ならない。精神が理念、概念自身の自己との統一——概念自身をその実在性として持つ概念［であるの］ではないとすれば、それは死んだ、精神を持たない精神であり、物質的な客観である。

理念が概念と実在性の統一であることによって、存在は真理という意味を獲得したのである。従って、存在は今では理念であるものに他ならない。有限なものが有限であるのは、それらがそれらの概念の実在性をそれら自身のうちに完全には持っておらず、そのためには他のものを必要とするかぎりにおいてである。——或いは、逆に、それらが客観として前提されており、よって概念を外在的な規定として携えているかぎりにおいてである。それらがこの有限性という面から獲得する最高のものは、外的合目的性である。現実的なものは理念と合致しないということは、それらのものが有限であり非真理であるという面であり、その面から見れば、それらは客観であり、その各々は、それぞれの異なった領域に応じて、客観性の関係のうちで機械的、化学的に、或いは外在的な目的によって規定されているのである。理念がその実在性を完全に仕上げておらず、実在性を不完全に概念に従わせたということがありえたのは、理念自身が制限された内容を持っており、本質的に概念と実在性の統一であるのと同様、本質的にまたそれらの区別でもあるということに基づく。なぜなら、客観だけでは直接的なすなわち自体的にあるだけの統一だからである。しかし、もし一つの対象、例えば国家がその理念とまったく相応しくない、すなわちむしろまったく国家の理念ではなく、自己意識を持った諸個人であるその実在性が概念にまったく一致しないとすれば、その魂と身体は分離していることになろう。魂は切り離された思想の領域に逃げ去っており、身体は個別的な諸個人に分裂したことになろう。しかし、国家の概念は、極めて本質的にそれら諸個人の本性をなしている。それ故、国家は諸個人の中で強力な衝動としてあるのであって、その結果、諸個人は、外的合目的性の形でしかないとしても、国家を実在性にもたらし或いは承認するよう強いられる。さもなければ、彼らは没落せざるをえないことになろう。最悪の国家においては、その実在性は概念に最も僅かしか一致していないのだが、それがなお存在しているかぎり、それはなお理念である。諸個人は権力を持った国家になお従うのである。

しかし、理念は真の存在、概念と実在性の統一という一層普遍的な意味を持つだけでなく、主観的概念と客観性の統一という一層規定された意味も持っている。すなわち、概念そのものは、それ自身すでに概念と実在性の同一性なのである。なぜなら、実在性という無規定な表現は、そもそも規定された存在に他ならないからである。(5)そして、概念はこれをその特殊性と個別性のうちに持つのである。さらに、同様に客観性とは、その規定性から自己との同一性に帰った全体的な概念である。あの主観性のうちでは、概念の規定性ないし区別は仮象であって、直ちに止揚されており、対自存在ないし否定的統一に還帰している。それは内属する述語である。しかし、この客観性のうちでは、規定性は直接的な全体、外なる全体として措定されている。理念は、客観のうちでは直接性に埋没しているが、そこから再び自由となり、その主観性へと解放された概念として示された。この概念はその客観性から区別されるが、しかし同様に客観性の側はそれによって規定［され］、その実体性を右の概念の中に持つにすぎない。従って、この同一性は正当にも主観-客観として規定されたのである。すなわち、それは形式的ないし主観的な概念であるとともに客観そのものであるというようにである。だが、このことは一層明確に捉えられねばならない。概念は、真にその実在性を獲得したことによって、次のような絶対的判断となっている。すなわち、その主観は、自己自身に関係する否定的統一としてその客観性から区別され、この統一が自体的かつ対自的にあることであるが、本質的に自己自身によって客観性に関係するのであり――よって自己目的であり衝動である。――他方、客観性は、まさにそのことによって主観を直接自己のうちに持つというわけではない。そうだとすれば、主観は、客観性のうちに見失われた客観そのものの全体であるにすぎないであろう。そうではなく、客観性は目的の達成であり、目的の働きによって措定された客観性であって、措定されてあることとして、その存立と形式をそれの主観によって貫かれたものとしてのみ持つのである。客観性として、それは概念の外面性の契機を具えており、従って総じて有限性、可変性、現象の面である。とはいえ、概念の否定的統一に帰っていくことで没落するのである。客観性は無関係な分離したあり方をしているが、この否定性によって非本質的なもの、措定されてあることとして示される。この否定性が概念そのものに他ならない。従って、理念はこの客観性にかかわらず、端的に単純であり非物質的である。なぜなら、外面性は概念によって規定され、概念の否定的統一のうちに取り上げられたものとしてのみあるからである。客観性が無関係な外在性として存立するかぎり、それは機械的機制一般に委ねられているだけでなく、可変的で真ならざるものとしてあるにすぎない。――従って、理念はその実在性を物質的経過の中に持つのにかかわらず、この実在性は、抽象的で概念に対してそれだけで存立する存在なのではなく、生成としてあるにすぎない。概念の単純な規定性としての無関係な存在の否定性によってである。

　ここからさらに、次のような理念の諸規定が帰結する。――第一に、理念は単純な真理であり、普遍的なものとしての概念と客観性の同一性である。この普遍的なものの中では、対立と特殊なものの存立がその自己同一的な否定性のうちに解消しており、自己自身との同等性としてある。第二に、理念は、単純な概念のそれだけで存在する主観性と、それから区別された概念の客観性との関係である。前者は本質的にこの分離を止揚せんとする衝動であり、後者は無関係な措定されてあることであって、まったく虚しい存立である。理念はこのような関係として、個体性とその非有機的な自然に自己を分かつとともに、再び主観の権力のもとにこれらを連れ戻し、最初の単純な普遍性に還帰せんとする過程である。理念の自己自身との同一性は、過程と一体である。現実を目的なき普遍性から解放し理念に変容するものは、思想である。それは、現実のこの真理を死んだ静止、無力で衝動と運動を欠く単なる映像として、守護霊や数や抽象的な思想として表象するようなことをしてはならない。概念は理念の中で自由を獲得するが、この自由のために、理念は最も厳しい対立を自己のうちに含んでもいる。それに平静さがあるとすれば、それは理念が対立を永遠に生み出すとともに永遠に克服し、対立の中で自己自身と合致することを伴う確かさと確実性にあるのである。

　しかしさしあたって、理念は、やはりやっと直接的であるにすぎない。言い換えれば、その概念のうちにあるだけである。客観的実在性は、なるほど概念に相応しくはあるが、まだ概念にまで解放されているわけではない。概念は自己に対して概念として実在しているわけではない。それ故、概念は魂ではあるが、魂は直接的なものというあり方しかしていない。すなわち、その規定性は魂自身としてあるわけではなく、魂は自己を魂として捉えてはおらず、それ自身のうちでその客観的実在性を持っているわけではない。概念はまだ魂に満ちていない魂としてあるのである。

従って、理念は第一に生命である。それは概念である。この概念はその客観性から区別され、自己のうちで単純であって、その客観性を貫き、自己目的としてその手段を客観性のうちに持ち、客観性を自らの手段として措定する。とはいえ、それは、この手段のうちに内在しており、その中で達成された自己と同一の目的なのである。――このような理念は、その直接性の故に、個別性をその実存の形式とする。しかし、その絶対的な過程が自己自身に反省することは、この直接的な個別性を止揚することである。概念は、普遍性としての理念のうちで内なるものであるが、直接的な個別性を止揚することによって外面性を普遍性にする。或いは、自らの客観性を自己自身との同等性として措定する。こうして、理念は、

第二に、認識することと意志することとしての真なるものと善なるものの理念である。さしあたり、理念は有限な認識活動と有限な意志活動であり、その中では真なるものと善なるものはまだ分かれていて、両者は辛じて目標としてあるにすぎない。概念は、当面、自己を自己自身に解放したばかりで、やっと抽象的な客観性を自らに実在性として与えたにすぎない。しかし、この有限な認識活動と行為の過程はさしあたって抽象的な普遍性を全体性にし、そうすることでこの普遍性は完全な客観性となるのである。――別の面から見るならば、有限な精神すなわち主観的な精神は、客観的な世界を自己の前提とする。生命がそのような前提を持つようにである。しかし、精神の活動はこの前提を止揚し、それを措定されたものとすることである。従って、精神の実在性は精神にとって客観的な世界であり、逆に客観的世界は精神が自己自身を認識する場である観念性なのである。

第三に、精神は、理念を自らの絶対的な真理として知る。自体的にあるとともに対自的にある真理としてである。それは無限な理念であって、そこにおいては認識活動と行為が一致している。それは、それ自身の絶対的な知である理念なのである。

第一章　生　命

生命の理念は極めて具体的で、言うならば実在的な対象に関わる。そのため、論理学の通念に従えば、それによって論理学の領域は踏み越えられるように見られかねない。もちろん、論理学が空虚で死んだ思想形式しか含んではならないとすれば、その中ではそもそも理念や生命といった内容は問題とはなりえないであろう。しかし、絶対的な真理が論理学の対象であり、真理そのものは本質的に認識のうちにあるとすれば、少なくとも認識活動は論じられねばならないであろう。——いわゆる純粋論理学に応用論理学を続かせるのが、実際普通の習慣となっている。——それは具体的な認識活動と関わるものであるが、多くの心理学や人間学を加えるものではない。それらを論理学に編入することは、しばしば必要なことと見なされはする。しかし、認識の人間学的心理学的側面は認識の現象に関わるものであり、その中では概念はそれ自身でそれに等しい客観性をまだ持つわけではない。すなわち、自己自身を客観としているということはない。客観を考察する論理学の部門は応用論理学そのものには属さない。属するとすれば、どの学問も論理学の中に引き込まれるべきことになろう。なぜなら、どの学問も、その対象を思想と概念の形式において捉えることを本質とするかぎり、応用論理学だからである。——主観的な概念は、心理学的、人間学的およびその他の形式において示される前提を持っている。しかし、論理学に属するのは、純粋概念の諸前提だけである。それらが純粋な思想、抽象的な本質性の形式を持つかぎりにおいてである。すなわち、存在や本質といった諸規定をである。同様に、認識活動、概念が自己自身を捉える働きについて論理学で論じられるべきものは、その前提の他の諸形態ではなく、それ自身理念である前提のみである。だが、理念は必然的に論理学の中で考察されなければならない。この前提とはやはり直接的な理念である。なぜなら、認識活動は、それだけでありはするが、主観的なものとして客観的なものへの関係のうちにあるかぎりの概念であるから、概念は前提された或いは直接的な理念としての理念に関係することになるからである。しかし、直接的な理念とは、生命である。

そのかぎり、論理学において生命の理念を考察する必然性は、ここで認識活動の具体的な概念を論じなければならないというやはり以前認められた必然性に基づくことになろう。だが、この理念は、概念固有の必然性によってもたらされたものである。理念、自体的対自的に真なるものは、本質的に論理学の対象である。理念は、まずは、直接的な形で考察されねばならないから、それが生命という形を取るこの規定性において捉えられ、認識されねばならない。その考察が空虚で規定を欠いたものとならないためである。恐らく唯一注意されうることは、生命の論理学的な見方がどこまで他の学問的な見方と違っているかということである。しかし、ここで問題となるのは、非哲学的な学問において生命についてどう論じられるかではなく、ただ、純粋理念としての論理的生命が、自然哲学において考察される自然的生命および精神と結びついているかぎりの生命から如何に区別されるかである。——自然的生命とは、自然の生命として、存立の外面性に投げ出されており非有機的自然にその制約を持つかぎりの、そして理念の諸契機が様々な現実的形態化であるかぎりの生命である。理念のうちの生命は、現実性の諸形態としてあるような前提を持たない。その前提は、すでに考察されたように、一方で主観的な概念、他方で客観的な概念としてある概念である。自然の中では、生命は最高の段階として現れる。この段階は、自然が自己のうちに還帰しており、主観性のうちで自己を止揚することを通して自然の外在性によって到達されるものである。論理学においては、生命とは、生命の理念において自らに真に合致する外在性を獲得した単純な自己内存在である。以前主観的な概念として現れた概念は、生命自身の魂である。それは、客観性を通じてその実在性を媒介する衝動である。自然は、その外在性の中からこの理念を獲得することによって、自己を超えていく。その終わりはその始まりとしてあるのではなく、それが自己自身を止揚するところであるその限界である。——

同様に、生命の理念のうちでは、生命の実在性の諸契機は外なる現実性の形態を得ることはなく、概念の形式のうちに収められたままである。

だが、精神においては、生命は、一方でそれに対立する反面、他方でそれと一体にされたものとして現れる。そして、この統一も精神によって純粋に生み出されるのである。ここでは、つまり、生命は、総じてそれ本来の意味では、自然的な生命として解されねばならない。なぜなら、精神としての精神の生命と呼ばれるものは、単なる生命に対立する精神の特有性だからである。精神は自然的なものではなく、むしろ自然に対立するものであるのに、精神の自然〔本性〕についていかに語られようともである。従って、生命そのものは精神にとって一方では手段である。それ故、精神はそれを自己に対立させる。他方では、精神は生きた個体であり、生命は精神の身体である。また一方では、生きた身体性との精神のこの統一は、精神自身から理想として生み出される。精神に対するこれらの関係のどれも、論理的な生命に関わるものではない。そして、ここでは、生命は、精神の手段としても、精神の生きた身体としても、理想や美の契機としても見なされることはない。――生命は、自然的な生命［である］場合と精神との関係にある場合のどちらにおいても、精神の外面性という規定性を持つ。前の場合には、自然の他の諸形態である生命の諸前提によって、後の場合には精神の諸目的と活動性によってである。生命の理念そのものは、前提され、制約となる右の客観性からも、この主観性への関係からも自由である。

生命は、その理念において一層詳細に考察されるならば、自体的対自的に絶対的な普遍性である。生命が自己に具える客観性は概念によってまったく貫かれており、概念のみを実体としている。部分として、或いはそれ以外の外的反省に従って区別されるものは、概念全体を自己自身のうちに持っている。概念は、生命のうちに遍在する魂であり、自己自身への単純な関係、客観的存在に属する多様性のうちで一つであり続けるものである。この多様性は自己に外在的な客観性として無関係な存立を持つ。それは、空間や時間がここですでに言及されうるならば、それらの中でまったく異なった自立的なものの相互外在性に他ならない。だが、生命のうちでは、外在性は同時にその概念の単純な規定性としてもある。従って、魂はこの多様性の中にあまねく注がれ、同時に具体的な概念が自己自身と一体であるという単純なあり方をもっぱら維持し続ける。――生命とは、その概念が客観性という外在性、原子論的な物質の絶対的な数多性の中で右のような統一を保つことに他ならないが、そこにおいては、思惟が反省関係や形式的概念の諸規定に依拠しているかぎり、かかる思惟からは生命のすべての思想はまったく失われる。多重な外在性の中に単純なものが遍在していることは、反省にとっては絶対的な矛盾であり、また反省がこの遍在を同時に生命の知覚から拾い上げ、そうすることでこの理念の現実性を承認しなければならないかぎり、理解不可能な秘密である。反省は概念を捉えず、概念を生命の実体として捉えることがないからである。――しかるに、単純な生命は遍在的であるだけでなく、もっぱらその客観性を存立させるものであり内在的な実体である。とはいえ、主観的な実体としては衝動であり、しかも特殊な区別の種的な衝動であるとともに、本質的にこの種的なものの一にして普遍的な衝動であって、それのこうした特殊化を統一へと還元し、その中で保持するものに他ならない。生命は、その客観性と特殊化のかかる否定的統一としてのみ自己に関係し、それだけで存在する生命であり魂である。従って、それは、本質的に、他なるもの、生命なき自然としての客観性に関係する個別的なものである。それ故、生命の根源的な判断は次の点にある。すなわち、生命は、客観的なものに対して個別的主観として自己を切断し、また概念の否定的統一として自己を構成することによって、直接的な客観性という前提を立てるのである。

従って、生命は、第一に、それだけで主観的な全体性であり、またそれに無関係に対立する客観性に対して無関係なものとして前提されている生きた個体として見なされなければならない。

第二に、それは、その前提を止揚し、生きた個体に対して無関係な客観性を否定的なものとして措定し、客観性を支配する力と否定的統一として自己を実現する生命過程である。そうすることで、生命はそれ自身とそれに対する他のものとの統一である普遍的なものとなる。生命は、こうして、第三に、その個別化を止揚し、その客観的な定在に対し自己自身に対するものとして関係する類の過程である。この過程は、これによって、一方ではその概念に還帰することであり、最初の分裂を繰り返すこと、新しい分裂の生成、最初の直接的な個体性の死である。だが他方では、生命の自己のうちに帰った概念は、自己自身に関係し普遍的で自由なものとしてそれだけで実存する概念が生まれることであり、認識活動に移行することである。

A　生きた個体

1. 生命の概念ないし普遍的な生命は直接的な理念であり、その客観が適合している概念である。しかし、客観性が概念に適合しているのは、概念がこの外在性の否定的な統一である、すなわち客観性を自己に適合するものとして措定するかぎりにおいてのみである。自己自身に対する概念の無限な関係は、否定性として、自己規定作用であり、自己を主観的な個別性としての自己と無関係な普遍性としての自己に分かつことである。直接的なあり方をしている生命の理念は、やっと創造的で普遍的な魂にすぎない。この直接性の故に、理念の自己自身のうちでの最初の否定的関係は、それが概念として自己を規定することであり――自己内還帰として初めて対自存在である自体的な措定作用である。つまり、創造的な前提作用である。この自己規定作用によって、普遍的な生命は特殊なものである。[2] それによって、普遍的な生命は分裂して判断の両極となったのであるが、この判断はまた直ちに推理となる。

対立をなす諸規定は、概念の普遍的な諸規定である。なぜなら、対立が帰属するのは概念だからである。しかし、それらを充実させることが理念である。一方は、理念である概念と実在性の統一である。但し、以前客観性として示された直接的な統一としての統一である。とはいえ、それはここでは別の規定においてである。以前、それが概念と実在性の統一であったのは、概念がそのうちに移行し、ただそのうちに見失われているかぎりにおいてであった。概念はそれに対立することはなかった。或いは、概念はそれの内なるものにすぎないために、それに対して外在的な反省にすぎないのである。従って、右の客観性は、直接的な仕方である直接的なものそのものである。これに対して、ここでは、統一は概念から発現したものであり、よってその本質は、それが否定的なものとしてあるということが措定されていることである。——それは、概念の普遍性の面として、従って本質的に主観にのみ内属しておりそれだけで措定されて主観に対して無関係な直接的な存在の形を取った抽象的な普遍性と見なされなければならない。客観性に帰属する概念の全体は、そのかぎりいわば貸し与えられた全体にすぎない。それが主観に対して持つ究極の自立性は、真実のところは、概念の契機にすぎない存在である。それも、前提するものとして、自体的に存在する措定作用、すなわちまだ措定作用として、自己内反省した統一としてあるわけではない措定作用の最初の規定性のうちにある概念である存在なのである。従って、自立的な客観性は、理念から発現したものとして、概念の自己規定による判断の述語としてのみ直接的な存在である。——なるほど主観とは異なった存在ではあるが、しかし同時に本質的に概念の契機として措定されたものなのである。

内容的には、この客観性は概念の全体である。とはいえ、概念の主観性ないし否定的統一を自己に対立させているものである。そして、この主観性ないし否定的統一こそが真の中心である。すなわち、概念の自由な自己自身との統一なのである。この主観は、単純ではあるが否定的な自己同一性としての個別性の形をとった理念であり、生きた個体に他ならない。

これは、第一に、魂、自己のうちで完全に規定されている自己自身の概念としての生であり、始めとなり自己自身を運動させる原理である。概念は単純でありながら、規定された外面性を自己のうちに取り込まれた単純な契機として含んでいる。——だがさらに、この魂は直接的なあり方では直ちに外面的であり、客観的な存在をそれ自身に具えている。——目的に従属した実在性、直接的な手段、さしあたりは主語の述語としての客観性をである。だがさらに、魂は推理の媒辞でもある。魂の身体性はそれが外の客観性と結びつくためのものである。

在性を総じて本性的に持つのである。——生きたものは、身体性を、さしあたり直接的に概念と同一な実在性として持つ。そのかぎり、それはこの実在性を総じて本性的に持つのである。

ところで、この客観性は個体の述語であり、主観的な統一のうちに取り上げられている。そうであるから、それには客観の以前の諸規定、機械的ないし化学的関係は帰属せず、ましてや全体と部分などの抽象的な反省諸関係は属さない。それは外面性であるから、それらの関係を持つことはできる。しかし、そのかぎり、それは生きた定在ではない。生きたものが部分からなる全体として、機械的もしくは化学的原因が作用するものとして、機械的もしくは化学的な産物として〔――〕これが単にそのようなもの、或いはまた外在的な目的によって規定されたものであるにせよ〔――〕捉えられるならば、概念はそれに対して外在的なものとしてあることになり、それは死んだものと解される。生きたものに対して、概念は内在的であるから、生きたものの合目的性は内的合目的性として捉えられなければならない。概念は、生きたものの中で、規定されその外面性から区別されながらその区別作用の中で外面性を貫き自己と同一である概念に他ならない。生きたもののこうした客観性が、有機体である。[3]それは、目的の手段であり道具であって、完全に合目的的である。概念がその実体となっているからである。しかし、まさにそれ故に、この手段と道具は、それ自身達成された目的である。そのかぎり、そこでは、主観的な目的が直接自己自身と結びついている。有機体の外在性の面から見れば、有機体は諸部分からなる複合体ではなく、諸分肢からなるそれである。それらは諸分肢として、(a)個体性のうちにのみ存立する。それらは外在的であり、この外在性において捉えられうるかぎり、分離可能である。しかし、それらは、分離されるかぎり、普通の客観性の持つ機械的かつ化学的関係に立ち戻る。(b)それらの外面性は、生きた個体性の否定的統一に対立する。従って、生きた個体性は、概念の規定性の抽象的契機を実在的区別として措定しようとする衝動である。この区別は直接的であるから、衝動は、各々の個別的で特殊な契機の衝動であり、自己を生産し、同様にその特殊性を普遍性にまで引き上げ、その外にある他のものを止揚し、それらを犠牲にして自己を生み出すが、同じく自己自身を止揚し、自己を他のもののための手段にしようとすることに他ならない。

2．生きた個体性のこの過程はそれ自身に制限されており、まったくその内部にとどまっている。——外的合目的性の推理においては、その第一前提は、たった今、目的が直接客観性に関係し、これを手段とするというものであるとされた。この前提は、先に、次のように考察された。外的合目的性においても、目的はなるほど自己に等しくあり続け、自己のうちに還帰してはいるが、客観性は外的合目的性自身においてはまだ止揚されておらず、従って目的はそのかぎり外的合目的性のうちに自体的対自的に存在してはおらず、帰結において初めてそうなるのだということである。生命体が自己自身と関係する過程は右の前提ではあるが、それはこの前提が同時に帰結であり、主観が客観性に直接関係し、それによって客観性は手段となり道具となるということが同時に概念自体そのものの否定的統一としてあるかぎりにおいてである。目的がこのようなそれに対する外在性において自己を実現するのは、目的がこの外在性を支配する主観的な力であり、外在性が目的のこの否定的統一のうちに自ら解消し還帰することを示す過程であることによってである。生命体の外的側面が不安定で変化しやすいということは、概念が生命体に顕現する様を示しており、概念が否定性そのもの自身として客観性を持つのは、その無関係な存立が自己を止揚するものとして現れるかぎりにおいてのみである。従って、概念がその衝動によって自己を生産するのは、次のようにしてである。すなわち、概念が産物の本質であることによって、産物がそれ自身生産するものであり、つまり産物が産物であるのは、自己を同様に否定的に措定する外在性もしくは生産の過程としてのみだということである。

3．たった今考察された理念は、とにかく、生きた主観とその過程の概念である。相互関係のうちにある諸規定は概念の自己に関係する否定的統一であり、概念の手段である客観性である。とはいえ、この客観性のうちで、概念は自己自身に還帰しているのである。しかし、生命の理念のこれらの契機は生命の概念の内部にあるのであるから、それらは実在性を持った生きた個体の規定された概念諸契機ではない。生きた個体の客観性ないし身体性は、具体的な全体である。右の諸契機は、生命性が自己を構成するための諸側面に他ならない。したがって、それらは、すでに理念によって構成されているこの生命性の諸契機ではない。だが、個体の生きた客観性そのものは、概念によって生気を与えられ［ており］、概念を実体として持つことによって、本質的な区別として、概念の諸規定である普遍性、特殊性、個別性を具えてもいる。それらが外面的に区別されてとる形態は、従ってこれらの規定に従って分割され、刻まれている (*insectum*)。

従って、生きた客観性は、第一に、普遍性であり、生命性がまったく自己自身のうちでのみ震動すること、感受性である。[4] 上で明らかになった普遍性の概念は、単純な直接性であるが、しかしそれがかかるものであるのは、自己のうちなる絶対的な否定性としてのみである。ここには絶対的区別の概念がある。その否定性は単純性のうちで解消しており、自己自身に等しい。こうした概念は、感受性の中で直観にもたらされている。感受性は、自己のうちにあることであるが、抽象的な単純性としてあるのではなく、無限な規定可能な受容性であって、規定されていないながら多様なものや外在的なものとなるのではなく、まったく自己のうちに反省している。規定性は、この普遍性の中で単純な原理としてある。個別的で外在的な規定性、いわゆる印象はその外在的で多様な規定から自己感情のこの単純さの中に立ち帰る。従って、感受性は、自己のうちにある魂の定在と見なされることができる。なぜなら、それは一切の外在性を自己のうちに受容するが、これを自己に等しい普遍性の完全な単純さに連れ戻すからである。

概念の第二の規定は、特殊性であり、措定された区別の契機である。否定性は、単純な自己感情のうちに閉ざされている。言い換えれば、その感情の中で観念的でありまだ実在的でない規定性である。だが、それを開くことが――興奮性である。[5] 感情は、その否定性が抽象的であるために衝動である。それは自己を規定する。生きたものの自己規定はその判断〔根源的分割〕ないし有限化であり、それに従って生命体は、前提された客観性としての外のものに関係し、それとの相互作用のうちにあるのである。――生きたものの特殊性の面から見れば、一方では、それは他の種の生命体と並ぶ種である。この無関係な差異性が形式的に自己の内に反省することは、形式的な類であり、その体系化である。だが、個体的反省は、特殊性、すなわち外への方向としてのその規定性の否定性が概念の自己に関係する否定性であるということに他ならない。

この第三の規定によって、生きたものは個別的なものとしてある。この自己内反省をさらに規定すれば、次のようになる。すなわち、生きたものは、興奮状態にある時は、自己自身、それがその手段と道具として直に具えており外から規定可能である客観性に対する外在性である。自己内反省はこの直接性を止揚する。一方では、理論的な反省としてである。すなわち、否定性が感受性の単純な契機としてあり、反省の中で考察されたものであって、感情となるかぎりにおいてである。――他方では、実在的な反省としてである。――概念の統一がその外在的な客観性の中で否定的な統一として自己を措定することによってであり、再生産である。[6]――始めの二契機、感受性と興奮性は抽象的な諸規定である。再生産において、生命は具体的なものである生きたものである。生命は再生産をその真理とし、その中で初めて感情[7]と抵抗力をも持つ。再生産は感受性の単純な契機としての否定性であり、興奮性は生きた抵抗力にすぎないものであって、外のものへの関係が再生産であり、個体的な自己同一性であるためのものである。個々の契機は、それぞれ、本質的にすべての契機の全体である。それらの区別をなすものは観念的な形式規定性であり、それは再生産の中で全体の具体的全体性として措定されている。従って、この全体は、一方では、第三のもの、右の規定された全体に対立する実在的な全体性としてある。だが、他方では自体的にあるそれらの本質性であり、同時にそれらが契機として総括されており、それらの主体と存立を持つ場である。

個別性の契機としての再生産とともに、生きたものは、現実的な個体性、自己に関係する対自存在として自己を措定する。だが同時に、外に向かっての実在的な関係であり、他のもの、客観的世界に対する特殊性の反省ないし興奮性である。個体の内部に閉ざされている生命の過程は、前提された客観性そのものへの関係に移行する。

個体が、自己を主観的な全体性として措定することにおいて、外在性に対する関係としての個体の規定性の契機でもあり、全体性となることによってである。

B　生命過程

生きた個体は、自己自身のうちで自己を形態化する。そのため、それはその根源的前提作用に対して緊張した態度を取り、前提されている客観的世界に自体的対自的に存在する主体として対立する。主体は自己目的、概念であって、それに従属する客観性のうちにその手段と主観的実在性を持つ。こうして、それは、自体的対自的に存在する理念および本質的な自立したものとして構成されている。この自立したものに対しては、前提された外の世界は否定的なものと自立していないものという価値しか持たない。生きたものは、その自己感情においては、それに対立する他在が自体的に虚しいことの確信を持っている。その衝動はこの他在を止揚し、この確信の真理を自己に与えようとする欲求である。個体は、主体として、さしあたりまず生命の理念の概念である。自己のうちでのその主観的過程においては、それは自己自身を消費する。また、それは、直接的な客観性を自然的な手段としてその概念に従って措定する。この主観的過程と直接的な客観性は、完全に措定された外面性、無関係にそれと並んである客観的な全体に関係する過程によって媒介されている。

この過程は、欲求すなわち以下の契機とともに始まる。第一に、生きたものは自己を規定し、そうすることで自己を否定されたものとして措定し、こうして自己に対して他なる、無関係な客観性に関係する。――だが、第二に、それは同様にこの自己喪失の中に消え失せているのではなく、その中で自己を保存し、自己自身に等しい概念の同一性であり続ける。こうして、それは、それにとって他のものでありそれだけである世界を自己に等しいものとして措定し、それを止揚し、自己を客観化する。このことを通して、生きたものの自己規定は、客観的な外在性という形式を具えるとともに、それが自己と同一でもあるという［ことによって］、それは絶対的な矛盾になる。直接的な形態化は、単純な概念の中での理念、概念に相応しい客観性である。従って、それは本性的に善である。しかし、その否定的な契機は、自己に対して客観的な特殊性になっている。すなわち、その統一の本質的な諸契機の各々は、それだけで全体として実在化されている。それ故、概念は分裂し、自己とまったく等しくないというあり様になっている。そしてまた、概念は同様にこの分裂の中で絶対的な同一性でもあるから、生きたものは自己自身に対してこの分裂であり、この矛盾の感情を持っている。それは苦痛である。それ故、苦痛は、生き物の特権である。生き物は実存する概念であるから、無限の力を持つ現実である。すなわち、それらは自己のうちでそれら自身の否定性であるとともに、それらのこの否定性がそれらに対してあり、それらはその他在の中で自己を保存するのである。――矛盾は考えられないと人が言うとすれば、矛盾はむしろ生きたものの苦痛の中で現実的な実存ですらある。

こうした生きたものの自己内分裂は、概念の単純な普遍性、感受性のうちに受け入れられていることによって、感情となる。苦痛から欲求や衝動[8]は始まる。これらは、自己の否定として自己に対してある個体が、同一性としても自己に対するものとなるという移行を形づくる。――その同一性は、先の否定の否定としてのみあるのである。――衝動そのもののうちにある同一性は、主観的な自己自身の確信であり、それに従って、個体はそれの外にあり無関係に実存する世界に関係する。この世界は現象、それ自体では概念を持たず非本質的な現実としてあるにすぎない。それは、主体によって初めて自己のうちに概念を獲得しなければならない。主体が内在的な目的である。客観的世界は、規定性に対し、そしてそれとともに目的に対しても無関係であることによって、外面的に主体に相応しくあることができることになる。客観的世界がそれ以外に如何なる特殊化を具えようとも、その機械的な規定可能性、内在的な概念の自由の欠如は、生きたものに対して自己を保存することができないというその無力さとなる。――客観が生きたものに対してさしあたり無関係な外在的なものとしてあるかぎり、客観は機械的にそれに作用することができる。しかし、そうすることでは、それは生きたものに対するものとして作用するわけではない。それが生きたものに対して関係するかぎり、原因として作用するのではなく、それを興奮させるのである。生きたものは衝動であるから、外在性がそれに向かって行きその中に侵入するのは、外在性がすでにそれ自体でその中にあるかぎりでのみである。従って、主体に対する作用は、主体が現れてくる外在性を適合したものとして見出すことにおいてのみ成り立つ。――外在性が主体の全体に適合してはいないかもしれないとしても、少なくとも主体のうちの特殊な面には適合するに違いないし、この可能性は主体がまさに外的に振る舞うものとして特殊なものであるという点にあるのである。

　主体はこの欲求の中で外のものに対して一定の仕方で関係し、そうすることによってそれ自身外のものないし道具である。そのかぎり、主体は客観に対してとにかく力を行使する。それの特殊な性格、それの有限性一般はこの関係の一層規定された現象に属する。――そこに見られる外のものは、客観性一般の過程、機械的機制と化学機序である。しかし、この過程は直ちに中断され、外在性は内在性に変えられる。主体の働きによって無関係な客観の中にまず生み出されるものは外的合目的性であるが、それは、客観が概念に対して実体ではなく、よって概念が客観の外面的形式となりうるだけでなく、客観の本質として、また内在的でそれを貫く規定として、その根源的な同一性に相応しく自己を措定しなければならないということによって止揚される。

　従って、機械的過程は客観をわがものとするとともに、内的過程に移行する。これによって、個体は、客観から固有の性質を奪い、それを自分の手段とし、それに対して自らの主観性を実体として与え、それを自分のものにする。従って、この同化作用は、右で見た個体の再生産過程と一致する。この過程において、個体はまず自己を糧として生きる。それ自身の客観性を自己の客観とすることによってである。外の事物とその諸分肢が機械的かつ化学的に争うということが、それの客観的な契機である。この過程の機械的かつ化学的な面は生きたものの解体の始まりである。生命はこれらの過程の真理であり、よって生きたものとしてこの真理の実存であり、これを支配する力である。それ故、それはそれらの上に広がり、それらの普遍性としてそれらを貫く。そして、それらの産物は生命によって完全に規定されているのである。このようにこれらの過程が生きた個体性に変わることは、この個体性が自己自身のうちに立ち帰ることであり、その結果、生産は生産として他のものに移行することであろうが、再生産となる。そこにおいて、生きたものは、対自的に自己と同一のものとするのである。

直接的な理念は、概念と実在性の対自的に存在する同一性としてあるのではないという意味でも、直接的な理念である。客観的な過程によって、生きたものは自己感情を獲得する。なぜなら、生きたものは、その過程の中で、それが自体的対自的にあるものとして自己を措定するからである。すなわち、無関係なものとして措定されたその他在のうちにありながら、自己自身と同一のもの、否定的なものの否定的統一であることとしてである。個体に対して客観性はまず無関係なものとして前提されているが、個体は、この個体の客観性とこのように合致する中で、一方において自己を現実的な統一として構成するのと同様に、また自らの特殊性を止揚し、普遍性に高まってもいる。その特殊性は分裂のうちにあるが、それを通して、生命はその種として個体的生命とその外にある客観性を措定したのである。外在的な生命過程を通じて、生命は自己を実在的で普遍的な生命、類として措定したことになる。

C　類

生きた個体は、最初のうちは生命の普遍的な概念から切り離されており、まだ自己自身によって確証されていない前提である。それと同時に前提された世界との過程を通して、それは自己自身を措定したのである。――対自的にその他在との否定的統一として――それ自身の基礎としてである。そのようにして、それは理念の現実性である。その結果、個体は、以前は概念から生じていただけであったが、今では現実性から自己を産出する。その発生は以前は前提することであったが、今では個体の産出活動となる。

個体は、対立を止揚することによってさらなる規定を獲得した。だが、それは、個体にとって以前は無関係であった他在と個体の同一性としての類であるということである。個体のこの理念は、この本質的な同一性なのであるから、本質的にそれ自身の特殊化である。個体の理念のこうした分裂は、この理念が出てくるもととなる全体から見れば、個体の二重化である。――すなわち、個体と同一な客観性を前提することおよび生きたものが他の生きたものとしての自己自身に関係することである。

この普遍者は第三の段階であり、まだその領域の内部に閉ざされているかぎりにおける生命の真理である。この段階は個体が自己を関係づける過程であり、そこでは外在性はそれの内在的契機である。第二に、この外在性は、それ自身生きた全体として、個体にとって個体自身である客観性であり、その中で個体は止揚されたものとしてではなく、存立するものとしてそれ自身の確信を持っているのである。

とにかく、類の関係は、他の自立的な個体でもあるものの中での個体的な自己感情の同一性であるから、それは矛盾である。従って、生きたものはまたもや衝動である。――類はなるほど生命の理念の完成である。とはいえ、さしあたりそれはなお直接性の領域の内部にある。従って、この普遍性は、個別的な形態の中で現実的なのである。――その実在性が直接的な客観性の形式を持つ概念なのである。それ故、個体は自体的には類である。しかし、それは対自的に類であるわけではない。それに対してあるものは、辛うじて他の生きた個体である。自己から区別された概念は、それと同一である対象として概念としての自己を持つのではなく、生きたものとして同時に概念に対する外の客観性を持つ概念、従って直ちに相互的である形式を持つのである。

従って、他のものとの同一性、個体の普遍性は、やっと内面的または主観的なものである。それ故、個体はこの同一性を措定し、自己を普遍的なものとして実在化しようとする欲求を抱く。しかし、類のこの衝動が実在化されうるのは、なお互いに特殊的で個別的な個体性を止揚することによってのみである。そもそも、一般的にその欲求の緊張を満足させ、その類の普遍性に自己を解消するのは、諸個体性である。そのかぎり、実現されたそれらの同一性は、分裂から自己のうちに反省する否定的統一である。そのかぎり、この同一性は、生命自身の個体性である。但し、もはや生命の概念から生み出されたのではなく、現実的な理念から生み出されたものに他ならない。さしあたり、それ自身はまず自己を客観化すべき概念にすぎない。とはいえ、現実的な概念であり――生きた個体の萌芽である。その中では、概念があるところのもの、主観的な概念は外なる現実性を持つということが、普通の知覚に現われている。なぜなら、生きたものの萌芽は、個体性が完全に具体化することであり、その中ではその様々な面、特性、分節化された区別が悉く完全に規定されて含まれて［いる］からであり、さしあたり非物質的で主観的な全体は展開されておらず、単純かつ非感覚的なものとしてあるのだからである。従って、萌芽は概念の内的形式を持つ完全な生きたものなのである。

この面からすると、類の自己内反省は、それによって類が現実性を得る働きである。否定的統一と個体性の契機がそのうちで措定されるからである。――つまり、それは生きている種の繁殖である。理念は生命としてはなお直接性の形式のうちにあるが、そのかぎりでは現実性に逆戻りする。そして、それのこのような反省は繰り返しと無限進行にすぎず、その中で理念はその直接性の持つ有限性から脱却することはない。しかし、理念の始めの概念にこのように還帰することは、より以上の面も具えている。すなわち、理念は直接性の内部でその諸過程の媒介を通っていくだけではなく、まさにそうすることでこの直接性を止揚し、それによってその定在のより以上の形式に達しているのである。

すなわち、類の過程のうちでは、個々の個体がそれらの無関係で直接的な実存を互いのうちに止揚しあい、この否定的な統一の中で死ぬのであるが、この過程は、さらに、その産物のもう一つの面に、概念と同一なものとして自己を措定した実現された類を持つ。――類の過程の中で個体的生命の別々の個別性は没落する。否定的な同一性の中で類は自己に還帰するのだが、一方ではそれは個別性を産出する働きであるとともに、他方ではそれを止揚する働きである。従って、それは自己と一致する類であり、理念の対自的となりつつある普遍性である。交接において、生きた個体性の直接性は死ぬ。この生命の死は精神の出現である。理念は自体的な類としてあるのだが、生きた種を形づくったその特殊性を止揚し、そうすることでそれ自身単純な普遍性である実在性を自己に与えたのである。従って、それは自己に対して理念として関係する理念であり、普遍性をその規定性および定在として持つ普遍的なものである。——それは認識活動の理念である。

第二章　認識活動の理念

生命は、直接的な理念もしくはそのもの自身においてまだ実現されていない概念としての理念である。理念が根源的分割〔判断〕[1]の状態にある場合、それは認識活動一般である。

概念は、抽象的普遍性または類として自由に実存するかぎり、対自的な概念としてある。従って、概念は自己を自己自身のうちで区別する純粋なそれの自己同一性であるが、〔区別するといっても〕区別されたものは客観性ではなく、また主観性へと或いは単純な自己同等性の形式へと解放されている。従って、概念の対象は概念自身である。概念の実在性一般は、概念の定在の形式である。問題となるのは、この形式の規定である。概念が自体的に或いは主観的概念としてあるあり方と、概念が客観性のうちに埋没しそして生命の理念のうちにあるあり方の区別は、この規定に基づいている。生命の理念のうちでは、概念はその外の実在性から区別されており、対自的に措定されている。とはいえ、概念は、このようなその対自存在を同一性として持つにすぎない。この同一性は、概念に従属している概念の客観性のうちに沈み込んだものとしての自己、内在的で実体的な形式としての自己に対する関係である。概念が生命を超えるということは、概念の実在性が普遍性へと解放された概念形式であるということである。この根源的分割〔判断〕によって、概念は二重化されている。——主観的概念と客観的概念にである。前者の実在性は概念自身であり、後者は生命としてある。——思惟、精神、自己意識は、理念の諸規定である。理念が自己自身を対象としており、理念の定在すなわちその存在の規定性が理念自身の自己自身からの区別であるかぎりにおいてである。

精神の形而上学、もしくは人が普段一層多く語ってきた言い方に従えば、魂の形而上学は、実体、単純性、非物質性といった諸規定の回りをめぐっていた。――これらの規定性のもとでは、経験的意識に基づく精神という表象が主語として根底に置かれ、そこでどのような述語が知覚と一致するかが問われた。――この方法は、現象の世界を普遍的な法則と反省諸規定にもたらす物理学の方法以上に達することはできなかった。精神もまたその現象の中でのみ基礎にあったにすぎないからである。それどころか、それはなお物理学的な学問性の後方にとどまらざるをえなかった。精神は自然より限りなく豊かであるだけでなく、概念における対立者の絶対的統一がその本質をなしてもいるから、その現象と外面性への関係において矛盾を最高の規定性において示す。従って、対立しあう反省諸規定の各々に対して経験が持ち出されるか、或いは経験に基づき形式的な推理の流儀に従って反対の諸規定に導かれうるのでなければならない。現象のうちに直接現れる諸述語はさしあたりまだ経験的心理学に属するのであるから、本来的にはまったく貧しい反省諸規定だけが形而上学的考察のために残されている。――カントは、彼の合理的霊魂論[2]の批判の中で、この形而上学を次の点に縛り付けている。すなわち、それが合理的な学問でなければならない以上、人が自己意識の普遍的な表象のために知覚の中から付け加えるものが僅かでもあるならば、それによってこの学問は経験的な学問に変じ、それの合理的な純粋さと一切の経験からの独立性は損なわれることになろう、というのである。――従って、残るのは単純でそれだけでは内容をまったく持たない表象、自我だけである。それについて人は、それが概念であると言うことは決してできず、それはすべての概念に伴う単なる意識にすぎない、と言うことができるだけである。このような自我ないし考えるそれ（物）も、さらなるカントの推理によれば、とにかく諸々の思想の超越論的主観＝x 以上のものではない[3]、と考えられる。それは、その述語である諸思想によってしか認識されず、それらから切り離されるならば、われわれはそれについて最少の概念すら持つことはできない。カント自身の表現によれば、その際、この自我は、それについて何事かを判断しようとすれば、われわれは常にそれをすでに用いなければならないという不都合さを伴っている。なぜなら、それは特殊な客観が区別される手がかりである表象であるというよりは、表象が認識と呼ばれるべきかぎり、その形式一般なのだからである。――合理的霊魂論は誤謬推理を犯すとされるが、それは次の点にある。思惟のうちの自己意識の様態が客観についての悟性概念とされ、あの「私は考える」が思惟するもの、物自体と解され、かくして自我が意識のうちで常に主観として、しかも単一の、あらゆる多様な表象のもとでも同一で、外のものとしての表象から私を区別するものとして現れるということから、不当にも、自我が実体であり、さらに質的に単純なものであって一つのものであり、空間的時間的なものから独立に実存するものであることが導かれるのである。――

私がこの論述をかなり詳細に引用したのは、魂についての以前の形而上学の本性と、特にまたそれを没落させた批判の本性がそこから明確に認識されるからである。――あの形而上学が目指したのは、魂の抽象的な本質を規定することであった。その際、それは、もともと知覚から出発し、その経験的普遍性と現実的なもの一般の個別性のうちにある外在的な反省諸規定を、上述の本質の諸規定の形式に変えたのである。――その際、カントが本来前にしていたのは、彼の時代の形而上学の状態にすぎなかった。それは専ら、弁証法をまったく具えていない抽象的で一面的な諸規定の下にとどまっていたのである。精神の概念についてのより古い哲学者たちの真に思弁的な理念を彼は考慮しなかったし、研究もしなかった。彼は、右の諸規定について批判するに当たってまったく単純にヒュームの懐疑主義の手法に従っていた。[4] すなわち、彼は、自我がどのように自己意識のうちに現れるかという点を固持するのである。だが、自我の本質――物自体――が認識されるべきなのであるから、一切の経験的なものはそれから除去されるべきである。そうすると、すべての表象に付き添う「私は考える」というこの現象しか残らず――それについて人は些かの概念も持たないのである。――確かに、次のことが認められなければならない。すなわち、人は概念的に把握せず、単純で固定した表象と名前のもとにとどまるかぎり、自我についても、何かあるものについても、概念自身についてすら最少の概念も持つことはない。――私が私について判断するために私をすでに用いなければならないという思想は――もしそれが思想と呼ばれうるとすればだが――奇妙である。判断するために自己意識を手段として用いる自我は、それとともにそうした利用の関係についてと同様それについて人が些かも概念を持つことができないxであろう。しかし、自己意識のこうした本性――自我が自己自身を思惟し、自我は思惟する自我であることなしには思惟されえないということ――を不都合なこととし、誤りのあるものとして循環と呼ぶことは笑うべきことであろう。――この事情は、直接的な経験的自己意識の中に、自己意識と概念の絶対的で永遠の本性が示されるものに他ならない。それが示されるのは、自己意識がまさしく定在する、従って経験的に知覚可能で純粋な概念であり、自己自身への絶対的な関係であるからである。この関係は、分離する判断として自己を対象とし、そのことによって自己を循環とする唯一のものなのである。――石にはこのような不都合さはない。石が考えられ、石について判断される場合には、石が石自身にとって障碍となることはない。――石は、このことのために自己自身を用いなければならないという厄介さから免れている。このような骨折りを引き受けねばならないのは、石以外のものである。

自我を思惟するに当たっては、主語としての自我は除去されえない。これら野蛮とも称されるべき考え方が持ち込む欠陥は、逆にまた次のような仕方でも現れる。すなわち、私は意識の主観としてのみ現れる、或いは、私は私をただ判断の主語としてのみ用いることができ、それが客観として与えられるための直観は欠けているということである。しかし、主語としてのみ実存しうるものの概念は、まだ客観的実在性を伴っているわけではない。――もし客観性のために、外在的で時間、空間的に規定された直観が要求［され］、そしてそれこそは見失われているものだとすれば、客観性のもとで考えられているのは感覚的実在性にすぎず、それを超えていることが思惟と真理の条件であるということが分かろう。しかし、もしわれわれが日常的な意識の中で自我を語るように、自我が没概念的に単なる単純な表象と考えられるならば、もちろんそれは抽象的な規定であって、自己自身を対象として持つ自己自身の関係ではない。――それは、両極の一方、その客観性を持たない一面的な主観であるにすぎない。或いは、それはまた主観性を持たない客観にすぎないということにもなろう。すなわち、客観としての自我から思惟する主観が除去されないという右で触れた不都合さがここにはないとすればである。しかし、実際には同じ不都合さが先の規定、主観としての自我のもとでも起こる。自我は何かを考える。自己か他のものをである。自我は二つの形式の中で自己自身を対立させるが、これらの形式のこの不可分性は、その概念と概念自身の最も固有の本性に属する。それはまさしくカントが防ぎたいと思っていることであり、自己を自己のうちで区別することのない表象、従って没概念的な表象だけをしっかりと保持しようとするために他ならない。そのような没概念的なものは、以前の形而上学の抽象的な反省諸規定やカテゴリーに対置されえよう。――なぜなら、一面性という点では、それはそれらと同一線上にあるからである。それらの方がより上の思想であるにせよである。これに対して、それは、魂や思惟の概念についての古代哲学の一層深い諸理念、例えばアリストテレスの真に思弁的な理念(5)に比べれば、それだけ一層貧しく空虚なものに思われる。カント哲学が右の反省諸規定を研究したならば、それはより以上に空虚な自我という固持された抽象物、物自体という思い誤られた理念を研究しなければならなかったであろう。それは、まさにその抽象の故に、むしろまったく真ならざるものであることが分かるのである。苦情の呈される不都合さの経験は、それ自身経験的な事実であり、右の抽象物が非真理であることが表明される場に他ならない。

合理的心理学(6)に対するカントの批判は、魂の持続性についてのメンデルスゾーンの証明だけに言及している。私はこの証明に対する批判的論駁を引用するが、それはこの証明に対して対置されるものがなお注意されるべきものだからである。この証明は魂の単純さに基づいている。この単純さによって、魂は変化すること、時間の中で他のものに移行することができないとされる。質的な単純さは先に考察された抽象一般の形式である。それは質的な規定性として存在の領域において研究され、そして次のことが証明された。すなわち、抽象的に自己に関係するそうした規定性としての質的なものは、むしろ、まさにそうであるために弁証法的であり、他のものに移行することに他ならない。しかし、概念のもとで示されたことは、概念が持続性、不変性、不壊性、不易性との関係で考察される場合、それが自体的対自的に存在するものおよび永遠なものであるのは、むしろ、それが抽象的な単純さではなく、具体的な単純さであり、自己に抽象的に関係する規定されてあることではなく、それ自身とそれに対する他のものとの統一であるからである。従って、それは、あたかもそれがこの他のものに変わるかのように、これに移行することはできない。他のもの、規定されてあることは概念自身であり、概念は従ってこの移行の中で自己自身に達するにすぎないからに他ならない。――カントの批判は、概念の統一の右の質的規定に対して量的規定を対立させる。魂はさまざまなものが分散してあることではなく、外延量を含むものではないにもかかわらず、意識は度を持ち、魂は実存するあらゆるものと同様に内包量を持つ。しかし、そのために、徐々に消滅することによって無に移行する可能性が措定されているというのである。――こうした論駁は、存在、内包量のカテゴリーを精神に適用すること以外の一体何であろうか。――そうした規定は真理を自らに備えておらず、概念のうちではむしろ止揚されているものなのである。(7)

形而上学――固定的な悟性概念に自己を制限し、思弁的なもの、概念と理念の本性に昇りきらなかった形而上学ですら――真理を認識することを目的とし、その諸対象が真なるものであるか否か、実体であるか現象であるかをめぐってそれらを研究した。こうした形而上学に対するカントの批判の勝利は、しかし、むしろ真なるものを目的とする研究とこの目的自身を除去することにある。それは、唯一重要な問い、すなわち規定された主観、ここでは表象の抽象的な自我がそれ自体で真理を持つか否かという問いをまったく立てていない。だが、人が現象と、日常的な意識の中で単なる表象に対して生じるもののもとに立ち止まるとすれば、それは概念と哲学を放棄することである。そうしたものを超えるものは、カントの批判の中では飛躍したものであり、理性が何ら正当性を与えられていない事柄である。実際には、概念が没概念的なものを飛び越えるのである。それを超えていくことをさしあたり正当化するのは、一方では、概念自身であり、他方では、否定的な面から現象と表象ならびに物自体とか自己に対して客観であることのない自我といった抽象物が非真理であるということである。

この論理的な論述の文脈においては、精神の理念が現れて[きた]もとのものは、生命の理念である。同じことだが、精神の理念は生命の理念の真理であることが明らかとなったのである。このような帰結として、この理念は、自己自身においてまた自己自身に対してその真理を持つ。そして、それと経験的なものないし精神の現象が比較され、それと如何に合致するかが見られるかもしれない。しかし、経験的なものは、それ自身また、理念を通して、理念に基づいてのみ捉えられることができる。生命について、われわれはそれが理念であることを見た。しかし、それは、同時に、理念の定在の真の提示ないしあり方ではないことが示された。なぜなら、生命のうちでは、理念の実在性は個別性としてあり、普遍性ないし類は内なるものである。従って、絶対的否定的統一としての生命の真理は、抽象的な、同じことだが直接的な個別性を止揚することであり、同一的なものとして自己と同一であり、類として自己自身と同じであるということである。こうした理念こそが精神なのである。――しかし、この点についてなお注意されうるのは、ここでは、精神が論理的なものとしてこの理念に帰属する形式において考察されるということである。すなわち、それは、ここではついでに挙げられうるだけだが、なお別の形態を持つのであり、これらの形態を持つものとしては、精神の具体的な諸学の中で考察されるべきものである。すなわち、魂、意識および精神そのものとしてである。

魂という名称は通常個別的で有限な精神一般について用いられ、合理的霊魂論ないし経験的霊魂論とは精神論というほどの意味であるとされていた。魂という表現では、それが他の物と同じく物であるという観念が思い浮かぶ。人はその存在の場、その力が作用する起点となる空間的規定を問う。さらには、この物がどのように不変であるのか、時間性の諸条件に従属しながら、その中で変化を免れているのはどうしてかを問う。モナドの体系は、物質を魂のあるものに引き上げる。この考え方では、魂は物質一般の原子と同様原子である。コーヒー茶碗から蒸気として立ちのぼる原子が、幸運な状況によって魂にまで発展できるというわけである。その表象作用が比較的暗いということが、魂として現れるものからそれを分かつのである。――自己自身に対してある概念は、必然的にまた直接的な定在のうちにもある。生命とのこの実体的同一性、その外在性へと沈み込んだ概念は、人間学において考察されるべきである。だが、人間学にとっても、直接性のこの形式が心的なもの、原子、物質の原子と等しいとされる形而上学は疎遠なものである。——人間学に委ねられるのは、暗い領域だけとならざるをえない。そこでは、精神が、かつて言われたように、星や大地の影響のもとにあり、自然の霊として自然との共感のうちに生活し、その変化が夢や予感の中で知られ、脳や心臓や神経節や肝臓などに内在しているのである。プラトンによれば、神はこの後のものに、自らの善意によって非理性的な部分も考慮され一層高いものに与るように、予言の天性を授けたことになっている。そして、それを超えているのは自己意識を持った人間であるというのである(8)。この非理性的な面には、さらに表象の働きと一層上の精神的活動の関係が属している。それが、個々の主観の中ではまったく偶然的な物体的性質、外からの影響や個別的事情の戯れに従属しているかぎりにおいてである。

具体的な諸形態のこの最下層においては、精神は物質的過程の中に沈んでいるが、それらの直接上の層を意識の中に持っている。この形式においては、自由な概念が自己に対してある自我として客観性から退いている。しかし、客観性を自らにとって他のもの、向かい合う対象としてこれに関係している。ここでは精神はもはや魂としてあるわけではなく、自己自身を確信している。その中では、存在の直接性は、むしろそれに対して否定的なものという意味を持つ。それ故、精神は対象的なものの中で自己自身との同一性を保っているにせよ、この同一性はわずかに仮象することにすぎない。対象的なものはなお自体的に存在するという形式も持っているからである。この段階は、『精神現象学』(9)の対象である。——『精神現象学』は自然的精神の学と精神そのものの学の間にあり、それだけで存在する精神を同時にそれに対する他のものへの関係において考察する学である。他のものは、先に注意されたように、それによって自体的に存在する客観としてもまた否定された客観としても規定されている。——つまり、この学は、精神を現象するもの、それ自身の反対のうちで自己を提示するものとして考察するのである。

この形式のより以上の真理は、しかし、対自的な精神である。それにとっては、意識に対して自体的に存在する対象がそれ固有の規定、表象一般という形式を持つ。この精神は、それ自身の規定としての諸々の規定、感情、表象および思想に働きかけるが、そのかぎり自己の中およびその形式の中で無限である。この段階を考察することは本来的な精神論に属する。これは通常経験的な心理学の対象であるものを含むであろうが、精神の学であるためには経験的に着手してはならず、学問的に捉えられなければならない。——精神は、この段階では、有限な精神である。その規定性の内容が直接的で所与のものであるかぎりにおいてである。有限な精神の学は、このようなその規定性から自己を解放し、その真理、無限な精神を捉えるところまで進んでいく行程を示さなければならない。

これに対して、精神の理念こそは、論理的な対象であるものであるが、それはすでに純粋な学の内部にある。それ故、純粋な学は、精神が自然、直接的な規定性および素材ないし表象に巻き込まれている行程を歩み通す様を見る必要はない。それは、あの三つの学において考察されるのである[10]。それはこの行程をすでに自己の後にしている。或いは、むしろ前にしていると言っても同じである。——論理学が最後の学と考えられるかぎり、前者の言い方が当てはまり、論理学が最初の学であって、そこから理念が初めて自然に移行すると見なされるかぎり、後の言い方が成り立つ。従って、精神の論理的な理念のうちでは、自然の概念から自然の真理として示された自我が、直ちに自由な概念である。これはその根源的分割〔判断〕の中で自己自身に対して対象となっており、精神の理念としての概念である。だが、この形態においても、理念はまだ完成されているわけではない。

理念は、確かに、自由で自己自身を対象としている概念であるから、直接的には、まさにそれが直接的であるが故に、なお主観性のうちにとどまり従って有限性一般のもとにとどまる理念である。それは実現されるべき目的である。或いは、なお現象のうちにある絶対理念自身である。理念が求めるものは真なるものであり、概念自身と実在性のこの同一性である。しかし、理念はやっとそれを求めるだけである。なぜなら、理念はここでは、最初そうであるように、なお主観的なものだからである。従って、概念に対してある対象は、ここではなるほどまた与えられた対象ではある。しかし、それは、働きかける客観として、或いは対象としてそれ自身で性質を具えた対象として、或いは表象として主観のうちに現れるわけではない。そうではなく、主観が対象を概念規定に変えるのである。概念こそが対象のうちで働いており、その中で自己に関係し、そして客観のうちで自己にその実在性を与えることによって真理を見出すのである。

従って、理念は、さしあたり、目的として、まず自己自身を主観的な実在在として持つ概念であって、推理の一方の極である。他方の極は主観的なものを制限するもの、客観的世界である。二つの極はそれらが理念である点で同一である。第一に、それらの統一は概念の統一である。概念は一方の極ではただ対自的にあるだけだが、他方の極では自体的にのみある。第二に、実在性は一方の極では抽象的であるが、他方の極では具体的な外在性のうちにある。──この統一は、次に認識活動によって措定される。目的として自己から出て行くものは主観的な理念であるから、この統一はさしあたりは媒辞としてあるにすぎない。——認識する者は、彼の概念の規定性によって、すなわちそれだけであるという抽象的なあり方によって、外界に関係する。しかし、自己自身を絶対的に確信していて、自体的にあるそれの実在性、この形式的な真理を実在的な真理に引き上げるためにそうするのである。認識する者は、その概念のうちに客観的世界の全本質を持つ。それの辿る過程は、それだけである客観的世界の具体的な内容を概念と同一なものとして措定し、逆に概念を客観性と同一なものとして措定することである。

直接的には、現象の理念は理論的な理念であり、認識活動そのものである。なぜなら、客観的世界が持つのは、直接的には、直接性の形式ないし対自的に存在する概念に対する存在の形式だからである。丁度、概念がまずは、抽象的で自己のうちにまだ閉ざされた自己自身の概念であるようにである。従って、概念は形式としてあるにすぎない。概念が自己自身のうちに持つ実在性は、普遍性と特殊性という概念の単純な諸規定にすぎない。個別性ないし規定された規定性、内容をこの形式は外から受け取るのである。

A　真なるものの理念

主観的理念は、まずは衝動である。なぜなら、それは、自己を対象として持ち、自己に対して実在性でありながら、対象は他のもの、概念に対して自立的なものであるわけではなく、概念自身の自己からの区別が同時に差異性、無関係な定在という本質的な規定性を持つわけではないという概念の矛盾だからである。従って、衝動が持つ規定性はそれ自身の主観性を止揚し、始めは抽象的なそれの実在性を具体的な実在性にし、それを自らの主観性によって前提された世界の内容で満たすということである。——よって、別の面からすると、概念は、次のように規定される。概念は、なるほど自己自身を絶対的に確信していることである。しかし、その対自存在に対しては、自体的に存在する世界というそれの前提が対立している。とはいえ、この世界の無関係な他在は、自己自身の確信にとってはただ非本質的なものという価値しか持たない。そのかぎり、概念は、この他在を止揚し客観のうちで自己自身との同一性を直観しようとする衝動である。この自己内反省は止揚された対立であり、措定され主観に対して実現された個別性であって、それは、さしあたり前提された自体存在として現れているかぎり、対立から回復された形式の自己自身との同一性である。——この同一性は、区別されたものとしての形式に対して無関係なものとして規定されており、内容に他ならない。

従って、この衝動は、認識活動のうちにあるかぎりの真理の衝動である。すなわち、本来的な意味での理論的理念としての真理の衝動である。——客観的な真理とは、概念に合致する実在性としての理念自身であり、対象はそのかぎり概念のうちに真理を持ちうるか持ちえないかであるとすれば、それに対して真理の一層規定された意味は、真理が主観的な概念に対してかまたはその中で、すなわち知のうちでそれであるということに他ならない。それは概念の判断[11]の関係である。この判断は、真理の形式的な判断として示されたのであった。つまり、その中では、述語は概念の客観性であるだけでなく、事象の概念とその現実性を関係させつつ比較することである。——概念のこの実現は、概念が形式としてまだ主観的な概念という規定ないし主観の規定であるという規定を主観に対して持っているかぎり、理論的である。認識活動は目的ないし主観的な理念としての理念であるから、自体的にあるものとして前提されている世界を否定することが、第一の前提である。結論においては、客観的なものが主観的なもののうちに措定されている。従って、結論は、さしあたり、自体的に存在するものが主観的なものとしてのみ措定されてあるにすぎず、すなわち概念規定のうちで措定されているだけであり、よって自体的かつ対自的にあるわけではないという意味しか持たない。そのかぎり、結論は、中立的な統一ないし総合、すなわちもともと区別されており外からのみ結合されているだけのものの統一に達するだけである。――従って、この認識活動の中で概念が客観を自分のものとして措定する場合、理念がさしあたり自己に与える内容は、その基礎が与えられており、そこでは外在性の形式だけが止揚されているものにすぎない。そのかぎり、認識活動はそれが達成した目的の中になお有限性を残している。それは目的の中で同時に目的を達成しておらず、その真理のうちで、まだ真理に達してはいない。なぜなら、結論において内容はまだ与えられたものという規定を持っているかぎり、概念に対して前提されている自体存在は止揚されていないからである。概念と実在性の統一、真理は、従って、同様にやはりその中に含まれてはいないのである。――奇妙なことに、最近は有限性のこの面が固持され、認識活動の絶対的な関係と見なされている。あたかも有限なものそのものが絶対的なものでなければならないかのようにである！　この立場においては、客観に対して認識活動の背後にある未知の物自体性が帰せられ、この物自体性とともに真理も認識活動にとっての絶対的な彼岸と見なされる。思惟諸規定一般、諸カテゴリー、反省諸規定ならびに形式的な概念とその諸契機がその中で持つ位置は、それらが絶対的に有限な諸規定であるということではなく、右の空虚な物自体性に対して主観的なものであるという意味においてそうなのであるということである。認識活動の非真理性というこの事情を真実の関係と考えることは、近代の一般的な見解となった誤謬である。(12)

有限な認識活動のこの規定から、それが自己自身を止揚する矛盾であることが直ちに明らかになる。――それは、同時に真理とされえない真理の矛盾である。――存在するものの認識ではあるが、同時に物自体を認識しない認識活動の矛盾なのである。この矛盾が崩壊することによって、その内容、主観的な認識活動と物自体も崩壊する。

すなわち、真でないものであることが明らかになる。しかし、認識活動は、それ自身の歩みによってその有限性とともにその矛盾を解消しなければならない。われわれが認識活動について行う考察は、外在的反省である。だが、認識活動はそれ自身概念であって、自己にとって目的であり、従って自らの実現によって自己を完成しまさしくこの完成の中で自己の主観性と前提されている自体存在を止揚するものなのである。――従って、認識活動は、それ自身に即して、それが積極的に活動している中で考察されなければならない。すでに示されたように、この理念は自己を自己自身に対して実現しようとする概念の衝動であるから、その活動は、客観を規定し、この規定作用を通して客観の中で同一のものとして自己と関係することである。客観は総じてまったく規定可能なものであり、それが理念の中で持つ本質的な側面は、概念に対してそれだけであるのではないということである。この認識活動は、なお有限で思弁的ではないものであるから、前提された客観性は、それに対して、それ自身においてまったく概念であるにすぎず概念に対してそれだけである特殊なものを含むわけではないという形態をまだ具えていない。しかし、客観性は、自体的にある彼岸と見なされることによって、概念によって規定されうるという規定を本質的に持つ。まさしく、理念は対自的に存在する概念であり、自己のうちでまったく無限なものであって、その中で客観は自体的には止揚されており、目的はもうそれを自己に対して止揚することだけとなっているからである。それ故、客観は、認識活動の理念によって自体的に存在するものとして前提されてはいる。とはいえ、本質的に、理念がそれ自身とこの対立の虚しさを確信して、その概念を客観のうちで実現することに向かうという関係のうちでのことである。

推理によって主観的理念は客観性と結合する。この推理の中で、第一の前提は、われわれが目的関係の中で見たのと同じ、概念の直接的な獲得と客観に対する関係という形式である。客観に対する概念の規定作用は、客観に対する概念の直接的な伝達と抵抗のない伝播である。その中で、概念は自己自身との純粋な同一性を保っている。しかし、概念のこうした直接的な自己内反省は、同じく客観的な直接性という規定を持っている。概念にとって、それ自身の規定であるものは、同じく存在である。なぜなら、それは前提の第一の否定だからである。従って、措定された規定は、ただ見出されるだけの前提としてあるとともに、与えられたものを拾い上げることでもある。この中では、概念の活動はむしろ自己自身に対して否定的であり、目の前にあるものに対して控えめで受動的になり、このものが主観によって規定されるのではなく、自己自身においてあるとおりに自己を示すことができるようにするという点にのみあるのである。

それ故、この認識活動は、この前提の中では決して論理的諸規定を適用することとしては現れず、それらを見出されたものとして受け取り拾い上げることとして現れる。そして、この活動は、対象から主観的な障碍、外面的な覆いを遠ざけることにのみ制限されたものとして現れるのである。こうした認識活動は分析的なそれである。

(a) 分析的認識

分析的認識と総合的認識の区別は、一方が既知のものから未知のものに進むのに対し、他方が未知のものから既知のものに進むことであるとして示されることが時折見受けられる。しかし、人がこの区別を一層立ち入って考察するならば、その中にはっきりした思想、いわんや概念を発見することは困難であろう。認識活動は総じて未知から始まると言うことができる。なぜなら、人がすでに熟知しているものを知ることはないからである。逆にまた、認識活動は既知のものによって始まる。それは同語反復的な命題である。――それがそこから始めるもの、従ってそれが現実に認識するものは、まさにそのことによって既知のものである。まだ、認識されておらず後になって初めて認識されるべきものは、まだ未知のものである。そのかぎり、認識活動は一旦始められたならば、常に既知のものから未知のものに進むと言わねばならない。

分析的認識の特徴的な点は、すでに次のように規定された。すなわち、推理全体の第一の前提としての分析的認識には媒介はまだ属しておらず、それは他在をまだ含んでいない概念の直接的な伝達であり、その中では活動はその否定性を放棄している。しかし、関係の右の直接性は、それ自身媒介である。なぜなら、それは、客観に対する概念の否定的な関係であるが、自己を自ら否定し、そうすることで自己を単純かつ同一なものにしているものだからである。この自己内反省は主観的なものにすぎない。なぜなら、その媒介作用の中には、区別が前提された自体的にあるもの、客観の内的差異としてまだあるだけだからである。従って、この関係を通して成立する規定は、単純な同一性、抽象的な普遍性の形式である。それ故、総じて分析的認識がその原理として持つのは、この同一性であり、他のものへの移行、異なったものの結合は、それ自身すなわちそれの活動から排除されている。

さらに考察するならば、分析的認識は、前提されており従って個別的で具体的な対象から始められる。この対象が表象に対してすでに完成されたものであろうと、一つの課題であろうとである。すなわち、それをめぐる諸状況や諸条件の中に置かれているにすぎず、それらの中からまだそれだけで取り出されてはおらず、単純で自立的なものとして提示されていないものであろうとである。この対象の分析の本質は、対象がそれの含みうる特殊な諸表象にただ解体されるだけだということではありえない。そのような解体とそれらを拾い上げることは、認識活動には属さない仕事であり、一層立ち入った知識、表象活動の領域内部での規定に関するものにすぎない。分析は概念を基礎とするから、それが産物として持つのは本質的に概念諸規定であり、しかも対象のうちに直接含まれているものとしてのそれらである。認識活動の理念の本性から明らかとなったのは、主観的な概念の活動が、一つの面から、客観のうちにすでにあるものの展開としてのみ見なされねばならないということであった。なぜなら、客観それ自身は概念の活動に他ならないからである。対象のうちにはそこに投げ入れられないものはないかのように分析を考えることは、一面的である。生じる諸規定は対象からしか取り出されないと考えることが一面的であるのと同様にである。前者の考え方を主張するのは、周知のとおり、主観的観念論である。それは分析の中で認識の活動を唯一、一面的な措定作用とのみ考え、その彼岸には物自体が隠れているとするものである。後者の考え方は、いわゆる実在論に属する。それは、主観的な概念を、空虚な同一性であり思想の諸規定を外から自己のうちに受け取るものとする。――分析的認識、与えられた素材を論理的諸規定に変えることは、同時に二つのことであることが示された。すなわち、措定することであるとともに、措定することはまた直ちに前提することであるとして規定されるのである。従って、後者によれば、論理的なものは対象のうちで［すでに］出来上がっているものとして現われ、前者によっては単に主観的な活動の産物として現われうる。しかし、二つの契機は分離されえない。論理的なものは、分析によって抽象的な形式にもたらされ、この形式においてはもちろん認識活動のうちにあるのみだが、逆に、それは措定されたものであるだけでなく、自体的に存在するものでもあるのである。

とにかく、分析的認識は、右で示したように、〔与えられた素材を論理的な諸規定に〕変えることである。そのかぎり、それはそれ以上の媒介項を通っていくことはない。規定は、そのかぎり直接的であって、まさしく対象に固有でそれに自体的に属し、それ故主観的な媒介なしに対象から拾い上げられているという意味を持つ。――しかし、認識活動はさらに先に進むことであり、区別を展開することでもなければならない。しかし、それは、それがここで持つ規定によれば、没概念的であり、非弁証法的である。それ故、それは与えられた区別を持つだけであり、その進行は素材の諸規定に沿って起こるにすぎない。それが内在的な進行を持つように見えるのは、導出された思想の諸規定が具体的なものであるかぎり、新たに分析されうるかぎりでのみである。この分析作用の最高にして究極のものは、抽象的で最高の本質ないし抽象的な主観的同一性である。――そして、それに対するのは差異性に他ならない。しかし、こうした進行は、ただ一つの根源的な分析の働きを繰り返すことに他ならない。すなわち、すでに抽象的な概念形式の中に取り上げられているものを具体的なものとして再び規定し、それに基づいてそれを分析し、その後分析によって生ずる抽象物を具体的なものとして更めて規定することなどである。――しかし、思想諸規定は、それら自身のうちにまた移行も含んでいるように見える。対象が全体として規定されている場合には、もちろんそこから部分という別の規定に進まれ、原因からは結果という別の規定に進まれる、など。しかし、このことはここでは進行ではない。全体と部分、原因と結果が関係であり、しかもこの形式的な認識活動にとって出来上がった関係であって、一つの規定が他の規定に本質的に結合されたものとして見出されるかぎりである。従って、原因ないし部分として規定されている対象は、関係の全体によって、すでに関係の二つの面によって規定されているのである。それが自体的には総合的なものであるにかかわらず、この連関は分析的な認識活動にとっては、その素材の他の連関と同じく所与のものにすぎず、従ってそれ自身の仕事には属さない。そうした連関がさらにア・プリオリなものとして規定されるか、ア・ポステリオリなものとして規定されるかは、その際重要なことではない。これが目の前にあるものとして捉えられるか、或いは、全体という規定には部分という規定が結合されている、などの意識の事実と呼ばれもしたものとして捉えられるかぎりではである。カントは、ア・プリオリな総合的原則について深く注意をし、その根として自己意識の統一[14]を、従って概念の自己同一性を認識したが、その際、規定された連関、関係概念と総合的原則自身を与えられたものとして形式論理学から受け取った[15]。それらのものの演繹[16]は、自己意識のあの単純な統一がこれらの規定と区別に移行することの提示でなければならなかったであろうが。しかし、この真に総合的な進行と自己自身を生産する概念を示すことを、カントは省略したのである。

周知のとおり、算術と一層普遍的な分離量の学は特に分析的学および解析学[17]と呼ばれる。それらの認識方法は、実際、最も内在的に分析的である。このことが何に基づいているかは間もなく考察されることになろう。――その他の分析的認識は偶然的な多様性を帯びている具体的な素材から始まり、内容のすべての区別とさらなる内容へと進んでいくことは、この素材に依存している。算術や代数の素材は、これに対してすでにまったく抽象化され、無規定にされたものであり、そこでは関係の固有性はことごとく消し去られ、従ってそれに対しては一切の規定と結合は外在的なものである。そのようなものは分離量の原理であり、一である。この関係のないアトムは数を増して多となり、外から集合数として規定され結合されることができる。このように増加させ制限する働きは空虚な進行であり規定作用である。それは抽象的な一という原理にとどまっている。さらに諸々の数がどのように合成されまた分離されるのかは、認識する者の措定作用にのみ依存している。大きさ〔量〕とは総じてその内部でこうした規定がなされるカテゴリーである。――それは、無関係となった規定性に他ならない。その結果、対象は、それに内在的で、従って認識活動に対して与えられるような規定性を持つわけではない。認識活動がたまたま異なった数を自己に与えたかぎり、これらの数は、さらに手が加えられ様々な関係を生み出すための素材となる。そうした関係およびその発見と取り扱いは、なるほど分析的認識に内在的なものではなく、偶然的で与えられたもののように見える。実際、これらの関係とそれらに関する計算は、通常、順次に、異なったものとして内的連関に注意を向けることなく講ぜられる。しかし、指導的な原理を認識することは容易である。しかも、それは、異なったもののうちに同等性として現れる分析的な同一性に内在するものである。進行は等しくないものを一層大きな同等性に還元することである。初歩的な要素を例に取るならば、加算はまったく偶然的に等しくない数を集めることであり、掛け算は、これに対して、等しい数を集めることである。それに続いて、さらに集合数と単位が等しい関係が生じ、冪比例が登場するのである。[18]

とにかく、対象と関係の規定性は措定されたものとなっているから、それらを用いたそれ以上の計算はやはりまったく分析的である。従って、分析的な学は、定理を持つというよりはむしろ課題を持つことになる。分析的な定理は、それ自身ですでに課題を解かれたものとして含んでいる。そして、それが等しいとする両項が持つ区別はまったく外面的なものであり、極めて非本質的であって、そうした定理はつまらない同一性として現れることになろう。カントは、5＋7＝12という命題を総合命題として説明した。[19] なぜなら、一方の辺では同じものが幾つものもの、5と7という形で示されており、他方では一つのもの、12として示されているからである。しかし、もし分析的なものが12＝12というまったく抽象的に同一なものと同語反復的なものを意味するのではなく、総じてその中に進行があるべきだとすれば、何らかの区別がなければならない。とはいえ、それは、如何なる質にも、反省ましてや概念の如何なる規定性にも基づかないものである。5＋7と12はまったく同じ内容である。前の辺のうちでは、5と7が一つの表現にまとめられなければならないという要求が表現されている。すなわち、5が合算されたものであり、そのもとでは中断はまったく任意に行われえ、同様にさらに数え続けられることもできたわけだが、それと同じように、加えられるべき1が7にならねばならないという規定に従って数え続けられるべきだとされるのである。従って、12は5と7および計算の結果である。但し、この計算は、すでにその本性から言ってまったく外在的で思想を欠く働きでもあるから、機械にもできることである。ここには、他のものへの移行は少しもない。それは、5と7を生じさせたのと同じ計算の単なる継続すなわち繰り返しなのである。

このような定理の証明――定理が総合的な命題であるならば、証明を要求するであろう――は、5から数え始めて7によって規定された分だけ数え続けるという計算が、このように数え続けられたものが通常12と呼ばれるものおよびまたまさに右のように規定された数え続けること自身に他ならないものと合致することを認識することである。従って、定理の形式の代わりに、人は直ちに問題、計算の要求という形式を選ぶ。すなわち、定理を構成する等式の一方の辺だけを言い表し、次に他の辺が発見されるべきだとされるのである。課題は内容を持ち、この内容によって始められるべき一定の計算を表示する。計算は、特殊な関係を持った扱いにくい素材によって制限されているのではなく、外在的で主観的な働きであり、その諸規定を素材は無関心に受け取り、そこにそれらは措定されるのである。課題の中で設けられている諸条件と解決の中の結果との区別は、問題の中で示されていたとおりの一定の仕方で結果において実際に結合され分離されているということに尽きる。

従って、ここで総合的な命題に関係する幾何学的な方法の形式を当てはめ、解決を得る他に問題になお証明を続かせようとすることは、最も余計な構想である。証明が示しうることは、人が課せられたとおりに計算したから答えは正しいという同語反復に他ならない。問題が、人はいくつもの数を加えなければならないというものであるとすると、答えは、人がそれらを加えるということであり、証明が示すのは、加えることを課せられ、人が加えたが故に、答えは正しいということに他ならない。問題が一層複雑に組み合わされた諸規定や計算、例えば小数の掛け算を含んでおり、答えが機械的な振る舞いしか示さないという場合には、証明が必要となろう。しかし、証明は、右の諸規定と答えがおのずから出てくる計算の分析でしかありえない。機械的な振る舞いとしての解決と、扱われるべき対象と計算自身の本性を振り返ることとしての証明をこのように分離することによって、まさしく分析的な課題の長所は失われる。すなわち、構成は課題から直ちに導かれ、従ってそれ自体悟性的なものとして示されうるということである。他の仕方では、総合的な方法に固有の欠陥が構成に対して与えられることが明らかである。——高次解析学においては、冪比例とともに、特に質的な、概念諸規定性に依存する分離量の関係が現れる。そこでは、問題と定理はもちろん総合的な規定を含んでいる。そこでは、問題ないし定理によって直接示されているのとは別の規定と関係が媒介項として取られなければならない。さらに言えば、これら補助的に立てられた諸規定も、問題ないし定理の一方の辺を考慮し展開することに基づいているといったものでなければならない。総合的に見えるということは、ただ、課題ないし定理がこの辺をそれ自身ですでに明確にしているわけではないということに由来するにすぎない。——例えば、方程式の根の冪の和を求めよという問題は、根の方程式の係数である関数を考察し、次にこれを結合することによって解かれる。[20] ここで用いられる係数とその結合の関数の規定は問題の中ですでに示されているわけではない。——その他の点では、展開自身はまったく分析的である。従って、方程式 $x^{m-1}=1$ を正弦を用いて解くこと、[21] また周知のとおり、ガウスが発見した、$x^{m-1}-1$ を $x-1$ で除した残りといわゆる単純根の考察を用いる内在的で代数的な解法[22]——それは近代の解析学の最も重要な拡張である——は総合的なものである。なぜなら、用いられる諸規定、正弦や剰余の考察は問題そのものの規定ではないからである。

いわゆる変量の無限微差を考察する解析学、および微・積分計算の本性については、この論理学の第一部で一層詳細に論じられた[23]。そこでは、質的な量規定がその根底にあり、それは概念によってのみ捉えられるということが示された。量そのものから質的な量規定への移行は、もはや分析的ではない。従って、数学は、今日に至るまで、この移行に基づく計算を自己自身によって、すなわち数学的な仕方で正当化するには至らなかった。なぜなら、この移行は数学的な性質のものではないからである。無限微差の計算を計算として創り出した名声が帰せられるのはライプニッツ[24]であるが、彼は、まさに右の箇所で示されたように、この移行を、最も不十分であり同じくまったく没概念的かつ非数学的な仕方で行った。しかし、一旦移行が前提されるならば、――そして、それは学の現在の水準ではむしろ前提以上のものではない――それ以上の進行はもちろん通常の計算の系列にすぎないのである。

分析は、もはや問題そのものによっては措定されていない諸規定に及ぶかぎり、総合的となることが注意された。だが、分析的な認識から総合的認識への一般的な移行は、直接性の形式から媒介への、抽象的同一性から区別への必然的な移行のうちにある。分析的なものが働く場合には、自己自身に関係するかぎりでの諸規定一般のもとにとどまっている。しかし、それらは、それらの規定性によって本質的に他のものに関係するという本性も持っている。分析的認識は外から与えられた素材ではなく思惟諸規定である諸関係に沿って進むにせよ、それにとってこれらの関係が与えられたものでもあるかぎり、やはり分析的であり続ける。しかし、この認識活動が唯一自分のものであると知る抽象的同一性は、本質的に区別されたものの同一性であるから、そのようなものとしてもこの認識活動のものであり、主観的な概念にとっては連関もまた概念によって措定され、概念と同一にならなければならない。

（b）総合的認識

分析的認識は、全推理の第一前提である。――それは、客観に対する概念の直接的な関係である。従って、同一性が、それが自らのものとして認識する規定である。そして、それは、存在しているものを捉えることにすぎない。総合的認識は存在しているものを概念的に把握することを、すなわち、多様な諸規定をそれらの統一において捉えることを目指す。従って、それは、異なったものそのものが関係づけられる推理の第二の前提である。それ故、その目標は必然性一般である。――結合されている様々なものがそれであるのは、一方では関係の中においてである。そうした関係の中では、それらは関係づけられるとともに、互いに無関係で独立している。だが他方では、それらは概念の中で結合されている。概念は、それらの単純な、とはいえ規定された統一である。総合的な認識は、まずは抽象的な同一性から関係に移行する。或いは存在から反省に移行する。そのかぎりでは、それは、概念がその対象のうちに認識する概念の絶対的反省ではない。概念が自己に与える実在性は、第一の段階、すなわち異なったものそのものの右に述べた同一性であり、従ってまたなお内的な同一性であり、必然性にすぎないものであって、主観的で自己自身に対して存在する同一性ではなく、よってまだ概念そのものではない同一性である。それ故、総合的認識は、概念諸規定をも内容として持っており、客観はそのうちで措定されはする。しかし、それらはまず相互関係のうちにある。或いは、直接的な統一のうちにある。だが、そうであるからといって、概念が主観としてあるようにする統一のうちにあるわけではない。

このことは、この認識活動が有限であることを意味する。その中での理念のこの実在的な面は依然として同一性を内なる同一性として持つだけであるから、その諸規定はなお互いに外在的なものとしてある。概念は主観性としてあるわけではないから、概念がその対象のうちで持つ固有のものには個別性が欠けている。そして、客観のうちで概念に対応するものは、もはや抽象的な形式ではなく、規定された形式であり、従って概念の特殊なものではあるが、概念の個別的なものは、依然として或る与えられた内容である。従って、この認識活動は客観的世界を概念に変えはするが、客観的世界に対して概念諸規定に従う形式を与えるにすぎず、客観をその個別性、規定された規定性に関して発見しなければならない。それはまだ自ら規定的であるわけではない。同様に、それは諸命題や諸法則を発見し、それらの必然性を証明する。しかし、事象そのもの自身の必然性としてではない。すなわち、概念に基づく必然性としてではない。そうではなく、与えられた諸規定、現象の諸々の区別に沿って進み、それだけで命題を統一や関係として認識したり、現象に基づいてその根拠を認識したりする活動の必然性に他ならない。

今や総合的認識の一層詳細な諸契機が考察されなければならない。

一　定義

第一のことは、まだ与えられたものである客観性が最初の形式としての単純な形式つまり概念の形式に変えられるということである。このような把握作用の諸契機は、従って、普遍性、特殊性、個別性といった概念の諸契機に他ならない。——個別的なものは直接的な表象としての客観自身であり、定義されるべきものである。把握作用の客観の普遍的な面は、客観的判断ないし必然性の判断[25]の規定のうちでは、類として、しかも最近類として明らかになった。すなわち、特殊なものの区別のための原理でもあるこの規定性を伴った普遍的なものとしてである。対象はこの区別を種差のうちに持つ。種差は対象を規定された種とし、他の種に対する分離を基礎づけるのである。

定義は、このように対象をその概念に連れ戻すのであるから、実存のために要求される外面性を脱ぎ捨てる。それは、概念を実在化するに当たって概念に付け加わるものを捨象する。概念を実在化することで、それは、第一に理念に、また第二に外なる実存に達するのであるが。記述は表象に対してであり、実在性に属するそれ以上のこの内容を拾い上げる。だが、定義は直観された定在の多様な諸規定のこの富を最も単純な諸契機に還元する。どれがこれら単純な諸要素の形式［であり］、それらは互いにどう規定されあっているのかは、概念のうちに含まれている。対象は、これによって、先に示されたとおり、普遍的なものとして捉えられる。そして、この普遍的なものは本質的に規定されたものでもある。対象自身は第三のものであり、個別的なものである。その中では、類と特殊化は一体となっている。それはまた直接的なものである。それはまだ自己規定的なものではないから、概念の外に措定されている。

概念は、右の諸規定、定義の形式区別の中に自己自身を見出し、それと合致する実在性を持つ。しかし、概念の諸契機の自己自身への反省、個別性はこの実在性にはまだ含まれておらず、従って客観は認識のうちにあるかぎり、まだ主観的なものとして規定されてはいないから、認識活動は客観に対して主観的なものであり、外在的な始元を持つ。或いは、個別的なものから外在的に始めるために、それは主観的なものである。従って、概念の内容は与えられたものであり、偶然的なものである。それ故、具体的な概念自身は、二つの面から偶然的なものである。第一に、その内容一般の面から、第二に、対象が外在的定在のうちに持つ様々な諸性質のどの内容規定が概念のために選ばれ、概念の諸契機となるべきかという面からである。

後の観点はさらに考察を必要とする。すなわち、個別性は、それだけで規定されているものとして、総合的認識に固有の概念規定の外にあるのであるから、対象のどの面がその概念規定に属し、どの面が単に外の実在性にのみ属していると見なされるべきかの原理は存在しない。このことが定義に当たっての困難であり、この認識にとって除去できないことなのである。とはいえ、その際区別が設けられなければならない。――第一に、自己目的的な合目的性の産物については、定義はたやすく見出される。なぜなら、定義が寄与すべき目的は、主観的な決意に基づいて生み出された規定であり、本質的な特殊化、実存するものの形式に当たるものだからである。そして、ここで問題となるのはこれのみである。目的の素材のそれ以外の本性ないし他の外在的諸性質は、目的に合致するかぎり目的の規定の中に含まれているが、残りのものは目的に対して非本質的である。

第二に、幾何学的な諸対象は、抽象的な空間規定である。基礎をなす抽象物、いわゆる絶対空間はそれ以上の一切の具体的な規定を失っているだけでなく、それがさらに持つのは空間のうちに措定される諸形態と図形のみである。従って、それらは本質的にそれらがあるべきものであるにすぎない。それらの概念規定一般、さらには種差はそれらのうちに単純で妨げられることのない実在性を持つ。そのかぎり、それらは外的合目的性の産物と同じである。それらは、この点で算術的な対象とも一致する。これらの対象においても同様に、それらのうちで措定されている規定のみが基礎をなすのである。――空間は、なるほどなおさらなる規定を持つ、すなわち三次元性、連続性、可分性をである。これらは、外からの規定によって空間のうちに初めて措定されるわけではない。だが、それらの規定は取り上げられた素材に属し、直接的な前提になっている。右の主観的な諸規定を、それらの土台でありそれらが持ち込まれているもの固有のこの本性と結合し絡み合わせることによって初めて、総合的な関係と法則が生じるのである。――数の諸規定の基礎にあるのは、一という単純な原理であるから、それらのもとでは結合とさらなる規定はまったくただ措定されたものにすぎない。これに対して、空間はそれだけで連続的な相互外在性であり、そこにおける諸規定はさらに拡散し、それらの概念とは違った実在性を持つ。だが、これはもはや直接的な定義に属するわけではないのである。

だが第三に、自然ならびに精神の具体的な諸客観の定義は、まったく別の見かけを呈する。それらの対象は、総じて、表象にとっては多くの性質を持った物である。ここで先ず問題となるのは、それらの最近類は何か、次に、それらの種差は何か、ということである。従って、多くの性質のうちどれが類としての対象に属し、どれが種としてのそれに属するか、さらにはこれらの性質のうちのどれが本質的であるかが規定されなければならない。そして、後の問題には、それらがどのような相互連関のうちにあるか、一方は他方とともにすでに措定されているのか否かを知ることが欠かせない。だが、そのために存在する基準は、定在自身の他にはない。――定義の中では、性質は単純で未展開の規定性として措定されていなければならないが、その本質性は定義にとってはその普遍性である。とはいえ、この普遍性は、定在の中では、時間のうちの単に経験的な――普遍性である。すなわち、他の性質が全体の存立の中で可変的なものとして示されるのに対し、その性質は持続的であるか否かということである。――或いはまた、この普遍性は、他の具体的な全体との比較に基づいて生じ、そのかぎり共通性を超えることのない普遍性であるか否かということである。ところで、比較によって、経験的に示される性状の全体が共通の基礎として示されるならば、反省はこの性状を総括して単純な思想規定にもたらし、そうした全体の単純な特徴を把握しなければならない。だが、思想規定ないし直接的な諸性質の一々が対象の単純で規定された本質であることの確証は、そうした規定を具体的な性状から導出することでしかありえない。しかし、そうすることは、直接的な諸性状を思想に変え、それらの具体的な内容を単純なものに還元する分析を必要とするものであった。――それは、先に考察された分析以上の分析である。なぜなら、それは、抽象的ではなく普遍的なものの中に具体的なものの規定された内容をなお保持しており、これを結合し、単純な思想規定に依存するものとして示さねばならないだろうからである。

だが、直接的な定在の多様な諸規定を単純な概念に関係づけることは、証明を要する諸定理であろう。これに対して、定義は最初の未展開の概念である。それは対象の単純な規定性を把握すべきであり、この把握は直接的なものでなければならないからである。定義は、そのためにはただ対象の直接的な、いわゆる諸性質の一つを用いることができるにすぎない。――感覚的定在ないし表象の一規定をである。この規定の個別化は抽象によって生じる。それが単純性となるのである。そして、普遍性と本質性のためには、概念は経験的な普遍性、変化した諸事情のもとで持続していることおよび反省に向かうように指示される。この反省は、外在的定在と表象、すなわち概念の規定が見出されないところに概念の規定を求めるのである。――従って、定義するということは、本質的に対象の諸原理である本来的な概念規定を実際自ら放棄するのであり、徴表で満足する。すなわち、対象そのものに対する本質性は無関係であり、むしろ外的反省に対する印であるという目的しか持たない諸規定にである。――そうした個別的で外面的な規定性は、具体的な全体とその概念の本性とは余りにも不相応であり、それだけで選び取られ、その中に具体的な全体がその真の表現と規定を持っているとは考えられえないのである。――例えば、ブルーメンバッハ①の注によれば、耳朶は他のすべての動物にはなく、従って共通で決定的な徴表についての普通の語り方によれば、まったく正しく自然的人間の定義の中で示差的な特徴として用いられうるものである。しかし、そうしたまったく外面的な規定が、自然的人間の全体的性状の表象、そして概念規定が本質的なものでなければならないという要求とどれだけそぐわないかということは、直ちに判明する！　定義の中に取り上げられる徴表がそうした純粋な応急措置にすぎないか、とはいえ原理の本性に一層近づくという場合、それはまったく偶然なことである。それらは外面的なものであるために、概念的に認識するに当たってそれらが出発点とはされてこなかったということも、それらを見れば分かる。むしろ暗い感情、無規定だが深い感覚、本質的なものの予感が自然と精神の中の類の発見に先行しており、それに次いで初めて悟性のために規定された外面性が探究されてきたのである。――概念は、定在の中で外在的なものとなっているために、その区別された諸契機となって展開されており、それらの性質の一々に直ちに結びつけられていることはありえない。物の外面性としての諸性質はそれら自身の間で互いに外在的である。従って、それらは本質的にさらに自立的な物質となるということが、現象の領域において多くの性質を持つ物[27]のもとで示された。精神は、同じ現象の立場から見られるならば、多くの自立的な力の集まりとなる。個別的性質ないし力は、この立場によれば、それが他の性質や力に対して無関係なものとされるところでさえ、特徴づける原理であることを止める。それとともに、概念一般の規定性としての規定性は、消滅するのである。

① Blumenbach, Joh.Friedr., 1752-1840. イェーナ大学教授。比較解剖学と生理学の開拓者。

さらに、具体的な事物のうちには、諸性質相互の差異の他に、概念とその実現の間の区別も現れる。自然と精神のうちの概念には外に向かっての提示があり、その中ではその規定性は外のものに依存し可変的で不相応なものとして示される。従って、現実的なものは自体的にはそれがあるべきあり方を示しはするが、しかしまた否定的な概念の判断[28]に従って、その現実がこの概念には不完全にしか一致せず、それはよくないということを示すこともできる。定義は、何と言っても直接的な性質のうちに概念の規定性を示すべきである。ところが、性状の全体は定義されるべき具体的なものを認識させはするが、このものの特徴と解される性質は未熟であるか退化していることが示されるような反例が持ち出されえない性質はない。不完全な植物、不完全な動物種、蔑視される人間、悪しき国家においては、かつては定義のために決定的で本質的な規定性としてそうした具体的なものの実存のうちで捉えられえた実存の諸側面が不完全であるか、或いはまったく抹殺されているかである。不完全な植物、動物などは、しかし依然として植物、動物などである。従ってまた、不完全なものも定義の中に取り上げられているべきだとすれば、経験的な探究の中からは、それが本質的なものと見なそうとしたすべての性質が抜け落ちることになる。それらの性質を欠く畸形の諸例によってである。例えば、無脳者の例によって、自然的人間にとっての脳の本質性が、独裁的国家と専制的政府の例によって、国家にとっての生命と財産の保護の本質性がである。――事例に対して概念が主張され、事例が概念によって量られて悪しき見本と主張されるならば、概念はその証明をもはや現象のうちに持つことはない。しかし、概念の自立性は定義の意味に反する。定義は、直接的な概念であるべきであり、従って対象に対するその諸規定を定在の直接性からしか取り上げることはできず、見出されるものに即してしか自己を正当化することはできないのである。――その内容がそれ自体として真理であるか、偶然的であるかということは、その領域の外にある。しかし、形式的な真理、定義のうちで主観的に措定される概念とその外に現実的にある対象の合致は、個別的対象が不完全でもありうるから確認されるわけにはいかないのである。

総じて、定義の内容は直接的な定在から取られる。そして、それは直接的であるから正当化されることはできない。その必然性への問いは、源泉によって除去されている。定義が概念を単に直接的なものとして語る中では、概念自身を把握することは断念されている。従って、定義が提示するのは、与えられた内容における概念の形式規定に他ならない。概念の自己自身への反省を欠く、すなわち概念の対自存在を欠くそれなのである。しかし、直接性一般は媒介から現れるにすぎない。従って、それは媒介に移行しなければならない。或いは、定義が含む内容規定性は、規定性であるが故に直接的なものであるだけでなく、それに対する他の規定性によって媒介されたものでもある。それ故、定義はその対象を対立する規定を通してのみ捉えることができるのであり、よって分類に移行せねばならない。

二　分類

普遍的なものは、自己を特殊化しなければならない。そのかぎり、分類の必然性は、普遍的なもののうちにある。しかし、定義はすでにそれ自身特殊なものから始まるのであるから、それが分類に移行する必然性は、特殊なもののうちにある。特殊なものは、それだけで他の特殊なものを指示するのである。逆に、まさにその点において、特殊なものは普遍的なものから分離される。規定性は、それとは別の規定性から区別されねばならないという要求のうちにとどめられるからである。従って、普遍的なものは、分類に対して前提される。それ故、進行は、定義の個別的な内容が特殊性を通して普遍性の極に上昇することであるが、普遍性は今や客観的な基礎と見なされなければならず、分類は、そこから、第一のものとしての普遍的なものの分離として示されることになる。

それによって、移行は開始されている。それは普遍的なものから特殊なものに向けて起こるものであるから、概念の形式によって規定されている。定義は、単独では個別的なものである。多くの定義は多くの対象に属する。普遍的なものから特殊なものへの概念に属する進行は、総合的な学と体系および体系的な認識の基礎であり可能性である。

このために第一に要求されることは、先に示されたとおり、普遍的なものという形式を持つ対象から始められるということである。自然であれ精神であれ、その現実性の中で具体的な個別性が主観的で自然な認識に対して第一のものとして与えられているとすれば、それに対して、認識が少なくとも概念の形式を基礎とするかぎり、概念的把握であるこの認識においては、単純で具体的なものから切り離されたものが第一のものでなければならない。なぜなら、対象は、この形式のうちでのみ自己に関係する普遍的なものと概念に従って直接的であるものの形式を持つからである。学的なものにおけるこうした歩みに反対して、次のように考えられうるかもしれない。直観は認識よりも容易であり、それ故直観可能なもの、従って具体的な現実も学の始元とされるべきである。そして、この歩みは対象の抽象面から始め、そこから逆にその特殊化と具体的な個別化に進んでいく歩みよりも自然に適っている、と。——しかし、認識が遂行されるべきなのであるから、直観との比較はすでに決着がついており放棄されている。そして、唯一問題となりうるのは、認識活動の内部で第一のものは何とされるべきか、帰結はどうあるべきかということである。求められるのは自然に適った道ではなく、認識に適った道である。——容易さだけが問われるとすれば、もちろん次のことが自ずから明らかとなる。すなわち、認識にとっては、具体的なものを捉えるより抽象的で単純な思想規定を捉える方が容易である。具体的なものはそうした思惟諸規定とその諸関係の幾重もの結びつきなのである。具体的なものはこのような仕方で捉えられるべきであり、もはや直観のうちにあるがままにではない。普遍的なものは、自体的かつ対自的に第一の概念の契機である。それは単純なものであり、特殊なものはその後に初めて来るものにすぎず、媒介されたものであるからである。そして、逆に、単純なものは一層普遍的なものであり、具体的なものは自体的に区別され、よって媒介されたものとしてある。それは、第一のものからの移行をすでに前提しているものなのである。——この注意は、定義、分類、定理といった規定された形を取った進行の秩序に関するだけでなく、普遍的なもののうちでのまた単に抽象的なものと具体的なものの区別に関する認識活動の秩序にも関係を持つ。——従って、例えば、読み方を学ぶ場合にも、語の全体或いはまた音節を読むことから始めるのではなく、語と音節の諸要素と抽象的な音の記号から始めるのが理に適っている。表音文字においては、具体的な語をその抽象的な音と記号に分析することはすでに完了している。まさにそれ故に、読み方を学ぶことは抽象的な対象に初めて関わることになる。幾何学においては、具体的な空間形象からではなく、点や線、さらには平面図形から始められなければならない。そして、平面図形のもとでは多角形ではなく、三角形から、曲線のもとでは円から始められなければならない。物理学においては、個々の自然的性質や物質は具体的な現実の中では様々に縺れあっていたのだが、これらの縺れから解き放され、単純で必然的な諸条件とともに示されなければならない。それらもまた、空間的図形と同様に直観可能である。だが、それらの直観は前もって整えられ、まずそれらに固有の規定性の外の諸事情による変容のすべてから解放されて現れ、堅持されなければならない。磁気や電気、ガスなどの諸対象の認識がそれらの規定性を手に入れるのは、それらが現実において現れる際の具体的な諸状態から取り出されて捉えられることによってのみである。それらはそのような対象なのである。実験が直観に対してそれらを提示するのは、もちろん具体的な場合においてである。しかし、一方で、学問的であるためには、それはそのための必然的な条件だけを選ばなければならず、他方では、これらの条件の不可分の具体的なあり方を非本質的なものとして示すために、自己を多様化しなければならない。それらが別の具体的な形態で現れ、さらにまた別の形態で現れることによって、認識に対してそれらの抽象的な形式だけが残ることによってである。——もう一つの例に言及するならば、色を考察する際に、まず、動物的で主観的な感覚の具体的な現象の中で、次に、主観の外で幽霊のように漂う現象として、最後に、外の現実の中で諸客観に固定されたものとして見ることは、自然で意味のあることと思われえた。しかし、認識活動にとっては、普遍的で、それ故真に第一の形式は右の捉え方の中間のものである。色が主観的、客観的な諸事情と絡み合うことはまったくなしに、周知のスペクトルとして主観性と客観性の間に浮遊しているようにである。主観的客観的な諸事情は、その対象の本性の純粋な考察のためには、さしあたりまったく攪乱的である。それらは作用する原因として関係しあい、従って色の特定の変化、移ろい、関係は、色固有の特殊な本性に根ざしているのか、或いはむしろ右の諸事情の病的で特殊な性状、主観の諸器官の健康的かつ病的で特殊な情態や作用ないし諸客観の化学的、植物的、動物的な諸力に帰せられるのかを、決定されないままにするからである。——幾つもの他の例が、有機的自然と精神世界の認識に基づいて挙げられうるであろう。至るところで抽象的なものが始まりとなり境位となって、特殊なものや具体的なものの豊かな諸形態はそこにおいて広がりそこから発するのでなければならない。

分類ないし特殊なもののもとでは、特殊なものの普遍的なものからの区別が実際に現れる。しかし、この普遍的なものはすでにそれ自身規定されたものであり、従って分類の一つの項にすぎない。従って、それに対しては一層上の普遍的なものがある。だが、これに対しても更めて一層上の普遍的なものがあり、かくしてさしあたり無限に進む。ここで考察される認識活動にとっては、内在的な限界はない。なぜなら、それは与えられたものから出発し、抽象的な普遍性の形式がその最初のものには特有だからである。それ故、基礎的な普遍性を持つように見える何らかの対象が特定の学の対象とされ、絶対的な始元となるのだが、それは、表象がそれを知っていることが前提され、対象自身は演繹を必要としていないと見なされるかぎりにおいてである。定義はそれを直接的な対象として受け取るのである。

そうした対象からさらに進んでいくことが、さしあたり分類である。この進行に必要とされるのは内在的な原理すなわち普遍的なものと特殊なものから始めることであろう。だが、ここで考察される認識活動にはそのような原理は欠けている。なぜなら、それは、自己内反省を欠く概念の形式規定に従うだけだからであり、従って内容の規定性を与えられたものから受け取るだけだからである。分類のうちに現れる特殊なものに対しては固有の根拠は存在しない。分類根拠をなす［はずの］ものに関しても、分離の諸項が互いに持つはずの規定された関係に関してもである。それ故、この観点では、認識活動の仕事は次の点にあるにすぎない。すなわち、一方では、経験的な素材のうちに見出される特殊なものを秩序づけるとともに、他方では、特殊なものの持つ普遍的な諸規定をも比較によって発見することである。これらの普遍的な規定は、それから、分類の根拠と見なされる。それには、それに応じて分類にも様々なものが生まれるように様々なものがありうる。分類の諸項相互の関係、諸々の種の関係は、それらが仮定された分類根拠に従って互いに規定されあっているという一般的な規定を持つにすぎない。それらの差異が別の観点に基づくとしたら、それらは互いに同一線上に並べられていることはありえないであろう。

それ自身で規定されていることの原理が欠けていることによって、この分類の仕事のための法則は、何にもならない形式的で空虚な規則のうちにしかありえない。——かくして、われわれは、分類が概念を尽くすべきであるという規則が立てられるのを見る。しかし実際には、一切の個別的な分類項が概念を尽くさなければならないとはいえ、尽くされるべきものとして考えられているのは、本来概念の規定性に他ならない。しかし、諸々の種の経験的で自己のうちでは規定を欠く多様性のもとでは、種がより多く或いは少なく見出されるか否かは概念を尽くすことには何ら寄与しない。例えば、六七種の鸚鵡の他になお一ダースが発見されるか否かは、類を尽くすには無関係である。尽くすべきであるという要求は、すべての種が完全に挙げられなければならないという同語反復的な命題を意味するにすぎない。——経験的な知識を拡張するに当たっては、仮定されている類に適合しない種が見つかるということが極めてよく起こりうる。なぜなら、類は、はっきりとその規定のために役立つはずの多かれ少なかれ個別的な徴表によるよりも、性状全体の曖昧な表象に従って仮定されることがしばしばあるからである。——このような場合には、類は変更され、別の種の集まりが新しい類の種と見なされるということが正当化されねばならないであろう。すなわち、類は、人が統一として考えようとする何らかの観点に基づいて取りまとめるものから規定されたのである。そこでは、この観点自身が分類根拠となるのであろう。逆に言えば、類に特有なものとして始めに仮定された規定性が固持されるならば、人がある素材を種として以前の種と一つにしようとしても、その素材は排除されることになろう。このように、概念なしに、ある場合には一つの規定性を類の本質的な契機と見なし、特殊なものをそれに従ってそれに従属させたり、それから排除したりし、他の場合には特殊なものから始め、それを取りまとめるに当たっては再び他の規定性によって導かれるというやり方は、恣意の戯れという外見を与え、具体的なもののどの部分、或いはどの面を固定し、それによって秩序づけるかは恣意に委ねられているかのように思わせる。——物理的自然は自ずからそうした偶然性を分類の諸原理のうちに露呈する。その依存的で外在的な現実性の故に、それは多様で、それにとって同じく与えられた連関に置かれている。したがって、数多くの原理が見出され、物理的自然はそれらに従い、その諸形式の一つの系列においては一つのものに、他方の系列においては他のものに続き、また様々な方向に同様に同時に進んでいく雑種をも生み出すのである。ここから、或る系列の自然物においては、諸徴表が極めて独特で本質的なものとして現れるが、それは別の系列においては目立たず目的のないものとなり、よってこの種の分類原理を堅持することは不可能となるということが起こる。

経験的な種の一般的な規定性は、それらが互いに異なったもの一般であり、対立しあうことがないということでしかありえない(29)。概念の分離は、以前その規定性において示された(30)。もし特殊性が概念の否定的統一なしに直接的で与えられたものとして取り上げられるならば、区別は、以前考察された差異性一般という反省形式のもとにとどまるだけである。自然のうちでは、概念は専ら外化された形であるのだが、この外在性は区別がまったくの無関係であるということを持ち込む。従って、分類のためにしばしば用いられる規定は数から取ってこられるのである。

ここで、特殊なものが普遍的なもの、従って分類一般に対して偶然的であればあるほど、感覚的な諸性質が許容するかぎり概念に一層適っていることを示す分類根拠や分類を人がこの認識活動のうちで認める場合、それは理性の直観(31)に帰せられうることになる。例えば、動物においては、口、歯、爪は、諸々の体系の中で遥かに徹底的な分類根拠として用いられる。それらは、まずは、認識活動の主観的な目的のために諸徴表が一層容易に示される諸側面としてのみ見なされる。しかし、実際には、右の諸器官のうちにあるのは、外的反省に属する区別だけではない。それらは、動物的個体性の生命点でもある。この点で、個体性は、自己自身に関係する個別性として、また他のものとの連続性から離れる個別性として、それにとって外在的な本性を持つ他のものから自己自身を隔てるのである。——植物においては、受精器官が植物的生命の最高点であり、それによって、植物は、性差への移行とともに個体的個別性への移行を示す。従って、体系が、十分とは言えないが広汎に及ぶ分類根拠のためにこの点に向かい、それによって、比較のための外在的反省にとっての規定性だけでなく、植物が持ちうるそれ自身で最高の規定性を基礎に置いたのは正当なことであった。

三　定理

1．概念諸規定に従って進むこの認識活動の第三段階は、特殊性が個別性に移行することである。それが定理の内容となる。従って、ここで考察されるべきことは、自己に関係する規定性、自己自身のうちでの対象の区別であり、区別された諸規定性相互の関係である。定義が含むのは一つの規定性にすぎず、分類が含むのは他の規定性に対立する規定性である。個別化の中では、対象は自己自身のうちで分離する。定義が普遍的な概念のもとにあり続けるかぎり、これに対し、定理のうちでは、対象は、その実在性において、その実在的定在の諸条件と諸形式の中で認識されている。従って、対象は、定義と一緒になって概念と実在性の統一である理念を提示する。しかし、ここで考察されたなお探求しつつある認識活動のもとでは、実在性が概念から生じることはなく、従って概念への実在性の依存性とともに統一自身が認識されないかぎり、この認識活動が理念の提示に達することはない。

右のように規定された定理は、とにかく対象の諸規定性の関係が必然的、すなわち概念の内的同一性に根ざしているかぎり、対象に固有の総合的なものである。定義と分類のうちにある総合的なものは、外から取り上げられた結合である。見出されたものは概念の形式にもたらされる。しかし、見出されたものとして、内容の全体はただ示されるにすぎない。これに対して、定理は論証されなければならない。この認識活動は、その諸定義と分類の内容を演繹するわけではないから、諸定理が表現する諸関係の証明を省くこともでき、この観点においては同じく知覚で満足することもできるであろうと思われる。しかし、認識活動が単なる知覚と表象から区別されるのは、それが内容に与える概念の形式一般によってである。定義と分類において遂行されるのはこのことである。しかし、定理の内容は個別性の概念諸契機に由来するから、それが成り立つのは実在性の諸規定においてであり、これらの規定が関係のために持つのは、もはや単に単純で直接的な概念諸規定ではない。個別性のうちでは、概念は他在、実在性に移行しており、それによって概念は理念となるのである。従って、定理のうちに含まれている総合は、その正当化のためにもはや概念の形式を持つことはない。それは、異なったものの結合としての結合である。従って、それによってまだ措定されていない統一がまず示されなければならない。——それ故、ここでは、論証するということがこの認識活動自身にとって必要となる。

ここでまず、対象のどの規定が定義のうちに取り上げられうるのか、或いは定理に振り向けられるかの区別をはっきりとつけることの難しさが示される。この点については、何の原理も存在しえない。そうした原理は、対象に直接帰属するものは定義に属し、媒介されたものとしてのそれ以外のものについては、媒介がまず示されなければならないという点にあるように思われよう。しかし、定義の内容は規定されたもの一般であり、それ故それ自身本質的に媒介されたものである。それは、主観的な直接性を持つにすぎない。すなわち、主観は任意に始め、対象を前提として認めるのである。対象はとにかく自己のうちで具体的な対象一般であり、また分類もされねばならないものであるから、数多くの規定が生じ、それらは本性的に媒介されたものであり、原理によってではなく、主観的な規定に従ってのみ直接的で未証明のものとして想定されるにすぎない。——ユークリッドはず[32]っと以前から、正当にもこのような総合的な認識様式の師として認められてきた。だが、彼のもとでも、公理という名のもとに平行線についての前提が見出される。人はそれを証明しなければならないと考え、その欠陥を様々な仕方で補おうとしてきた。また、多くの他の定理のうちに、直接仮定されるべきではなく証明されるべき諸前提を発見すると信じてきた。平行線に関するあの公理に関して言えば、彼の学問の境位と本性を厳密に評価したユークリッドのまさに正しい感覚がその中に十分認められるということが気づかれる。右の公理の証明は、平行線の概念から導かれるべきであったろう。しかし、そうした証明は、彼の諸定義、公理、総じて彼の対象、空間そのもの、空間の第一の諸規定、諸次元の演繹と同様、彼の学問には含まれていない。――そのような演繹は概念からしか導かれえず、しかし概念はユークリッドの学問に固有のものの外にあるのであるから、その学問にとってそれらは必然的に前提、相対的に第一のものなのである。

この機会に公理について述べるならば、それらも同じクラスに属する。それらは、通常、不当にも絶対的に第一のものと見なされることがよくある。あたかもそれら自身は証明を必要としないかのようにである。[33] このことが事実そのとおりだとすれば、それらは単なる同語反復であろう。抽象的な同一性しかないところには差異は生ぜず、従って如何なる媒介も要求されないからである。しかし、公理が同語反復以上のものであるならば、それらは何らかの他の学問に基づく諸命題である。それらは、それらが公理として寄与する学問にとっては前提でなければならないからである。従って、それらは本来定理であり、しかも大抵は論理学に基づく定理である。幾何学の諸公理は、大きさ〔量〕にのみ関係し、従って質的な区別はそれらのうちでは抹消されているから、他の点では同語反復に近い前提であり、論理的命題である。主たる公理、純粋に量的な推理については、先に問題となった。[34]――従って、諸公理は、定義や分類と同様、自体的対自的に考察されるならば、証明を必要とする。そして、それらが定理とされないのは、それらが或る立場にとって相対的に第一のものとして前提と見なされるからにすぎない。

諸定理の内容に関していえば、次のような区別がさらに立てられる。その内容は、概念の実在性の諸規定性の関係のうちにあるから、これらの関係は多かれ少なかれ対象の不完全で個別的な関係であるか、実在性の全内容を包含し、その規定された関係を表現するような関係でありうるかである。だが、完全な内容諸規定性の統一は、概念に等しい。それらを含む命題は、従って、それ自身またもや定義であるが、その定義は直接取り上げられたものだけではなく、規定された実在的な区別へと展開した概念ないし概念の完全な定在を表現するものに他ならない。従って、両者が一体となって理念を表現するのである。

総合的な学問、とりわけ幾何学の諸定理をさらに比較するならば、次の区別が明らかとなろう。すなわち、その諸定理の若干のものは、対象の個別的な関係を含むだけだが、他のものは対象の完全な規定性が表現されている諸関係を含む。総じて各々の命題は真理を含み、概念の形式的な進行と連関の中では等しく本質的であるという理由で、すべての命題は価値的に互いに等しいとされる場合、それは極めて表面的な見方である。諸定理の内容に関する区別は、この進行自身と最も密接に連関している。この進行についてさらに若干注意しておくことは、右の区別と総合的認識の本性をさらに解明することに役立つであろう。まず、ユークリッド幾何学は総合的方法の代表と見なされ、その完全な模範を提供するものとして手本となるとされるが[35]、それに対してはずっと以前から一連の定理の配列が賞賛されてきた。この配列によって、あらゆる定理に対し、その構成と証明に必要とされる諸命題が、以前証明されたものとして常に前もって見出されるのである。この事情は形式的な整合性と関わりを持つ。整合性が重要であればあるほど、それだけ一層、この事情は合目的性の外的配列に関わりを持つことになり、それだけでは概念と理念の本質的な区別に関係を持つことはなくなる。この区別にこそ、進行の必然性の一層上の原理があるのである。——すなわち、出発点となる定義[36]は、感覚的な対象を直接与えられたものとして把握し、それを最近類と種差によって規定する。だが、これらも同様に概念の単純で直接的な規定性、普遍性と特殊性であって、それらの関係はそれ以上展開されてはいない。始めの諸定理も、それ自身定義のうちに含まれている直接的な諸規定に手懸かりを見出しうるだけであって、それらが互いに依存しあっているということは、同様に、さしあたり、一方が他方によってそもそも規定されてあるという一般的な事情に関わりうるにすぎない。

かくして、三角形についてのユークリッドの最初の諸命題[37]が関係するのは合同、すなわち、同一の三角形の残りの部分ないし全体も規定されたもの一般となるには、三角形のどれだけ多くの部分が規定されていなければならないか、ということにすぎない。二つの三角形が互いに比較され、合同が重ね合わせに基づけられるのは、思想の代わりに感覚的な重ね合わせ、規定されていることを用いざるをえない方法が必要とする迂路である。右の諸定理が通常それだけで考察されるならば、それら自身は二つの部分を含んでいる。その一つは、概念として、今ひとつは、実在性、すなわち概念を完成して実在性とするものとして見なされうる。すなわち、完全に規定を与えるもの、例えば二辺とそれによって挟まれた角は、すでに悟性にとっては完全な三角形である。三角形の完全な規定性のためにそれ以上必要なものはない。残りの二つの角と第三の辺は、概念の規定性を超える実在性の余剰である。従って、右の諸規定が行っていることは、本来、三つの辺と三つの角をもちろん必要とする感覚的な三角形を最も単純な諸条件に還元することである。そもそも定義が言及しているのは、三本の直線だけであり、平面図形を囲み三角形としているものにすぎない。定理が初めて、辺が規定されていることによって角が規定されていることを明確に含むのである。また残りの定理は他の三つの部分が右の三つの部分に依存していることを含むのである。――ピュタゴラスの定理は、三角形の三辺に関する大きさの完全な規定性を自己自身のうちに含んでいる。この定理が初めて、三角形の辺の間の方程式となる。なぜなら、先に問題となった諸辺は、ただ一般的に三角形をその諸部分相互の規定性にもたらすだけで、方程式にもたらすことはしないからである。従って、この命題が三角形の完全で実在的な定義である。すなわち、さしあたり直角三角形の、その諸区別において最も単純でそれ故最も規則的な三角形のそれである。[38]――ユークリッドはこの命題で第一巻を閉じている。実際それは、獲得された完全な規定性だからである。彼はまた、まずかなり大きな不等性を持つ直角三角形でない三角形を同形のものに還元した後、矩形を正方形に還元することで第二巻を閉じている。[39]――それは、自己自身に等しいもの、正方形と自己において不等なもの、矩形の間の方程式である。かくて、直角、自己自身に等しいものに対する斜辺はピュタゴラスの定理の中では、方程式の一方の辺となり、他の辺は自己と不等なもの、すなわち直角を峡む二本の辺となる。——それもまたピュタゴラスの定理である。但し、直角を挟む二辺が変量と見なされるかぎりでのみである。円の最初の方程式は、まさしく感覚的規定性が方程式に対して持つ関係のうちにあるが、それは、円錐曲線一般の二つの異なった定義が互いに対してあるのと同様である。

この真の総合的な進み行きは、普遍的なものから個別性への、すなわち自体的対自的に規定されたものないし対象の自己自身のうちでの統一への移行である。対象がその本質的で実在的な規定性に分かれ区別されているかぎりにおいてである。だが、他の諸学問における普通の進み方はまったく不完全であり、次のようなものであることが常である。すなわち、なるほど普遍的なものが出発点とされるが、その個別化と具体化は、しかし、他から入ってくる素材に普遍的なものを適用することにすぎない。理念本来の個別的なものは、このような仕方では、経験的な付加であることになる。

定理の持つ内容がどれほどより不完全であったり完全であったりしようとも、それは証明されなければならない。それは実在的な規定の関係であり、概念諸規定の関係を持たないものの関係である。われわれが第二の、或いは実在的な定義と名づけた諸命題のうちで示されうるように、それらがこの関係を持つならば、それらはまさにその理由で、一方において定義である。だが、それらの内容は同時に実在的な諸規定の関係から成り、単に普遍的なものと単純な規定性の関係を本質とするわけではないから、それらはそうした第一の定義と比べて証明も必要とし、また持つことができる。実在的な規定性として、それらが持つのは無関係に存立し異なったものの形式である。従って、それらは直接一体であるわけではない。それ故、それらの間の媒介が示されなければならない。最初の定義における直接的な統一は、特殊なものが普遍的なもののうちにあることになる統一である。

2．さらに立ち入って今考察されるべきものは、媒介である。それはやはり単純であるか、或いは幾つもの媒介を通っていくことができるかである。媒介する項は媒介されるべきものと連関する。しかし、この認識活動の中でそこから媒介と定理が引き去られ、総じて対立するものへの移行が疎遠であるものは概念ではないから、連関の概念を欠く媒介する諸規定は、暫定的な材料として証明の組み立てのためどこかから持ってこられるのでなければならない。この準備が作図である。

定理の内容の諸関係は極めて多様でありうるが、その中で証明に寄与するものだけが示され、提出されなければならない。こうした材料の調達が初めて意味を持つのは、証明の中でである。調達それ自身は盲目的で概念を欠いているように見える。後に証明する段で、人は幾何学的図形において、例えば、作図が示すように線を書き加えることが目的に適っていたことを洞察するであろう。しかし、作図することそのことに当たっては、人は盲目的に従わなければならない。従って、この手続きはそれだけでは意味を持たない。なぜなら、それを導く目的はまだ語られていないからである。――そのために手続きがとられるものが本来の定理であるか問題であるかは、重要ではない。まず証明に先立って現れるままの手続きは、定理ないし問題の中で与えられる規定からは導出されないものであり、従って目的をまだ知らない人々にとっては意味のない行為であり、常に外の目的によってのみ指導されたものである。

この最初のうちまだ隠れているものは、証明の中で現れてくる。すでに示されたとおり、証明は、定理の中で結合されたものとして語られているものの媒介を含んでいる。この結合は、この媒介によって初めて必然的なものとして現れる。作図はそれだけでは概念の主観性を持たないが、それと同様、証明は客観性を欠く主観的な働きである。すなわち、定理の内容諸規定は、同時に概念諸規定として措定されてはおらず、様々な外的相互関係のうちにある所与の無関係な部分として措定されている。それ故、必然性が現れるのは、形式的で外在的な概念においてにすぎない。証明は定理の内容をなす関係の発生ではない。必然性は洞察に対してあるだけで、証明の全体は認識活動の主観的な目的のためにある。従って、外から内に向かう、すなわち外的な諸事情から関係の内的性状へと推理するのは、総じて外在的反省である。作図が示した諸事情は対象の本性の帰結であるが、ここではそれらは逆に根拠とされ、媒介する諸関係とされるのである。それ故、中名辞、それはそこにおいて定理のうちで結合されているものが統一されたものとして示され、証明の核心をなす第三者であるが、この結合が現れる場であり、外在的なものにすぎない。この証明が辿る経過はむしろ事柄の本性とは逆であるから、その中で根拠と見なされるものは、主観的な根拠であり、そこから事柄の本性が認識活動に対してのみ現れるのである。

これまで述べてきたことから、この認識活動の必然的な限界が明らかになる。それは非常にしばしば誤解されてきたものである。総合的な方法の輝かしい例は、幾何学である。――しかし、それは不適切な仕方で他の諸学問、哲学にすら応用されもしてきた。幾何学は大きさ〔量〕の学問である。従って、形式的な推理が最も相応しくそれに属する。その中で考察されるのは単に量的な規定であり、質的な規定は捨象されるのであるから、それが自己を保持しうるのは、形式的な同一性、概念を欠く統一の内部でのみである。この同一性や統一は同等性であり、外在的で抽象的な反省に属するものである。対象、空間諸規定は、すでに、完全な有限かつ外的な規定性を持つという目的のために用意された抽象的な対象である。この学問は、その抽象的な対象によって、一方では、崇高な面を持っている。すなわち、これら空虚で静的な空間の中では、色彩は消えており、同様に他の感覚的な諸性質も消滅している。さらに生きた個体性に一層親しく語りかける他の関心はどれもその中では沈黙している。他方では、抽象的な対象はなお空間であり、非感覚的な感覚的なものである。――直観はその抽象態に引き上げられている。――それは直観の形式ではあるが、なお直観である。――感覚的なもの、感性自身の相互外在性、感性の純粋な没概念性である。――人は、近年、この面から幾何学の卓越性について語られるのを十分なほど耳にしてきた。幾何学が感覚的直観を基礎としていることを、人は幾何学の最も優れた点として説明し、その高い学問性はさらにその上に基づいており、その証明は直観に基づいていると考えた。この皮相さに対しては皮相な注意をすることが必要である。すなわち、学問は直観によっては成立せず、思惟によってのみ成立する。幾何学はなお感覚的なその素材によって直観性を持つが、この直観性こそが感覚的なもの一般が無思想の精神に対して持つ明証性の面を唯一幾何学に対して与えているのである。従って、人が素材のこの感覚性を幾何学の優れた点として評価したのは、憐れむべきことである。それは、むしろ、幾何学の立場の低さを示すことに他ならない。幾何学は、その感覚的対象の抽象性のおかげでのみ、一層高い学問性を持つことができ、次のような知識の採集にはない大いなる長所を授けられているのである。人はそれらの知識の蒐集を同じく学問と呼びたがるが、具体的で感受できる感覚的なものを内容として持ち、それらが持ち込もうとする秩序によって概念の要求に対する遠い予感と仄めかしを示すだけなのである。

幾何学の空間は相互外在性の抽象態であり空虚さであるから、その無規定性の中に諸々の図形が書き込まれ、その諸規定が不動の静止を保ちながら互いの外にとどまり、対立するものに移行するということを自己のうちに含まないということは、ただ可能なことにすぎない。従って、それらについての学問は有限なものの単純な学問であり、この有限なものは大きさ〔量〕に従って比較され、その統一は外面的な統一、同等性なのである。しかし、この作図に当たっては同時に様々な面と原理が出発点にされ、様々な図形がそれだけで生じるから、それを比較すると質的な不等性と通約不可能性も現れる。(40) 幾何学は、そこにおいて、それが規則正しく確実に進む場であるべき有限性を超えて無限性にまで駆り立てられる。――質的に異なったものを等置することへとである。不動の有限性が普通は幾何学の基礎をなし、幾何学は概念とその現象、すなわち右の移行とは関わりを持たないという幾何学の明証性は、ここで終わることになる。有限な学問はここでその限界に達している。なぜなら、総合的なものの必然性と媒介はもはや肯定的な同一性のうちにだけではなく、否定的な同一性のうちに根ざしているからである。

幾何学は、代数学と同様、抽象的で単に悟性的な諸対象のもとで、間もなく限界にぶつかる。そうだとすると、総合的な方法は、他の学問にとっては始めからそれだけ不十分であることが分かる。だが、哲学においては最も不十分であることが示される。定義と分類に関しては、然るべきことはすでに明らかになっている。ここで残されているのは、なお定理と証明について語ることだけであろう。しかし、定義や分類の前提は証明をすでに要求し前提しており、それらが定理に対して持つ態度一般の中には、それ以外にもさらに不十分なものがある。この態度は、経験科学例えば物理学が総合的な学問の形式を与えようとする場合に、とりわけ奇妙なものになる。その際の方法は次のようなものである。経験を分析する方法から生まれ、結果としてのみ正当化されうる特殊な力、或いは他の内的で本質的な諸形式といった反省諸規定が尖端に置かれねばならず、それらのうちに普遍的な基礎が得られ、そしてこれが後に個別的なものに応用されて、その中で示される。これらの普遍的な基礎はそれだけでは支えを持たないから、人はさしあたりそれを是認する他はない。導出された帰結において、人は初めてこれらが右の基礎の本来的な根拠であることに気づくのである。いわゆる説明と定理にもたらされた具体的なものの証明は、一方では同語反復であることが示され、他方では真の関係を混乱させるものであることが明らかになる。だがまた、一方では、この混乱が認識活動の欺瞞を隠すことに寄与していることが明らかになる。つまり、認識活動は経験を一面的に取り上げ、それによってのみ単純な定義と諸原則を獲得することができ、経験を具体的な全体性においてではなく、例として、しかも仮説と理論に役立つ面から取り出し妥当させることによって、経験による論駁を除去するのである。具体的経験をこのように前提された諸規定のもとに従属させることにおいて、理論の基礎は眩まされ、理論に適っている面からしか示されなくなる。そして、具体的な諸知覚を、囚われなくそれだけで考察することが総じて極めて困難にされる。人が全過程を逆立ちさせることによってのみ、全体は正しい関係を得る。そして、その中で根拠と帰結の連関、思想の中で知覚を変形することの正しさが見通されるのである。従って、それらの学問を研究する際の主な難しさの一つは、それらのうちに入り込むことである。それはただ次のことによってのみ起こりうる。すなわち、人が諸前提を盲目的に是認し、それ以上それについての概念を作ることができず、しばしば明確な観念を形成することすらほとんどできず、せいぜい混乱した空想の映像を持ちうるだけで、仮定された諸力、物質の諸規定やそれらの仮説的な諸形態、方向、捻れをさしあたり記憶に刻み込むことによってである。人が諸前提を仮定し妥当とするためにそれらの必然性と概念を要求するならば、始めのところを超えていくことはできない。

　総合的な方法を厳密に分析的な学問に適用することについては、先に語る機会[41]があった。ヴォルフ[42]によって、彼が哲学と数学に結びつけたあらゆる可能な種類の知識にこの適用は及ぼされた。――それらの知識は、一方ではまったく分析的な性質のものであり、他方ではまた偶然的で単に手仕事的な種類のものであった。そのような捉えやすくその本性からして厳密で学問的な取り扱いのできない素材と硬直した学問的な迂路と覆いを対照させれば、それだけでそのような適用が不適切であることが示され、信用は失われる。* しかし、哲学における学問的な厳密さに対するこの方法の有用性と本質性に対する信仰を、右の乱用は奪うことができなかった。スピノザが彼の哲学を叙述した際に示した例は、長い間、模範と見なされた[43]。しかし、実際にはカントとヤコービによって、以前の形而上学のやり方のすべてとともに、その方法は覆えされてしまった[44]。カントはあの形而上学の内容について、それは厳密な論証によって二律背反に導くということを彼流の仕方で示した[45]。二律背反のそれ以外の性質についてはしかるべき場所で明らかにされている。ただし、有限な内容に結びつけられているこの論証自身の本性に反省を向けることを彼はしなかった[46]。一方は他方とともに倒壊せざるをえない。『自然科学の形而上学的原理[47]』において、彼自身、彼がこのようにして哲学に返還を請求することを考えた学問を反省的学問として、またその方法において取り扱う例を与えたのである。――どちらかと言えば、カントは以前の形而上学を素材の側から攻撃した。これに対して、ヤコービはそれを専ら論証の仕方の側から攻撃し、問題となる点を最も明瞭かつ最も深く取り出した。すなわち、そのような論証方法はまったく有限なものの硬直した必然性の圏内に縛り付けられており、自由すなわち概念とともに真にあるすべてのものは論証の彼岸にあり、論証によっては到達できないということをである[48]。――カントの結論によれば、形而上学を矛盾に導くのは、それ固有の素材であり、認識活動の不十分な面はその主観性にある[49]。ヤコービの結論によれば、被制約性と依存性の連関しか捉えず、従って自体的対自的にあり絶対的に真なるものであるものに不適合であることを示すのは、認識活動自身の方法と本性全体に他ならない。実際哲学の原理は無限で自由な概念であり、その内容はすべてこの原理にのみ基づいているのだから、没概念的な有限性の方法はこの内容に適合しないのである。この方法の総合と媒介、証明は自由に対立する必然性以上には導かない。――すなわち、依存的なものの同一性以上にはである。その同一性は自体的にあるにすぎない。その中では、そこにおいて実在性をなすもの、区別されたものおよび実存のうちに踏み込むものはまったく自立した異なったものであり、よって有限なものにとどまる。従って、そこでは、この同一性自身は実存に達することはなく、単に内なるものにとどまる、或いは、その規定された内容がそれに与えられるものであるから、単に外在的にすぎないものである。――いずれの見解においても、同一性は抽象的なものであり、実在的な面をそれ自身に具えてはおらず、自体的対自的に規定された同一性として措定されているわけではない。概念のみが問題であり、絶対的に無限なものであるのに、概念はこの認識活動からは、従って、排除されているのである。

従って、総合的な認識活動においては、理念が目的に達するのは、概念が同一性と実在的な諸規定という契機、或いは普遍性と特殊な区別に従って――さらには異なったものの連関と依存性である同一性としても――概念に対してあるものとなるかぎりにおいてのみである。しかし、このような概念の対象は概念には相応しくない。なぜなら、概念はその対象ないし実在性のうちでは、自己自身とのそれの統一として生じることはないからである。必然性のうちでは、概念の同一性が概念に対してある。しかし、その中では、［必然性は］それ自身規定性であるわけではなく、同一性の外の、すなわち概念によって規定されていない素材であり、従って概念はその中で自己自身を認識することはないのである。それ故、総じて概念は自己に対してあることはなく、その統一に従って同時に自体的対自的に規定されているわけではない。主観的概念に対して対象が一致していないために、この認識活動のうちでは、理念はまだ真理に達してはいない。――しかし、必然性の領域は存在と反省の頂点である。これはそれ自身で概念の自由に移行し、内的同一性は概念としての概念である同一性の開示に移行する。必然性の領域から概念自体への移行がどのようにして起こるのかは、必然性の領域の考察に際して示された。[50] またそれは概念の発生としても本巻の冒頭で示された。[51] ここで必然性が持つ位置は、概念の実在性ないし対象であるというものである。それが移行する概念も、今では概念の対象としてあるようにである。概念はここにおいても辛じて自体的にあるのみで依然認識活動の外、われわれの反省のうちにある。すなわち、概念の依然として内的な必然性そのものなのである。結論だけが概念に対してである。概念が自己に対して自体的対自的に規定された概念であるかぎり、理念は実践的理念であり、行為である。

＊　例えば、ヴォルフの『建築術の原理』第八定理に言う。「窓は二人の人がそこにのんびりと並んでいられるくらいに広くなければならない。

証明。なぜなら人は他の人と窓辺に立ち見回すことが普通よくあるからである。建築士は施主の主な意図をあらゆる点で満足させるべきである（第一節）から、彼は窓も二人の人がそこにのんびりと並んでいられるくらいに広くしなければならない。例えば、以下のように。」

同じくヴォルフの『築城術の原理』第二定理に言う。「敵が近くで野営しており、援軍によって城を解放しようとしていると想定されるならば、城全体の回りに塹壕線が引かれなければならない。

証明。塹壕線は誰も外部から陣営に侵入することができないようにする（第三一節）。しかし、城を解放しようとする者は陣営に外部から侵入したいと思う。従って、彼らを阻止しようとするならば、陣営の回りに塹壕線が引かれねばならない。それ故、敵が近くに野営しており、援軍によって城を解放しようとしていると想定される場合には、陣営は塹壕線のうちに囲まれねばならない。例えば、以下のように。」

B　善の理念

それ自身の対象である概念は自体的対自的に規定されているから、主観は自己に対して個別的なものとして規定されている。概念は、主観的なものとしては、再び自体的に存在する他在という前提を持つ。それは自己を実現しようとする衝動であり、自己自身によって客観的世界のうちで自己に客観性を与え、自己を完成させようとする目的である。理論的な理念のうちでは、主観的な概念は普遍的なもの、まったく規定を持たないものとして客観的世界に対立しており、客観的世界から規定された内容と充実を得る。だが、実践的理念のうちでは、それは現実的なものとして現実的なものに向き合う。その自己確信は、主観が自体的対自的に規定されている中で持つものであるが、それは、主観的概念が自らの現実性と世界の非現実性を確信していることに他ならない。世界が抽象的普遍性として他者であることだけが、主観的概念にとって虚しいことであるのではない。世界の個別性とその諸規定もそうなのである。ここで、主観は客観性を自己自身に取り戻したのである。主観の自己のうちなる規定性は客観的なものである。なぜなら、それは同様にまったく規定されたものでもある普遍性だからである。これに対して、以前客観的であった世界は措定されたもの、様々な仕方で直接的に規定されているものにすぎない。とはいえ、それはただ直接規定されているにすぎないから、概念の自己のうちでの統一を欠いており、それだけでは虚しいのである。

概念に含まれ概念に等しく、個別的な外的現実の要求を自己のうちに含んだこの規定性が、善である。それは絶対的であるという価値を帯びて現れる。なぜなら、それは概念の自己のうちなる全体性であり、自由な統一と主観性という形式を同時に持った客観的なものだからである。この理念は、考察された認識活動の理念以上のものである。なぜなら、それは普遍的なものという価値を持つだけでなく、まったく現実的なものという価値をも持つからである。——それは、この現実的なものがなお主観的であり、自己自身を措定しつつあって同時に直接的な前提という形式を持たないかぎり、衝動である。自己を実現しようとするその衝動は、本来自己に客観性を与えることではない。——理念はそれを自己自身のうちに持つのである。——そうではなく、直接性というこの空虚な形式を自己に与えるにすぎない。——従って、目的の活動は、与えられる規定を拾い上げわがものとするために自己に向かうのではなく、むしろ自己の規定を措定し、外の世界の諸規定を止揚することによって外なる現実性という形式を持った実在性を自己に与えるためにそうするのである。——意志の理念は自分で自己を規定するものとして、内容を自己自身のうちに持っている。この内容はなるほど規定された内容であり、そのかぎり有限で制限されたものである。自己規定は本質的に特殊化である。なぜなら、意志の自己内反省は、否定的な統一一般として、他のものを排除しかつ前提するという意味の個別性でもあるからである。しかし、内容の特殊性は、さしあたり、概念の形式によって無限である。内容は概念自身の規定性であり、概念は自己のうちで自己自身との否定的な自己同一性を持ち、従って特殊なものであるだけでなく、その無限な個別性をも持つのである。実践的理念における内容の有限性について先に言及されたが、この有限性は、従って、実践的理念がさしあたりまだ実現されていない理念であるということと同じである。概念は、概念に対して自体的対自的にあるものである。それは、ここでは自己自身に対してある客観性という形式を持った概念である。それ故、一方では主観的なものは、もはや措定されたもの、恣意的なものないし偶然的なものにすぎないのではなく、絶対的なものである。しかし、他方では、実存のこの形式、対自存在はまだ自体存在の形式をも持つわけではない。従って、形式そのものの上から対立として現れるものは、単純な同一性へと反省した概念の形式すなわち内容においては、概念の単純な規定性として現れる。善は絶対的に妥当するものであるにかかわらず、このことによって何かある特殊な目的である。しかし、この目的は実現によって初めてその真理を得るべきものではなく、すでにそれ自身で真なるものなのである。

直接的な実現の推理そのものについて、ここではこれ以上詳しく論ずる必要はない。それは、まったくただ、先に考察された外的合目的性の推理にすぎない。(52) 内容の区別があるにすぎない。形式的な合目的性としての外的合目的性の中では、内容は無規定で有限な内容一般である。ここでは、それは有限なものでもあるが、そのようなものとして同時に絶対的に妥当する内容である。しかし、結論、実現された目的に関しては、さらなる区別が現れる。有限な目的は、それが実現されても、同様に手段に達するだけである。それは始めからすでに絶対的に規定された目的であるわけではないから、実現されたものであっても絶対的にあるわけではないものである。善が再び有限なものとして固定されもし、本質的にそのようなものであるとすれば、それはまたその内的な無限性にかかわらず有限性の運命を免れるわけにはいかない。――それは幾多の形式を帯びて現れる運命である。実現された善が善であるのは、それがすでに主観的な目的、その理念のうちにあるものによってである。実現はそれに外的な定在を与える。しかし、この定在はそれ自身では虚しい外面性として規定されているにすぎないから、善はその中では偶然的で破壊可能な定在を手に入れたにすぎず、その理念に合致する実現を獲得したことにはならない。――さらには、善はその内容に関しては制限されたものであるから、善にはまた様々なものがある。実存する善は外的偶然性と悪によって破壊を被るだけではない。善自身の衝突と抗争によっても破壊に曝される。善に対して客観的世界が前提される。この前提に善の主観性と有限性はあり、この世界は別の世界として独自の道を行く。善に対して前提されるそうした客観的世界の側からすると、善の実現ですら障碍、それどころか不可能性に曝されている。従って、善は当為にとどまる。それは絶対的にある。しかし、最後の抽象的な直接性としての存在は、当為に対してやはり非存在として規定されている。完全な善の理念は、なるほど絶対的な要請である。しかし、むしろ要請すなわち主観性という規定性に付きまとわれた絶対者としてあるわけではない。なお、二つの世界が対立しあっている。一つは、透明な思想の純粋な諸空間のうちの主観性の領域であり、他方は外在的で多様な、未開明の闇の領域である現実性の境位にある客観性の領域である。解消されない矛盾、この現実の制限が克服しがたい形で対立している絶対的目的の完全な仕上げは、『精神現象学』（哲学叢書一一四巻、〔原書〕三三八ページ以下）[53]において、一層詳しく考察された。――理念が完全な規定性の契機を含むことによって、概念が理念のうちで関係を持つ他の概念は、その主観性の中にありながら同時に客観の契機をも具えている。従って、理念はここでは自己意識の形を取り、この一つの面からその提示と一致することになる。

しかし、実践的理念になお欠けているものは、本来的な意識自身の契機すなわち現実性の契機が概念そのものの中で外なる存在という規定を獲得したということである。――この欠陥は、実践的理念にはなお理論的理念の契機が欠けていることとしても見なされうる。すなわち、理論的理念のうちでは、主観的な、概念によって自己のうちで直観される概念の側には、普遍性の規定しかないということである。認識活動は、ただ取り上げること、自己自身に対して規定されずにある概念の自己自身との同一性として自己を知るだけである。充実すなわち絶対的に規定された客観性はこの同一性にとっては与えられたものであり、真に存在するものは主観的な措定作用から独立してある現実である。これに対して、実践的理念にとっては、この現実は、同時に克服しえない制限としてそれに対立しているが、まったく虚しいもの、その真の規定と唯一の価値を善の諸目的によって初めて獲得するべきものと見なされる。従って、意志はその目標を達成するためにただ障碍でさえある。それが認識活動から分かれ、意志の外の現実が真に存在するものの形式を取らないためにである。それ故、善の理念は、その補完を真なるものの理念のうちにのみ見出しうるのである。

しかし、善の理念はこの移行を自己自身によって行う。行為の推理の中では、一つの前提は善い目的が現実に直接関係することである。目的はこの現実をわがものとし、第二の前提の中で、外の現実に対して［それを］外的手段として差し向ける。善は、主観的概念にとって客観的なものである。定在としてある現実が善に対して克服しがたい制限として対立するのは、それがなお直接的な定在という規定を持ち、自体的対自的にあるという意味に従って客観的なものという規定を持ってはいないかぎりにおいてのみである。それはむしろ悪であるか無関係なもの、ただ規定可能なものであり、その価値を自己自身のうちに持たないものである。第二前提において善に対立しているこの抽象的な存在を、しかし、実践的理念はそれ自身すでに止揚している。実践的理念の行為の第一前提は、概念の直接的な客観性であり、それに従って目的は何の抵抗も受けることなく自己を現実に伝え、現実との単純で同一的な関係のうちにあるのである。従って、そのかぎり、実践的理念の二つの前提の思想が結合されさえすればよい。第一前提の中で客観的概念によって直接的にすでに達成されているものに第二前提において加わるのは、さしあたり、それが媒介によって、従って客観的概念に対して措定されるということだけである。目的関係一般のうちで実現された目的はやはりまたもや手段にすぎないが、逆に手段は実現された目的でもある。それと同様に、善の推理のうちでは、第二前提はすでに直接第一前提の中に自体的にある。しかし、この直接性は十分ではなく、第二前提がすでに第一のものに対して要請される。――対立する他の現実に対して善を実現することは、直接的な関係と善が実現されているために本質的に必要な媒介である。なぜなら、直接的な関係は概念の第一の否定ないし他在であり、概念が外在性のうちに埋没していることである客観性にすぎないからである。第二の前提はこの他在を廃棄することである。それによって初めて、目的の直接的な実現は、それだけである概念としての善の現実性となる。目的は、そこにおいて、他のものとではなく自己自身と同一とされ、従って唯一自由な目的として措定されるからである。善の目的がとにかくこのことによって実現されないとすれば、これは、概念が活動する以前に持つ立場に後退することである。――すなわち、虚しいものとして規定されるが実在的なものとして前提された現実性の立場にである。――この後退は悪無限への進行となるものであり、その根拠を次の点に持つものに他ならない。すなわち、右の抽象的な実在性を止揚することにおいてこの止揚が同様に直ちに忘れられること、或いはこの実在性はむしろすでにそれ自身虚しく客観的でない現実性として前提されていることが忘れられることに他ならない。目的を実際に実現して後に、実現されていない目的を前提することをこのように繰り返すことは、従って、次のようにも規定される。すなわち、客観的な概念の主観的な態度が再生産され永続するものとされ、善の有限性が内容の面からも形式の面からも不変の真理として現れるとともに、善の実現がまったく常に個別的な行為としてのみ現れ、普遍的な行為としては現れないというようにである。――実際には、この規定性は善の実現の中で止揚されている。客観的な概念をなお制限するものは、自己についてのそれ自身の見方である。それは、概念の実現とは自体的には何であるかを反省することによって消滅する。客観的概念はこの見方によって自己自身に対してのみ障碍となるのであり、それ以上に外の現実に向かう必要はなく、自己自身に向かわなければならない。

すなわち、第二前提における活動は、一面的な対自存在を生み出すだけであり、従って産物は主観的で個別的なものとして現れ、そのためその中では最初の前提が繰り返される。――こうした活動は、真実のところは、同様に客観的概念と直接的な現実との自体的に存在する同一性を措定することでもある。直接的現実は、前提によって、現象の実在性しか持たず、それ自身では虚しくまったく客観的概念によって規定可能であるというように規定されている。客観的概念の活動によって外の現実は変えられ、こうしてその規定は止揚される。まさにそうすることで、外の現実から単に現象的な実在性と外からの規定可能性と虚しさが剝奪され、こうしてそれは絶対的に存在するものとして措定される。その中で、前提一般すなわち善を単に主観的で内容に関して制限された目的として規定すること、これを主観的活動によって先ず実現することの必然性、およびこの活動自身が止揚される。結果において、媒介は自己自身を止揚する。それは、直接性である。しかし、前提を繰り返すことではなく、むしろそれが止揚されていることである。自体的対自的に規定された概念の理念は、これによって、単に活動的な主観のうちにではなく、同じく直接的な現実としてあり、逆に認識活動のうちにある直接的な現実が真に存在する客観性でもあるとされているのである。主観にはその前提によって個別性が付着したのだが、この個別性もこの前提とともに消滅している。これによって、主観は、今や、自由で普遍的な自己自身との同一性としてある。それにとっては、概念の客観性は、与えられ、主観にとって直接現前している客観性である。それとともに、主観は、自己を自体的対自的に規定された概念として知るのである。こうして、この結論において認識活動は回復され、実践的理念と結合されている。目の前に見出される現実は、同時に実現された絶対的な目的として規定されている。とはいえ、探求する認識活動におけるように単に概念の主観性を欠く客観的世界としてではなく、概念がその内的根拠と現実的な存立である客観的世界としてである。これが絶対理念である。

第三章　絶対理念

ここに生じた絶対理念は、理論的理念と実践的理念の同一性である。これらの各々は、単独ではなお一面的であり、理念そのものを求められる彼岸、到達不可能な目標として含んでいるにすぎない。――従って、各々は努力の総合であって、理念を自己のうちに有するとともに有しておらず、一方から他方に移行しはするが、二つの思想を一つにすることはせず、両者の矛盾のうちに立ち続けるものである。絶対理念とは、理性的概念であり、この概念はその実在性のうちにありながら自己自身とのみ合致するものとしてある。それは、その客観的な同一性のこの直接性のために、一方では生命への還帰である。だが、それは直接性というこの形式を同じく廃棄しており、最高の対立を自己のうちに持っている。概念は魂であるだけでなく、自由で主観的な概念でもあって、この概念は対自的であり、それ故人格性[1]を有している。――それは、実践的で自体的対自的に規定された客観的概念であり、この概念は人格として不加入で原子的な主観性である。――だが同様に、それは排他的な個別性ではなく、それだけで普遍性であり認識活動であって、自らに対する他のものの中にそれ自身の客観性を対象として持つ。それ以外のすべてのものは誤謬、混濁、臆見、渇望、恣意であり、移ろいやすさである。絶対理念のみが存在であり、移ろわぬ生命であり、自己を知る真理であり、全真理である。

絶対理念は、哲学の唯一の対象であり内容である。それは一切の規定性を自己のうちに含んでおり、その本質は、それが自己を規定し特殊化することを通して自己に還帰することであるから、それは様々な形態を有する。そして、哲学の仕事は、これらの形態のうちに絶対理念を認識することである。自然と精神は、一般的に言えば、絶対理念の定在を提示する異なった仕方であり、芸術と宗教は絶対理念が自己を捉え、自己に相応しい定在を与える異なった仕方である。哲学は、芸術と宗教と同じ内容を持ち、同じ目的を持つ。しかし、哲学は絶対理念を捉える最高の仕方である。なぜなら、哲学の方法は最高の方法、概念だからである。従って、哲学は実在的ならびに観念的な有限性と無限性ならびに神聖性の右の諸形態を包括し、それらと自己自身を概念的に把握する。これら特殊な様式を導出し認識することは、特殊な哲学的諸学がさらになすべきことである。絶対理念の論理的な面も、それらの様式の一つと呼ばれることができる。しかし、様式とは、形式の特殊なあり方、規定性を言うのに対し、論理的なものは、すべての特殊な様式を止揚し包含する普遍的な様式である。論理的理念は、純粋な本質にとどまる理念自身であり、単純な同一性にとどまりその概念のうちに閉じこもっていて、形式的規定性のうちで映現する働きの中にまだ現れていない理念に他ならない。従って、論理学は、絶対理念の自己運動を根源的な言葉として提示するにすぎない。この言葉は外化ではあるが、外に現われたものであるために、それがあると同時に直ちに再び消滅してもいるようなものである。従って、理念とは、自己を聞き取るというこの自己規定のうちに存するだけである。それは純粋な思想のうちにある。そこでは、区別は未だ他在ではなく、自己にとって完全に透明であり、あり続けるのである。——従って、論理的理念は無限な形式としての自己を内容とする。——形式が内容に対して対立するとすれば、それは、内容が自己のうちに立ち帰り同一性のうちで止揚された形式規定であって、この具体的な同一性が形式として展開されたものに対立しているかぎりにおいてである。内容は形式に対する他のもの、所与という形態を取る。形式はこのようなものとしてまったく関係のうちにあり、その規定性は同時に仮象として措定されているのである。——従って、絶対理念自身は、さらに、形式規定がそれ自身の完成された全体であり、純粋概念であるということを内容とするにすぎない。理念の規定性とこの規定性が辿る全経過が、論理学の対象であった。その経過の中から、絶対理念そのものが自己に対して発現したのである。しかし、絶対理念は、自己に対して次のようなものとして自己を示した。すなわち、規定性は内容という形態をとるのではなく、まったく形式としてあるのであって、このことによって理念はまったく普遍的な理念としであるのである。それ故、ここでなお考察されるべきものは、内容そのものではなく、内容の形式の具える普遍的な面――すなわち方法である。

方法とは[2]、さしあたり、認識活動の単なる様式のように思われるかもしれない。そして、それは事実そうしたものの本性を有している。しかし、様式といっても、それは方法である以上、存在の自体的対自的に規定された様相であるだけではなく、認識活動の様相として、概念によって規定されたものとしても措定されている。そして、形式が全客観性の魂であり、他のすべての規定された内容は、そのうちにのみその真理を有するかぎり、形式としても措定されている。もし内容が、再び、方法に対して与えられたものとして、固有の本性を持つものとして考えられることになれば、方法はそのような規定を受けた論理的なもの一般と同様に単に外在的な形式にすぎない。しかし、論理的なものという根本概念が拠り所となるだけではありえない。論理的なものの全経過の中には、与えられた内容と客観の形態がすべて現れているのであり、その経過によってそれらが移り行くものであることと真理でないことが示されたのである。そして、与えられた客観が基礎としてありえ、それに対して絶対的な形式が外在的で偶然的な規定としてしか関係しないというわけではなく、むしろこの規定の方が絶対的な基礎と究極の真理であることが明らかとなったのである。それ故、方法とは、自己自身を知り、自己を絶対者として、主観的なものであるとともに客観的でもあるものとして対象とする概念、従って概念とその実在性との純粋な一致、概念自身である実存として現れたのである。

従って、ここで方法として考察されるべきものは、概念自身の運動にすぎない。この運動の本性はすでに認識されている。しかし、今ではまず第一に次のような意味を持つものとしてである。すなわち、概念がすべてであり、その運動は普遍的で絶対的な活動であり、自ら規定し自ら現実化する運動であるということである。それ故、方法は、制限を持たず普遍的で内的でも外的でもある様式として、またまったく無限な力として認められなければならない。客観は、外在的で理性に対して疎遠で理性から独立したものとして自己を提示するかぎり、この力に対して抵抗することはありえず、それに対して特殊な性質を持ち、それによって貫かれないということはありえないであろう。従って、方法は魂および、実体である。そして、何らかのものは完全に方法に従っている場合にのみ、把握され、その真相において知られるのである。方法は各々の事象自身に固有の方法である。なぜなら、その活動は概念だからである。このことは、その普遍性の一層真の意味でもある。反省の普遍性によれば、方法はすべてのものに対する方法としてのみ理解される。しかし、理念の普遍性によれば、方法は、認識活動の様態であり、主観的に自己を知る概念の様式であるとともに、事物の客観的な様式ないしむしろ実体性でもある。――すなわち、諸概念が表象と反省に対してさしあたり他のものとして現れるかぎり、方法はそれらの概念の様式である。それ故、方法は理性の最高の力、或いは、むしろ唯一絶対の力であるばかりでなく、自己自身を通して一切のものの中に自己自身を見出し認識する理性の最高にして唯一の衝動でもある。――以上によって、第二に、概念そのものと方法の区別、方法の特殊な面も示されている。概念は、それだけで考察された時、直接的なありのままで現れた。反省ないし概念を考察する概念は、われわれの知のうちにあった。方法とはこの知自身であり、概念はそれに対して対象としてばかりでなく、知自身の主観的な活動としてもある。方法は、認識する活動の道具であり手段として、この活動から区別されてはいるが、しかし活動自身の本質性としてあるのである。探究する認識活動においては、方法はやはり道具として位置づけられる。主観の側にあり、主観的側面が客観に関係するための手段としてである。この推理のうちで主観は一方の極、客観は他方の極であり、前者は自分の持つ方法によって後者と結合する。しかし、そこにおいて単独で自己自身と結合するわけではない。二つの極は異なった極であり続ける。なぜなら、主観、方法と客観は、一つの同一的概念として措定されているわけではないからである。推理は、従って、常に形式的なものである。前提の中で、主観は、形式を自己の方法として自己の側に置くが、この前提は直接的な規定であり、それ故、われわれが見たとおり形式の諸規定、すなわち定義、分類などという諸規定を主観のうちに見出される事実として含むだけである。これに対して、真の認識活動においては、方法は或る諸規定の集まりであるだけではなく、概念が自体的対自的に規定されているあり方である。概念は媒辞であるが、それは概念が客観的なものという意味をも有しているからに他ならない。客観的なものは、そのため、結論のうちで方法を通して外面的規定性を獲得するだけでなく、主観的概念との同一性のうちに置かれているのである。

1．このようにして、方法を成り立たせるものは、概念自身の諸規定とその諸関係である。これらは方法の諸規定であるという意味において考察されなければならない。――ここでまず始められるべきは、始元からである。それについては、すでに論理学自身の始めのところ[3]でも、また以前には主観的認識のところ[4]でも語られ示されたが、それは次のようであった。恣意的にではなくまったく無意識的に始められるとすれば、始元は多くの難しさを生じるように思われるが、最も単純な性質のものである。始元は始元であるから、その内容は直接的なものである。しかし、抽象的普遍性という意味と形式を持つものに他ならない。さもなければ、それは存在や本質や概念の内容であることだろうが、直接的なものであるかぎり、それは受け取られたもの、見出されたもの、主張されたものである。しかし、第一に、それは、感覚的直観や表象の直接者ではなく、思惟の直接者である。それは、その直接性の故に、また超感覚的で内的な直観作用と呼ぶことができる。感覚的直観の捉える直接的なものは、多様なものであり個別的なものである。認識活動は、しかし、概念的思惟の働きであり、従ってその始元はやはり思惟作用の境位にしかないものであって、――単純なものであり普遍的なものである。――この形式については、以前定義のもとで論じられた[5]。有限な認識活動の始め[6]においても、普遍性が本質的な規定として同様に承認される。とはいえ、存在に対立する思惟ならびに概念規定として考えられるにすぎない。実際には、この最初の普遍性は、直接的な普遍性であって、従って同様に存在という意味を持っている。なぜなら、存在とはまさしくこの自己自身への抽象的な関係だからである。存在は他の演繹を必要とはしない。あたかも、それは、感覚的直観や他のどこかから取って来られているという理由でのみ、そして提示されるかぎりでのみ、定義の与える抽象物に付加されるとでもいうようにである。このような提示や導出は、単なる始元以上のものである媒介に関係する。しかも、それは、思惟しつつ概念把握することに属するのではなく、表象、経験的で論弁的な意識を思惟の立場に高めることである媒介に他ならない。思想ないし概念と存在の対立としてよく知られているところによれば、前者にはそれだけでは存在は帰属せず、後者は独自の、思想自身から独立した根拠を有しているということが重要な真理と見なされる。しかし、存在の単純な規定はそれ自体においては極めて貧しいものであって、そのことだけからも、それについて止揚されるべきものは多くはない。普遍的なものとは、直接的にそれ自身このような直接的なものである。なぜなら、それは、抽象的なものとして、やはり、存在である抽象的な自己関係にすぎないからである。実際には、存在を示せという要求はそれ以上の内的意味を有している。その意味のうちには、この抽象的な規定が含まれているだけではない。そうではなく、それによって考えられていることは、概念一般の実現の要求である。この実現は始元自身の中にあるものではなく、むしろ認識活動のさらなる全面的展開の目標であり、仕事なのである。さらには、始元の内容は、内外の知覚における提示によって正当化され、真実で正しいものとして裏付けを与えられるとされる。そうだとすれば、それによって、普遍性の形式そのものが考えられているのではなく、その規定性が考えられているのである。それについて直ちに語ることが必要である。始元となる規定された内容を確証することはその後方にあるように見える。しかし、実際には、それは前進することと見なされなければならない。すなわち、それが概念的に把握する認識活動に属するとすればである。

従って、始元は、方法に対して単純で普遍的なものであるという規定性の他に規定性を持たない。単純で普遍的なものであるということは、それ自身規定性であって、そのため始元は欠陥があるものとなる。普遍性とは純粋で単純な概念である。そして、方法は、この概念の意識としてあり、普遍性は契機にすぎず、普遍性のうちにある概念はまだ完全に〔自体的対自的に〕規定されているわけではないことを知っている。しかし、この意識が始元を方法のためにのみさらに導こうとするのであれば、それによって方法は形式的で外在的反省のうちに措定されたものであることになろう。だが、方法とは客観的で内在的な形式なのであるから、始元の直接態はそれ自身において欠如あるものであり、自己をさらに進ませようとする衝動を与えられていなければならない。しかし、普遍的なものは、絶対的な方法のうちでは、単に抽象的なものとしてではなく客観的に普遍的なものとしてある。すなわち、それ自体としては具体的な全体であるが、まだそれであることが措定されているわけではなく、そうであることを自覚しているわけではない普遍者なのである。抽象的な普遍者ですら、概念のうちですなわちその真相に従ってそのものとして考察されるならば、単純なものであるだけでなく、抽象的なものとして、すでに否定を伴ったものとして措定されている。それ故また、現実のうちにおいてであれ、思想のうちにおいてであれ、人が通常考えるほどに単純なものや抽象的なものはない。そのような単純なものは単なる臆見であり、実際にあるものを意識していないということにしか根拠を持たない。――かつては、始まろうとしているものは直接的なものとして規定された。普遍的なものの直接性は、ここで対自存在を欠く自体存在として表現されているものと同じである。――従って、人は、すべては絶対的なものから始まらねばならないと言うことができよう。自体的にあるものが概念であるかぎり、前に進むことは悉くそれの提示にすぎないようにである。しかし、それはやっと自体的にあるだけであるから、同じく絶対的なものでも、措定された概念でもなく、また理念でもない。なぜなら、これらのものは、まさしく、自体的にあるということは抽象的で一面的な契機でしかないということだからである。従って、前進することは一種の余計なことではない。それが余計であるのは、始まりつつあるものが真実すでに絶対者である場合のことであろう。前進は、むしろ、普遍的なものが自己自身を規定し、自己に対して普遍的なものであること、すなわち同じく個別的なものと主体でもあるということにある。それが完成されることにおいてのみ、それは絶対者なのである。

次のことが注意されうる。始元は自体的に具体的な全体なのであり、始元として自由でもありえ、その直接性は外在的定在の規定を持つこともできるのである。生きたものの萌芽と主観的な目的一般は自己をこのような始元として示しており、従って両者はそれ自身衝動である。これに対して、精神でも生命でもないものは、具体的な概念であるにせよ、実在的な可能性としてにすぎない。原因とは、始元としての具体的な概念が必然性の領域において直接的な定在を持つ最高の段階である。[7] しかし、原因はまだ主体ではなく、主体として現実的に実在化されながらも自己を保持するようなものではない。例えば、太陽、そして総じて生命でないすべてのものは規定された実存であり、これらのうちでは実在的可能性は内なる全体性にとどまり、それらの諸契機は主観的な形式を取ってそれらのうちに措定されているわけではなく、それらが自己を実在化するかぎり、実存を与えられるのは他の物体的個体によってなのである。

2. 具体的な全体は、始まるにあたって、具体的な全体としてそれ自身のうちに進行と展開の発端を有している。それは具体的なものとして自己のうちで区別されている。しかし、それらは始めのうちは直接性にとどまっているのであるから、区別された最初のものはさしあたり異なったものである。しかし、直接的なものは、自己に関係する普遍性、主体として、またこれら異なったものの統一でもある。——この反省は、前進の第一段階である。——差異の発現、判断、規定作用一般である。本質的なことは、絶対的な方法が普遍的なものの規定をそれ自身のうちに見出し、認識するということである。その際、悟性的で有限な認識活動は次のように振る舞う。すなわち右の普遍的なものを抽象によって作りだそうとする時捨象してきたものを、具体的なものから同様に外在的に再度拾い上げるのである。これに対して、絶対的方法は外在的反省として振る舞うことはせず、規定されたものをその対象そのものから取り出す。絶対的方法自身が対象の内在的な原理であり魂だからである。——プラトンが認識活動に対して要求したことは、物事をその普遍性の見地からそれ自体自身においてまたそれ自体自身に対して考察する一方、それらから逸脱しそれらを諸事情や事例や比較に従って捉えるのではなく、それらだけを自らの前に据え、それらのうちに内在しているものを意識にもたらすことに他ならない。[8]——絶対的認識の方法は、そのかぎり、分析的である。それが当初の普遍者のさらなる規定をまったくこの普遍者のうちにのみ見出すということは、概念の絶対的客観性であり、それを確信することが方法なのである。——だが、方法はまったく同様に総合的でもある。その対象は、直接には単純な普遍者として規定され、その直接性と普遍性自身のうちに規定性を有するわけだが、それによって他のものとして現れるからである。対象は、このように自己のうちで異なったものの関係である。とはいえ、この関係は、有限な認識活動のもとで総合として考えられているものではもはやない。この関係は概念のうちの関係であるということが、対象の同じく分析的である規定一般なのであり、それによってすでにこの関係は右の総合的なものから完全に区別されるのである。

このような判断の総合的でもあり分析的でもある契機によって、始めの普遍的なものはそれ自身からそれに対する他のものとして自己を規定する。こうした契機が弁証法的契機と呼ばれるべきものである。[9] 弁証法は近代の形而上学において、そして一般に古代人および近代人の通俗哲学[10]によって何よりも否認されてきた古い諸学問の一つである。プラトンについてディオゲネス・ラエルティウスは言っている。タレースが自然哲学の創始者であり、ソクラテスが道徳哲学の創始者であったように、プラトンは哲学に属する第三の学問、弁証法の創始者であった、と。[11] ——従って、それは古代によってプラトンの最高の功績と評価されたのだが、しかしプラトンの名を最もよく口にする人によってすらまったく顧慮されないままでいることが多い。人は、弁証法を、主観的才能に基づき概念の客観性には属さないものであるかのように、一つの技巧と見なすことが多かった。カント哲学において、弁証法がどのような形態と結果を有するかは、弁証法の見方の特定の事例に即してすでに示された。[12] 弁証法が再び理性にとって必然的なものとして承認されたことは、無限に重要な進歩と見なされなければならない。そこから生ずる事柄とは反対のことが導かれざるをえないにせよである。

弁証法は偶然的なものと見えるのが常だが、それ以外にもさらに次のような形式を持つことがよくある。何らかの対象、例えば、世界、運動、点などについて、それに何らかの規定が帰属することが示される。例えば、右の諸対象の順に言うと、空間や時間における有限性、この場所にあること、空間の絶対的否定がである。——だがさらに、同様に必然的に反対の規定、例えば、空間、時間における無限性、この場所にないこと、空間への関係、従って空間性が示されるのである。古代のエレア学派はその弁証法を主として運動に対して適用した。(13) プラトンは、しばしば彼の時代、とりわけソフィスト達の諸観念や諸概念に対して弁証法を用いたが、また純粋なカテゴリーや反省諸規定に対しても用いた。(14) 洗練された古代スケプシス主義は、普通の生活の意識や格率の直接的な事実とされているものに弁証法を拡張したばかりでなく、すべての学問的概念にも押し広げた。(15) だが、そのような弁証法から引き出される帰結は総じて矛盾であり、主張されている事柄が虚しいということである。だが、このことは二重の意味で起こる可能性がある。——すなわち客観的な意味においてか、主観的な意味においてかである。客観的な意味とは、対象が右のように自己自身のうちで自己矛盾しており、そのため自己を止揚し虚しいということである。——これが、例えばエレア学徒の帰結であった。それによれば、例えば世界、運動、点に対して真理が否認されたのである。——これに対して、主観的意味とは、認識に欠陥があるということである。後の方の結論の理解の仕方には二通りがある。一つは、虚偽の見せかけの技によって誑すものが、この弁証法に他ならないというものである。これが、いわゆる常識が採用している通常の見方である。常識は感覚的な明証性や慣れ親しんだ観念や発言に固執し、時には静かに——犬儒家ディオゲネスが運動を否定する弁証法の弱みを黙って行ったり来たりすることによって示したように——、しかし、多くの場合は弁証法に激怒を表すのである。(16) 単に、愚かな振る舞いとしての弁証法に対するものとしてであれ、道徳的に重要な対象に関係する場合には、本質的に揺るがないものを動揺させようとし、頽廃に根拠を与えることを教える犯罪としての弁証法に対するものとしてであれである。——このような見方は、ソフィストの弁証法に対するソクラテスの弁証法(17) に現れるものだが、その怒りは逆にソクラテス自身から生命を奪いもしたのであった。ディオゲネスが行ったように、思惟に対して感覚的意識を対立させ、感覚的意識のうちに真理を有すると考えるような下賤な論駁は放っておく他はない。しかし、弁証法が人倫的諸規定を廃棄するかぎりでは、人は理性に対して信頼を持たねばならない。すなわち、理性は人倫的諸規定が真理を具え権利を有すると意識されるという点で、それらを再び回復することができるであろう、とはいえ、またそれらに固有の制限の下でである、という信頼をである。——これに対して、主観的な虚しさという帰結は弁証法それ自身に関するものではなく、むしろそれが向けられる認識活動に関するものである。——しかも、スケプシス主義並びにカント哲学の言う認識活動一般にである。

ここには、弁証法は否定的な帰結を持つにすぎないという根本的な先入見がある。それは一層詳細な規定を直ちに与えられるであろう。まず、弁証法は上述の形式において現れるのを常とするが、それについて言うならば、弁証法とその帰結は、この形式によれば、前にされる対象、あるいはまた主観的な認識活動に関わり、この認識活動ないし対象を虚しいものとして説明する反面、第三のものとしてのそのうちに示される諸規定の方は考慮されないままにされ、それだけで妥当なものとして前提されている。このような無批判なやり方に注意を向けさせ、それによって思惟諸規定の自体的対自的考察という意味での論理学と弁証法の回復のきっかけを与えたことは、カント哲学の無限の功績である。対象が思惟や概念を欠いている場合、それは表象あるいはまた名前にすぎない。思惟や概念の諸規定こそが対象がそのあるものである場である。従って、事実上問題となるのは、それらの規定のみである。それらこそは、理性の真の対象であり内容なのであって、人が普通それらから区別して対象や内容として理解しているものは、それらを通して、またそれらのうちでしか意味を持たない。従って、対象や認識が性質や外在的結合によって弁証法的なものとして示されようとも、それはこれらのものの責任とされてはならない。一方も他方もこのやり方によっては主語として表象され、その中に諸規定が述語や性質や自立的な普遍者という形を取って持ち込まれているのであり、その際これらのものは確固としており、それだけで正しいものとしてあって、第三のもののうちで、また第三のものによって外在的かつ偶然的な仕方で結合されて初めて弁証法的な関係と矛盾にもたらされるのである。表象や悟性が定立するそのような外在的で固定的な主語ならびに抽象的な諸規定は、究極のもの、確実に基礎にあり続けるものと見なされることはできず、むしろそれ自身直接的なもの、まさしくそのような前提されたものおよび始まりつつあるものと見なされなければならない。それは、先に示されたように、それ自身で弁証法に従わねばならない。なぜなら、それは概念自体として解されるべきだからである。例えば、有限なものと無限なもの、個別的なものと普遍的なものなどの対立は固定的なものと考えられているが、これらはすべて外からの結合によって矛盾のうちにあるのではなく、それらの本性の考察が示されたとおり、むしろそれ自身移行することなのである。[18] 総合とそれらの対立が現れる場である主語は、それらの概念自身の反省の産物である。もし没概念的な考察がそれらの外在的な関係のもとにとどまり、それらを孤立させ、固定的な前提として放置するとすれば、それら自身を注視し、それらの魂となってそれらを動かし、それらの弁証法を喚起するものは、むしろ概念である。[19]

これこそが先に示された立場に他ならない。それによれば、普遍的な第一者は、自体的対自的に考察されるならば、それ自身にとっての他のものであることが明らかになる。まったく普遍的に捉えられるならば、この規定は、ここでは最初直接的にあるものがそれによって媒介されたものとして他のものに関係づけられてある、或いは普遍的なものが特殊なものとしてあるという意味に解されうる。それを通して生じた第二のものは、従って第一のものを否定したものである。それ以上の過程に留意しつつ前もって言えば、それは第一の否定者である。この否定的な面から見れば、直接的なものは他のもののうちで没落している。しかし、他のものは本質的に空虚な否定者、無であるわけではない。それは弁証法の通常の帰結と見なされるものであるが、そうではなく、第一のものに対する他のもの、直接的なものの否定者なのである。従って、それは媒介されたものとして規定されており——総じて第一のものの規定を自己のうちに含んでいる。それ故、第一のものは本質的に他のもののうちに保存され、保持されてもいる。——肯定的なものをそれに対する否定的なもののうちに、前提の内容[20]を帰結のうちで堅持することこそは、理性的認識において最も重要な事柄である。同時に、この要求の絶対的な真理と必然性について確信することに必要なのは、最も単純な反省だけである。そして、それについての様々な証明の例に関して言えば、論理学全体の本質はそこにある。

それ故、ここに今あるものは媒介されたものである。それは、さしあたり、或いは同じく直接的に捉えられるならば、単純な規定でもある。なぜなら、第一のものはその中に没入しており、従って第二のものだけがあるからである。第一のものも第二のものの中に含まれており、第二のものは第一のものの真理なのであるから、この統一は一つの命題として表現されうる。そこでは直接的なものが主語として、媒介されたものがその述語として定立されている。例えば「有限なものは無限である」、「一は多である」、「個別的なものは普遍的なものである」のようにである。[21] しかし、このような命題や判断の形式の不適切さはおのずと眼に留まる。判断のもとで示されたことは、判断の形式一般、そして何よりも肯定判断の直接的な形式は、思弁的なものや真理を受け入れることはできないということである。そのさしあたりの補完物として、否定判断が少なくとも同じく添えられなければならないであろう。[22] 判断のうちでは、主語としての第一のものが有するのは、自立的に存立しているという見かけである。なぜなら、それは、むしろ、それに対する他のものとしてのその述語のうちで止揚されているからである。この否定は、それらの命題の内容の中に含まれてはいる。しかし、それらの肯定的形式は、この内容とは相容れない。従って、その中に含まれているものは措定されない。それこそは命題を用いる意図であろうけれども。

第二の規定、否定的ないし媒介された規定は、さらに媒介する規定でもある。さしあたり、それは単純な規定として捉えられうる。しかし、その真相において見れば、それは関係ないし相関である。なぜなら、それは否定的なものであるが、しかし肯定的なものの否定者なのであり、従って肯定的なものを自己のうちに含んでいるからである。従って、それは他のものであるといっても、それが関係しないものの他のものであるわけではない。そうだとすれば、それは他のものではないことになろうし、関係でも相関でもないことになろう。――そうではなく、それは自己自身における他のものなのであり、他のものの他のものである。それ故、それはそれ自身にとっての他のものを含んでおり、従って矛盾としてあるのであって、それ自身の措定された弁証法である。――第一のものないし直接的なものは自体的な概念であり、従ってまた自体的にのみ否定的なものにすぎない。それ故、そのもとでの弁証法的契機は、それが自体的に含んでいる区別がそのうちで措定されるという点にある。これに対して、第二のものはそれ自身規定されたものであり、区別ないし相関である。それ故、そのもとでの弁証法的契機は、その中に含まれている統一を措定するという点にある。――それ故、否定的なもの、規定されたもの、相関、判断、そしてこの第二の契機に属するすべての規定がそれ自身ですでに矛盾としてまた弁証法的なものとして現れないとすれば、それは、自らの思想を総合することをしない単なる思惟の欠陥であるということになる。なぜなら、素材、対立しあう諸規定が一つの関係のうちにあるということはすでに措定されており、思惟に対して存在しているからである。だが、形式的な思惟は同一性を法則となし、矛盾する内容を前にした場合、それを表象の領域、空間や時間のもとに引き下ろす。そこでは矛盾しあうものが並んであったり、前後しあったりして互いの外に置かれ、こうして互いに接触することなく意識の前に現れるのである。この点について、形式的思惟は、矛盾は思惟されえないというきっぱりとした原則を設ける。しかし、実際には、矛盾を思惟することは概念の本質的な契機に他ならない。形式的思惟は事実的にも矛盾を考える。但し、それから直ちに眼を逸らせ、右のように矛盾は思惟されえないと言明し、それから抽象的な否定に移行するだけなのである。

ここで考察された否定性が、概念の運動の転換点となる。それは、否定的な自己関係の単純な点であり、全活動、生きた精神的自己運動の最も内なる源泉であって、一切の真なるものがそれ自身に具えている弁証法的な魂である。これによってのみ、真なるものはすべて真なるものなのである。なぜなら、この主観性に基づいてのみ概念と実在性の対立の止揚は行われ、真理である統一が成り立つからである。――われわれは第二の否定者、否定的なものの否定者に達したのだが、それは矛盾の右のような止揚である。とはいえ、矛盾がそうでないのと同様に、それは外在的な反省の働きではなく、生と精神の最内奥の最も客観的な契機なのであって、それによって主観や人格や自由なものはあるのである。――否定的なものの自己自身への関係は、全推理の第二の前提と見なされなければならない。分析的、総合的という規定が対立的に用いられるならば、第一の前提は分析的な契機と見なされうる。そこでは直接的なものが直接それに対する他のものに関係し、従ってそこへと移行し、或いはむしろ移行してしまっているからである。――この関係は、すでに注意されたように、総合的でもあるにかかわらずである。なぜなら、まさにそれが移り行く先は、それに対する他のものだからである。ここで考察された第二の前提が総合的前提として規定されうるのは、区別されたものそのものがそれから区別されたものに関係することだからである。――第一の前提が普遍性と媒介の契機であったように、第二の前提は個別性によって規定されている。個別性はさしあたり排斥的で、それだけであり、異なったものとして他のものに関係する。否定的なものは媒介者として現れる。なぜなら、それは自己自身と直接的なものを自己の内に含んでおり、この直接的なものの否定だからである。これら二つの規定が何らかの関係に従って外在的に関係するものとして考えられるかぎり、否定的なものは形式的な媒介者にすぎない。しかし、絶対的な否定性としては、絶対的媒介の否定的契機は、主観性であり魂である統一に他ならない。

方法のこの転換点において、認識の進行は同時に自己自身のうちに反転しもする。この否定性は、自己を止揚する矛盾として、最初の直接性、単純な普遍性の回復である。なぜなら、他のものの他のもの、否定的なものの否定者は直ちに肯定的なもの、同一的なもの、普遍的なものだからである。この第二の直接的なものは、進行の全体の中では、総じて数えようとすれば、第一の直接的なものと、媒介されたものに対する第三のものである。だがまた、第一の、或いは形式的な否定的なもの、および絶対的な否定性ないし第二の否定的なものに対しても第三のものである。だがまた、この第一の否定的なものはすでに第二の名辞であるかぎり、第三のものとして数えられたものはまた第四のものとしても数えられ、抽象的な形式は三重性ではなく、四重性として捉えられることができる。否定的なものないし区別は、こうして、二つのこととして数えられる。――第三のものないし第四のものは、総じて、第一の契機と第二の契機の統一、直接的なものと媒介されたものの統一である。――それがこの統一であり、また方法の形式全体が三重性であることは、まったくただ認識の方法の表面的、外面的な側面にすぎないが、しかしまたこの面だけを、しかもより一層限定的な適用において示したということ——なぜなら抽象的な数の形式それ自身は、周知のとおり、すでに早くから示されはしたが、概念を欠き、従って成果も欠いていたからである——は、同様にカント哲学の無限の功績と見なされなければならない。推理、また三段論法は理性の普遍的形式として常に認識されてきた。だが一方では、それは、総じてまったく外在的で内容の本性を規定することのない形式と見なされた。また他方では、推理は、形式的な意味では、単に同一性という悟性的規定の中だけを歩き回るのであるから、それには本質的な弁証法的契機、否定性が欠けている。だが、それは諸規定の三重性のうちには現れる。なぜなら、第三のものは最初の二つの規定の統一なのであり、これらの規定は異なった規定であるから、統一のうちでは止揚されたものとしてありうるにすぎないからである。——形式主義はなるほど三重性を同じく手に入れ、その空虚な図式に忠実であった。最近の哲学的ないわゆる構成という浅薄で愚かしく不毛なやり方は、概念や内在的規定を欠く右の形式的な図式を至るところにぶら下げ、外から秩序づけることに用いることに他ならないが、右の形態を退屈なものとし不評に曝した。しかし、このような用い方の無味乾燥さによって、三重性がその内的価値を失うことはありえない。把握されてはいないが理性的なものの形態だけでもさしあたり発見されたということは、常に高く評価されるべきである。

さらに言えば、第三のものは直接的なものである。とはいえ、媒介の止揚による直接的なものであり、区別の止揚による単純なもの、否定的なものの止揚による肯定的なもの、他在によって自己を実在化し、この実在性の止揚によって自己と合致して［おり］、自らの絶対的実在性、自己の単純な自己関係を回復した概念である。従って、このような帰結こそが真理である。それは直接性であるとともに媒介である。——だが、これらの形式の判断「第三のものは直接性であり、媒介である」、或いは「第三のものはこれらのものの統一である」などは、それを捉えることはできない。なぜなら、それは静止した第三のものなのではなく、まさしくこのような統一として自己を自己自身と媒介する運動であり活動としてあるからである。――始元が普遍的なものであるように、帰結は個別的で具体的なものであり、主体である。帰結は、始元が自体的にあるものであり、それが同じく対自的になっているものである。普遍的なものは主語のうちで措定されている。三重性の最初の二つの契機は、抽象的で真ならざる契機であり、これらの契機はまさにそれ故に弁証法的であり、このようなそれらの否定性によって主語となるのである。概念自身は、われわれにとってさしあたり、自体的にある普遍者であるとともに対自的にある否定的なものでもあり、また第三の自体的対自的にあるもの、普遍的なものでもある。そして、この普遍的なものこそが推理の全契機を貫いて行くのである。だが、第三のものは帰結であり、そこにおいて、概念は、自らの否定性によって自己自身と媒介されており、それによって対自的にその諸契機を貫く普遍的で同一なものとして措定されているのである。

この帰結は、自己に立ち戻り自己と同一な全体として直接性という形式を自己に再び与えている。従って、それは、今やそれ自身、始元が自己を規定したのと同じものである。単純な自己関係として、それは普遍的なものであり、この普遍的なものの弁証法と媒介をなしていた否定性は、この普遍性のうちで同様に一緒になって単純な規定性となっている。そして、これは再び始元でありうるのである。帰結のこの認識は帰結の分析であり、従ってあの諸規定とそれが生じてきた過程と、これまで考察されてきた歩みを再び分析せねばならないように当面思われる。しかし、対象の取り扱いが実際このような分析的な仕方で行われる場合には、それは先に考察された理念の段階に属する。すなわち、その対象について、それが何であるかを報告するだけで、その具体的な同一性の必然性とその概念を有しない探究的な認識活動にである。しかし、対象を把握する真理の方法は、すでに示されたように、それ自身分析的である。なぜなら、それはまったく概念のうちにとどまっているからである。だが、それは同じく総合的である。それというのも、概念によって、対象は弁証法的にまた他のものとして規定されるからである。現在の対象としての帰結は新しい基礎となるが、この基礎において、方法は以前の対象のもとでと同じであり続ける。違いは、基礎そのものの関係に関するものにすぎない。基礎は今も同様に基礎である。しかし、その直接性は形式にすぎない。なぜなら、それは帰結でもあったからである。従って、内容としてのその規定性は単に取り上げられたものではもはやなく、導出され証明されたものなのである。

そこに初めて、認識活動の内容そのものが考察圏に現れる場面がある。なぜなら、内容は、今や導出されたものとして、方法に属するからである。方法それ自身はこの契機を通して体系へと拡がる。――最初は、始元は方法にとって内容的にまったく無規定でなければならなかった。そのかぎり、方法は単に形式的な魂として現れる。その魂にとって、またその魂によっては、始元はまったくただその形式の面から、すなわち直接的で普遍的なものとして規定されていたのである。上述の運動によって、対象は内容である規定性を自己自身に対して獲得した。なぜなら、単純性となった否定性は止揚された形式であり、そして単純な規定性として、その展開、さしあたっては普遍性に対して対立するということ自身に対立しているからである。

とにかく、この規定性は無規定的な始元のさしあたりの真理であるから、この始元を、この始元から出発して形式的なだけであった方法とともに、不完全なものとして非難する。このことは、次のような要求として表現されることができる。それが今はっきりしたものとなったのである。すなわち、始元は、帰結それ自身の規定性に対して規定されたものであり、直接的なものとしてではなく、媒介されたもの、導出されたものとして捉えられねばならない。この要求は、証明や演繹において、無限後退の過程の要求として現れることができる。――それは、獲得された新しい始元から方法の進展によって同様に帰結が生じ、進行は無限に前進することであるというのと同じである。

無限進行一般は没概念的反省に属するということが、すでにしばしば示された。概念を魂とし内容とする絶対的な方法は、無限進行に導くことはありえない。さしあたり、存在、本質、普遍性といった始元は、すでに完全な普遍性と無内容性を帯びているもののように思われよう。完全な普遍性と無内容性は、完全に形式的なあるべき始元に要求されるものであり、従ってまったく最初の始元として、それ以上後退することを要求せず認めもしない。それらは自己自身への純粋な関係、直接的なもの、無規定的なものであるから、区別を備えていないことは言うまでもない。それ以外の始元においては、この形式の普遍性と内容の間に直ちに区別が設けられているのであるが。しかし、右の論理的な諸始元が唯一の内容として持つ無規定性は、その規定性をなすものそのものに他ならない。すなわち、この規定性は、止揚された媒介としてのそれらの否定性のうちに成立するのである。止揚された媒介の特殊性は、それらの無規定性に対しても特殊性を与えるのであり、それによって存在、本質、普遍性が互いに区別されることになる。ところで、それらに帰属する規定性は、何らかの内容の規定性であるとともに単独に捉えられたそれらの直接的な規定性であり、従って導出を必要とする。方法にとっては、規定性が形式の規定性として捉えられるか内容のそれとして捉えられるかには違いはない。従って、事実上方法にとっては、方法のもたらす帰結の最初のものによって内容が規定されたということで新しい仕方が始まるわけではない。それ故、方法が形式的であることは以前と何ら変わりがない。なぜなら、方法は絶対的な形式であり、自己自身と一切のものを概念として知る概念であるから、方法に対立し、方法を一面的で外在的な形式として規定した内容はないからである。従って、右の始元の無内容性はそれらを絶対的な始元とするわけではないのと同様に、方法を無限に前進させたり後退させたりしていたのも内容そのものではない。一方から言えば、方法がその帰結のうちで自己に対して生み出す規定性は、それらが自己との媒介となり、直接的な始元を媒介されたものとする契機に他ならない。だが逆に、方法のこの媒介作用が通り抜けて行くものは、規定性である。方法はそれ自身にとっての見かけ上の他のものとしての内容を通ってその始元に立ち返り、始元を、だが規定された始元として回復するばかりではない。帰結は同じく止揚された規定性でもあり、従ってまた規定性の出発点であった最初の直接性の回復でもある。このことを、方法は全体性の体系として遂行するのである。方法はこのような規定においてさらに考察されねばならない。

規定性は帰結であったのだが、先に示されたとおり、一体化して単純性となっており、この単純性の形式の故に、それ自身新しい始元である。この始元は、まさにこの規定性によってそれに先行するものから区別されており、そのため認識は内容から内容へと巡り続ける。まず第一に、この進行は単純な諸規定性から始まるが、それに続くものは一層豊かで具体的なものとなるという形を取る。なぜなら、帰結はその始元を含んでおり、その経過は新しい規定性によってそれを豊かにするからである。基礎をなすものは普遍的なものである。従って、進行は他のものから他のものへの流れ行きと解されてはならない。絶対的方法のうちの概念はその他在のうちで自己を保持する。すなわち、普遍的なものをその特殊化、判断と実在性のうちでである。普遍的なものは、先行する内容の全体を引き上げてさらなる規定の各段階に高め、その弁証法的な進行によって失うものも置き去りにするものもないばかりか、獲得されたすべてのものを携えており、自己を豊かにし、自己のうちで濃密化するのである。

この拡大は、内容の契機として、また全体の中で、第一の前提として認められうる。普遍的なものは内容の富に伝えられ、そのままその中で保持される。しかし、関係はまた第二の、否定的ないし弁証法的な面をも有している。豊かさの増大は概念の必然性に沿って進み、概念によって保持されており、一切の規定は自己内反省に他ならない。自己の外に出ていく新しい段階の各々、すなわちさらなる規定の各段階はまた自己内還帰であり、外延が増すことは同じく内包が高まることでもある。従って、最も豊かなものは、最も具体的で最も主観的なものでもあり、最も単純な深淵へと自己を取り戻すものは、最も強力で最も包括的なものでもある。最高の、最も先鋭化された先端は純粋な人格性[23]である。それはその本性である絶対的な弁証法によってのみすべてのものを自己のうちに含み、保持しもする。なぜなら、それは自己を最も自由なものにするからであり、――最初の直接性であり普遍性である単純性となるからである。

こうして次のような結果になる。無規定的な始元から遠ざかることによって規定を加えつつ進んで行く歩みの一歩一歩は、また始元へと接近することでもあり、従って、さしあたり異なったものとして見えるかもしれないが、始元を後退しつつ基礎づけることと前進しつつさらに規定して行くこととは一緒になり、同じになる。方法はこれによって循環に巻き込まれるが、始元そのものがすでに導出されたものであるということは、時間的な発展の中では予想することはできない。直接的なままでの始元にとっては、単純な普遍性であるということで十分である。始元が単純な普遍性であるかぎり、始元であるための完全な条件を具えている。そして、人がそれを暫定的、仮説的にしか妥当させないかもしれないということに関しては、謝罪の必要はない。人は始元に対して異議を申し立てるかもしれない。——例えば、人間の認識の制限や、物事に着手する前に認識の道具を批判的に吟味するという要求についてである——。しかし、それらの異議は、それ自身、具体的な規定として、その媒介や基礎づけの要求を伴う前提に他ならない。従って、それらは物事から始めることに対して抗議するにしても、この始元に先立っては形式的に何も持っておらず、むしろ一層具体的な内容の故に演繹を必要とする。それ故、それらは、ただ他のものに対してよりもむしろそれらに対して注意が向けられねばならないという空虚な思い上がりとしか見られない。それらが持つのは真ならざる内容である。それらは、有限で真ならざるものとして知られているものを議論の余地なく絶対的なものとしているからであり、つまり制限されていてその内容に対して形式と道具として規定されている認識活動をそうしているからである。この真ならざる認識は、それ自身、また形式でもあり、後退する基礎づけに他ならない。——真理の方法もまた、始元を、それが始元であるという理由で不完全なものとして知る。だが同時に、この不完全なもの一般を必然的なものとして知る。なぜなら、真理とは直接性の否定性によって自己自身に帰ることにすぎないからである。始元、客観、有限なものなど、どのように呼ばれようが、またその他どのような形式で捉えられようが、規定されたものを超えて行くだけで直接的に絶対者の中にあろうとする性急さは、認識としては空虚な否定的なもの、抽象的な無限者——または思念されたものでしかない思念された絶対者以外の何ものも自己の前にしていない。なぜなら、それは措定されておらず、把握されていないからである。それは認識活動の媒介によって把握されるにすぎない。普遍的で直接的なものはその一契機なのである。それに対して、真理それ自身は経過の伸張と終わりのうちにあるにすぎない。未知であるということから来る主観的欲求と性急さに対して、全体の概観が前もって与えられることはなるほど可能である——反省に対する分類を通してである。それは、有限な認識活動の流儀に従って、普遍的なものから特殊なものを眼前にあるもの、学において期待されるべきものとして示すのである。しかし、このようなやり方は表象に映ずる映像以上のものを与えることはない。なぜなら、普遍的なものから特殊なものへの真の移行、自体的対自的に規定された全体への移行においては、最初の普遍者それ自身がこの真の規定によれば再び契機でしかないのであって、こうした移行は右のような分類の仕方にとっては疎遠なものであり、唯一学自身の媒介なのだからである。

右に示された方法の本性によって、学は自己のうちで絡まった円環として示される。媒介は、単純な根拠としての始元に終わりを巻き戻すのである。ここにおいて、この円環は諸々の円環からなる円環である。なぜなら、各々の個別的な項は方法によって生気づけられたものとして自己内反省であり、この反省は始元に帰ることによって同時に新しい項の始元でもあるからである。この連鎖の諸断片が個別諸科学である。その各々は先行するものと後続するものを持つ——より一層厳密に言うならば、持つのは先行するものだけであり、その帰結それ自身において後続するものを示すのである。

実際そのようにして、論理学は、絶対理念のうちで、その始元であるこの単純な統一に立ち返ったのである。存在のうちでは、まず一切の規定は解消したものとして、或いは抽象によって捨象されたものとして現れるが、そうした存在の純粋な直接性は、媒介によってすなわち媒介の止揚によって理念に相応しい自己同等性に達した理念に他ならない。方法は、ただ自己自身にのみ関係する純粋概念である。従って、方法とは、存在である単純な自己関係である。だが、それはまた充実した存在、自己を把握する概念、具体的で同じくまったく内実のある全体でもある。——こうした理念について最後になお考察するべきことは、そこにおいて初めて、論理学はそれ自身の概念を捉えたということだけである。論理学の内容の始元たる存在のもとでは、論理学の概念は主観的反省のうちでこの内容の外にある知として現れる。だが、絶対的認識の理念のうちで、概念は学固有の内容となったのである。理念はそれ自身純粋な概念である。純粋概念は、自己を対象とし、自己を対象としつつその諸規定の全体を貫くことによって、自己の実在性の全体、学の体系として自己を作り上げ、この自己自身の把握作用を捉え、内容と対象としての自己の立場を止揚し、学の概念を認識することで完結するのである。――第二に、この理念はなお論理的である。それは純粋思想のうちに閉ざされており、神的な概念の学にすぎない。体系的論述はなるほどそれ自身実在化ではある。だが同じ領域の内部に留められているのである。そのかぎり、認識の純粋理念は主観性のうちに閉ざされている。それ故、純粋理念はこの主観性を止揚しようとする衝動であり、純粋な真理は最後の帰結として他の領域と学の始元にもなる。この移行はここでは示唆されるだけでよい。

すなわち、理念は純粋概念とその実在性の絶対的統一として自己を措定することによって、存在の直接性に収斂する。かくて、それはこの形式の全体として――自然である。――しかし、この規定は生成したものや移行ではない。先に見られたように、主観的概念がその全体性において客観性となり、また主観的目的が生命となるようにである。純粋理念のうちでは、概念自身の規定性ないし実在性は概念にまで押し上げられている。こうした純粋理念はむしろ絶対的な解放なのであって、それに対しては、同じく措定されておらず概念でないような直接的な規定はもはやない。従って、この自由のうちには移行は見出されない。理念は単純な存在へと自己を規定するが、この存在は理念にとって完全に透明であり、この規定のうちで自己自身のもとにとどまる概念である。従って、移行は、ここではむしろ、次のように捉えられなければならない。すなわち、理念は自己自身を自由なものとして解き放ち、自己をまったく確信しており、自己のうちで安らっているのである。この自由の故に、それが規定されてあるという形式は同様にまったく自由であり、――主観性なしにまったくそれ自身で存在する空間と時間という外在性である。――それは存在という抽象的な直接性に従ってのみあり、意識によって捉えられるかぎり、単なる客観性であり、外なる生である。しかし、理念のうちでは、それは自体的対自的に概念の全体性であり、学は自然に対して神的認識の関係を保つ学であり続ける。自己を外在的理念として規定しようとする純粋理念のこのさしあたりの決断は、しかし、そうすることで自己に対して媒介を与えることに他ならない。そこから概念は外在性より自己に帰った自由な実存となって立ち上がり、精神の学のうちでその自己による解放を完成し、自己自身の最高の概念を自己を把握する純粋概念としての論理学[24]のうちに見出すのである。

訳注

概念論

序言

（1）「存在論」と「本質論」のこと。

（2）概念、判断、推理が「概念論」の第一部主観性で論じられる。

（3）『新約聖書』「ヨハネ伝」第十八章三八節。

（4）Friedrich Gottlieb Klopstock（1724-1803）ドイツの詩人。『メシア』〈*Der Messias*, 1748-73〉はミルトンの『失楽園』に倣って書かれた六韻脚詩の宗教的叙事詩。他に愛国的・宗教的戯曲『ヘルマンの戦い』〈*Hermannsschlacht*, 1769〉、『アダムの死』〈*Der Tod Adams*, 1757〉、祖国、友情、信仰などを歌った叙情詩『頌歌』〈*Oden*, 1771〉でドイツ近代詩の黎明をもたらした。北欧神話にも関心を持った。青年期ヘーゲルの『イエスの生涯』（一七九五年）に文中の詩句と同じ記述がある。Vgl. H.Nohl, *Hegels theologische Jugendschriften*, Tübingen 1907, S.132.

概念一般について

（1）「本質論」、第三部現実性、第三章絶対的関係、B因果性の関係、C相互作用を参照。

（2）前注を参照。

（3）「本質論」、第三部現実性、第一章絶対者、C絶対者の様態への注を参照。

（4）ヤコービは非知の哲学、非哲学を提唱し、エッシェンマイヤーは非哲学を自己の立場として宣言した。

（5）感性を通して与えられる多様なものが総合・統一されて客観が成立するが、そのためにはすべての表象に不変の「私」ないし「私は考える」という意識が伴っていなければならない。この私の意識を「統覚」〈Apperzeption〉と呼ぶ。I.Kant, *Kritik der reinen Vernunft*, A107, 1781, (B,1787), Hamburg 1956.

（6）「ア・プリオリな概念が如何にして諸対象に関係しうるかの説明を、私は概念の超越論的演繹と名づける」（K.d.r.V.,A85,B117.）とカントは言う。それは純粋悟性概念の客観的妥当性を証明することと同じである。

(7) I.Kant, K.d.r.V., B137.
(8) 「内容を欠く思想は空虚であり、概念を欠く直観は盲目である」とカントは言う。I.Kant, K.d.r.V.,A151, B75.
(9) I.Kant, K.d.r.V.,A592,B620. この見解は、カントが神の存在論的証明を批判する際の論拠となる。
(10) G.W.F.Hegel, *Phänomenologie des Geistes*, 1807, in: GW.9, I.Die sinnliche Gewissheit oder Das Diese und Das Meynen, II. Die Wahrnehmung ; oder Das Ding, und Die Täuschung, III. Kraft und Verstand, Erscheinung und übersinnliche Welt.
(11) 『純粋理性批判』I超越論的原理論、付録「反省概念の多義性について」の節のこと。I.Kant, K.d.r.V., A260, B316.
(12) 論理学と自然哲学、精神哲学の違いが示されている。
(13) 『論理の学』I、「緒論」を参照。
(14) 「概念論」、第三部理念を参照。
(15) 「歴史的記述」の原文は〈Historie〉。
(16) I.Kant, K.d.r.V.,A6, B10.
(17) 前注(5)を参照。
(18) 「弁証論」〈Dialektik〉は、カントにおいては、「仮象の論理学」であり、理性が陥る誤謬を暴き解消させるだけで、生産的な働きはしない。このため「弁証法」とは区別される。I.Kant, K.d.r.V., A293, B349.
(19) 思惟と対象の一致という伝統的な真理の定義がこれによって満たされていることになる。
(20) 「直観的知性」(anschauender Verstand, intellectus intuitus)とは、思惟の素材を感覚から受け取らねばならない知性ではなく、思惟することが直ちに対象の産出となる知性のことである。それは、カントにおいては、神的知性と見なされ、人間の悟性の能力とは認められなかった。I.Kant, K.d.r.V., A695, B723, *Kritik der Urteilskraft*, 1790, Hamburg 1963, S.348-352.
(21) カントが物自体は認識できないとしたことが問題となっている。
(22) 自然哲学と精神哲学のこと。
(23) 論理学、自然哲学、精神哲学が円環をなし、完結した体系を形成することが述べられている。
(24) I.Kant, K.d.r.V.,A58, B82.
(25) I.Kant, K.d.r.V.,A58f., B83.
(26) カント哲学は、論理的思惟の三側面、悟性的、弁証法的、思弁的側面のうち、対立と区別に固執する悟性的側面にとどまり、対立しあうものの統一を捉える思弁的側面を認めることができなかった。

（27）判断は、真理の表現形式としては不適切であるとヘーゲルは言う。

（28）「概念論」、第一部主観性、第二章判断、A定在の判断、（a）肯定判断を参照。

（29）前注を参照。なお、ヘーゲルは『精神現象学』において、「主語と述語の区別を含んでいる判断ないし命題一般の本性は思弁的命題によって破壊される」と述べる。G.W.F.Hegel, Phä.d. G.,Vorrede, S.51.

第一部　主観性

（1）「概念論」、第一部主観性、第二章判断を参照。

（2）同、第三章推理を参照。

第一章　概念

（1）スピノザの「限定は否定である」〈Determinatio est negatio.〉（書簡50）が念頭にある。B.d.Spinoza, *Spinoza Opera*, IV. Heidelberg 1972, S.240.

（2）原文は〈Verhalten〉。

（3）「本質論」、第二部現象、第一章実存、A物とその諸性質および第三部現実性、第一章絶対者、C絶対者の様態への注を参照。

（4）「存在論」、第一部規定性（質）を参照。

（5）「本質論」、第一部それ自身のうちでの反省としての本質、第二章本質規定性ないし反省規定、B区別、二差異性および三対立の論述を参照。

（6）「存在論」、第一部規定性（質）、第二章定在、B有限性、（b）規定、性状および限界を参照。

（7）前注（5）を参照。

（8）「切断の働きは、悟性すなわち最も驚くべき、最も偉大な、或いはむしろ絶対的な威力の力であり、仕事である」とヘーゲルは言う。G.W.F.Hegel, Phä.d.G., Vorrede, S.27.

（9）知的直観は、「概念一般について」への注（20）で見た直観的知性の働きであり、思惟することによって直ちに対象を産出する作用である。

（10）「存在論」、第二部大きさ（量）、第二章定量への注（二）を参照。

（11）カントは判断を量、質、関係、様相の綱目に分類し、それに対応する形で範疇表を作った。『純粋理性批判』I超越論的原理論、第二部超越論的論理学、第一部門超越論的分析論、第一章概念の分析論を参照。I.Kant, K.d.r.V.,A66, B91.

（12）デカルトは「注意する精神に現前し、明らかであること」を「明晰」〈clarus〉とし、「明晰であると同時に、他のものから紛れもなく区別されていること」を「判明」〈distinctus〉とした。スピノザによれば、「十全な」観念とは、対象との関係を離れてそれ自体で考察される限り、真の観念のすべての特質、或いは内的特徴を有する観念である。R.Descartes, *Principia Philosophiae*,I,45, in: *OEUVRES DE DESCARTES*,VIII-1, Paris 1982, p.22, B.d.Spinoza, *Ethica ordine geometrico demonstrata*, II, Definitio,4, *Spinoza Opera*, II, Heidelberg 1972, S.41.

（13）「理念は十全な概念であり、客観的な真理ないし真なるものそのものである」。「概念論」、第三部理念を参照。

（14）前注（12）を参照。デカルトは明晰判明性を真理の基準とした。明晰とは「注意している精神に現れてきて明らかである認識」について言い、判明とは「極めて正確で他のすべての認識から区別されるので、その中にそれを正しく考察する人にはっきり現れてくるものしか含んでいない認識」について言うものとした。

（15）定義については、「概念論」、第三部理念、第二章認識活動の理念、A真なるものの理念、（b）総合的認識、一定義を参照。

（16）「本質論」、第一部それ自身のうちでの反省としての本質、第二章本質規定性ないし反省規定、B区別を参照。

（17）Leonhard Euler（1707-83）十八世紀の代表的数学者。スイスのバーゼルに生まれ、ヨハン・ベルヌーイの下で数学を学ぶ。一七二七年ペテルブルグ科学アカデミーに招かれ、一七四一年ベルリン科学アカデミー会員、一七六六年ペテルブルグに帰還、当地で没した。『与えられた性質を有する極大、極小曲線を見出す方法』〈*Methodus inveniendi lineas curvas maximi minimive proprietate gaudentes*, 1744〉、『無限解析序論』〈*Introductio in analysin infinitorum*, 1748〉などがある。

Johann Heinrich Lambert（1728-77）ドイツの哲学者、天文学者、物理学者、数学者。カントと親交があり、カントの宇宙論、認識論の先駆者と目される。数学の分野では、ラグランジュ、ガウスの先駆者と言われ、非ユークリッド幾何学の形成にも貢献した。『宇宙論的書簡』〈*Kosmologische Briefe*, 1761〉、『新機関』〈*Neues Organon*, 1764〉、『論理学・哲学論考』〈*Logische und philosophische Abhandlungen*, 1782〉などを著した。

（18）「存在論」、第二部大きさ（量）、第二章定量、C量的無限性、（c）定量の無限性、注一、二、三を参照。

（19）「存在論」、第一部規定性（質）、第二章定在、B有限性、（a）或るものと他のものにおいて、一つの或るものと他のものを区別する指示作用としての「このもの」が考察される。

(20)「本質論」、第二部現象、第一章実存、A物とその諸性質、(c)諸物の相互作用において、「このもの」〈dieses Ding〉が扱われている。「存在論」、第三部対自存在〔自己に対してあること〕を参照。

第二章　判断

(1) 原文は〈Realisierung〉であり、その意味は次の文における「実在性」〈Realität〉に基づいて理解されなければならない。

(2)「判断」の原語は〈Urteil〉であるが、これを〈ur-teilen〉(根源的に分割する)に由来するものと見なし、根源的概念の自己分割と見るのが、ヘーゲル独特の判断理解である。

(3) この例は「概念の判断」に相当する。「概念論」、第一部主観性、第二章判断、D概念の判断を参照。

(4)「判断」(Urteil)と区別される「命題」の原語は〈Satz〉である。

(5)「概念論」、第一部主観性、第二章判断、C必然性の判断、(c)選言判断を参照。

(6)「天にも地にも存在と無の両者を自己のうちに含まないものは存在しない」(「存在論」、第一部規定性(質)、第一章存在、C生成、(a)存在と無の統一、注一)。「有限なものは無限性に高められる」(同、第二章定在、C無限性、(a)無限なもの一般。同、第一章存在、C生成、(a)存在と無の統一、注一)。「有限なものは無限なもののうちに消滅しており、存在するものは無限なもののみである」(同)。「実存は本質の絶対的外化であり」、「根拠の自己内反省であって、否定のうちで成立した根拠の自己自身との同一性である」(「本質論」、第二部現象、第一章実存)、「実体は、可能なものを現実にし、内容を伴ったこの現実性によって創造的なものとして自己を啓示し、現実的なものを可能性に連れ戻すことによって、破壊的な力として自己を啓示する」(「本質論」、第三部現実性、第三章絶対的関係、A実体性の関係)。

(7)「概念論」、第一部主観性、第二章判断、D概念の判断、(c)必然判断について次のように言われている。「繋辞のこの充実によって判断は推理になっている」(本巻、一〇五ページ)。

(8) 判断は概念の分割であるから、本来概念がその中で働いており、その統一を回復しようとする動きがある。それが「前進」とされ「展開」とされているのである。

(9) 主語が実体を指示し、述語がそれに内属する属性を表して、実体‐属性関係を表現する判断が、「内属の判断」である。述語が主語の指示する対象を包摂する普遍を意味する場合、判断は、「包摂の判断」と呼ばれる。

（10）「本質論」、第一部それ自身のうちでの反省としての本質、第一章影像、第二部現象、第一章実存、第三部現実性、第三章絶対的関係を参照。

（11）「本質論」、第二部現象、第一章実存を参照。

（12）「本質論」、第二部現象、第一章実存、C物の解体を参照。

（13）例えば、「バラは白くない」が「バラは白でないものである」という形になること（換質）である。

（14）「白い」に対する「非白」は白の矛盾概念だが、それは白以外の他の色のことか、或いは色に限らず白でないすべての規定を包摂するのかが問題となる。ここでは、後者の場合が考えられているのである。

（15）「存在論」、第一部規定性（質）、第一章存在、A存在、B無、C生成を参照。

（16）「存在論」、第一部規定性（質）、第二章定在、B有限性、（b）規定、性状および限界を参照。

（17）「本質論」、第一部それ自身のうちでの反省としての本質、第二章本質規定性ないし反省規定、C矛盾、注一を参照。

（18）カントは、『純粋理性批判』の判断表の質の判断の綱目に肯定、否定判断と並ぶ第三の判断として「無限判断」を置いた。I.Kant, K.d.r.V., A70, B95.

（19）主語と述語の関係がまったく断ちきられる判断が「否定的無限判断」である。「このバラは赤い」に対して否定判断「このバラは赤くない」は、「このバラ」が他の色を持つことを含意するが、「バラは象ではない」は他の動物を示唆することがまったくない。主語は未規定なままにされており、「バラはバラである」と言うのと異ならない。この単なる同一性の判断をヘーゲルは「肯定的無限判断」と言う。G.W.F.Hegel, *Enzyklopädie der philosophischen Wissenschaften*, I, in: *G.W.F.Hegel Werke in zwanzig Bänden*, 8, Frankfurt a.M.1970, §173, Zusatz.

（20）「当事者」の原文は〈Partei〉、「その者のもの」の原文は〈das Ihrige〉。

（21）前注（19）を参照。

（22）前注（9）を参照。

（23）「本質論」、第三部現実性、第三章絶対的関係、A実体性の関係を参照。

（24）「本質論」、第一部それ自身のうちでの反省としての本質、第三章根拠、第三部現実性、第三章絶対的関係、A実体性の関係、B因果性の関係を参照。

（25）伝統的論理学においては、白と黒のように中間者（第三者）を容れる対立を「反対」と言い、白と非白のように中間者の介在を許さない対立を「矛盾」と言う。

(26)カントは『純粋理性批判』の判断表において、量、質、関係に続く第四の綱目として様相の綱目を立て、可能性、現実性、必然性を表現する蓋然、実然、必然判断をそのもとに置いている。

(27)「概念論」、第一部主観性、第二章判断、B反省の判断、(b)特称判断の記述を参照。

第三章　推理

(1)Eは〈Einzelnes〉、Bは〈Besonderes〉、Aは〈Allgemeines〉の略。それぞれ、伝統的論理学で用いるS、M、Pに対応する。

(2)Aristotle, *Analytica priora*, 25b33-35, in: *The Works of Aristotle*, London 1968.

(3)アリストテレス以来、中世の哲学者は第一格を重んじ、正確な推理はこれによって生ずると考え、これを完全格と名づける一方、他を不完全格と呼んだ。

(4)定在の判断は質の判断と呼ばれた。「概念論」、第一部主観性、第二章判断、A定在の判断を参照。

(5)「カイウス」に対して、「人間」はその一性質、「可死性」は「人間」の一性質である。

(6)人間の諸性質のうち「理性」を選べば、カイウスは理性的となり、非理性(感情)を選べば、カイウスは非理性的となる。

(7)これらは前三段論法と呼ばれる。

(8)「存在論」、第一部規定性(質)、第二章定在、B有限性、(c)有限性を参照。

(9)先の例に倣って言えば、第一前提(B－E)は「或る人間はカイウスである」、第二前提(E－A)は「カイウスは死ぬ」、結論B－Aは「或る人間は死ぬ」となろう。第一前提を換位すれば、伝統的論理学の第三格となる。

(10)第一前提「或る人間はカイウスである」を換位して、「カイウスは人間である」とし、「カイウスは死ぬ」を第二前提とすると、カイウスは「人間である」と「死ぬ」の主語になるが、それによっては「人間」と「死」の必然的な関係は認識できない。

(11)伝統的論理学では、P－M、S－M、S－Pが第二格であるから、M－P、M－S、S－Pは第三格となる。

(12)伝統的論理学においては、小前提は特称でなければならず、結論も特称である。

(13)E－Aは「カイウスは死ぬ」、A－Bは「或る死ぬものは人間である」、結論E－Bは「カイウスは人間である」となるが、この推理は必然性を持つとは言えない。

(14)伝統的論理学においては、第二格の前提の一方は否定、大前提は全称でなければならず、結論は否定となる。「神は死ぬものならず。カイウスは死ぬ。故に、カイウスは神ならず」。

（15）大名辞（P）を含む側が大前提、小名辞（S）を含む側が小前提である。

（16）ガレヌス格と呼ばれる第四格は、第一格における大小前提の置き換え、結論の換位によって得られる。「カイウスは人間である。人間は死ぬ。故に、或る死ぬものはカイウスである」。

（17）伝統的論理学では、大小前提および結論が、全称、特称、肯定、否定のいずれであるかが問題となる。ヘーゲルは判断の質、量を度外視して推理を論じていることになる。

（18）前注（6）を参照。

（19）G.W.Leibniz, *Dissertatio de Arte Combinatoria,*1666, in: *Die philosophischen Schriften*, 4, Hildesheim/New York 1978, S.46-56.

（20）Raimundus Lullus（1235-1316?）スペインの人。詩人、哲学者、神学者。フランチェスコ会修道士。自分の学説を神の啓示と信じ、人々をキリスト教に改宗させる方法としてルルスの術を案出し、自明な基本概念の結合によって機械的に一切の真理を発見するための回転盤を設計した。ロンブルカードとは、スペイン伝来の、三人でするトランプ遊びの一種。

（21）〈characteristica universalis〉複雑なものはすべて単純なものから成ると考えたデカルトは、複雑なものを単純なものに還元した上で、その結合の仕方を解明する「秩序と数量的関係の学」をあらゆる学問に共通な「普遍数学」〈mathesis universalis〉として構築しようとした。ライプニッツはこの思想を継承して全人類の思想を基本要素の結合によって構成することを目的とし、推理一般の学としての普遍学を提唱するとともに、思惟を表示する記号を形成し、秩序づける技法（ars）として普遍記号法を考案した。その思想の源には、ルルス、ホッブズ、ヴィエトらの思想があった。

（22）Gottfried Ploucquet（1716-90）ドイツ啓蒙期の哲学者。ライプニッツの単子論を斥け、デカルトの二元論に傾くが、その弱点を機会原因論によって克服し、ライプニッツの哲学を新たな基盤の上に再建しようとした。思考を計算と見なし、ライプニッツの論理計算を受け入れた。

（23）Moses Mendelssohn（1729-86）ドイツ啓蒙思想および通俗哲学の代表とされるユダヤ人思想家。レッシングの戯曲『賢者ナータン』のモデルと目された。美学、近代文芸批評の開拓者。カントと懸賞論文を競い、『形而上学における明証性について』〈*Ueber die Evidenz in den metaphysischen Wissenschaften*〉（一七六四年）で首席となった。『フェードン或いは魂の不死性に関する三つの会話』〈*Phaedon oder über die Unsterblichkeit der Seele*〉（一七六七年）、『イェールザレム』〈*Jerusalem oder über religiöse Macht und Judentum*〉（一七八三年）などの著作がある。ヴォルフ学派の合理主義を軸に、「健全な人間悟性」の立場を打ち出し、ユダヤ的、ドイツ的、キリスト教＝ヨーロッパ的なものを超える折衷主義に立った。
（24）「概念論」、第一部主観性、第二章判断、B反省の判断を参照。
（25）前注（6）を参照。
（26）定在の推理第二格のこと。前注（9）を参照。
（27）主観性、客観性の意味がこれによって理解される。
（28）「概念論」、第一部主観性、第二章判断、C必然性の判断、（b）仮言判断を参照。
（29）「本質論」、第一部それ自身のうちでの反省としての本質、第三章根拠、C制約を参照。
（30）制約を条件と読み替えれば、「PならばQである」が成り立つ時、Pは十分条件、Qは必要条件とされることに当たる。

第二部　客観性

（1）「存在論」、第一部規定性（質）、第一章存在、C生成、（a）存在と無の統一、注一を参照。
（2）R.Descartes, *Meditationes de prima philosophia, in qua Dei existentia et animae immortalitas demonstratur*, 1641, Meditatio V, in: *OEUVRES DE DESCARTES*,VI, Paris 1982. 山の観念が谷の観念を含むように、最も完全なものの観念は存在の観念を含んでいるとデカルトは言う。存在は神の観念から分析的に導出される。これに対して、カントは、存在は概念の内容の増減とは関わりがないと主張したのである。I.Kant, K.d.r.V. A599, B627.
（3）「存在論」、第一部規定性（質）、第一章存在、C生成、（a）存在と無の統一、注一を参照。
（4）「存在論」、第一部規定性（質）、第二章定在、A定在そのもの、（b）質、注、「本質論」、第一部それ自身のうちでの反省としての本質、第二章本質、規定性ないし反省規定、C矛盾、注三を参照。
（5）「概念論」、第一部主観性、第二章判断、六一ページを参照。
（6）カントは神の存在証明に自然神学的証明、宇宙論的証明、存在論的証明の三種を認め、批判を加えた。I.Kant, K.d.r.V., A591, B619.
（7）「概念論」、第一部主観性、第二章判断、D概念の判断、（c）必然判断を参照。
（8）フィヒテの『全知識学の基礎』における可分的自我と可分的非我および絶対的自我の関係が念頭に置かれている。J.G.Fichte, *Grundlage der gesammten Wissenschaftslehre*, 1794, in: *Fichtes Werke*, I, Berlin 1971, S.110.

第一章　機械的機制

（1）「本質論」、第一部それ自身のうちでの反省としての本質、第三章根拠、A絶対的根拠、（b）形相と質料を参照。

（2）「本質論」、第二部現象、第一章実存、（b）性質、第三章本質的関係、A全体と部分の関係、第三部現実性、第三章絶対的関係、A実体性の関係を参照。

（3）モナドについては、「存在論」、第一部規定性（質）、第三章対自存在、A対自存在そのもの、（b）一つのものに対してあること、注を参照。

（4）「本質論」、第三部現実性、第三章絶対的関係、A実体性の関係、B因果性の関係を参照。

（5）前注（4）を参照。

（6）「精神は机である」というように、媒介項なしに対立しあうものを絶対的断絶を超えて結合する判断が無限判断と呼ばれる。「概念論」、第一部主観性、第二章判断、A定在の判断、（c）無限判断および注（19）を参照。

（7）デカルトは自然の第一法則として「いかなるものも……それ自身に関しては常に同じ状態にとどまり、外的原因によらないかぎり決して静止しない」と述べ、第二法則として慣性運動の直線性を指摘した。ニュートンはデカルトから慣性の原理を継承し、運動の第一法則とした。

第三章　目的論

（1）内的合目的性、外的合目的性については、カント『判断力批判』、第二部目的論的判断力の批判、第一章目的論的判断力の分析論を参照。I.Kant, *Kritik der Urteilskraft*, 1790, Hamburg 1974, §66, 67.

（2）カント『純粋理性批判』、I超越論的原理論、第二部超越論的論理学、第二部門超越論的弁証論、第二篇純粋理性の弁証論的推論について、第二章純粋理性の二律背反、第二節純粋理性の背反論、超越論的理念の第三の抗争を参照。I.Kant, K.d.r.V., A444, B472ff.

（3）「存在論」、第二部大きさ（量）、第一章量、A純粋量、注二、同、第二章定量、C量的無限性、（b）量的無限進行、注二を参照。

（4）カント『判断力批判』、第二部目的論的判断力の批判、第二章目的論的判断力の演繹論、第七〇節「物質的なものの産出はすべて単なる機械的法則に従って可能であると判断されなければならない」―「物質的自然の産物の若干のものは単なる機械的法則に従って可能であると判断されることはできない」。「物質的なものの産出はすべて単に機械的な法則に従って可能である」――「物質的なものの産出のいくらかは単に機械的な法則に従っては可能でない」。I.Kant, KU., S.314f.

（5）カント『判断力批判』序文Ⅳ「先天的に立法的な能力としての判断力について」。「判断力一般とは、特殊なものを普遍的なもののもとに含まれているものとして考える能力である。……普遍的なものが与えられている場合、特殊なものをそのもとに包摂する判断力は……規定的である。……特殊なもののみが与えられていて、判断力が普遍的なものを発見しなければならない場合、判断力は単に反省的である」。I.Kant, KU., S.XXVf.

（6）原文は〈List der Vernunft〉。「理性の狡知或いは奸計」と訳されるが、ヘーゲルは「ずる賢さ」〈Pfiffigkeit〉の意味はないとしている。山口祐弘『近代知の返照――ヘーゲルの真理思想』学陽書房、一九八八年、一三九－一四一ページおよび注（10）を参照。

第三部　理念

（1）「十全な」の原語は〈adäquat〉。第一部主観性、第一章概念注（12）、（13）を参照。

（2）カントは「感性によって対象が与えられ、悟性がこれを思惟する」とし、この思惟において悟性が用いるものを悟性概念と呼ぶ。そうして成立する認識を理性が統一する。その際、理性は理性概念＝理念を統制的原理として用いるのである。

（3）「超越的」の原語は〈transzendent〉。「超越論的」〈transzendental〉と区別することが肝要である。

（4）カント『純粋理性批判』Ⅰ超越論的原理論、第二部超越論的論理学、第二部門超越論的弁証論、第一篇「純粋理性の概念について」、第一章「理念一般について」を参照。I.Kant, K.d.r.V., A316, B373.

（5）「存在論」、第一部規定性（質）、第二章定在、A定在そのものを参照。「実在性」〈Realität〉の意味がここで規定されていることになる。

第一章　生命

（1）G.W.F.Hegel, *Enzyklopädie der philosophischen Wissenschaften im Grundrisse(1830)*, Zweiter Teil, Die Naturphilosophie mit den mündlichen Zusätzen, Werke.9,Frankfurt a.M., §337. ibid., Dritter Teil, Die Philosophie des Geistes, Werke.10, §389.

（2）「概念論」、第二部客観性を参照。

(3)「有機体」の原語は〈Organismus〉。ギリシア語の〈ὄργανον〉(道具)に由来する。アリストテレスが身体は魂のためにあるとし、身体のすべては全体のためのものであり、道具のように身体の目的に向けて秩序づけられていると考えたことに基づく。

(4)感受性、興奮性、再生産については『エンツュクロペディー』三五三節を参照。「従って、動物的主体は、第一に、その外面性にあって単純で普遍的な自己内存在である。それを通して現実的な規定性が直接特殊性として普遍的なもののうちに受容され、普遍的なものは特殊性の中で主体の自己自身との不可分の同一性である——感受性」。G.W.F.Hegel, Enzy., §353.

(5)ibid.「第二に、動物的主体は外からの刺激可能性であり、受容する主体に由来する外部への反作用である——興奮性」。

(6)ibid.「第三に、動物的主体はそれらの契機の統一であり、外面性の関係からの自己自身への否定的還帰であり、そのことによって個別的なものとしての自己を産出し措定することである——再生産。それは両契機の実在性であり基礎である」。

(7)ibid., §358. 三五八節。「感覚および理論的過程は、従って、機械的領域——重さ、凝集性とその変化、温度の感覚であり、感情そのものである」。

(8)ibid., §360. 三六〇節。「衝動は、……さしあたり主観的なものでしかないという形式を止揚せんとする働きである」。

第二章　認識活動の理念

(1)原文は〈Urteil〉。「概念論」、第一部主観性、第二章判断、注(2)を参照。

(2)カント『純粋理性批判』I超越論的原理論、第二部超越論的論理学、第二部門超越論的弁証論、第二篇純粋理性の弁証論的推論について、第一章純粋理性の誤謬推理について、を参照。

(3)超越論的統覚のこと。「直観のすべての所与に先立ちそれとの関係において諸対象のすべての表象が唯一可能となる意識の統一なしには、如何なる認識もわれわれのうちで生起することはありえず、それら相互の結合も統一も起こりえない。このような純粋で根源的かつ不変の意識を私は超越論的統覚と名づけよう」。I.Kant, K.d.r.V.,A107.

(4)精神の思弁的理念とは、アリストテレスの霊魂論に示されているものであろう。次注参照。ヒュームは心を「知覚の束」として説明したが、その束がどうして生まれるのか、要素がなぜ統合されるのかは説明していない。

(5)アリストテレスは魂を身体の形相とし目的と見なす。魂は不動の第一動者ではないにせよ、自己自身を動かすものである。アリストテレスはこの思想をプラトンから受け継いでいる。Plato, *Laws* II, 895f. in: *The Loeb Classical Library* 192, London 1968, *Phaedo*, 245, in: op.cit.36, 1977, Aristotle, *Parts of Animals*, 641a19, 645b15, 652b10, in:op.cit.323, 1968, *On the Soul*, 412b10,

414a13, in: op.cit.288, 1975.

（6）原文は〈die rationale Psychologie〉。カントは〈Psychologie〉とともに〈Seelenlehre〉も用いる。

（7）カントは『純粋理性批判』「知覚の予料」において、「すべての現象の中で、感覚の対象である実在的なものは内包量すなわち度を持つ」を知覚の原理としている。「内包量」とは、「統一としてのみ覚知され、その中では数多性は否定＝0への接近によってのみ表象されうる量」である。I.Kant, K.d.r.V., A168, B260. ヘーゲルの内包量の概念については、「存在論」、第二部大きさ（量）、第二章定量、B外延量と内包量を参照。

（8）プラトンにおいては、人間は身体と魂の結合体であり、魂は牢獄としての身体に監禁されている。そのかぎり、真理に到達することはできない。身体は人間を深く考えることのできない状態に置き、戦争、暴動、闘争の因をなす。そのため、神がわれわれを完全に身体から解き放つ時まで自分を清浄に保つことが要求される。Plato, *Phaedo*, 66b, in: op.cit.36, 1977.

（9）『精神現象学』は自然的意識が学に至るまでの行程を叙述するものであり、対象との対立のうちにある意識がこの対立を克服して純粋知に達する。この純粋知こそは学の境位であり、精神が自己自身を知る精神そのものの学が展開する場である。この学とは論理学のことに他ならない。

（10）「純粋な学」を「論理学」とすれば、三つの学とは「自然哲学」、「精神哲学」、「精神現象学」である。

（11）「概念論」、第一部主観性、第二章判断、D概念の判断を参照。

（12）カントの超越論的観念論の批判。カントは物自体の認識を不可能とし、認識と対象の一致としての真理を現象界に限った。

（13）原文は〈hineingelegt〉。カントの「投げ入れ」〈hineinlegen〉を借りたものであろう。I.Kant, K.d.r.V., B XIV.

（14）超越論的統覚のこと。前注（3）を参照。

（15）カントが判断表によってカテゴリーの表を作成したことを言う。

（16）カントはカテゴリーの演繹を形而上学的演繹と超越論的演繹に分けたが、前者においては、ア・プリオリな概念一般の源が、思惟の普遍的、論理的な諸機能とそれらが完全に合致することを通して提示され、後者においては、直観の諸対象についてのア・プリオリな認識としてのそれらの可能性が示される。I.Kant, K.d.r.V., B159.

（17）原文は〈Analysis〉。狭義には、コーシーの微分積分学に基づく無限小解析を言う。しかし、本来は解きほぐすこと、解析ないし分析を意味し、幾何学の命題の証明法や解法を求める手順のことであった。アラビア数学においては、算術の解析がアルジャブル（代数学）と呼ばれた。ヨーロッパ近代の代数解析は、ヴィエトが記号代数を解析の一種と見なしたことに始まり、それが無限小解析に応用されて、ニュートン、ライプニッツの微分積分学の成立を見る。それは、ロピタル、オイラー、ラグランジェを経て、モンジュ、コーシーに継承される。

（18）「存在論」、第二部大きさ（量）、第二章定量、A数への注一、同、第三章量的関係、C冪比例を参照。

（19）カント『純粋理性批判』を参照。I.Kant, K.d.r.V., B16. 本書「存在論」、第二部大きさ（量）、第二章定量、A数への注一を参照。

（20）方程式 $ax^2+bx+c=0$ の根を α、β とすると、根の方程式 $x=\frac{-b\pm\sqrt{b^2-4ac}}{2a}$ により、$\alpha+\beta=-\frac{b}{a}$、$\alpha\beta=\frac{c}{a}$、根の冪の和 $\alpha^2+\beta^2=\frac{b^2-2ac}{a^2}$ が成り立つ。

（21）原文は $x^{m-1}=0$。$x^{m-1}=1$ の時、$W_k=Cos\frac{m-1}{2k\pi}+i\,Sin\frac{m-1}{2k\pi}$（$k$=0,1,…$m$=2）

（22）$x-1$ は、原文では m。因数定理と剰余定理のこと。前者は、「整式 $f(x)$ の x に a を代入した時、その値 $f(a)$ が0ならば、$f(x)$ は $x-a$ で割り切れる」、後者は、「整式 $f(x)$ を $x-a$ で割った剰余は $f(x)$ の x に a を代入して得られる値 $f(a)$ に等しい」というものである。

（23）「存在論」、第二部大きさ（量）、第二章定量、C量的無限性、（c）定量の無限性への注一、二を参照。

（24）ライプニッツによる微積分学の考案については、「存在論」、第二部大きさ（量）、第二章定量、C量的無限性、（c）定量の無限性、注一数学的無限の概念規定性、注（31）、同、注二微分計算の応用と目的、注（72）を参照。

（25）「概念論」、第一部主観性、第二章判断、C必然性の判断を参照。

（26）「本質論」、第二部現象、第一章実存、A物とその諸性質、（b）性質を参照。

（27）同、B諸物質からの物の成立を参照。

（28）「概念論」、第一部主観性、第二章判断、D概念の判断を参照。

（29）差異と対立は、本質論において論じられる反省規定である。「本質論」、第一部それ自身のうちでの反省としての本質、第二章本質規定性ないし反省規定、B区別、二差異性、三対立を参照。

（30）「概念の分離」の原文は〈Die Disjunktion des Begriffs〉。「概念は絶対的な否定性であるから、自己を分割し〈sich dirimieren〉、自己を否定的なものまたはそれ自身の他者として措定する」。これが「判断」〈Ureil〉の原意である。「概念論」、第一部主観性および同第二章判断の注（2）を参照。

（31）原文は〈Instinkt der Vernunft〉。

（32）Eukleides（Alexandria）ca.300BC. アレクサンドリアで活躍したギリシアの数学者。プラトンの近くにいたエウドクソスの影響を受けたと見なされる。主著『原論』(*Stoikeia*) は論証数学のモデルとして後世に大きな影響を及ぼした。

(33) アリストテレスは、あらゆる原理のうちで最も確かな原理である矛盾律について、その論証を要求することは教養の欠如の証拠であると述べている。Aristoteles, *Metaphysik*, Hamburg 1978, 1006a.

(34)「概念論」、第一部主観性、第三章推理、A定在の推理、(d) 第四格A－A－A、数学的推理を参照。

(35) スピノザの『エティカ』のフルタイトルは「幾何学的秩序に従って証明されたエティカ」(*Ethica ordine geometrico demonstrata*) である。「概念論」、第一部主観性、第一章概念注 (12) を参照。

(36)「概念論」、第三部理念、第二章認識活動の理念、A真なるものの理念、(b) 総合的認識、一定義を参照。

(37)『ユークリッド原論』共立出版、一九八一年、第一巻、定理四「もし二つの三角形の二辺が二辺にそれぞれ等しく、その等しい二辺にはさまれる角が等しいならば、底辺は底辺に等しく、三角形は三角形に等しく、残りの二角は残りの二角に、すなわち等しい辺が対する角はそれぞれ等しいであろう」。定理八「もし二つの三角形において、二辺が二辺にそれぞれ等しく、底辺も底辺に等しければ、等しい角にはさまれた角もまた等しいであろう」。定理二六「もし二つの三角形において二角が二角にそれぞれ等しく、一辺が一辺に、すなわち等しい二角にはさまれる辺かまたは等しい角の一つに対する辺が等しければ、残りの二辺も残りの二辺に等しく、残りの角も残りの角に等しいであろう」。

(38)『ユークリッド原論』第一巻、定理四八「もし三角形において一辺の上の正方形が三角形の残りの二辺の上の正方形の和に等しければ、三角形の残りの二辺によって挟まれる角は直角である」。

(39)『ユークリッド原論』第二巻、定理十四。「与えられた直線図形に等しい正方形を作ること」。

(40) 例えば、一辺1の正方形の対角線の長さは無理数$\sqrt{2}$となるようにである。

(41)「概念論」、第三部理念、第二章認識活動の理念、(a) 分析的認識を参照。

(42) Christian Wolff (1679-1754) 中期ドイツ啓蒙思想の代表的哲学者。ブレスラウで生まれ、イェーナ大学で神学、哲学、数学を学び、一時マールブルクに逃れたことがあったが、ハレ大学で活躍した。総合的方法によって諸学の演繹的百科全書的統合を企図。学を「言明を論証する上での練達」と規定、「存在しうるかぎりの可能なものについての学」を哲学とし、人間の認識は「事実的認識」から「哲学的認識」に進み「数学的認識」に至ることで最高の確実性を得るが、後二者は事実的認識によって確証されなければならないと主張した。ドイツで初めて学派を形成した人とされ、その学派をライプニッツ・ヴォルフ学派と呼ぶこともある。

（43）前注（35）を参照。

（44）カントは数学的認識と哲学的認識を同じ理性認識としながら、前者を「概念の構成に基づく認識」、後者を「概念に基づく認識」として区別した。ヤコービは『スピノザ書簡』において「論証的知」を批判した。後注（48）を参照。

（45）カント『純粋理性批判』I超越論的原理論、第二部超越論的論理学、第二部門超越論的弁証論、第二篇純粋理性の弁証論的推論について、第二章純粋理性の二律背反を参照。I.Kant, K.d.r.V., A405ff., B432ff.

（46）「存在論」、第二部大きさ（量）、第一章量、A純粋量への注二、第二章定量、C量的無限性、（b）量的無限進行への注二、「本質論」、第二部現象、第三章本質的関係、A全体と部分の関係への注を参照。

（47）カント『自然科学の形而上学的原理』I.Kant, *Metaphysische Anfangsgründe der Naturwissenschaft*, 1786, in: *Kant's Schriften*, 4, Berlin 1911.

（48）Friedrich Heinrich Jacobi, *Über die Lehre des Spinoza in Briefen an Herrn Moses Mendelssohn, Beilagen zu den Briefen über die Lehre des Spinoza*, 1785, in: *Friedrich Heinrich Jacobi. Werke*, IV/1, Leipzig 1819, Darmstadt 1980.

（49）物自体の認識は不可能であるに拘わらず、それに規定を与えようとすることによって二律背反が生ずるのである。

（50）「本質論」、第三部現実性、第二章現実性、第三章絶対的関係を参照。

（51）「概念論」、概念一般についてを参照。

（52）「概念論」、第二部客観性、第三章目的論を参照。

（53）G.W.F.Hegel, *Phänomenologie des Geistes*, 1807, PhB.114, Hamburg 1952. (BB.)Der Geist, VI. Der Geist, A Der wahre Geist. Sittlichkeit, b. Die sittliche Handlung. Das menschliche und das göttliche Wissen, die Schuld und das Schicksal.

第三章　絶対理念

（1）「概念論」、「概念一般について」を参照。

（2）「方法」の原語〈Methode〉はギリシア語の〈μέθοδος〉に由来し、もと「道に」〈ὁδός〉「沿って」〈μετά〉の意味であった。

（3）「存在論」冒頭の「学は何によって始められなければならないか」を参照。

（4）「概念論」、第三部理念、第二章認識活動の理念、A真なるものの理念、（b）総合的認識、一定義を参照。

（5）同参照。

(6) 同参照。

(7) 「本質論」、第三部現実性、第三章絶対的関係、B因果性の関係を参照。

(8) プラトンは『パルメニデス』において、老パルメニデスに考察の方法を語らせている。「そのような規定から始める時、そのような前提から何が生じるかを考察するだけでなく、その規定の反対を前提した時、何が結果するかをも付け加えねばならない。例えば、多があるという前提のもとでは、それ自身との関係において多に何が生じるか、また一との関係においてはどうか（……）、また一にはそれ自身との関係において、また多との関係において何が生じるかを探求しなければならない。（……）一方、多がないとしたら、一と多に対して、つまり両者の各々に対し、また互いの間で何が結果するか、を考察しなければならない。まさしくこのような考察を、同一性と非同一性、静と動、生成と消滅、存在と非存在に関しても行わなければならない。各々はそれだけでは何であるか、一方ないし他方を仮定した場合、どのような関係が生ずるか。そうしたことを完全にしおおせるならば本質的な真理を認識することになるだろう」。Plato, *Parmenides*, Hamburg 1972, 135e-136c. Vgl., G.W.F.Hegel, *Vorlesungen über die Geschichte der Philosophie*, II, in: *Werke in zwanzig Bänden*, 19, S.80. 山口祐弘『ヘーゲル哲学の思惟方法——弁証法の根源と課題——』学術出版会、二〇〇七年を参照。

(9) ヘーゲルは論理的思惟に悟性的、弁証法的、思弁的側面を認め、「弁証法的契機は、このような有限な諸規定が自ら自己を止揚し、対立する規定に移行することである」と述べる。G.W.F.Hegel, Enzy., §81.

(10) 通俗哲学とは、ドイツ啓蒙思想において一八世紀以降に見られた傾向。常識を基盤とし、思弁よりも経験的実践的視点から人間を捉える。M・メンデルスゾーンを代表とし、エーバーハルト、フェーダー、ニコライ、ズルツァー、エンゲル、H・S・ライマールス、ヴィーラントが含まれる。

(11) Diogenes Laertius, *Leben und Meinungen berühmter Philosophen*, Hamburg 1967, I Buch, III, S.175.

(12) 『論理の学』、第一篇客観的論理学、緒論「論理学の一般的概念」を参照。

(13) アキレスと亀、飛矢静止論などの名で知られるゼノンのパラドクシカルな議論は運動の否定のために行われたものである。

(14) Plato, *Parmenides*, Hamburg 1972.

(15) アイネシデモスが掲げた十個のトロポイに続いてアグリッパが示した五個のトロポイは、学知への懐疑に導くものであった。①哲学者たちの意見の相違。②判断主体ないし他の事物との根拠付けの無限進行。③関係ないし諸規定の相対性。④論証なしに承認されるべき公理を前提せざるをえないこと。⑤循環論証。

（16）Diogenes Laertius, op.cit.,IV 39, S.313. 常識と哲学の関係については、ヘーゲル『差異論文』「常識に対する思弁の関係」を参照。G.W.F.Hegel, *Differenz des Fichte'schen und Schelling'schen Systems der Philosophie, in Beziehung auf Reinhold's Beyträge zur leichtern Übersicht des Zustands der Philosophie zu Anfang des neunzehnten Jahrhunderts, 1stes Heft*, Jena 1801, in: GW.4, Hamburg 1968, S.20f.

（17）ヘーゲルはソフィストの弁証法を外在的・主観的弁証法と規定し、ソクラテスの弁証法にも同じ主観性を認めながら、両者の違いを指摘する。山口祐弘『ヘーゲル哲学の思惟方法――弁証法の根源と課題――』学術出版会、二〇〇七年を参照。

（18）「存在論」、第一部規定性（量）、第二章定在、C無限性、（b）有限なものと無限なものの相互規定を参照。

（19）「概念論」、第一部主観性、第一章概念、A普遍的概念、B特殊的概念、C個別的なものを参照。

（20）原文は〈dem Inhalt〉だが、〈den Inhalt〉と読む。

（21）「有限なものは（……）無限なものに入っていく」（「存在論」、第一部規定性（質）、第二章定在、C無限性への注一）、「一者は多くの一者になることである」（「存在論」、第一部規定性（質）、第三章対自存在、B一と多、（c）多くの一、反撥）、「個別的なものは普遍的なものである」（「概念論」、第一部主観性、第二章判断、A定在の判断、（a）肯定判断）。

（22）「概念論」、第一部主観性、第二章判断、A定在の判断、（a）肯定判断、（b）否定判断を参照。

（23）前注（1）を参照。

（24）論理学、自然哲学、精神哲学からなる円環的体系の構造が示されている。

解　題

——真の存在への道としての『論理の学』——

一

ヘーゲルの〈*Wissenschaft der Logik*〉（1812/13, 1816）は『論理学』という通称で知られている。『エンツュクロペディー』（一八一七年、一八二七年、一八三〇年）の第一部に同じタイトルが付けられており、これを「小論理学」と呼び、前者を「大論理学」と呼ぶこともある。後者の後には自然哲学と精神哲学が続き、ヘーゲルの体系構想が示されている。「論理学」を純粋思弁哲学と呼び、自然哲学と精神哲学を実在的二部門としてこれに続かせることは、「大論理学」においてヘーゲルが予告していたことであった。「論理学」は実在哲学の基礎をなすものとして、体系の核心にあることが分かる。

しかし、論理学というのであれば、ヘーゲルはなぜこれを〈Logik〉一語で表現しなかったのか。原タイトルの忠実な訳は、「論理学の学」であるべきであろう。それは「論理学」に対するメタ理論であるのかとも思われようが、違和感が残ることは否めない。「学」の重複を避け、「論理の学」とすることによって、それは軽減されるかもしれない。

だが、その際〈Logik〉に当たる「論理」とは何を意味するのかが問われる。「論」とは、「言」と「侖」の会意形声文字。「侖」は「亼」（まとめるさま）と冊（文字を書く短冊）からなる会意文字で、字を書いた短冊をきちんと整理してまとめることを表す。従って。「論」とは、言葉を整理して並べることである。「理」とは、宝石「玉」と「里」

の会意形声文字であって、「里」は筋目を付けた土地を言い、「理」は宝石の表面に透けて見える筋目のことであった。そこから、物事の筋道、ことわりを意味するものとなった。従って、「論理」とは、言葉を整理して物事の筋道、ことわりに沿い、それを言い表すことと解される。

一方、〈Logik〉は、ギリシャ語の〈λόγος〉に由来し、〈λόγος〉は〈λέγω〉を語源とした。〈λέγω〉は「言う」、「語る」を意味するが、その原意は「拾い上げ、集める」〈pick up, gather〉ことであったというから、矢張り、断片的な言葉を集めてまとまりのあることを言うという意味を持っていたと思われる。この意味で、「ロゴス」と「論理」は異文化に属しながら呼応する言葉であったと言うことができる。

そして、「論理」が物事の筋道という意味を含んでいるように、「ロゴス」も人が話すことにとどまらず、世界、宇宙の理法を意味するものとなって行く。言葉は宇宙の理法に通じているだけでなく、人は言葉ないし話す能力によってこそ宇宙の理法を開示することができるという考え方が生まれる。そうした思想を、アナクサゴラス（紀元前五〇〇年頃－紀元前四二八年頃）は「ヌース」〈νοῦς〉が宇宙を支配していると表現した。ここから、言葉の探求は宇宙の理法の探求でもあることとなる。

こうして、言葉の成り立ち、言葉に宿されている諸観念、それらを担っている思惟の能力と働き、思惟の諸規定への関心が生まれる。プラトン（紀元前四二八／七年－紀元前三四八／七年）によるイデアの探求、アリストテレス（紀元前三八四年－紀元前三二二年）によるカテゴリーの研究はこうした関心にもとづき、その展開の先駆けとなるものであった。まさしくロゴスの学としての「論理の学」が生まれるのである。ヘーゲルが〈*Wissenschaft der Logik*〉に籠めようとしているのは、こうした意味の「論理の学」に他ならない。彼は、ヨーロッパ思想の源流に遡って「論理の学」を講じようとしているのである。

二

カント（一七二四年―一八〇四年）は、アリストテレス以来二〇〇〇年余り論理学は前進も後退もしなかったと述べた。それは、アリストテレスがほぼ完璧に論理学を作り上げたという評価を含んでいる。アリストテレスの論理学はヨーロッパの伝統となり、伝統的論理学と呼ばれるに至る。それは、一般的普遍的な思惟の諸法則を研究する学問であり、あらゆる内容に適用されうる諸形式を探求するものとされる。それ故にこそ、それは時代を超えて承認されることができたのである。カントは、それを「一般的論理学」〈die allgemeine Logik〉と呼んだ。だが、それは、言い換えれば、一切の内容を捨象して思惟の形式のみを研究する学問に他ならない。その意味で、それは形式的論理学と呼ばれることもある。近代において論理学は数学とともに命脈を保つことができたが、それはこうした形式的な研究としての論理学の性格によると言ってよい。

しかし、カントは、思惟の内容、経験や対象の認識の成立を問題としない論理学に対して、経験の対象とその認識が如何にして成立するのかを考察する論理学の必要性を認めた。対象の客観的認識が成り立つためには、認識主観にア・プリオリに〈a priori〉備わる条件がなければならないとし、それに関わる認識を「超越論的」〈transzendental〉と規定し、「超越論的論理学」〈die transzendentale Logik〉の構築を企てたのである。それによれば、経験の可能性の条件は経験の対象の可能性の条件であり、主観的な形式に客観的な意味が与えられることとなった。言葉と宇宙の対応という古代思想への回帰の道が踏み出されたと言えよう。

だが、それは素朴な実在論と一致説の主張とは異なっていた。ア・プリオリな認識様式によって客観的な認識が可能となるといっても、それは物自体〈Ding an sich〉の認識ではありえず、現象〈Erscheinung〉でしかないというのである。カントは、この思想を認識の客観性を否定する主観的観念論とは区別し、また「経験的実在論」〈der empirische Realismus〉とは抵触しないと言いながらも、「超越論的観念論」〈der transzendentale Idealismus〉と呼んだのである。

「論理の学」の本源に立ち帰ろうとするヘーゲルからすれば、これは不十分な改革と見なされる。認識不可能とされる物自体の観念を解消し、論理学の客観性を確立しなければならない。ヘーゲルは、物自体とは、思惟自らによって一切の内容を剝奪され、無内容かつ空虚なものとして生み出された思惟物〈Gedankending〉であるとすることによって、思惟のうちに回収する。それによって、思惟は対立から解放され、自由を得るとともに、唯一の存在として認められる。論理学は、これとともに、存在の学となる。思惟、思想の学が存在論となり、アリストテレスが「存在としての存在の探求」と規定した「第一哲学」〈prima philosophia〉に相当するもの、「本来的な形而上学」〈die eigentliche Metaphysik〉となる。ヘーゲルは、それを「自然と有限な精神の創造以前の永遠の本質における神の叙述」とも表現し、それの考察する諸カテゴリーを「絶対者の述語」であると言う。

もとより、ヘーゲルは思惟の諸規定、諸法則の学としての論理学の伝統的な定義を拒むわけではない。だが、その思惟とは、今や真の存在、真なるものとしての思惟に他ならない。そして、論理学は「思惟の思惟」(アリストテレス)であることとなる。思惟が思惟自身を思惟することとして、ここには対象と知の対立はない。ヘーゲルは、それを「純粋知」とも「純粋思惟」とも呼ぶ。そして、その境位に達するには「精神の現象学」と「意識の経験の学」の長い行程を歩み通さなければならないのである。ヘーゲルが『論理の学』に先立ち、『精神の現象学』を構想した動機はここにある。

三

思惟を思惟すると言えば、思惟は直接的・直観的に自己を捉えることができるように思われるかもしれない。

また、それ以外の方法はないとも考えられよう。だが、ヘーゲルはそうした「直接知」〈das unmittelbare Wissen〉を推奨することはしない。彼は、「論理的なもの」、論理的思惟には、抽象的・悟性的〈abstrakt, verständig〉、弁証法的・否定的理性的〈dialektisch, negativ-vernünftig〉、思弁的・肯定的理性的〈spekulativ, positiv-vernünftig〉の三つの側面があると述べる。従って、思惟を思惟する際にも、この三側面が関与すると考えねばならない。物事を分析し諸契機を区別し分離して見る「悟性」〈Verstand〉の機能と、分離されたもの相互の移行を洞察する「弁証法」〈Dialektik〉、およびこの洞察を踏まえて相対立するものの統一を捉える「思弁」〈Spekulation〉によって、物事は具体的なものとして認識される。思惟はこうした媒介を含む働きであり、動的生動的なものである。ヘーゲルはこうした生動性を持つものを「精神」〈Geist〉と呼ぶ。精神こそは、分裂に陥りながらも、その只中において自己を保持するものに他ならない。真理、真なるもの〈das Wahre〉は、そうしたあり方においてあるものとして考えられなければならない。

真なるものを動的なものとして捉える考え方は、ヘーゲルの真理観のもう一つの特徴である。それは、真理は生成変化するものではありえないとするパルメニデス（紀元前五一五年頃－没年不明）を代表とするエレア学派の思想に対し、ヘラクレイトス（紀元前五四〇年頃－紀元前四八〇年頃）寄りの姿勢を示している。もとより、言葉による捕捉をすべて不可能にする万物流転説に完全に同調するわけではないにせよ、パルメニデスとの対決は終始ヘーゲルの課題であった。「あるものはある」としたパルメニデスの「存在」〈Sein〉は、その無規定性の故に「無」〈Nichts〉と同じとされ、無への移行、「生成」〈Werden〉のうちに止揚される。この問題を近代において見るならば、実体〈Substanz〉の唯一性を説くスピノザ（一六三二年－一六七七年）および絶対者を絶対的無差別〈die absolute Indifferenz〉とするシェリング（一七七五年－一八五四年）との対決となる。真理観をめぐる古代の対立が改めて登場する。それは、ヘーゲルの時代、スピノザとシェリングに如何に対するかが、大きな論議を呼んでいたからである。

ヘーゲルは、『精神の現象学』〈*Phänomenologie des Geistes*, 1807〉において、この課題を「真なるものを実体〈Substanz〉としてではなく、まさにそれだけに主体〈Subjekt〉として捉え表現することが肝要である」という言葉で表現した。一切の規定の根底に不動のものとして横たわっているのではなく、自己を様々な規定にもたらし、その中で自己を提示するものが真なるものに他ならない、と言うのである。それは、無限の属性を有しながらも、それ自身は無規定、無限定なスピノザの実体、すべての規定を抹消し「すべての牛が黒くなる闇夜」としてのシェリングの「絶対的無差別」〈die absolute Indifferenz〉に対する批判的姿勢の表明であった。

その背景には、シェリングが一八〇一年に公刊した『わが哲学体系の叙述』〈*Darstellung meines Systems der Philosophie*〉に対する批判的論調があった。エッシェンマイヤー（一七八六年―一八五二年）は、一八〇三年に『非哲学への移行における哲学』〈*Die Philosophie in ihrem Übergang zur Nichtphilosophie*〉を公にし、『叙述』においては、絶対的なものから如何にして有限なものが導き出されるのかが説かれていないと批判した。シェリングは、これに答えるべく一八〇四年『哲学と宗教』〈*Philosophie und Religion*〉を著し、絶対者からの有限者の発現を「堕落」〈Abfall〉として説明した。だが、フィヒテ（一七六二年―一八一四年）はこの説明に満足せず、一八〇五年エルランゲンでの講義でシェリングを批判しつつ、「絶対者は実存する」〈Das Absolute existiert.〉というテーゼを掲げた。「実存する」〈existieren〉とは、「外に立つ、導く」という意味であり、絶対者は自己を閉ざしたままでいるわけではなく、自己を開示するものであると述べたのである。後年（一八一一、一二年）、彼はその思想を「絶対者は現象する」〈Das Absolute erscheint.〉というテーゼで表現した。フィヒテは、一八〇四年の講義において、真なるものの現象を叙述する「現象学」〈Erscheinungslehre, Phänomenologie〉の構想を示していたが、右のテーゼはこれらの講義に根ざしていたのである。

こうした論争が行われていた時期、ヘーゲルもまた『精神の現象学』の構想を抱き、それの執筆に着手する。絶対者を現象するものとして捉えること、「現象する絶対者」の思想は、表向きシェリングの『叙述』における

「同一性の哲学」に依拠した一八〇一年の『差異論文』〈*Differenz des Fichte'schen und des Schelling'schen Systems der Philosophie* ......〉にすでに見られるが、彼はその具体化に向けて歩みを進めるのである。

こうして、真なるものを「現象する絶対者」として捉えるに至ったヘーゲルは、思惟をその主観性から脱却させ、存在、真なるものにした以上、自ら自己を展開し開示する「主体」〈Subjekt〉として捉えなければならないことになる。ヘーゲルはそれを「精神」〈Geist〉とも呼び、「概念」〈Begriff〉とも名づける。論理学はそうした概念の自己展開という意味を持つ。それは、本来的な意味の「精神の現象学」であると言うこともできよう。

四

だが、そうした「現象する絶対者」という思想そのものをヘーゲルは如何にして獲得することができたのか。単に歴史的な経緯の追跡にとどまらずその正当化を求めようとすれば、「論理の学」そのものの中にそれを見出さねばならない。「論理の学」が一切の学の中心であり基礎であるとすれば、その根拠をそれ自身の中に持たねばならず、その展開自身がその根拠を明らかにすることでなければならない。前に向かっての進行は根拠に向かっての背進である。すなわち、「論理の学」の論述は、真理が主体であることの証明でなければならないのである。『論理の学』の第三巻が「主観（主体）的論理学」〈die subjektive Logik〉と呼ばれ、「概念論」〈Begriffslehre〉とされることの意味はここにある。論述のすべては主体の概念に向けての進行である。そして、「概念論」においてこそ主体たる真理が何であるかが、最も具体的に示されることになるはずである。だが、「概念論」が「存在論」、「本質論」を前段階としている以上、これらの巻に実体的真理観から主体的真理観に至るための橋渡しは見出されなければならない。

「存在論」の冒頭において、「あるものはある」として、「存在」〈Sein〉の不動の自己同一性を確保しようとしたパルメニデスの真理観は揺るがされる。そうした同一性命題は何も語ったことにならず、「存在」を無規定とすることによって、却ってその反対、「無」(Nichts) としていることが露呈する。しかも、それは、無規定性〈Unbestimmtheit〉という規定性〈Bestimmtheit〉を持つことになる。一切の規定を超えたものと考えられているものが直ちに限定されたものとなっているという逆接が認められる。これは、抽象的な同一性の形式A＝Aによって真理を語ろうとすることの虚しさを示していると言えよう。それは、絶対的なもの、無限定かつ無限なものを相対的なもの、有限なものを捨象したものとして考えることが不当であることを物語っている。

ヘーゲルは「無限なものから有限なものが如何にして出てくるのかに答えることが、しばしば哲学の本質的課題と見なされる」と記している。それは、ヘーゲル自身の課題であることを示唆していると言えるが、この問いそのものに対するヘーゲルの批判的な姿勢を表してもいる。無限なものを有限なものから分離した上で、前者から後者が如何にして発出するのかと問うことは、すでに無限なものを有限なものに転化させた上での問いであり、無限なものは有限なものであると語っているに等しいからである。ここから導かれるのは、無限なものを有限なものから分離して考えることは意味をなさず、無限なものは有限なものを宿すものとして考えなければならないということである。ヘーゲルは前のように考えられた無限を「悪無限」〈die schlechte Unendlichkeit〉と呼び、後のように考えられた無限を「真無限」〈die wahre Unendlichkeit〉と呼ぶ。後者は、特殊なものを捨象した抽象的普遍に対して、特殊なものを包摂する「具体的普遍」〈das konkrete Allgemeine〉の概念に対応する。

そうした無限なものは、それに対立するもののない全体でなければならない。全体こそは、他に対することなくそれだけである〈für sich sein〉と言えるものである。それは、一切の有限なものを自己の契機として包括し、諸契機となって展開するとともに、それらを自己に向けて収斂させるものである。そこに一と多の統一が成立する。

だが、すべての有限者が一なるものの契機となることは、それら相互の質的差異を失い、多くの同じ一となることである。ここに「量」〈Quantität〉の概念が成立する。質的な差異に無頓着に増減するのが「量」である。だが、量の変化は質的変化と無関係とは言えない。量の増減がものの「質」〈Qualität〉を変化させることがある。質と量の統一としての「質量」〈Maß〉の概念が生まれる。ものは一定の量によってその特性を持つ。ある特性を持ったものは、固有の量を持つ。このような形で成り立っているのが質量である。それは、量が一定の限度を超えれば、違った質になるということを意味する。こうして、量の変化に従って順次に異なったものが生成するという過程が見られる。ヘーゲルはそれを「結節線」〈Knotenlinie〉と呼ぶ。

　諸々のものが異なっていながら一つの線上にあるという事情は、根底に一つの基体〈Substrat〉があって、それが様々な形態で現れるという見方を生む。根底に無差別的なものがあって、それが差別あるものとして現出するのである。それは、「本質」〈Wesen〉とその「現象」〈Erscheinung〉という関係として捉え返される。ヘーゲルはこの構造をシェリングの絶対的無差別の概念に読み込む。

「無差別」〈Indifferenz〉とは、一切の規定性に対して無関係〈indifferent〉の存在、抽象的な無関係性としての存在に対して用いられる表現である。だが、それに「絶対的」という形容がつけられるならば、一切の規定性（質、量、質量）を否定することによって媒介され単純な統一となったものとなる。それは、まさに否定を介してあるものとして、否定されたものと不可分である。それらは、絶対的無差別を基体とし、その状態としてこれに付帯していることになる。しかも、外在的なものとして付帯しているのではなく、まさにそうであるが故に消滅するもの、自己を止揚するものとしてある。この消滅、自己止揚の結果こそが無差別なのである。その意味で、存在の一切の規定の否定によって媒介されたものが無差別なのであり、それらの規定は無差別のうちに帰入していると言わねばならない。換言すれば、無差別は否定的関係を含んでおり、具体的なものである。それはもはや基体とすら呼ぶべきものではない。それは、諸規定を自らの定在となす存在である。

　それをその定在となお対立していると見なすとすれば、外在的反省の見地に立っているからである。区別された定在が自己を止揚し統一に達することがその規定なのであり、しかも、統一とは絶対的な否定性であり、無関係性としての自己自身に対する無関係性であることが、理解されねばならない。

こうして、無差別とは自己に対する単純で無限な否定的関係であり、自己自身から自己を突き離すこと、自己自身との非両立性と言われることになる。諸規定はそれから突き離されたものとしてあるが、自存するのでも放置されるのでもなく、統一に属し、それによって支えられている。とはいえ、統一から突き離されたものとしてあるのである。それらは、ただある〈nur seiend〉のではなく、措定された〈gesetzt〉ものとしてある。

こうして、無関係性としての存在も区別された諸規定の無媒介性もともに止揚される。存在論の冒頭における直接的な存在は止揚され、単純な自己関係のみがあることになる。ここから見れば、冒頭の直接的存在自身がこの関係の一契機でしかなかったことが明らかになる。存在は、こうした自らの止揚を通して自己と一体となった存在、すなわち「本質」となる。無規定な存在から始められた「存在論」は、「本質論」に移行するのである。

五

本質は、存在の背後に隠れ潜んでいるものではない。存在の止揚によってなったものとして、本質は存在を宿し、またそれへと映現する〈scheinen〉。映現は影像〈Schein〉を生じる。しかし、それは、本質の影像として、本質から分離されず、そこへと還帰する。ヘーゲルはこの運動を「反省」〈Reflexion〉と呼ぶ。〈Reflexion〉は、もと、光源から発出した光が反射され、反転して光源のもとに帰ってくる運動を表す言葉であった。光源は反射光によって照らし出される。本質もまた、映現することにより、映現を通して明るみに出る。まさしく、隠れた性質ではなく、隈無く明るみに出た本質をヘーゲルは「現実性」〈Wirklichkeit〉と呼ぶ。それは、隠れた実体であった絶対者がその覆いを拭い去ったところである。絶対者と反省の関係はどのようなものであるかが見られなければならない。

絶対者を規定・限定されたもの、有限かつ相対的なものを超越したものと考えるならば、それ自身は規定を持たないもの、無規定・無限定な〈unbestimmt〉ものであると見なさなければならない。スピノザの実体、シェリングの絶対的無差別はそうした見方の産物であった。ヘーゲルはスピノザの実体論を無世界説と呼んだ。また、シェリングの絶対的無差別を「すべての牛が黒くなる夜」と評した。それらによって「単純で充実した同一性」が思念されているとしても、「一切の述語の否定」と「空虚なもの」の想念があるだけとなる。人は、それらを考えるためには、一切の規定を否定しなければならない。ヘーゲルはそれを「絶対的同一性」〈die absolute Identität〉と表現する。「そのうちには生成はない。なぜなら、それは、自己のうちでのみ自己を規定する本質ではないからである。また、それは自己を外化するのでもない。なぜなら、それは内なるものと外なるものとの同一性としてあるからである」。

反省はそこから除外されている。「反省は同一性に対して外在的である」。従って、反省に残された仕事は、「その働きを絶対者のうちで止揚することでしかない」。そうすることが、絶対者への道であり、絶対者への通路を拓くことである。絶対者はそうした否定の道を通ってのみ開示される。ヘーゲルは、それを絶対者の否定的な開示〈Auslegung〉と呼ぶ。

だが、翻って見るならば、反省がそれの生み出す諸規定とともにそのように否定されることは、それらが絶対者に関係づけられることである。否定されることは「没落する」〈zugrundegehen〉ことである。だが、没落とは、「根拠に帰る」〈zum Grunde gehen〉ことであり、自らの根拠を見出し、そこに立脚することである。「有限なものは、それが没落することにおいて絶対者に関係しており、絶対者をそれ自身のうちに含んでいるという本性を示すのである」。それらは、絶対者の影像に他ならなかったのであり、絶対者がそれに存立を与えていると見なされる。「影像が影像であるのは、絶対者がその中で映現するかぎりにおいてである」。従って、絶対者の否定的開示とされたものは、その肯定的開示でもあることになる。

こうして、絶対者と有限なものの隔たりはなくなる。絶対者は有限なものとして現象するものに他ならず、自己自身を開示するものである。「絶対者の開示は絶対者自身の働き」に他ならない。自己自身を開示するもの、現象するものとしての絶対者観がこうして獲得される。それこそは、有限なもの、相対的なものを真に超越した絶対者、すなわちそれらに対立したものではなく、それらとの関係を保持し、それらを包摂するものとしての絶対者、真無限としての絶対者の思想に他ならない。それは「絶対的絶対者」〈das absolut Absolute〉と名づけられる。それは、形式において自己に還帰した絶対者、形式と内容の区別がなく、形式が内容に等しい絶対者であるとヘーゲルは言う。

ここから見れば、一切の規定を捨象した抽象的同一性、絶対的同一性としての絶対者は、相対的な絶対者にすぎない。それは、反省が外在的な視点から諸規定を捨象することによって措定したものである。それは、無規定であると言っても、規定性に対立した一規定性であり、規定された絶対者である。それは外的反省が絶対者に付与〈attribuo〉した規定に他ならない。とはいえ、絶対者が一切の規定を包摂するものである以上、その規定を排除することはできない。それは、絶対者に付与された「属性」〈Attribut〉として、絶対者に帰属することになる。言い換えれば、単純な同一性としての規定のうちにある絶対者が属性なのである。

絶対的同一性が一規定であるということは、幾つもの属性があることを示唆する。スピノザは、実体に無数の属性があることを認めていた。また、属性が規定であるということは、それが止揚されるべきものであることを意味する。それは否定的なものとしての否定的なものである。それは、単純な絶対者の中に沈められるべき虚しいもの、外的影像にすぎない。ヘーゲルはこれを「様態」〈Modus〉と呼ぶ。

属性には、一、単純な自己同一性のうちにあるものとしての絶対者という意味と、二、否定的なものとしての否定的なものという意味の二つの意味があることになる。属性はこの二つを繋ぐ媒辞である。そして、第二の意味が様態と呼ばれるものに他ならない。従って、属性は絶対者の内なるものとされるにせよ、自己を様態として措定することを自己の規定とする。それによって絶対者は自己の外にあることになり、存在の可変性と偶然性に曝されるようになる。形式と内容的諸規定を欠く多様となるのである。

とはいえ、様態は絶対者が外にあることであり、外在性であるとしても、その外在性は捉え返されている。それは、外在性として措定された外在性であり、絶対者に無関係ではなく、そのもとに連れ戻される。それは、絶対者である自己同一性である。すなわち、絶対者は様態を外在性として措定することによってこそ、絶対的な同一性なのである。そこには、否定の否定、自己に関係する否定性がある。こうして、絶対者が自己を外化し、外化したものを回収することによって自己に還帰するという運動が完結する。「絶対的同一性から始まり、属性、さらに様態に移行することによって、絶対者の開示は完全に諸契機を辿り通すのである」。

「最初の無差別的同一性としての絶対者は、それ自身規定された絶対者ないし属性にすぎない。それは、まだ反省されていない絶対者である。この規定性は規定性であるために反省する運動に属している。それによってのみ、絶対者は最初の同一的なものとして規定されているのである。同様に、それを通してのみ、絶対者は絶対的な形式を持ち、自己に等しくあるものではなく、自己自身に等しいものとして措定するものなのである」。様態は、まさしく絶対者自身の反省の運動の一契機に他ならなかったのである。それは、絶対者が自己を啓示すべく反省を遂行するものであること、自己を啓示する〈offenbaren〉ことが、その内容であることを意味している。絶対者は自己を啓示し現象するものであるという現象する絶対者の思想が確立されているのである。

ヘーゲルは、スピノザ主義の批判は外在的批判であってはならないと言う。その真の論駁は、その立場を先ず本質的で必然的なものとして認め、次にこの立場が自己自身に基づいてより以上の立場に達することを見るという形を取らねばならない。彼は、「実体性の関係」〈das Verhältnis der Substantialität〉は、自体的かつ対自的に考察されるならば、概念〈Begriff〉に移行することを見届けることによってそれをなし遂げようとする。

実体とは一切の可能性と現実性を自己のうちに含む絶対的な本質であり、自己自身にのみ関係する否定性としての同一性である。ヘーゲルはこれを「絶対的な力」〈die absolute Macht〉と呼ぶ。
絶対的な力としての実体は、自己を区別して諸々の実体となる。それは、受動的な実体〈die passive Substanz〉と能動的な実体〈die aktive Substanz〉の関係になる。能動的な実体は受動的な実体をその制約として前提し、これに関係する。関係するとは、この他なる前提を止揚し、措定することである。能動的な実体は、これによって原因〈Ursache〉となる。これに対して、受動的な実体は措定されてあることであり、原因の結果〈Wirkung〉を受け入れる。そのことによって、受動的実体は別の規定を獲得する。だが、それにとっての別の規定とは、原因性〈Ursachlichkeit〉に他ならない。それによって、それは、それ自身原因、力、活動性となる。それ故、原因が措定するのは、自己と同一の原因自身であることになる。作用は、原因を他のものに移し置くことであり、措定されてあることとすることである。それは、結果の中でそれのあるものとして示される。原因は結果となり、結果は原因となって、各々はそれ自身の反対となる。両者は同じものとなり、否定的関係は同一的関係である。実体は、自己自身の反対の中でのみ自己自身と同一であることになる。そこに、絶対的同一性の本質が認められるのである。

そのため、原因と結果、能動的実体と受動的実体という区別は仮象であったことが明らかとなる。自体的・根源的にあるものとして前提されていたものは、止揚される。それは対自化される。こうして、絶対的実体は自己自身に還帰し、絶対性を回復する。しかも、自己を区別し措定されたものとなった中で、そうするのである。絶対的にあること、すなわち自体的対自的にあることが、措定されてあることを通して初めて成就する。ヘーゲルはこれを無限なものの自己自身のうちへの反省と呼び、実体の完成〈die Vollendung der Substanz〉と言う。そして、それを実体以上のもの、概念〈Begriff〉、主体〈Subjekt〉であるとする。実体性の関係は概念に移行するのである。それは、概念こそが実体の真理であり、実体の開示であって、その覆いを取り除き、盲目的な必然性から解放された自由の境地であることを意味する。

六

「概念論」において、ヘーゲルは「概念の概念」を提示する。「概念は、自己自身への単純な自己関係のうちにあって絶対的な規定性である。だが、この規定性も、自己自身にのみ関係するものとして、直ちに単純な同一性である。規定性がこのように自己自身に関係するということは、規定性が自己と合致することである。だがまた、規定性を否定することに他ならない。そして、概念とは、自己とのかかる同等性として普遍的なものである。とはいえ、この同一性は同様に否定性という規定を有している。同一性は自己自身に関係する否定ないし規定性である。従って、概念は個別的なもの〈das Einzelne〉である」。

概念（A）が自己自身への単純な関係のうちにあることをA＝Aと表記するならば、それは空虚な同一性を表現するにすぎない。それは、具体性を欠いた無であり、具体性に対立する規定性である。Aでないものに対立するAである（A≠‐A）。それは同一性を示しているとしても、普遍的なものの同一性ではなく、規定性Bの同一性にすぎない（B＝B）。それは特殊なものである。そして、それは、それが捨象しているものとの関係を宿している。よって、それはこの関係を顕在化させねばならない。規定性Bは再び否定される。かくて、規定性の否定としての普遍的なもの〈das Allgemeine〉が現出するのである。だが、それは規定性の否定によって成立するのであるから、否定性〈Negativität〉であって、規定性から離れるわけにはいかない。その自己同一性は自己否定的なものであり、自己を規定性にもたらしつつこれを止揚する運動なのである。ヘーゲルはこのようなあり方を「個別性」〈die Einzelheit〉と呼ぶ。

ヘーゲルはこうした概念の現存を「自我」〈Ich〉に見出す。「自我は、概念として現存するに至った純粋概念それ自身である」。彼はそれをカントの「超越論的統覚」〈die transzendentale Apperzeption〉に結びつけ、「概念の本質をなす統一は、統覚の根源的総合的統一として、〈私は考える〉もしくは自己意識の統一として認識される」と述べる。そして、この認識こそは『純粋理性批判』〈*Kritik der reinen Vernunft*〉（1781, 1787）の最も深く最も正しい洞察の一つだと言うのである。

こうした概念としての自我は、次のような本性を持つ。「自我とは、第一に、自己自身に関係するこの純粋な統一である。だが、直接的にそうだというのではなく、一切の規定性と内容を捨象し無制限な自己同等性へと還帰するかぎりにおいてである。従って、自我は普遍性である。それは統一であるが、捨象する働きとして現れるあの否定的な振る舞いによってのみ自己との統一であり、それによって一切の規定されたあり方を解消されたものとして含む統一に他ならない。第二に、自我はまた直ちに自己自身に関係する否定性として個別性であり、絶対的に規定されたものであって、他者に対立し他者を排除するものに他ならない。それは、個体的な人格性〈Persönlichkeit〉である。右の絶対的普遍性は直ちにまた絶対的な個別化である。それだけであるということは端的に措定されてあることであり、措定されてあることとの統一を通してのみそれだけであるものである。かかる普遍性やこのような仕方でそれだけであることのみが、概念としての自我の本性をなしているのである」。

自我のこのようなあり方から、統覚の働きについての理解も得られる。「対象を把握するとは、実際には自我が対象をわがものとなし、それを貫き、自我固有の形式、すなわち直ちに規定性である普遍性、直ちに普遍性である規定性にもたらすことに他ならない」。統覚は直観によって与えられる多様を総合し統一するものであるが、それが可能なのは、自我が自己を規定性にもたらすとともに普遍性でもあるからに他ならない。規定性を生ずる「区別する働き」を概念は本質的な契機として持つという思想を、ヘーゲルはカントの「先天的（ア・プリオリな）総合判断」の思想に認める。そこにこそ「統覚の根源的総合」の思想があり、概念の本性の真の把握に至るための端緒があると見なすのである。

「概念はア・プリオリに総合であり」、「規定性と区別を自己自身のうちに含んでいる」。それによって、概念は

「一切の有限な規定性と多様性の根拠であり、源泉なのである」。このように言うならば、ヘーゲルは概念をカントが神的知性とした「直観的知性」〈anschauender Verstand, intellectus intuitus〉に比すべきものとしていることになる。カントはこの理念によって「思弁的で、真に無限な概念の端緒」を与えていたとヘーゲルは見る。

だが、カントが超越論的統覚に限界を設けていたことも事実である。統覚は自己を直観することはできず、悟性概念と同様、感性的直観を欠いては空虚である。それに対して、ヘーゲルは感性と悟性という二つの能力を概念に一元化する。「直観や表象のうちにある対象は現象にすぎない。対象はまずわれわれの前に現れるが、思惟はその直接性を止揚し、対象から措定されたものを作り出す。だが、対象のかかる措定されたあり方こそは対象の絶対的存在であり、その客観性である。対象はこの客観性を概念のうちに有する。そして、概念とは自己意識の統一であり、対象はこの統一のうちに取り上げられる。従って、対象の客観性ないし概念はそれ自身自己意識の本性に他ならず、自我自身以外の契機や規定を持つことはないのである」。

統覚すなわち自己意識の統一こそが対象の客観的実在性の根拠をなすという考えは、カントのそれに他ならない。だが、カントはそれによって認識の素材までも統覚から導き出すということは考えなかった。概念から存在を「取り出す」ことは不可能である。このため、カントは「直観的知性」を人間の能力としては認めなかったのである。

だが、ヘーゲルは、感覚的存在の実在性がどのような事情にあるかを考察する。「哲学は、感情や直観、感覚的意識の諸段階を、それらが悟性の生成にあたって制約となるかぎり、悟性に先行させる。とはいえ、ただ次のような仕方で制約であるかぎりにおいてである。すなわち、概念がそれらの弁証法と虚無性からそれらの根拠として発現するというようにであって、概念がそれらの実在性〈Realität〉によって制約されているというようにではないのである」。

さらに、ヘーゲルは、実在性を出来上がったものと見なし、概念をそれに対立させることに対して、概念独自の弁証法を示す。「形式的な抽象態においてある概念は不完全なものとして示され、それ自身のうちに基礎を持つ弁証法によって実在性に移行するのである」。さらに、彼は言う。「それも、概念が実在性を自己から生み出すように移行するのであって、概念に対立するものと見なされる出来あがった実在性に再び後退するようにではない」。概念にはその抽象性を超える運動が備わっているのであり、実在性を持つことなしには概念ではありえないのである。

総じて、ヘーゲルにおいて、「実在性」とは「規定された存在」〈das bestimmte Sein〉のことである。概念が普遍的なものであるならば、かかる存在を包摂していなければならない。のみならず、それを自己の規定として生み出すのでなければならない。概念は実在性との統一である。この意味において、概念は普遍性〈Allgemeinheit〉、特殊性〈Besonderheit〉、個別性〈Einzelheit〉を契機とするとされるのである。

概念は次のようにして規定されたものとなる。「概念は、自己自身を直接的で無規定な普遍性として傍らに置く。まさにこの無規定的なものがその規定性をなすのである」。このように規定されたものが特殊に他ならない。直接的、無媒介的、無規定的とは媒介や規定の否定であり、この否定によってなったものとして、普遍性はそれ自身一つの規定性であり、特殊なものである。否定された規定性としての特殊と普遍性として規定された特殊が並び立つことになる。だが、真の意味の普遍はこうした特殊を超えたものでなければならない。それは、右の否定の否定によって定立される。二つの特殊はこの普遍のもとに下属する。こうして、普遍を類とし特殊を種とする秩序が成立するのである。

並存する特殊なものの一方は、「普遍性という形式を持った規定性」であり、「規定された普遍」である。普遍性という形式を持ちながら規定されたものであるかぎり、この規定性は明確にされ、止揚されねばならない。規定性は自己自身に関係しつつ自己を止揚する。そのようにして、「規定された規定性〈die bestimmte Bestimmtheit〉となるのである」。この運動は、「絶対的な否定性」〈die absolute Negativität〉と表現される。それによって、特殊は普遍へと止揚され、そこに保持される。そして、かかる否定性を備えた自己関係的規定性が「個別性」なのである。従って、「個別性」とは「概念がその規定性から自己自身に反省すること」である。それは、普遍的なものの具体的なあり方、「具体的普遍」〈das konkrete Allgemeine〉である。そして、それこそは実在性を含む概念、「概念と実在性の統一」〈die Einheit des Begriffs und der Realität〉とされる事柄に他ならない。

七

真理は、概念と実在性が統一されたところにこそある。ヘーゲルはそれを「理念」〈Idee〉と呼ぶ。真にあると言えるのは理念のみである。この統一に達しないものは有限なものであり、機械論(力学)的、化学的に規定されるか、外在的な目的によって規定されるかのいずれかである。それはせいぜい外的合目的性に達しうるにすぎない。機械的機制〈Mechanismus〉と作用因のみによる結合〈nexus effectivus〉の限界を認め、有機物の把握をめぐっては目的論〈Theologie〉と目的因による結合〈nexus finalis〉の必要性を説いたのは、カントであった。だが、彼はそれに統制的な機能を与えたのみで、実質的な探求は機械論に委ねたのである。自然は壮大な機械的組織である。そうした自然に対して、人間は究極目的とされ、自然に目的を付与する立場に立つが、その目的は自然に対しては外的目的にすぎない。機械論と目的論が統一されていないことがこうした結果を生むのである。

これに対して、ヘーゲルは機械的機制と化学機序〈Chemismus〉を弁証法的に止揚することによって、目的論を導く。合目的性はもはや機械的機制に対する外的合目的性〈die äußere Zweckmäßigkeit〉ではなく、内的合目的性〈die innere Zweckmäßigkeit〉となる。それは、概念によってすべてが規定され概念を目的とし実現する過程である。カントが統制的なものとしてのみ認めた内的合目的性を、ヘーゲルは現実的なものとする。理念はもはや単なる統制的理念ではない。そこにおいて拓かれているのは、存在の新たな次元であり、「真の存在」〈das wahre Sein〉

である。

そこから見れば、概念に無関係と思われるもの、外面的なものは移ろいゆくもの、機械的な暴力によって消滅するものにすぎない。だが、このように消滅することは、それが真にあるものではないことを示し、この真でないことを否定することであって、概念に一体化することを意味する。有限なもの、可変的なものが消滅することにおいて顕現するのが概念であり、概念とはこの意味での否定的統一ないし否定性に他ならない。従って、カントの言うように、概念は内容なしには空虚であり、加工する素材を必要とすると言っても、素材は「概念に対立し、それだけで存立する抽象的な存在」ではありえず、止揚されることによって概念の規定性となるべきものである。

このように、ヘーゲルの概念思想は有限なもの、可変的なものを過ぎゆくに任せず、その生成、消滅を通して概念を見るという否定的な態度によって成立している。それによって、変化を貫く普遍者としての概念観が生まれ、概念の包括性と存在論的な優位性が導かれる。概念は今や可変的なものを貫き、その過程を通して自己を実現する主体として考えられる。内的合目的性を語りうるのはこうした概念においてのことであり、有機的な生が十全に捉えられるのもここにおいてである。

カントの有機体論はドイツ観念論に大きな影響を与えた。それは、シェリングの有機的自然観を経てヘーゲルに達する。ヘーゲルの「生命」〈Leben〉の思想はその現れに他ならない。そして、ヘーゲルは「生命」を理念の最初の段階に置くのである。それは、まだ自覚化されていない直接的な理念である。生命とは、「自己の客観性から区別され自己のうちで単純さを保ちつつ、自己の客観性を貫き、自己目的として客観性のうちに自己の手段を有し、それを自己の手段として措定するが、かかる手段に内在していて、そこに実現され自己と同一となっている目的である概念」とされる。

客観性を手段とする目的である概念は、また客観性の実体でもある。「生命とは（……）絶対的な普遍性である。

それが自己に帯びる客観性は概念によって完全に貫かれており、概念のみを実体として有する。部分として、或いは他の外的反省によって区別されるものは、自己自身のうちに完全な概念を有する。概念はそのうちに遍在する魂であり、単純な自己関係であって、客観的存在に属する多様性の中でも一つであり続けるのである」。

だが、実体であるとはいえ、それは静的な実体ではない。それは主体的な実体であり、衝動、しかも特殊な区別を備えた特殊な衝動を持つ。だが、このような特殊性を統一にもたらし、そのうちで自己を保存する普遍的な一者であり、否定的な統一である。このように自己に関係し自己に対してある概念を、ヘーゲルは「魂」〈Seele〉と呼ぶ。それは、次のような過程を辿る。

まず、それは無媒介な客観性を自己に対立するもの、生なき自然として前提し、それと交渉する。そのようなものとして、それは「個別的なもの」ないし「生きた個体」である。当初、それは客観性に対して無関係であり、客観性の側もそれに対して無関係である。だが、生命はかかる前提を止揚し、自己に無関係な客観性を否定的なものとして措定し、それを支配する力となる。それは、自己自身と他のものとの統一として、普遍的なものとなる。それは、自己の個別性を止揚し、自己自身に対するものとして客観的存在に関係する。そこに、「類」〈Gattung〉が成立する。生命はこの過程を通して自己の概念に還帰する。だが、最初の分裂は繰り返され、そこから新しい個体が生まれ、古い個体は死滅する。生命はこのような生成、消滅を繰り返すが、しかしそこに止まるものでもない。それを通して、普遍的かつ自由なものとして自覚的に存在する概念が生まれてくる。生命は、無媒介な段階から自己自身に関係するもの、自己に対してあるものとなるのである。それは、普遍性としてある普遍者に他ならない。

だが、そのように言う時、概念は、特殊性を廃棄した抽象的な普遍性となっている、従って、そこには普遍と特殊の分裂があり、「根源的分割（判断）」〈Urteil〉がある。それは、客観性に対立する主観性である。生命が客観性に埋没している概念であるとすれば、この主観性は生命の理念と対立する。概念は生命を超えて高まっているとも言えるが、主観的な概念として、生命としての客観的な概念に対立しているにすぎない。こうした主観的な概念にとっては、客観的な概念との同一性を回復することが課題となる。

「認識」〈Erkennen〉の働きはこの課題を遂行することである。それは、主観的概念の主観性を超え、概念と実在性の同一性すなわち真なるものを求めることである。その目的は理念である。だが、理念が追求されうるのは、主観的な概念と客観的な概念が本来ともに概念そのものであることによる。従って、主観のなすことは、対象を本来の概念規定に変え、自己自身と関係することのみである。真理を発見するとは、客観に自己の実在性を与えることである。認識するものとされるものがともに概念であることによって、両極の同一性は保証される。「認識するものは自らの概念のうちに客観的世界の全本質性を有している。その行程は、客観的世界の具体的な内容を概念と同一なものとして自己に対して措定し、また逆に概念を客観性と同一なものとして措定することである」。

だが、認識が概念の分裂ないし判断を前提している以上、右の同一性が直ちに現実化するわけではない。「概念の対自存在には自体的にある世界という前提が対立している。それは、無関係な他在であって、概念自身の確信に対してはただ非本質的なものという価値を持つにすぎない」。概念はこの他在を止揚せねばならない。それは、客観のうちに自己自身との同一性を直観しようとする。しかし、対立がある以上、認識するとは「与えられたものを捕捉すること」以上のものではありえない。自己自身に対して否定的となり、眼の前にあるものに対して受動的になることが、自体的に存在する世界との一致を獲得する所以と考えられる。そのようにして、与えられたものがそれ自身においてあるがままに自己を示しうるようにするのである。だが、それは、与えられたものを主観によって規定されたものとして捉えることには達しない。概念がそこで自己自身を見出すということはない。対象はあくまで外在的で、概念によって規定されていない素材であるにとどまる。

だが、概念はなお自己を実現しようとする衝動を持つ。それは、他のものが自体的にあるという前提を払拭して、客観的世界のうちで自己自身によって自己に客観性を与え、自己を完成しようとする。そこに実践、行為

〈Handeln〉が成立する。認識活動においては、主観的概念は、普遍的だが自体的には無規定なものとして現実に向き合う。行為においては、主観的概念は現実的なものとして現実的なものに向き合う。そして、現実性についての自己の確信が世界を圧倒し、世界を規定するものであることを確信しようとするのである。主観のうちにある規定が客観的となり、主観は客観性を取り戻し、規定された普遍性となる。規定性は概念のうちに含まれ、概念に等しい。しかも、個別的外的現実としてある。それは「善」〈das Gute〉と呼ばれる。それは、内容を自己のうちに有する自己規定者である。それは、内容は規定され制限されている。とはいえ、概念の自己規定態として、特殊なもの〈das Besondere〉であり、しかも概念との同一性を保つものとして無限な個別性である。

しかし、かかる善も有限性の運命に曝されないわけにはいかない。主観的な目的の表現としての善は、それに現実的な存在を与えることである。だが、この存在は偶然的で壊れやすい。そのため、善は崩壊の可能性を孕んでいる。さらに、その内容は制限されているため、多様な善があることになる。善自身の間で衝突や抗争が生まれ、破壊しあう危険がある。こうした問題が生ずるのは、客観的な世界が依然前提としてあり、それ独自の運行をなすからである。それが善の実現に対する障害となり、それを不可能とするのである。従って、善は当為にとどまる。「なお二つの世界が対立しあっている。一方には、主観の国が透明な思想の純粋な広がりのうちにあり、他方では、客観性の国が外の多様な現実性の境位にある。後者は未開の闇の国に他ならない」。

善は、この対立を克服しないかぎり、完成されない。その欠陥は、客観性の国が真の国であるという意識が欠如していることにある。「実践的理念には、理論的な理念が欠けているのである」。「善の理念は、真の理念のうちにのみその補完物を見出すことができる」。認識と実践、知と行為が真に統一されたものにならなければならない。「認識活動はただ捕捉することとしての自覚しか持たず、それだけでは未規定な概念の自己同一性としてしか自己を知らない。充実すなわちそれ自体において規定された客観性は、右の同一性にとっては所与であり、真に存在するものは主観的な措定作用から独立にある現実である。これに対して、実践的理念にとっては、この現実は克服しがたい制限として対立しもするのであって、それだけでは実のないもの、その真の規定と価値を善の目的によってのみ獲得するべきものに他ならない。従って、意志自身だけではその目的の達成に対する障害である。つまり、認識活動から分離され、外なる現実が意志に対しては真なる存在という形式を獲得していないために、障害なのである」。

認識活動にとっては客観的世界のみが真の存在であり、行為においては主観の意志のみが絶対的である。後者にとって、客観的世界は単なる素材である。どちらも、一方の極のみを絶対化している。それが、目的の達成を不可能にしているのである。必要なことは、主観的なものと客観的なものがともに理念であり、その点で同一であることを確認することである。そうすれば、「同じものによって同じものを知る」（エンペドクレス、紀元前四九〇年頃－紀元前四三〇年頃）という関係が成立し、行為は、真なる世界において真なるものを顕在化すること、自体的にあるものを対自化することという意味を獲得する。そこにおいて、真と善は統一される。それは、何ら遮られることなく、あるものをあるがままに捉え、かつあらしめることに他ならない。妨げのない自由と自在性が得られる。しかも、自然の成り行き、必然性に逆らうことがない。必然性と自由が統一されているのである。ヘーゲルは、自然法爾（親鸞）ともいうべきこの境地を「絶対的理念」〈die absolute Idee〉と呼び、論理学の最高段階とする。概念論においてヘーゲルが目指したのは、こうした知と行為の一致する境地なのであった。そこにおいては、存在と当為の対立はもはやなく、概念は両者の統一として「真なる存在」であることになる。それはまた「不変の生命」、「自己を知る真理」、「一切の真理」と規定される。ヘーゲルは、そこにこそ「哲学の唯一の対象と内容」を見出すのである。

そして、そこには哲学の対象と哲学の対立ももはやない。「自己を知る真理」として、それは知の契機をすでに含んでいる。真理は哲学知の主体そのものであり、この主体が自己を知ることが真理の開顕なのである。知と行為の統一的主体として真理はあり、また自己を認識する。そのような主体として、概念は再び「人格性」

〈Persönlichkeit〉と同一視される。「自由な主観的概念は自覚的であり、人格を有する」。しかも、それは一切の規定性を廃棄するのではなく、自己の規定、特殊化として含む普遍者であり、様々な形態のうちに自己を認めるのでなければならない。それは、「人〈Person〉としては、不加人なアトム的主観性ではあるが、排他的な個別性なのではなく、普遍性であり、認識であることを自覚しているのであって、その他者のうちに自己自身の客観性を対象として持つのである」。

こうして、ヘーゲルが「本来的な形而上学」と呼んだ「論理の学」が目指したものが何であったかが明らかとなる。「永遠の本質における神の記述」、「絶対者の述定」を課題として着手された「論理の学」は、真と善の統一としての「真の存在」〈das wahre Sein〉を究極の到達点とするのである。その表現は、一見、人知を越えた超絶的なものを思わせるかもしれない。また、その中に存在、真、善、一といった超越疇が含まれていることは、伝統的な形而上学との関連を示唆する。その意味で、概念論は概念の「形而上学」と見なされうる。だが、それが認識（知）と実践（行為）の統一を目指し、超越的な神にではなく、人格的な自由のうちにその完成を見出す点に、カント以来の、さらには近代の立場が貫かれていると言える。そして、それによってヘーゲルの哲学は現代に語りかけることができるのである。

訳者あとがき

「人は哲学（Philosophie）を学ぶことはできない。ただ、哲学すること（philosophieren）を学ぶことができるにすぎない」とは、よく引かれるカントの言葉である。人は、それによって主体的に考える自由と勇気を与えられるかもしれない。或いは、哲学は修得できる既成物としてあるわけではなく、自ら創造してゆくべきものである、と説かれているようにも見える。だが、その際、引用文の前半には「歴史的に〈historisch〉でなければ」という限定のあることが省略されている。「人は歴史的にでなければ哲学を学ぶことはできない」とカントは述べているのである。

だが、そうであれば、「歴史的にならば哲学を学ぶことができる」、或いは「哲学を学ぶには歴史が不可欠である」ということになるのだろうか。そもそも「歴史的に学ぶ」ということはどういうことであろうか。ギリシア語由来の〈historisch〉には「記録的、記述的」という意味があるから、「歴史的に学ぶ」とは、諸哲学説を記録・記述し保存するという行為を意味する。過去に現れた諸思想を頭の中に蓄積し、哲学史として整理し、陳列することが哲学を学ぶことであることになる。

だが、それは真の意味で哲学と言えるのであろうか。カントによれば、哲学は数学とともに「原理からの認識〈cognitio ex principiis〉」であり、「所与からの認識〈cognitio ex datis〉」ではない。経験的にデータを集め、帰納的に普遍的な知見を得ようとするものではない。一定の原理から演繹し推理する学問なのである。それは、一つの体系を作り上げることに等しい。まさしく物事の原理を明らかにし、そこから推理することが哲学なのである。

だが、数学が早くに演繹的体系を構築しえたのに対し、哲学にはそれに匹敵する体系を作り上げることには成功しなかった。壮大な思想は幾つもあるが、普遍的に共有される体系は存在しない。このことも哲学における学習の困難さを生み出す一因であろう。哲学には数学のように修得すべき共通の対象は存在しないのである。

哲学に対する数学の利点は、概念(例えば三角形の)を直観的に提示し(作図・構成し)、それを手懸かりに推理を進めることができる点にある。数学は「概念の構成に基づく認識」である。これに対して、哲学は単に「概念に基づく認識」に他ならない。哲学は原理を突きとめ明証性に達しようとすれば、概念を徹底的に分析し、考え抜かなければならない。それは、数学以上に緊張を要する営みであろう。そして、分析がどこで終結するかの保証はないのである。この意味で、哲学には「哲学する」という行為があるのみとなる。

冒頭のカントの言葉は、哲学のこうした特殊な事情を言い表すものに他ならない。だが、カントはこの事情のままでよいと考えていたわけではなかった。哲学を普遍性を持った体系として構築することが、彼の理想であった。それが成就した暁には、人は数学を学ぶように哲学を学ぶことができることとなろう。カントはそのための予備学として批判哲学を興したのであった。だが、自ら体系を提示するには至らなかった。哲学は依然として未完成の状態にあり、課題は後進の学徒に残されたのである。フィヒテ、シェリング、ヘーゲルと続くドイツ観念論の流れは、その課題を果たそうとする努力であった。だが、それは決して平坦で直線的な発展ではなく、激しい相互批判と論争を含む動きであった。その頂点とされるヘーゲルに対してすら、批判はあり、青年ヘーゲル学徒による超克の運動が待ち受けていたのである。

従って、究極の体系が存在していないという意味では、状況はカントの時代と異ならなかったと言える。では、哲学においては如何なる学び方がありうるのか。そもそも、カント、フィヒテ、シェリング、ヘーゲル等の思想を学ぶことに如何なる意義があるのか。論争状態にある哲学説は学ぶに値しないという議論もあろう。とりわけ「歴史的な学習」には、半分の意義しかない、と。だが、それは些か極論であると思われる。

かつて、訳者が哲学を志して進学した時、古代哲学史の教授が開口一番語ったのは、「哲学の勉強をしようと思うならば、適切な著作を見つけて早速対話を始めることです」という言葉であった。哲学する、哲学的に思索するということは、先哲の思索に触れることによってでなければ修得されない。この意味の歴史的研究は不可欠である。その言葉は、このようなことを教えているようであった。それは、未熟な自分が先哲に問いを発し、その答えを書物の中に求め見出す努力である。或いは、先哲から問いを突きつけられ、それを考えながら読み進む作業である。それは一つの対話である。そうした対話を通じて、思索の方法と論じ方は身につき、自分で考えることもできるようになるのである。哲学の大衆化が進み関心も高まる反面、ソクラテスのような卓越した対話の指導者が随所にいるわけではない現代世界では、書物を対話の相手とするという方法による他はないということかもしれない。

この意味でか、ヘーゲルは「哲学史なくして哲学はない」と述べた。だが、それはもちろん哲学を志す姿勢があってのことである。従って、「哲学なくして哲学史はない」ということにもなる。ここには、歴史的に学ぶことと哲学することを区別したカントに対し、両者の不可分性を強調しようとするヘーゲルの態度が現れている。ヘーゲルほどに哲学史を尊重し、その全行程を自分の思索の過程に組み込んだ哲学者はいないであろう。

こうして、訳者は、先達の教示に従いまたその研究方法に倣って、カントの『純粋理性批判』、ヘーゲルの『精神現象学』等と取り組み、『論理の学』に出会うこととなった。同書をテキストとして大学院で行われていた演習は、すでに数カ年を経過して本質論に入っていたが、誰もが認める同書の難解さ、とりわけ反省論の晦渋さは新参の者には理解も対話も拒むもののように思われた。だが、そこでも「この本を読んでおけば、どんなものでも理解できるようになります」という教授の言葉があった。忍耐を要する読書によってこそ哲学的な思考力は涵養されるという諭しが籠められていたのであろう。そのようにして苦闘しているうちに、テキストの一部を一条の光が照らすように思われる瞬間が訪れた。以来、『論理の学』は訳者の手放すことのできない座右の書となったのである。

一体、ヘーゲル哲学の魅力は、その内容の豊かさと論述の鋭さにあると言うことができよう。だが、却ってその難解さにあると言うこともできる。もちろん、それは少なからず読者を遠ざける理由ともなろうが、逆に読書の緊張を誘い、これを持続させる。そのため、訳者は膨大な時間をヘーゲルに費やすことができ、また哲学の研究に留まることができた。そして、関心を持つ少なからぬ同輩が、ヘーゲルのテキストを携えて集うようになった。大学のカリキュラムからは独立に身分の違いを超えた読書会が自然発生的に生まれた。牛歩の如き、しかし撓まぬその歩みは、半世紀近くを経て幾回か『論理の学』の始めと終わりの間を行き来することになった。「読書百回」という励ましはこうした書物にこそ当てはまるもののように思われる。そして、それを逐語的に自分の言葉とすることが、訳者の願望となったのである。

いずれにせよ、ヘーゲルがアリストテレスの第一哲学、形而上学に並ぶべきものとして執筆した『論理の学』が、現代の読者によりよく理解され、ヘーゲルの思考法に基づく第一哲学の可能性が改めて拓かれることは望ましいことである。また、哲学史を通して哲学したヘーゲルの思索は、本書の中で様々な思想との対決となって現れている。読者は、それによって過去の諸哲学への緊張に満ちた新たな関わりを持つことができるであろう。

そもそもヘーゲルの論理思想は、ヨーロッパの伝統からすれば異端的と見なされる傾向がある。「ハビリタチオーンステーゼ」の冒頭に「矛盾は真理の基準である」と記したことからして、伝統に対する真っ向からの挑戦とも受け取られかねない。だが、誠実に読めば、ヘーゲルの思想はそれを無視しようというものではなく、より深くその根底を見届けようとする真摯さに根ざしていることが納得されよう。人は従来の論理学において言及されていない幾つもの点に気づかされるのである。

また、それは、アジア的文化圏に属する読者にとっては一層興味深いものを含んでいる。二値論理と排中律に立脚するヨーロッパ的論理に対して「中」を重んじるアジア的思考様式に、ヘーゲルの論理は近いものを有する。その意味で、ヘーゲルは両文化圏の間に立ち、両文化を俯瞰させる位置にあると言える。人は『論理の学』を読むことによって、それらの間の分水嶺を行く心地になるのである。その意味で、このグローバル化の時代に、ヘーゲルは両半球を繋ぐ架け橋の役を果たしうることになろう。その可能性が一層よく理解され現実的となることを期待したいものである。

本書の翻訳の希望を作品社の髙木有氏に申し出てから久しい。脱稿までは長い時間がかかったが、存在論、本質論に続き第三巻概念論の上梓に辿りつきえたことは、ひとえに同氏の暖かい励ましと助言そして同社の方々のご支援によるものである。末筆にはなるが、記して深甚の感謝の念を表したい。

二〇一三年秋

訳者

255, 257, 263
最近類 die nächste Gattung…91, 96, 97, 253, 255, 268
最高類 die höchste Gattung…55
類推 Analogie…138, 139→類比の推理
類似した ähnlich…138
類似性 Ähnlichkeit…138
類比 Analogie…137
類比の推理 der Schluß der Analogie…137-139→類推

【れ】

例 Beispiel…274
霊魂論 Seelenlehre→心理学
合理的霊魂論 die rationale Seelenlehre…232, 233, 237
経験的霊魂論 die empirische Seelenlehre…237
歴史 Geschichte…20
歴史的 historisch…62
歴史的記述 Historie…20
連関 Zusammenhang…110, 142, 147, 172, 189, 247, 248, 251, 268, 271, 274, 275, 276
相互連関 Zusammenhang miteinander…255
連続 Kontinuation…76
連続する sich kontinuieren…36, 71, 164
連続性 Kontinuität…78, 255, 265
連続的 kontinuierlich…255

【ろ】

論証 Demonstration…275
論証する beweisen…266
論駁 Widerlegung…188, 235, 274
論弁的 räsonnierend…289
論理学 Logik…5, 18, 22-26, 28, 48-51, 77, 114, 115, 126, 130, 131, 138, 154, 214, 215, 239, 250, 267, 285, 294, 296, 305-307
応用論理学 die angewandte Logik…27, 214
概念の論理学 die Logik des Begriffs…5
客観的論理学 die objektive Logik…8, 11
経験的論理学 die empirische Logik…48
形式論理学 die formale Logik…247
主観的論理学 die subjektive Logik…5, 48
純粋論理学 die reine Logik…17, 214
超越論的論理学 die transzendentale Logik…17, 48, 49
論理学者 Logiker…76
論理的な logisch…18, 27, 70, 74, 75, 106, 154, 215, 216, 236, 239, 244, 246, 267, 285, 302, 306
論理的規定 die logische Bestimmung…244, 246
論理的なもの das Logische…138, 237, 246, 285, 286,
論理的理念 die logische Idee…285
論理的法則 die logischen Gesetze…27

【わ】

和 Summe…250
分かる verstehen…207
分け前 Mitgeteilte…166
私 ich…15, 16, 233, 234
私は考える Ich denke…15, 233
悪い böse…101, 102, 258
われわれ wir…287, 300

要素 Element…177, 178, 180
要請 Postulat…280
様相 Modalität…99
予言 Weissagen…238
予料する antizipieren…86
様態 Modus…44
予感 Ahnung…257
欲求 Bedürfnisse…173, 224, 228, 229
予定調和 vorherbestimmte Harmonie…163

【ら】
ライプニッツ Leibniz…129, 130, 160, 251
ランベルト Lambert…52

【り】
理解する verstehen…207, 208
理性 Vernunft…21-23, 25, 30, 42, 45-47, 54, 106-108, 112, 114, 127, 138, 151, 168, 189, 198, 208, 264, 292-294, 299
理性概念 Vernunftbegriff…22, 207, 208
理性形式 Vernunftform…126, 127
理性真理　Vernunftwahrheit…75
理性性 Vernünftigkeit…198, 199
理性認識 Vernunfterkenntnis…25
理性的認識 die vernünftige Erkenntnis…127, 295
理性の窺知 List der Vernunft…198
理性批判 Vernunftkritik…15, 187
形式的理性 die formale Vernunft…33, 106
理性的 vernünftig…106, 107, 126-128, 130, 156, 164, 170, 192, 198
理性的概念 der vernünftige Begriff…284
理性的なもの das Vernünftige…77, 106, 112, 129, 192, 198, 208, 299
理想 Ideal…216
理念 Idee…19, 22, 24, 25, 30, 46, 50, 97, 154, 157, 187, 206-218, 221, 222, 224, 225, 227-231, 235-237, 239, 240-243, 252, 265, 266, 268, 270, 276, 279, 280, 283, 285, 287, 290, 300, 305-307
意志の理念 Idee des Willes…279
外在的理念 die äußerliche Idee…307
現実的な理念 die wirkliche Idee…229
現象の理念 Idee der Erscheinung…240
自己関係的理念 die sich auf sich beziehende Idee…230
自体的対自的に規定された概念の理念 Idee des an und für sich bestimmten Begriffs…283
自体的対自的に存在する理念 die an und für sich seiende Idee…224
実践的理念 die praktische Idee…277-279, 284
思弁的な理念 die spekulative Idee…235
主観的理念 die subjektive Idee…241, 243
純粋理念 die reine Idee…25, 215, 306, 307
真なるものの理念 Idee des Wahren…241
生命の理念 Idee des Lebens…214-216, 218, 224, 228, 231, 236, 237
絶対理念 die absolute Idee…283, 284, 305
善の理念 Idee des Guten…280
超越論的理念 die transzendentale Idee…188
直接的な理念 die unmittelbare Idee…214, 215, 218, 227
普遍的な理念 die allgemeine Idee…285
理論的理念 die theoretische Idee…240, 278, 284
論理的理念 die logische Idee…285
理由 Grund…104
量 Quantität…7, 48, 53, 54, 57, 87, 248, 251, 267, 272, 273
量規定…251
量的 quantitativ…78-80, 90, 93, 95, 124, 125, 167, 236, 267, 272
外延量 die extensive Größe…236
内包量 die intensive Größe…236
分離量 die diskrete Größe…247
領域 Sphäre…78-81, 90, 93, 95, 116, 138, 142, 148, 154, 163, 168, 191, 202, 210, 235, 257, 276, 277, 280, 291, 297, 306
理論 Theorie…274
理論的 theoretisch…156, 223, 240, 241

【る】
類 Gattung…21, 38, 39, 40, 42, 86, 88-91, 94-98, 104, 119, 128, 132, 136, 139-141, 143, 144, 148, 149, 169, 171, 177, 218, 223, 227-231, 237, 253-

115, 122, 124, 127, 128, 130, 134, 135, 188, 189, 244, 248, 249, 253, 267-269, 296
換位命題 umgekehrter Satz…71
全称命題 allgemeiner Satz…88
総合命題 synthetischer Satz…248, 249
同一命題 identischer Satz…72, 73, 115
メンデルスゾーン Mendelssohn…130, 235

【も】

盲目的 blind…12, 18, 42, 77, 169
目的 Zweck…19, 75, 156, 157, 166, 184, 185, 190, 192-206, 211-213, 239, 241, 243, 254, 264, 271, 276, 278, 280, 282, 285, 290
外的目的 der äußere Zweck…202
客観的目的 der objektive Zweck…195, 200, 202-204
自己と同一の目的 der mit sich identische Zweck…213
自己目的 Selbstzweck…213, 254
実在的目的 der reale Zweck…204
主観的目的 der subjektive Zweck…195, 200-202, 280, 290
相対的目的 der relative Zweck…202
絶対的目的 der absolute Zweck…283
目的因 causa finalis…184, 189
目的関係 Zweckbeziehung…185, 187, 190, 200, 203, 205, 243, 282
外的目的関係 die äußere Zweckbeziehung…190, 205
内的目的関係 die innere Zweckbeziehung…203
目的活動 Zwecktätigkeit…196
目的規定 Zweckbestimmung…194-196
目的論 Teleologie…184-188
目的論的 teleologisch…157, 189, 199
目的論的移行 der teleologische Übergang…199
目的論的過程 der teleologische Prozeß…199
目的論的関係 Teleologie…157
目的論的規定 die teleologische Bestimmung 201
目的論的原理 das teleologische Prinzip…190
目的論的働き die teleologische Tätigkeit…200
目的論的判断力 die teleologische Urteilskraft…189
目標 Ziel…67, 208, 209, 213, 284, 289
文字 Buchstaben…52, 53
モナド Monade…160, 162, 237
物 Ding…15, 17, 22, 23, 65, 71, 113, 154, 159, 237, 255
物自体 Ding an sich…25, 65, 77, 233, 235, 236, 242, 245
物自体性 Dingheit-an-sich…242
物性 Dingheit…39
多くの性質を持った物 Ding von vielen Eigenschaften…255, 257
模範 Ziel…208
問題 Aufgabe…249, 250

【や】

ヤコービ Jacobi…275
闇 Finsternis…280

【ゆ】

唯物論 Materialismus…51
有機体 Organismus…220
有機的 organisch…18, 262
有機的自然 die organische Natur…18, 262→非有機的自然
ユークリッド Euklid…267, 268, 269
有限化 Verendlichung…222
有限性 Endlichkeit…186, 193, 195, 210, 211, 226, 229, 239, 242, 243, 273, 279, 280, 282, 285, 292
有限な endlich…186, 193, 194, 198, 199, 205, 210, 213, 237, 239, 243, 252, 272, 273, 279, 291, 292, 304, 305
有限なもの das Endliche…107, 116, 186, 209, 242, 273, 275, 276, 279, 280, 295, 296, 304
友情 Freundschaft…177

【よ】

良い・善い gut…63, 101
様式 Art und Weise…100, 103, 119, 120, 142, 285-287
要求 Forderung…249

【ま】

マイナス Minus…53
摩擦 Reibung…171
混じり合う sich vermischen…163

【み】

見出す vorfinden…258
未開明の unaufgeschlossen…280
見方 Ansicht…282
未規定な unbestimmt…192
未熟な unreif…258
未証明な unerwiesen…266
水 Wasser…178
未知な unbekannt…244, 305
　未知のもの das Unbekannte…244
未展開の unentwickelt…256
見本 Exemplar…258
耳朶 Ohrläppchen…257
民族 Volk…169

【む】

無 Nichts…22, 77, 295
無意識的 bewußtlos…164, 288
無関係性 Gleichgültigkeit…77, 123, 125, 145, 171, 191, 193, 204
無関係な gleichgültig…31, 38, 44, 45, 48, 51, 58, 60, 63, 77, 88, 93, 95, 98, 101, 115, 119, 120, 122, 123, 143, 146, 147, 150, 160, 161, 163, 164, 166, 167, 170, 176, 179-184, 186, 187, 190, 192, 194, 195, 197-200, 204, 211, 212, 216-218, 221, 223, 224, 226-228, 241, 252, 256, 264, 270, 271, 281
無関心な gleichgültig…249
無規定性 Unbestimmtheit…44, 102, 273
無規定な unbestimmt…41, 61, 77-79, 83, 85, 94, 113, 120, 122, 132, 159, 160, 175, 247, 279
　無規定なもの das Unbestimmte…41
無限後退 der unendliche Regreß…301
無限者・無限なもの das Unendliche…44, 53, 65, 80, 107, 243, 276, 295, 304
　否定的無限者 das negative Unendliche…44
無限進行 der Progreß ins Unendliche…87, 116, 143, 161, 201, 229, 262, 301
無限性 Unendlichkeit…87, 116, 202, 273, 280, 285
　→悪無限
無限な unendlich…22, 34, 39, 53, 87, 109, 113, 136, 161, 164, 171, 186, 187, 193, 197, 201, 202, 213, 218, 225, 229, 239, 262, 276, 279, 285, 286, 296
　無限微差 unendliche Differenz…251
矛盾 Kontradiktorietät, Widerspruch…52, 53, 67, 74, 113, 116, 128, 146, 162, 164, 177, 178, 188, 217, 225, 228, 232, 241, 242, 275, 280, 297, 284, 293-295, 298
　矛盾概念 der kontradiktorische Begriff…51, 77, 96
　絶対的矛盾 der absolute Begriff…217
矛盾する kontradiktorisch, widersprechend…31, 52, 74, 75, 96
矛盾律 der Satz des Widerspruchs…27
無常性 Vergänglichkeit…70, 169
無制約な unbedingt…23
無制約なもの das Unbedingte…20, 207, 208
無内容性 Inhaltslosigkeit…301
虚しい nichtig…156, 162, 203, 212, 224, 280-283, 293, 294
虚しさ Nichtigkeit…20, 42, 203, 243, 283, 294
無批判な unkritisch…77
無力さ Ohnmacht…42, 46, 225
無力な unmächtig…116

【め】

眼 Auge…153
名辞 Terminus…107, 110, 119, 122, 123, 139, 141-144, 173, 298
　四箇名辞 Quaternio terminorum…139
　小名辞 Terminus Minor…120, 123
　大名辞 Terminus Major…120, 123
　中名辞 Medius Terminus…107, 109, 119-121, 125, 128, 132, 139, 143, 195, 272
明晰性 Klarheit…13, 49
明晰な klar…49, 50
明証性 Evidenz…273, 293
命題 Satz…27, 46, 48, 63, 70-75, 93, 94, 99, 111, 112,

分類根拠 Einteilungsgrund…262-264
分裂 Diremtion, Entzweiung…218, 225, 227-229
分裂させる zerlegen, entzweien…180
分裂する auseinandertreten…180, 196, 225, 270
分裂した gebrochen…104
自己内分裂 Diremtion in sich…225
不判明な undeutlich…49

【へ】

平行線 Parallellinie…267
並置された koordiniert…41→同位の
平面図形 die ebene Figur…261, 269
冪 Potenz…250
冪比例 Potenzenverhältnis…248, 250
べし sollen…104, 125, 258
別々にあること Außereinander…108, 171
辺 Seite…248-250, 269, 270
変化 Veränderung…22, 65, 70, 166, 181, 202, 237, 261
変化する sich verändern…93, 198, 235, 256
変形 Umformung…110
弁証法 Dialektik…20, 24, 51, 52, 108, 233, 292-296, 300, 303
弁証法的 dialektisch…8, 27, 30, 31, 46, 47, 89, 109, 125, 128, 235, 292, 296, 297, 299, 300, 303
絶対的弁証法 die absolute Dialektik…303
非弁証法的 undialektisch…246
弁証論・弁証論的 Dialektik, dialektisch…22
変動 Wechselspiel…66
変様・変容 Modifikation…12, 261
変量 die veränderliche Große…250, 270

【ほ】

法 Gesetz…164
萌芽 Keim…229
包括的 komprehensiv…85
包含する einschließen…285
方向 Richtung…264
包摂 Subsumtion…53, 89, 127, 144
包摂する subsumieren…57, 66, 84, 89, 109, 111, 119, 120, 122, 127, 135, 144, 148, 172, 173, 190, 195, 204
法則 Gesetz…106, 127, 170, 173-175, 188, 189, 232, 253, 255, 297
機械的法則 das mechaniche Gesetz…189
方法 Methode…87, 247, 249, 268, 273, 274, 276, 285-292, 299, 302
絶対的方法 die absolute Methode…291, 303
総合的方法 die synthetische Methode…268, 272, 273, 275
暴力 Gewalt…168, 169, 198, 203
暴力的なもの Gewaltsames…37
補完 Ergänzung…178
保持・保存する erhalten…38, 71, 165, 175, 199, 224, 225, 291, 295, 303
自己保存 Selbsterhaltung…36
没概念性 Begriffslosigkeit…26, 272
没概念的 begriffslos…42, 44, 46, 53, 54, 56, 77, 128, 129, 234-236, 246, 251, 276, 295, 301
没概念的なもの das Begrifflose…236
没関係性 Verhältnislosigkeit…196
没関係的 verhältnislos…123
没落 Untergang…46
没落する untergehen, zugrundegehen…7, 65, 100, 169, 170, 211, 295
発端 Anfang…291
方程式 Gleichung…250, 269, 270
本質 Wesen…7, 8, 11, 17, 18, 23, 26, 28, 34, 43, 51, 61, 65, 66, 70, 77, 84, 90, 103, 143, 151, 169, 171, 184, 209, 214, 221, 233, 240, 246, 285, 288, 301
本質性 Wesentlichkeit…49, 84, 174, 214, 223, 256, 258, 287
本質的 wesentlich…68, 84, 85, 91, 97, 137, 139, 141-143, 159, 169, 171, 175, 186, 241, 254, 255, 258, 263, 274
本質的なもの das Wesentliche…20, 43, 69, 93, 171
本性 Natur…90-92, 97, 100, 101, 108, 112, 137, 139, 142-144, 168, 169, 178, 179, 198, 234, 255, 257, 265, 271, 286, 295
客観的本性 die objektive Natur…102, 103
普遍的本性 die allgemeine Natur…101

普遍者 das Allgemeine…34, 39, 69, 104, 192
普遍性 Allgemeiheit…14-16, 18, 20, 33, 35, 38-42, 44-49, 51-53, 56, 65, 68, 72-74, 76, 78-81, 83-85, 87-91, 94, 97, 98, 102-104, 106, 107, 109, 110, 113, 117, 118, 121-123, 125, 128, 130-132, 135-137, 139, 141-144, 149, 153, 159-161, 164-167, 169-171, 173-175, 180, 186, 195, 196, 212, 213, 218-220, 222, 225, 227, 228, 230, 231, 237, 240, 245, 253, 256, 259, 262, 268, 278, 284, 287, 289, 291, 292, 298, 301-303
客観的普遍性 die objektive Allgemeinheit…89-92, 94, 96, 99, 100, 104, 135, 137, 141, 142, 144, 146, 147, 149, 169, 171, 173, 180, 290
規定された普遍性 die bestimmte Allgemeinheit…56, 57, 65, 97
具体的普遍・普遍性 das konkrete Allgemeine, die konkrete Allgemeinheit…94, 101, 102, 104, 190
経験的普遍性 die empirische Allgemeinheit…233, 256
自己自身に関係する普遍性 die sich auuf sich selbst beziehende Allgemeinheit…291
実体的普遍性 die substantielle Allgemeinheit…95, 143, 170
人倫的普遍性 die sittliche Allgemeinheit…169
単純な普遍性 die einfache Allgemeinheit…230, 292, 304
抽象的普遍者 das abstrakte Allgemeine…27, 44, 143
抽象的普遍・普遍性 die abstrakte Allgemeinheit…21, 43, 45, 56, 71, 95, 154, 169, 177, 186, 193, 213, 219, 231, 245, 262, 278, 288, 290
直接的普遍性 die unmittelbare Allgemeinheit…288
純粋な普遍性 die reine Allgemeinheit…174
内的普遍性 die innere Allgemeinheit…192
普遍的 allgemein…29, 62, 67, 69, 70, 72, 74, 79-81, 86, 87, 98-101, 102, 109, 110, 118, 120, 122, 130, 136, 139, 141, 143, 144, 146, 148, 159, 166, 173, 176, 177, 179, 192, 217, 218, 227, 263, 274, 282, 283, 286, 295, 305
普遍的なもの das Allgemeine…13, 27, 35, 42, 44-47, 52, 53, 56, 65, 68, 72-74, 76, 79, 80, 83-85, 87-89, 94, 98, 101-104, 109, 111-113, 115-122, 127, 134, 140-142, 145, 148, 159, 164-166, 168, 181, 190, 192, 195, 212, 217, 228, 230, 253, 254, 256, 259, 260, 262, 264, 270, 278, 288, 289, 291, 292, 295, 298, 300, 301, 303, 305
非普遍的なもの das Nicht-Allgemeine…78
不変性 Unvergänglichkeit…45, 235
不変な unveränderlich…40, 46, 237, 282
不変なもの das Unveränderliche…45, 47
不滅な unsterblich…70
プラス Plus…53
プラトン Platon…291-293
プルーケ Ploucquet…130
ブルーメンバッハ Blumenbach…257
分割 Teilung, Diremtion…59, 70, 100, 103, 180
分割する dirimieren…109, 150, 172, 174, 179-181, 222
根源的分割 die ursprüngliche Teilung…59, 65, 104
分割する dirimieren…90, 91, 97, 100, 103
粉砕する zersprengen…168
分散した abgesondert, zerstreut…48, 145, 146, 236
分肢 Glied…220, 226
文章語 Schriftssprache…130
分析 Analyse…188, 245, 250, 256, 300
分析する Analysieren…274
分析的 analytisch…244-248, 251, 291, 292, 298, 300
分離 Absonderung, Disjunktion, Trennung…30, 76, 129, 169, 182, 185, 212, 253, 262, 264
分離可能 trennbar…220
分離した getrennt…21
分離する trennen, absondern, auseinanderhalten…56, 59, 86, 97, 106, 110, 112, 169, 178, 180, 210, 211, 234, 248-250, 259, 265
分離量 das diskrete Quantum…247, 250
分類 Einteilung…41, 48, 50, 259, 260, 262-266, 273, 287, 305
分類項 Einteilungsglied…263

153, 168-170, 179, 192, 195, 199, 203, 206, 212, 218, 221-223, 225, 245, 297-301, 304
自己に関係する否定性 die sich auf sich beziehende Negativität…8-10, 15, 58, 147, 223
絶対的否定性 die absolute Negativität…12, 31, 34-37, 39, 43, 44, 47, 55, 298
否定的な negativ…58, 76, 79, 81, 82, 84, 85, 89, 96, 98, 100-103, 118, 119, 123, 125, 128, 141, 147, 156, 158, 160, 162, 166, 168, 172, 174, 175, 181, 192, 193, 196, 198, 199, 211, 219, 221, 225, 229, 244, 257, 294, 296, 297, 303
否定的なもの・否定者 das Negative…10, 31, 36, 55, 58, 76-78, 194, 199, 217, 219, 224, 227, 238, 295-297, 300, 304
等しい gleich…124, 200, 248
自己自身と等しい gleich mit sich…36, 43, 55, 222, 224
等しさ Gleichheit…53, 72
一つであること das Einssein…170, 216
一つのもの das Eins…59, 233, 248
批判 Kritik…27, 28, 189, 233, 235, 236
批判的 kritisch…304
非物質性 Immaterialität…232
非物質的 immaterial…211, 229
非弁証法的 undialektisch…246
非本質的 unwesentlich…91, 95, 141, 142, 155, 164, 170, 172, 183, 203, 205, 211, 225, 241, 248, 254
飛躍した überfliegend…236
非有機的な unorganisch…18, 209, 212, 215
非有機的自然 die unorganische Natur…212, 215
ピュタゴラス Pythagoras…269, 270
ピュタゴラスの定理 Pythagoreischer Lehrsatz…269, 270
ヒューム Hume…233
表音文字 Buchstabenschrift…261
評価 Beurteilung…99
表象 Vorstellung…11, 14-19, 23, 42, 49, 50, 53, 57, 58, 62-64, 75, 77, 87, 88, 107, 146, 147, 152, 160, 161, 164, 207, 208, 232-239, 245, 253, 255-257, 262, 263, 266, 287-289, 294, 297, 305
表象する vorstellen…161, 165, 245
世界表象 Weltvorstellung…162
表面性 Oberflächlichkeit…138
表面的な äußerlich, oberflächlich…86, 146, 166
開いた offen…162
非理性的 unvernünftig…238
拾い上げる auffassen…245, 253

【ふ】

不安定な unruhig…179
不一致 Nichteinstimmigkeit…52
不壊性 Unzerstörbarkeit…235
不易性 Unvergänglichkeit…235
付加 Zutat…270
不可分性 Untrennbarkeit…57, 235
不可能性 Unmöglichkeit…280
不加入の undurchdringlich…284
不可量の imponderabel…165
不完全な unvollständig…258
不完全なもの das Unvollständige…258
複合体 Vielfaches von Gliedern…220
不自由さ Unfreiheit…185
不十全な inadäquat…49
不条理な widersinnig…80
不相応な unangemessen…256, 258
物質 Materie…159, 182, 209, 217, 237, 238, 257, 274
物質界 die materielle Welt…171
物質性 Materialität…165
物質的 materiell…164, 168, 189, 209, 211, 238
→非物質的
物体 Körper…171, 181
物体的 körperlich…165, 238, 291
物体的なもの Körperliches…164
物理学 Physik…232, 261, 274
物理的 physikalisch…177
不等性 Ungleichheit…124, 269, 273
不等なもの das Ungleiche…269
部分 Teil…42, 159, 166, 172, 207, 216, 200, 220, 246, 269, 271
普遍化 Verallgemeinerung…86
普遍化する verallgemeinern…164

単称判断 das singulare Urteil…84, 102, 129
定言判断 das kategorische Urteil…91-94, 97, 102, 143
定在の判断 das Urteil des Daseins…68-70, 76, 79, 81-83, 84, 86, 89, 95, 99
特称判断 das partikulare Urteil…85, 94, 102, 129
内属の判断 das Urteil der Inhärenz…69, 84
反省の判断 das Urteil der Reflexion…68, 82-85, 89, 99, 131
必然判断 das apodiktische Urteil…99, 104, 105
必然性の判断 das Urteil der Notwendigkeit…90, 91, 99, 253
否定判断 das negative Urteil…70, 74-76, 78, 79-81, 84, 85, 92, 126, 129, 296
分析判断 das analytische Urteil…21
包摂の判断 das Urteil der Subsumtion…84, 89
無規定的判断 das unbestimmte Urteil…120, 129
無限判断 das unendliche Urteil…80, 81, 168
様相の判断 das Urteil der Modalität…99
量の判断 das Urteil der Quantität…83
判断規定 Urteilsbestimmung…77, 90, 131
判断力 Urteilskraft…33, 99
規定的判断力 die bestimmende Urteilskraft…190
反省的判断力 die reflektierende Urteilskraft…190
目的論的判断力 die teleologische Urteilskraft…189
判定 Beurteilung…22
反定立 Antithese…188, 189
反転する Zurückkehren…298
反応（化学） Prozeß…177-180, 182, 183
反撥 Repulsion…58
反復する wiederholen…87
判明な deutlich…49, 50

【ひ】

比較 Vergleichung…68, 87, 95, 256, 263, 265, 291
比較する vergleichen…52, 144, 237, 241, 269, 273
彼岸 Jenseits…87, 209, 242, 243, 245, 275, 284
非感覚的 unsinnlich…272
非現実性 Unwirklichkkeit…278
非現実的なもの das Unwirkliche…208
非合理的な irrational…48
非個体的 nichtindividuell…175
非個別性 Nicht-Einzelheitt…85
非根源性 Nichtursprünglichkeit…163
非自立性 Unselbständigkeit…168, 171, 175, 196
非自立的 unselbständig…167, 172, 174
非自立的なもの das Unselbständige…69, 177, 196
非真理 Unwahrheit…202, 236
被制約性 Bedingtheit…275
微・積分計算 Differenzial- und Integral-Rechnung…250
被造物 Geschöpf…195
非存在 Nichtsein…35, 77, 78, 151, 280
必然性 Notwendigkeit…8, 11, 12, 36, 42, 44, 45, 90, 141-147, 150, 156, 174, 175, 185-188, 202, 215, 252, 253, 259, 271, 273, 276, 291, 295, 300, 303
外的必然性 die äußere Notwendigkeit…187
自然必然性 Naturnotwendigkeit…185
内在的必然性 die immanente Notwendigkeit…10
必然的な notwendig…65, 99, 103, 104, 117, 131, 139, 141, 144, 147, 261, 265
必然的なもの das Notwendige…99, 147, 208, 271
必然判断→判断
非弾性的 unelastisch…167
非統一 Nichteinheit…107, 108
否定 Negation…28, 29, 36-38, 76, 79, 122, 140, 194, 202, 225, 290, 292, 297, 298
第一の否定 die erste Negation…28, 37, 38, 76, 79, 132, 140, 194, 195, 244, 282
第二の否定・否定者 die zweite Negation…28, 39, 79, 80, 140, 297
否定の否定 die Negation der Negation…28, 34, 35, 37, 57, 76, 80, 132, 225
二重否定 die gedoppelte Negation…35
否定する negieren…36, 74, 80, 103, 156, 195, 224, 238, 242, 245
否定性 Negativität…8-10, 13, 25, 28, 34, 35, 41, 57, 58, 69, 71, 77, 79, 83, 103, 143, 146, 147, 152,

媒体 Medium…54, 178
排他的 ausschließend…160, 284
配置・配列 Arrangement…160, 166, 172, 268
破壊 Zerstörung…280
博物学的 naturhistorisch…28
始まり・始め Anfang…166, 194, 200
始まる anfangen…295
場所 Ort…292, 293
働き Tun, Wirken…152, 153, 201
発言 Ausspruch…293
発見する finden…253
発現する hervorgehen…285
発生 Genesis…8, 12, 14, 228, 277
犯罪 Verbrechen…81
反作用 Reaktion…165, 166
反証・反例 Instanz gegen…134, 136, 258
繁殖 Fortpflanzung…229
反省 Reflexion…7, 8, 10, 18, 21, 34, 41, 46, 51, 58, 59, 63, 64, 67, 70, 71, 77-79, 81, 83-86, 88-91, 93, 99, 103, 104, 111, 125, 126, 131, 132, 140, 141, 143, 150, 152, 159, 160, 192, 200, 207, 217, 223, 229, 249, 252, 256, 277, 287, 289, 291, 295, 297, 305
　反省概念 Reflexionsbegriffe…17
　反省関係 Reflexionsbeziehung…217, 220
　反省規定 Reflexionsbestimmung…12, 24, 25, 36, 186, 187, 232, 233, 235, 242, 274, 293
　反省形式 Reflexionsform…264
　反省する reflektieren…34, 59, 86, 90, 91, 122, 126, 141, 160, 167, 169, 177, 189, 192, 223, 229, 279
　反省的 reflektierend…59, 190, 275
　外在的反省 die äußerliche Reflexion…136, 140, 243, 265, 271, 291
　外的反省 die äußere Reflexion…73, 80, 85, 100, 256, 264
　個体的反省 die individuelle Reflexion…223
　自己内反省 die Reflexion in sich…34, 37, 43, 45, 59, 60, 55, 65, 73, 82, 116, 132, 137, 141, 168, 192-196, 199, 204, 205, 223, 229, 241, 243, 245, 243, 254, 259, 262, 279, 303, 305
　自己内反省した in sich reflektiert…92, 95, 103, 179
　自己のうちに反省する in sich reflektieren…55, 71, 115, 121, 131, 147, 169, 177, 223
　自体的対自的反省 die Reflexion an und für sich …57
　実在的反省 die reale Reflexion…223
　主観的反省 die subjektive Reflexion…60
　絶対的反省 die absolute Reflexion…252
　全体的反省 die totale Reflexion…38
　外への反省 die Reflexion nach außen…193
　抽象的反省 die abstrakte Reflexion…272
　没概念的反省 die begrifflose Reflexion…301
反対 Gegenteil, Kontrarietät…35, 40, 41, 54, 56, 74, 96, 104, 114, 128, 188
　反対の entgegengesetzt, konträr…96, 113, 132
　それ自身の反対 das Gegenteil ihrer selbst…10, 238
　反対者 Gegner…12
　反対のもの・反対物 Gegenteil, das Konträre…52
判断 Urteil…27, 28, 31, 34, 52, 59-61, 63, 64, 66-76, 78, 81-86, 90-92, 94, 97, 99-108, 112, 115, 116, 120, 122, 123, 126, 127, 132, 142, 145, 150, 153, 155, 158, 175, 176, 192, 217-219, 222, 231, 233, 234, 239, 241, 291, 292, 296, 297, 303
　概念の判断 das Urteil des Begriffs…68, 99, 100, 104, 241, 258
　蓋然判断 das problematische Urteil…99, 102
　仮言判断 das hypothetische Urteil…92-94, 97, 102, 145, 146
　客観的判断 das objektive Urteil…253
　肯定判断 das positive Urteil…27, 69-75, 76, 80, 84-86, 89, 92, 126, 129, 296
　質的判断 das qualitative Urteil…68, 116
　実然判断 das assertorische Urteil…99, 101
　主観的判断 das subjektive Urteil…66, 68
　絶対的判断 das absolute Urteil…211
　選言判断 das disjunktive Urteil…94-96, 98, 100, 105
　全称判断 das allgemeine Urteil…85, 89, 129, 135
　総合判断 das synthetische Urteil…21

102, 157, 158, 171, 175, 177, 182, 185, 220, 225, 231, 247, 248, 262, 290, 291, 299
内属 Inhärenz…53, 69, 110, 124, 127, 142
内属する inhärieren…17, 66, 71, 84, 89, 110, 111, 119, 127
内的 inner…36, 51, 85, 90, 101, 145, 157, 181, 204, 205, 226, 245, 252, 271, 274, 280, 286, 288
内包 Inhalt…95, 303
内包量 die intensive Größe…236
内面性 Innerlichkeit…30, 150
内面的 innerlich…228
内容 Inhalt…106, 107, 109, 112, 114, 115, 122, 128-130, 135, 138, 139, 141-143, 145-147, 149, 151, 152, 164, 186, 187, 192-194, 199-202, 207, 210, 239-241, 247, 249, 252, 253, 256, 259, 262, 266, 268, 271, 275, 284-286, 288, 289, 299, 301-304, 306
投げ入れる hineinlegen…245
名前 Name…61, 62, 69, 70, 74, 91, 152

【に】
二項式 Binomium…87
二重化 Verdoppelung…228
　二重化された verdoppelt…204, 231
二重性 Zweiheit…26
二面性 Zweiseitigkeit…109
二律背反 Antinomie…114, 184, 188, 189, 275
人間 Mensch…209, 258
人間学 Anthropologie…27, 238
認識 Erkenntnis…5, 7, 17, 21, 23-26, 152, 189, 232, 260, 261, 298, 303
　悟性認識 Verstandeserkenntnis…21
　主観的認識 die subjektive Erkenntnis…288
　神的認識 die göttliche Erkenntnis…307
　絶対的認識 die absolute Erkenntnis…291, 306
　総合的認識 die synthetische Erkenntnis…244, 251-254, 266, 268
　分析的認識 die analytische Erkenntnis…244, 246-248, 251
　理性的認識 die vernünftige Erkenntnis…127, 295
　理性認識 Vernunfterkenntnis…25
認識する・認識活動 erkennen…6, 23, 30, 47, 112, 153, 161, 169, 185, 189, 213-215, 218, 230, 231, 240-244, 246, 248, 252, 253, 262, 264, 266, 270-272, 274, 276-278, 281, 284-289, 291, 292, 294, 300, 301, 304-306
認識能力 Erkenntnisvermögen…190
認識様式 Erkenntnisart…266

【ね】
熱 Wärme…165
捻出する herausklauben…19

【の】
能動的な aktiv…10
能力 Vermögen…15, 33, 44

【は】
把握する begreifen…161, 253, 256, 258, 287, 300, 305-307
把握不可能なもの das Unbegreifliche…14
媒介 Vermittlung…109, 116-118, 121, 122, 125, 127, 134, 140, 145, 147, 150, 154, 156, 159, 166, 182, 195, 201, 204-206, 229, 244, 246, 251, 259, 266, 267, 270, 282, 283, 289, 298, 299, 300, 305, 307
　媒介項・媒介者 Mittelglied…141, 190, 246, 250, 298
　媒介する vermitteln…123, 124, 146-148, 150, 272, 296, 300
　媒介された vermittelt…111, 115, 117, 131, 134, 147, 296
　媒介されたもの das Vermittelte…108, 118, 147, 148, 163, 260, 295, 296, 298, 301
媒辞 Mitte…31, 107-109, 111, 113-115, 117, 118, 121-123, 125, 127, 128, 131, 132, 134-137, 139-146, 150, 172, 178, 180, 181, 194-198, 201, 219, 288, 240→中名辞
廃棄する aufgeben…282
排除する ausschließen…95, 263, 279
排斥する ausschließen…15, 59, 95, 96, 194
　排斥的 ausschließend…43, 58, 76, 193, 298
　相互排斥 das gegenseitige Ausschließen…148

肯定的同一性 die positive Identität…95, 143, 273
自己同一性 die Identität mit sich…34, 36, 58, 93, 231, 238, 247, 279
実体的同一性 die substantielle Identität…91, 143, 145, 148, 149, 237
主観的同一性 die subjektive Identität…246
純粋な同一性 die reine Identität…243
絶対的同一性 die absolute Identität…10, 131, 225
単純な同一性 die einfache Identität…13, 141, 245, 279
抽象的（自己）同一性 die abstrakte Identität（mit sich）…93, 130, 186, 204, 246, 251, 252, 267
内的同一性 die innere Identität…141, 265
否定的同一性 die negative Identität…89, 94, 273, 279
分析的同一性 die analytische Identität…248
本質的同一性 die wesentliche Identität…228
同一的・同一の identisch…29, 33, 52, 63, 68, 76, 81, 88-90, 92, 95, 100, 109, 115, 121, 136, 137, 140, 143, 146, 147, 149, 150, 156, 161, 162, 164, 165, 173, 179, 193, 196, 199, 204, 206, 220, 228, 229, 233, 240
自己自身と同一・自己同一的 identisch mit sich…10, 13, 29, 33, 37, 99, 212, 220, 225, 227, 237, 282
同一的なもの das Identische…37, 52, 98, 174, 199
同一命題 identischer Satz…73
同一律 Satz der Identität…93
統覚 Apperzeption…15, 16, 21
同化作用 Assimilation…226
道具 Organon…22, 199, 220, 221, 223, 226, 287, 304
同語反復 Tautologie…115, 130, 161, 244, 248, 249, 263, 267, 274→トートロジー
洞察 Einsicht…6, 15, 20, 22
等式 Gleichung…249
同時に zugleich…16
導出 Herleitung…24, 289
導出されたもの Abgeleitetes…301, 304
導出する ableiten…188, 256, 301
統制的 regulativ…22
同等性 Gleichheit…13, 14, 123, 124, 130, 136, 156, 212, 248, 272, 273
自己自身との同等性・自己同等性 die Gleichheit mit sich selbst…212, 213, 231, 305
道徳的 moralisch…156, 293
動物 Tier…45, 257, 264
動物種 Tiergattung…258
動物的 animalisch…262
動揺させる wankend machen…293
特殊化 Partikularisation, Besonderung…91, 95, 100, 101, 217, 225, 228, 254, 260, 279
特殊化する partikularisieren…87, 98, 165, 259, 284
特種化する spezifizieren…168
特殊性 Besonderheit…33, 37-40, 42-44, 47, 48, 51-53, 55, 57, 66, 75, 79, 85, 86, 94, 95, 98, 101, 105, 165, 220, 222, 223, 225, 227, 240, 253, 259, 264, 268, 279, 302
特殊な besonder…33, 57, 97, 103, 220, 232, 245, 279, 285
特殊なもの das Besondere…38, 40-43, 52, 53, 55-58, 61, 63, 66, 69, 73, 75-78, 90-92, 94, 95, 98, 103, 243, 252, 253, 259, 260, 262-264, 270, 295, 305
特称性 Partikularität…87
特性 spezifische Eigenschaft…169
特徴 Charakter…257, 258
トートロジー Tautologie…202→同語反復
独立した selbständig…252, 286
独立性 Selbständigkeit…232
閉じた abgeschlossen…162
土台 Boden…255
捉える auffassen…252
取り出す herausnehmen…245
努力 Streben…171, 172, 174, 175, 177, 178, 186, 191, 196, 197, 205, 206, 284

【な】

ない nicht…76-78
内向的 intensiv…160
内在性 Immanenz…49
内在的 immanent…36, 37, 40, 50, 58, 91, 95, 96,

提示 Darstellung…257, 280, 289, 290
定理 Lehrsatz…248-250, 256, 260, 265, 267-272, 274
定立 These…188
定量 Quantum…54
デカルト Descartes…151
適合する passen…218, 226, 263
適用 Anwendung…154
　適用する anwenden…66, 244
哲学 Philosophie…6, 11, 14, 19, 20, 22, 24, 75, 155, 207, 236, 272, 273, 275, 276, 284, 285
　哲学者 Philosoph…63, 233
　哲学的 philosophisch…19, 26, 153, 189
　哲学的諸学 die philosophischen Wissenschaften …285
　カント哲学 Kantische Philosophie…235, 292, 294, 299
　古代哲学 die ältere Philosophie…235
　自然哲学 Naturphilosophie…215, 292
　通俗哲学 Popularphilosophie…292
　道徳哲学 Moralphilosophie…292
点 Punkt…261, 292
展開 Entwicklung…45, 67, 71, 87, 99, 245, 250, 289, 291, 301
　展開する entwickeln…147, 150, 160, 162, 229, 250, 257, 268
転換点 Wendepunkt…297
電気 Elektrizität…165, 261
伝達 Mitteilung…164, 168, 169, 170, 178, 196, 203, 204, 243, 244
　伝達可能な mitteilbar…164, 165
　伝達する mitteilen…165, 166, 168
伝播 Verbreitung…243

【と】
度合い Grad…163, 181
当為 Sollen…87, 88, 99, 103, 104, 116, 136, 149, 171, 174, 206, 280
同位 Koordination…52
　同位の koordiniert…52
　同位概念 koordinierter Begriff…52
統一 Einheit…7, 12, 15, 16, 18, 19, 21-24, 26, 28, 30, 31, 40-43, 46, 47, 50, 51, 56, 57, 59, 60, 62, 64, 67, 73, 88, 94, 95, 97-101, 103, 106-108, 113, 115, 116, 118, 121-123, 125, 127, 128, 140, 142, 145-150, 157, 158, 163, 171, 174, 178, 179, 183, 185, 186, 189-191, 193, 194, 197, 198, 200, 202, 205, 208-211, 216-221, 223, 225, 236, 240, 242, 247, 252, 263, 265, 266, 268, 270, 273, 276, 278, 291, 296-299, 305, 306
　概念の統一 die Einheit des Begriffs…178, 191, 193, 240
　外面的統一 die äußerliche Einheit…273
　現実的統一 die wirkliche Einheit…227
　自己に関係する統一 die sich auf sich beziehende Einheit…14, 211
　客観的統一 die objektive Einheit…16
　具体的統一 die konkrete Einheit…98, 142, 200, 206
　肯定的統一 die positive Einheit…147
　実在的統一 die reale Einheit…180
　主観的統一 die subjektive Einheit…16
　絶対的統一 die absolute Einheit…8, 40, 178
　総合的統一 die synthetische Einheit…15
　単純な統一 die einfache Einheit…191, 193, 197
　超越論的統一 die transzendentale Einheit…16
　内的統一 die innere Einheit…150
　媒介的統一 die vermittelnde Einheit…145
　否定的統一 die negative Einheit…118, 128, 147, 149, 150, 160, 162, 174, 175, 179, 180, 191, 193, 194, 196, 199, 211, 217-219, 221, 223, 227, 229, 237, 264, 279
同一性 Identität…7, 8, 13, 25, 29, 30, 34, 35, 36, 51, 75, 82, 89-91, 93-97, 99, 125, 130, 138, 140, 141, 143, 144, 147-150, 159, 162, 163, 171, 172, 174, 199, 205, 206, 210, 211, 224-229, 231, 239, 241, 248, 251, 252, 267, 272, 273, 276, 279, 283-285, 288, 297
　空虚な同一性 die leere Identität…245
　形式的同一性 die formale Identität…272
　具体的同一性 die konkrete Identität…93, 94, 105, 125, 204, 300

260, 262, 276, 288-290
紐帯 Band…143, 149, 172
中名辞 Medius Terminus…107, 109, 119, 120, 125, 128, 132, 139, 143, 195, 272→名辞
中立的な neutral…242
中和化 Neutralisierung…182
中和する abstumpfen, neutralisieren…178, 180
中和性 Neutralität…178-180
中和的 neutral…179, 182, 185
中和的なもの・中和物 Neutrales…178-180, 196
超越的・超絶的 transzendent…207, 208
超越論的 transzendental…15, 16, 25, 48, 188
超越論的演繹 die transzendentale Deduktion…15
超越論的観念論 der transzendentale Idealismus…25
超越論的統一 die transzendentale Einheit…16
超越論的理念 die transzendentale Idee…188
超越論的論理学 die transzendentale Logik…17, 48, 49
超越論哲学 Transzendentalphilosophie…17, 18
超感覚的な übersinnlich…288
超感覚的なもの das Übersinnliche…107
徴標 Merkmal…19, 20, 49, 50, 89, 136, 138, 256, 263, 264
直接性 Unmittelbarkeit…23, 25, 43, 44, 58, 59, 65, 68, 69, 73, 76, 78, 83, 93, 94, 101-103, 112, 117, 118, 121, 122, 125, 131, 136, 140, 141, 143-147, 154-156, 158, 177, 181, 183, 190, 193, 211-213, 218, 223, 229, 238, 251, 258, 259, 266, 283, 284, 288, 290-292, 298-306
直接的 unmittelbar…18, 30, 31, 41, 43, 57, 59, 67, 68, 71, 73, 74, 76, 77, 84, 89, 91-94, 100, 101, 103, 105, 107-109, 111-113, 115-122, 124, 125, 132-136, 139-141, 144-147, 153, 156, 160, 171, 173, 174, 179, 181, 182, 192-198, 200, 201, 204-206, 210, 211, 213, 214, 215, 217-220, 224, 225, 227-229, 237, 252, 253, 256, 258, 259, 262, 264, 266-268, 283, 287, 289, 291, 296, 301, 302, 304, 306
直接的なもの das Unmittelbare…7, 29, 35, 58, 59, 78, 83, 88, 97, 102, 108, 117, 124, 134, 136, 141, 143, 144, 146, 158, 162, 201, 219, 254, 259, 260, 288, 290, 291, 295-299, 301, 302, 305
直線 die gerade Linie…53
直角 der rechte Winkel…270
直角三角形 das rechtwinklige Dreieck…269
直観 Anschauung…15-23, 26, 46, 75, 77, 152, 234, 260, 264, 272, 288
直観可能 anschaubar…260, 261
直観する anschauen…39, 46, 241, 254
直観的知性 anschauender Verstand…25
知的直観 die intellektuelle Anschauung…46
直観的なもの das Anschauliche…46

【つ】

通約不可能性 Inkommesurabilität…273
突き返し Gegenstoß…59
突き返す gegenstoßen…34
突き離し Abstoß…165, 191, 193, 204
突き離す abstoßen…91, 92, 162, 190, 192, 193, 205
強い stark…168

【て】

手 Hand…153
ディオゲネス Diogenes…293
ディオゲネス・ラエエルティウス Diogenes Laertius…292
定義 Definition…21, 25, 27, 50, 253, 256-260, 265, 266, 268-270, 273, 274, 287, 288
定義されるべきもの was definiert werden soll…253, 258
定言的 kategorisch…143, 146, 147
抵抗 Widerstand…168, 171, 281
抵抗力 Widerstandskraft…223
定在 Dasein…19, 28-30, 41, 43, 46, 64, 65, 70, 78, 103, 104, 108-110, 124, 134, 136, 140, 141, 143, 147, 149, 151-154, 156, 161, 162, 167, 169, 182, 183, 191, 195, 196, 202, 204, 218, 230, 231, 237, 241, 253, 255, 257, 258, 265, 268, 280, 281, 284, 290, 291
定在する daseiend…28, 182

多重な vielfach…217
多数性 Merhheit…160
他・他者・他のもの das Andere…8-10, 13, 15, 20, 25, 30-43, 45, 55, 57-59, 65, 71, 76-78, 92-94, 104, 119, 125, 138, 145, 148, 156, 166, 176, 186, 190, 191, 196, 198-200, 209, 217, 221, 223, 228, 235, 236, 238, 241, 245, 249, 251, 264, 265, 279, 282, 284, 285, 287, 292, 296, 298, 300, 302-304
他の ander…113, 128, 138, 139, 143, 181, 186, 199, 200, 224, 228, 259, 282
闘い Kampf…156
正しい richtig…103, 114, 134, 250
正しさ Richtigkeit…75, 114
達成・達成する Ausführung, ausführen…194, 204, 205
妥当する gelten…279
妥当性 Gültigkeit…16, 17, 184, 185, 208
妥当な gültig…136, 294
他になること Anderswerden…34
魂 Seele…17, 36, 51, 58, 104, 175, 197, 209, 210, 212, 215, 217-219, 222, 231, 233, 235-238, 284, 287, 291, 295, 297, 301
多様なもの・多様性 das Mannigfaltge, Mannigfaltigkeit…15-19, 21-23, 26, 36, 42, 45, 71, 84, 113, 131, 159, 160, 170, 187, 216, 217, 247, 263, 288
　多様な mannigfaltig…115, 121, 156, 233, 252, 253, 256, 264
タレース Thales…292
単位 Einheit…248
単一性 Singularität…85
段階 Stufe…182
探求 Herumsuchen…258
断言 Versicherung…101
単純根 primitiver Wurzel…250
単純さ・単純性 Einfachheit…50, 97, 104, 199, 222, 231, 235, 236, 256, 301, 303
単純な einfach…31, 35, 41-43, 50, 69, 72, 85, 94-97, 99, 107, 109, 117, 131, 141, 142, 146, 149, 150, 176, 180, 191, 194, 196, 200, 206, 211, 212, 215, 217, 219, 223, 225, 229, 232, 233, 245, 247, 252, 253, 255, 256, 260, 261, 266, 268-270, 273, 279, 285, 289, 292, 296, 300, 303-306
　単純なもの das Einfache…35, 49-51, 129, 217, 256, 260, 288, 290, 299
弾性 Elastizität…166
単調さ Gleichförmigkeit…174

【ち】

知 Wissen…127, 241, 287, 306
　絶対知 das absolute Wissen…213
知覚 Wahrnehmung…17, 18, 75, 136, 151, 153, 207, 217, 229, 232, 233, 266, 274, 289
　知覚可能 wahrnehmbar…234
力 Kraft, Macht…8, 9, 37, 39, 42, 45, 46, 172, 175, 178, 186, 191, 192, 207, 217, 221, 225-227, 237, 257, 274, 286, 287
　絶対的な力 die absolute Macht…8
知識 Kenntnis…245, 263, 273, 275
知性 Intelligenz…164, 184-187, 190, 192
秩序 Ordnung…166, 172, 173
秩序づける ordnen…263
中間的 mittler…110
中心 Zentrum…171-174, 219
　中心性 Zentralität…171-173, 175, 196
　中心的個体 Zentralindividuum…172
　中心点 Mittelpunkt…174, 175
　中心物体 Zentralkörper…171-173
抽象・抽象作用 Abstraktion…18-20, 44, 55-60, 74, 100, 106, 107, 123, 171, 235, 256, 291, 305
抽象化する abstrahierend…111, 247
抽象性 Abstraktheit…273
抽象的な abstrakt…20, 21, 23, 27, 38, 44, 45, 47, 50, 61, 67-69, 71, 72, 74, 75, 77, 83, 85, 93, 94, 97, 101, 107-110, 113-115, 119, 121-123, 127, 128, 130-132, 135, 137, 138, 141, 149, 151, 153, 159, 162, 169, 175, 177-180, 182, 183, 196, 214, 219, 220, 222, 233-237, 240, 241, 246, 248, 251, 252, 254, 256, 260, 261, 272, 273, 280, 282, 288-290, 297, 300, 304, 306
抽象的なもの・抽象物（態）das Abstrakte…7, 19, 35, 37, 43, 53, 55, 56, 68, 69, 76-78, 107, 122, 133, 145, 180, 190, 199, 209, 235, 236, 246, 254,

自己の外にあること Außersichsein…42
互いの外に außereinander…273
外の・外の（なる）もの außerlich, Außeres, Außerliches…29, 106, 186, 190, 191, 196, 203, 205, 211, 216, 222-224, 226, 229, 233, 254, 279, 283
措定する setzen…8, 9, 25, 31, 34-36, 39, 41, 43, 47, 48, 55, 57-60, 65, 67, 69, 74-76, 78, 85, 86, 88, 94, 97, 100, 101, 105, 106, 108, 110, 118, 121, 125, 131, 140, 143, 147, 148, 152, 156, 158, 162, 163, 167, 170, 178-183, 191-197, 199-201, 203-205, 217, 218, 221-224, 227-229, 241, 245, 246, 248, 251, 255, 279, 282, 283, 285, 290, 291, 297, 300, 304
措定されたもの das Gesetzte…9, 29, 66, 88, 97, 99, 149, 144, 146, 160, 166, 167, 170, 191, 194, 203, 213, 246, 248, 255, 278, 279
措定されてあること Gesetztsein…8-10, 13, 15, 16, 28, 29, 31, 33, 34, 36, 37, 39, 57, 71, 91, 149, 150, 163, 195, 205, 211, 212, 219, 242
ソフィスト Sophist…293
それだけであること Fürsichsein…16
それだけで存在する für sich seiend…74, 142
存在 Sein…7, 8, 17, 18, 20, 23, 28, 29, 34-36, 39, 41, 43, 46, 51, 53, 58, 59, 63, 64, 67-69, 76, 77, 88, 92, 94, 101, 104, 116, 121, 145-147, 150-155, 193, 200, 208-210, 212, 214, 216, 244
存在する sein, seiend…68, 142, 144, 209, 252, 283
存在するもの das Seiende…61, 63, 64, 65, 71, 78, 146, 152, 156, 252, 281, 283
自己内存在 Insichsein…215
自独存在 Fürsichsein…179→対自存在
直接的存在 unmittelbares Sein…145
存在論的 ontologisch…151, 152, 154
存在論的証明 ontologischer Beweis…151, 152, 154
存立 Bestehen…66, 70, 94, 96, 142, 211, 215, 216, 223, 283
存立する bestehen…59, 132, 217, 228, 270

【た】

多 Vielheit…247, 296
第一のもの das Erste…20, 65, 69, 204, 295-297, 260, 267
退化した verkümmert…258
体系 System…5, 11, 237, 259, 265, 301, 306
体系化 Systematisierung…223
哲学体系 ein philosophisches System…11
体系的 systematisch…22, 28, 306
第三のもの das Dritte…78, 100, 101, 123, 124, 138, 150, 185, 190, 201, 205, 223, 254, 272, 294, 298-300
多項式 Polynomium…87
対自的 für sich…8, 10, 89, 174, 227, 228, 230, 231, 238, 240, 243, 284, 300
対自存在・対自的にあること Fürsichsein…9, 10, 58, 196, 206, 211, 218, 223, 227, 241, 243, 259, 279, 283, 290,
対象 Gegenstand…7, 16, 19, 22, 23, 25-27, 35, 49, 50, 53, 63-65, 68, 75, 99, 101, 107, 113, 115, 133, 139, 147, 152, 156, 180, 208, 209, 215, 231, 234, 236, 238-241, 246-248, 250, 252, 254-256, 262, 265-268, 271-273, 276, 277, 284, 286, 287, 291-294, 300, 306
代数学 Algebra…52, 54, 247, 250, 273
堆積 Haufen…158
第二のもの das Zweite…204, 295-297
第四のもの das Vierte…298, 299
対立 Entgegensetzung, Gegensatz…13, 15, 31, 40, 51, 52, 57, 68, 69, 72, 95, 98, 103, 113, 154, 156, 167, 177-179, 184, 188, 189, 193, 212, 218, 228, 232, 241, 243, 284, 289, 295, 297
対立させる entgegensetzen…55, 107, 150, 153, 216, 235
対立した entgegengesetzt…41, 44, 47, 76, 100
対立する gegenüberstehen, sich gegenüberstellen…41, 53, 94, 109, 155, 169, 170, 175, 178, 216, 220, 224, 259, 264, 278, 280, 282, 285, 297, 301
対立者・対立するもの Entgegengesetztes…41, 48, 52, 163
多角形 Polygonen…261
他在 Anderssein…10, 36, 55, 64, 224, 225, 227, 228, 241, 244, 266, 282, 299, 303

絶対者 das Absolute…280, 286, 290, 304
絶対的なもの das Absolute…187, 290, 304
切断する abscheiden…217
説明 Erzählung…20, 51, 64, 188, 274
説明する erklären…161
線 Linie…53, 124, 261, 271
善・善なるもの das Gute…213, 225, 278-283
善意 die Gute…238
選言肢 disjunktive Glieder…97, 98
選言的 disjunktiv…147, 149, 179, 180
選言判断 das disjunktive Urteil→判断
全項式 Pantonomium…87
先行する vorhergehen…303, 305
全称命題 allgemeiner Satz…88→判断、命題
前進 Fortgang…60
前進する fortgehen…289, 290, 301, 304
全体 Ganzes, Totalität…12, 13, 25, 33, 37, 40-45, 53, 54, 57, 60, 62, 66, 72, 74, 80, 86, 94, 95, 97, 98, 110, 119, 122, 125, 128, 131, 132, 136, 146-150, 156, 158-162, 166, 170, 171, 173-177, 182, 186, 192, 193, 196, 198-200, 204-207, 211, 223, 224, 226, 228, 229, 285, 290, 291, 300, 303, 305, 306
全体性 Totalität…30, 31, 43-46, 88, 100, 106, 108, 132, 139, 141, 144, 149, 158, 160, 217, 223, 224, 274, 278, 291, 307
全体的 total…172, 210
前提 Prämisse, Voraussetzung…8, 9, 28, 69, 115-118, 120, 123, 134, 135, 140, 142, 148, 163, 176, 179-182, 193, 195, 197, 200, 201, 213, 215-217, 221, 242, 244, 255, 266, 267, 273-275, 278, 281-283, 287, 295, 303, 304
前提する voraussetzen…9, 10, 58, 88, 118, 125, 131, 166, 179, 186, 194, 195, 199, 201, 204, 205, 215, 216, 218, 219, 222-224, 227, 228, 241-243, 245, 246, 259, 262, 274, 279, 282
前提命題 propositiones praemissae…115
小前提 propositio minor, Untersatz…115, 120, 123, 138, 148
大前提 propositio major, Obersatz…115, 120, 123, 134, 138, 139

【そ】
増加させる vermehren…247
総括する zusammenfassen…87, 88
相関 Verhältnis…296, 297→関係
総合 Synthese…242, 266, 292, 295
ア・プリオリな総合 die Synthese a priori…26
根源的総合 die ursprüngliche Synthese…21
総合的…247, 249-251, 255, 265, 267, 268, 270, 298, 300
総合的原則 der synthetische Grundsatz…247
総合的認識 die synthtische Erkenntnis…251, 268
総合的方法 die synthetische Methode…268, 272, 273
総合的命題 synthetischer Satz…249
相互外在性 Ausereinandersein…216, 255, 272
相互関係 Beziehung aufeinander, Verhältnis zueinander…42, 72, 221, 271
相互規定 Wechselbestimmung…71, 73
相互作用 Wechselwirkung…8, 72, 204, 222
相互連関 Zusammenhang miteinander…255
喪失 Verlust…48, 57
創造 Schöpfung…39
創造する erschaffen, schaffen…37, 39
創造的 schöpferlich…39, 218
総体 Inbegriff…152, 186
総体性 Allheit…86-89, 134, 136
相対的 relativ…38, 41
相対的なもの Relatives…36, 54
想定する annehmen…160
疎遠な fremd…169
属性 Attribut…12, 44
ソクラテス Sokrates…292, 293
素材 Stoff…18-20, 22, 24, 26, 27, 45, 46, 138, 146, 239, 246-249, 251, 255, 262, 273, 270, 273, 275, 276
外に・外から außer, nach außen, von außen…122, 132, 150, 153, 161, 171, 172, 178, 180, 182, 185, 186, 187, 189, 190, 192-194, 199, 200, 204, 223, 238, 240, 242, 246, 254, 255, 258, 265, 271, 273, 295, 297, 306
自己の外に außer sich…43

反省の推理 der Schluß der Reflexion…108, 126, 131, 132, 141, 150
必然性の推理 der Schluß der Notwendigkeit…141
類比の推理 der Schluß der Analogie…138, 140
数 Zahl…46, 48, 53, 54, 63, 129, 212, 248, 249, 255, 264, 299
数学 Mathematik…124
数学的 mathematisch…123, 125, 130, 251
高等数学 die höhere Mathematik…53
数多性 Vielheit…59, 74, 87, 88
図形 Figur…46, 52, 54, 255, 271, 273
スケプシス主義 Skeptizismus…293, 294
図式 Schema…109, 111, 135, 137, 141, 143, 147, 177, 299
スピノザ Spinoza…11, 12
スピノザ主義 Spinozismus…12
すべての alle…87, 89, 90

【せ】

生・生命 Leben…39, 187, 213 -219, 221, 223, 224, 227-231, 236, 237, 258, 265, 284, 291, 297, 306, 307
生命過程 Lebensprozeß…217, 223, 227
生命性 Lebendigkeit…222
生命体 das Lebendige…169, 221-223
個体的生命 das individuelle Leben…227, 229
普遍的な生命 das allgemeine Leben…227
生起する geschehen…20
正義の行い Rechttun…156
正弦 Sinus…250
制限 Schranke…36-38, 40, 45, 116, 280, 286, 294, 304
制限された begrenzt, beschränkt…45, 202, 210, 221, 244, 279, 280, 283, 304
制限する begrenzen, beschränken…80, 202, 236, 240, 247, 282
整合性 Konsequenz…268
性差 Geschlechtsunterschied…265
生産 Produktion…221, 227
生産する Produzieren…220, 221, 247
静止 Ruhe…166, 167, 170, 171, 174, 202, 212, 273
性質 Eigenschaft…15, 17, 56, 65, 66, 74, 113, 136, 139, 143, 159, 226, 238, 239, 254-258, 264, 272, 294
性状 Beschaffenheit…19, 101-105, 256-258, 263, 271
精神 Geist…18, 24, 25, 39, 42, 50, 54, 56, 62, 98, 153, 158, 168, 209, 213, 215, 216, 230, 231, 233, 236-239, 255, 257, 260, 284, 291, 297
『精神の現象学』*Phänomenologie des Geistes*…17, 238, 280
精神的・精神的なもの geistig, das Geistige…129, 158, 164, 171, 177, 297
精神世界 die Welt des Geistes…262
精神論 Geisteslehre…237, 239
無限な精神 unendlicher Geist…39
有限な精神の学 die Wissenschaft des endlichen Geistes…239
生成 Werden…146, 202, 212
生成する werden…306
成素 Ingredienz…179
制度 Anstalt…208
正当性 Berechtigung…101, 236
政府 Regierung…173
正方形 Quadrat…124, 269
制約 Bedingung…9, 20, 43, 47, 55, 93, 145, 146, 191, 208, 215, 216
制約されたもの das Bedingte…93, 145
制約する bedingen…21, 147, 181, 182
生理学 Physiologie…126
世界 Welt…50, 161, 184, 185, 187, 193-195, 208, 209, 213, 225, 227, 241, 242, 278, 279, 280, 292
世界観・世界表象 Weltvorstellung…162, 184
客観的世界 die objektive Welt…184, 194, 208, 209, 213, 223, 224, 225, 278, 280, 283
主観的世界 die subjektve Welt…209
接近 Annäherung…53
絶対者・絶対的なもの das Absolute…8, 11, 23
絶対性 Absolutheit…23
絶対的 absolut…10, 31, 39, 104, 132, 172, 173, 178, 187, 194, 195, 200, 213, 217, 237, 278-280, 286, 292

299, 301, 305
条件 Bedingung…16, 182
状態 Zustand…188
象徴 Symbol…54→記号
衝動 Trieb…190, 191, 193, 197, 210-212, 215, 217, 220-222, 224-226, 228, 241, 243, 278, 287, 290, 291, 306
衝突 stoß…173
衝突する stoßen…171, 280
浄福 Seligkeit…37
証明 Bestätigung, Beweis, Demonstration…14, 44, 67, 116, 124, 151, 188, 235, 249, 250, 256, 258, 266, 268, 271, 272, 274, 267, 273, 276
証明する beweisen…115, 155, 267, 270, 271, 301
消滅する verschwinden…43, 285
消耗させる aufreiben…202
所行 Tat…169
触発 Affizierung…190
植物 Pflanze…92, 258, 265
自立化する sich verselbständigen…71
自立性 Selbständigkeit…107, 143, 144, 157, 159, 163, 165-167, 170, 175, 179, 193, 197, 219, 258
自立的な selbständig…42, 59, 60, 66, 67, 72, 94, 96, 97, 101, 106, 131, 144, 155, 157, 159, 167, 175, 177, 180, 190, 198, 203, 219, 228, 257, 294, 296
　自立的なもの das Selbständige…60, 62, 66, 167, 192, 216, 224, 241, 245
知る wissen…286, 287, 302
事例 Exempel…291
人格 Person…164, 297
　個体的人格 individuelle Persönlichkeit…15
人格性 Persönlichkeit…15, 164, 284, 303
進行 Fortgehen, Progreß, Verlauf…19, 116, 136, 139, 246, 291, 301→無限進行
神聖性 Heiligkeit…285
身体 Körper, Leib…175, 209, 210
　身体性 Leiblichkeit…200, 219, 221
神的な göttlich…154
浸透可能な durchdringlich…196
真なる・真の wahr…11, 74, 99, 136, 139, 189, 210, 211, 275, 294
　真なるもの das Wahre…19, 20, 27, 184, 207, 208, 213, 215, 236, 239, 275, 279, 297
真理 Wahrheit…5-8, 11, 17, 20, 22-30, 36, 37, 41, 45, 46, 54, 55, 74, 75, 77, 80, 93, 96, 100, 104, 106, 112, 116, 118, 120-122, 150, 153, 156, 184, 187, 189, 190, 199, 205, 207-209, 212, 214, 226, 228, 234, 236-242, 258, 268, 276, 279, 282, 284, 286, 289, 293, 295-297, 299-301, 305, 306
　永久真理 die ewige Wahrheit…106
　純粋真理 die reine Wahrheit…25
　絶対的真理 die absolute Wahrheit…213
　非真理 Unwahrheit…210, 242
　理性真理 Vernunftwahrheit…75
心理学 Psychologie…17, 49, 214, 232, 235, 239
　心理学的 psychologisch…18, 21, 27
　合理的心理学 die rationale Psychologie…235
　経験的心理学 die empirische Psychologie…232, 239
人倫的 sittlich…169, 173, 294
親和性 Verwandtschaft…178

【す】

推移する verlaufen…76
推理 Schluß…106-147, 149-151, 173, 181-183, 190, 192, 194, 196-198, 201, 205, 218, 219, 240, 243, 244, 251, 267, 271, 279, 281, 282, 287, 297-299
　仮言推理 der hypothetische Schluß…144-147, 149
　帰納推理 der Schluß der Induktion…134, 136, 138
　経験の推理 der Schluß der Erfahrung…136
　形式的推理 der formale Schluß…57
　悟性推理 Verstandesschluß…110, 112, 132
　誤謬推理 Paralogismus…130
　質的推理 der qualitative Schluß…112, 118, 131
　主観的推理 der subjektive Schluß…136
　数学的推理 der mathematische Schluß…124, 125
　選言推理 der disjunktive Schluß…147, 179, 180
　直接的推理 der unmittelbare Schluß…108, 132
　定言推理 der kategorische Schluß…142, 146, 147
　定在の推理 der Schluß des Daseins…108, 109, 124, 125, 134, 140
　内属の推理 der Schluß der Inhärenz…142

実体的同一性 die substantielle Identität…28
質料 Materie…159→物質
質量 Maß…167
思念されたもの das Gemeinte…304
支配 Herrschaft…198, 205
支配力 Macht…199, 217, 227
自発性 Spontaneität…188
事物 Ding…153, 287
思弁 Spekulation…11
思弁的 spekulativ…21, 22, 26, 233, 235
思弁的なもの das Spekulative…236, 296
市民 Bürger…173
示す monstrieren…59
尺度 Maßstab…33, 40, 209
捨象 Weglassen, Weglassung…95, 96
捨象する abstrahieren…14, 15, 17, 18, 26, 35, 37, 55, 56, 102, 107, 124, 125, 139, 253, 272, 291
若干の einig…86
種 Art…39, 40, 42, 48, 51, 56, 91, 95-99, 101, 119, 128, 148, 165, 223, 227, 229, 230, 263
種的なもの das Spezifische…143
種差 die spezifische Differenz…50, 142, 255
雑種 vermischte Zwitterwesen…264
自由・自由な Freiheit, frei…8, 11-14, 29, 30, 34, 37, 38, 42, 107, 116, 146, 156, 158, 162, 169, 173, 175, 183, 184, 187-190, 192, 199, 209, 211, 212, 216, 219, 225, 231, 238, 239, 275, 276, 278, 282, 284, 298, 290, 303, 307
習慣 Gewohnheit…158
宗教 Religion…6, 19, 284, 285
集合 Aggregat…164
集合数 Anzahl…74, 248
充実させる erfüllen…149
充実した erfüllt…62, 305
収縮する zusammengehen…159
集積 Aggregat…40
十全な adäquat…30, 49
従属した subordiniert, unterworfen…41, 52, 197, 263
重力 Schwere…173
主観 Subjekt…11, 111, 169, 192, 194, 209, 211, 212, 219, 221, 217, 219, 221, 233-235, 238, 239, 241, 244, 266, 277, 278, 283, 287
主観性 Subjektivität…108, 143, 149, 155, 156, 160, 193, 197, 211, 212, 215, 216, 219, 226, 231, 234, 239, 241, 243, 252, 271, 275, 278, 280, 283, 284, 297, 298, 306
主観的 subjektiv…110, 112, 120, 126, 134, 138, 143, 156, 157, 174, 187, 189, 191, 196, 200-202, 204, 205, 208, 209, 211, 213, 215, 217, 218, 220, 221, 224, 229, 231, 240, 241-244, 246, 249, 251, 252, 258, 260, 261, 266, 271, 272, 276, 278, 280, 281, 283, 284, 287, 288, 291-294, 306
主観－客観 Subjekt-Objekt…211
主観的なもの das Subjektive…209, 215, 239, 242, 245, 278, 279, 303
主観的論理学 die subjektive Logik…49
個別的主観 das einzelne Subjekt…217
超越論的主観 das transzendentale Subjekt…232
宿命論 Fatalismus…184
主語 Subjekt…27, 60-76, 78-86, 88-105, 111, 113, 117-119, 122, 123, 128, 130-133, 135, 139, 143-145, 152, 155, 168, 172, 190, 192, 219, 232, 234, 294, 295, 300
守護霊 Genius…212
主体 Subjekt…10, 223-226, 290, 291
述語 Prädikat…27, 60-84, 89, 92, 94-105, 111, 113, 117-119, 122, 123, 128, 130, 132, 133, 135, 145, 152, 155, 168, 190, 192, 195, 211, 219, 220, 232, 294, 296
手段 Mittel…194-205, 213, 219-221, 223, 224, 226, 287, 280, 282
受動性 Passivität…162
純粋な rein…25, 174, 196, 204, 234
『純粋理性批判』*Kritik der reinen Vernunft*…15, 25
止揚する aufheben…9, 10, 13, 20, 23, 31, 34, 37, 43, 44, 52, 55, 62, 69, 73, 79, 82, 90, 100, 106, 118, 120, 121, 129, 131, 144, 146, 150, 154, 155, 157, 165, 170, 177, 178, 180, 182, 183, 185, 190, 192-194, 199, 203-206, 211, 212, 215, 217, 218, 220, 221, 224, 227-230, 236, 241-243, 293, 297-

自然的な natürlich…215, 216, 224, 257
自然哲学 Naturphilosophie…215
自然的精神 Naturgeist…238
自然的生命 natürliches Leben…215, 216
自然の生命 das Leben der Natur…215
自然的人間 der physische Mensch…257, 258
自然物 Naturding…264
物理的自然 die physische Natur…264
有機的自然 die organische Natur…18, 262
非有機的自然 die unorganische Natur…18, 215
思想 Gedanke…15, 42, 50, 106, 153, 208, 210, 212, 214, 232, 256, 269, 274, 280, 285, 289, 290, 306
持続性 Beharrigkeit…235
自体存在 das Ansichsein…64, 65, 84, 205, 241-243, 279, 290
自体的な an sich…8, 36, 42, 43, 71-73, 76, 89, 94, 101, 103, 105, 120, 121, 134, 140-142, 147, 158, 176, 178, 180, 196, 203, 218, 228, 230, 231, 243, 247, 258, 260, 277, 282, 297, 300
自体的にある(もの) an sich seiend…10, 89, 121, 160, 162, 172, 182, 206, 210, 219, 238, 240, 241, 246, 276, 277, 282, 283, 290
自体的にあること das Ansichsein…9, 89, 172, 290
自体的対自的な an und für sich…26, 27, 30, 37, 55, 57, 84, 88, 110, 115, 119, 125, 142, 143, 159, 160, 174, 181, 186, 187, 198, 199, 203, 216, 221, 260, 267, 270, 276, 278, 283, 284, 286, 288, 289, 294, 295, 305
自体的対自的にある an und für sich seiend…8, 13, 18, 23, 30, 62, 84, 88, 90, 96, 97, 104, 136, 150, 156, 171, 172, 174, 190, 213, 224, 227, 242, 276, 279, 300
自体的対自的にあること das An-und Fürsichsein …8, 10, 15, 28, 29, 33, 57, 71, 88, 91, 211
質 Qualität…48, 54, 68, 71, 74, 114, 115, 119, 127, 138, 143, 249
質的 qualitativ…36, 45, 46, 54, 69, 76, 102, 112, 116-119, 121, 123-125, 127, 131, 235, 236, 250, 251, 267, 272, 273
実現 Realisierung, Verwirklichung…119, 142, 193, 203, 241, 243, 257, 279, 280, 289
実現する realisieren…150, 181, 201, 204, 217, 231, 239, 241, 278, 282, 283
実在 Wesen…44, 129
最高の実在 das höchste Wesen…44
実在化 Realisierung…30, 45, 60, 211, 291, 306
実在化する realisieren…152, 253, 291, 299
実在性 Realität…17-20, 23-25, 29, 39, 46, 49, 50, 60, 62, 67, 68, 97, 99, 150, 152-154, 171, 173, 174, 178-182, 204, 209, 210, 212, 213, 216, 218-220, 224, 227, 228, 230, 231, 234, 237, 239-242, 252, 254, 255, 265, 266, 267, 269, 276, 277, 283, 284, 286, 297, 299, 303, 306
客観的実在性 die objektive Realität…212
主観的実在性 die subjektive Realität…224
実在的 real…30, 45, 71, 168, 177-181, 196, 204, 208, 222, 223, 252, 265, 268, 269, 270, 276, 291
実在的なもの das Reale…19, 20, 24, 152, 282
実在論 Realismus…245
実存 Existenz…14, 30, 46, 58, 71, 84, 91, 93, 101, 145, 146, 151, 154, 173, 178, 184, 185, 193, 213, 226, 229, 253, 254, 258, 279, 285, 286, 291, 307
実存する existieren…63, 84, 155, 179, 187, 192, 199, 200, 209, 218, 225, 233, 234
実存するもの das Existierende…65, 85, 233, 254
実践的 praktisch…284
実践的理念 die praktische Idee…208
実然的 assertorisch…99, 101
実体 Substanz…8-13, 29, 36, 39, 41, 44, 51, 65, 66, 71, 90, 142, 151, 159, 163, 191, 216, 217, 220, 222, 226, 231, 233, 236, 287
受動的実体 die passive Substanz…8-10
絶対的実体 die absolute Substanz…44
能動的実体 die aktive Substanz…8-10
実体性 Substantialität…8, 10, 12, 28, 29, 90, 93, 154, 155, 163, 183, 211, 287
実体性の関係 das Verhältnis der Substantialität …10, 29, 163
実体的 substantiell…28, 91, 95, 142, 143, 145, 148, 149, 165, 231
実体的関係 das substantielle Verhältnis…28

根源的なもの Ursprüngliches…9, 34
混合 Vermischung…158, 160, 173
混合的 uberfließend…49
根底にあるもの das zum Grunde liegende…76
根本規定 Grundbestimmung…171, 195

【さ】

差異・差異性 Verschiedenheit…36, 40-42, 51, 67, 112, 113, 124, 145, 157, 176, 193, 196, 223, 241, 245, 246, 263, 264, 267, 291
差異化 Differenzierung…182
財産 Vermögen…258
財産状態 Vermögenszustand…153
再生産 Reproduktion…223, 226, 227, 282
才能 Talent…292
作図 Kontruktion…271, 273
作用 Wirken…167
作用する wirken…9, 10, 226, 237
酸化 Oxydation…181
三角形 Dreieck…124, 261, 269
三次元性 Dreidimensionalität…255
三重性 Triplizität…298, 300
産出 Erzeugung, Produktion…189, 228
産出する erzeugen, hervorbringen…228, 230
算術 Arithmetik…46, 52, 130, 247, 255
算術家 Arithmetiker…129
算術的 arithmetisch…52, 255
産物 Produkt…56, 167, 181

【し】

死 Tod…218
死ぬ ersterben…229, 230
死んだ tot…174, 209, 212
死んだもの ein Toter…129, 220
思惟 Denken…12, 14, 18, 20-22, 24, 29, 44, 46, 51, 100, 126, 217, 231, 233-235, 272, 288, 289, 294, 297
思惟する denken…234
思惟物 Gedankending…24, 25
形式的思惟 das formale Denken…297
恣意 Willkür…42, 114, 117, 156, 264, 284
恣意的 beliebig…99, 113, 279, 288
自我 Ich…14-17, 39, 51, 156, 169, 232-236, 238, 239
時間 Zeit…18, 45, 216, 234, 235, 255, 292, 293, 297, 306
時間性 Zeitlichkeit…237
時間的 zeitlich…19, 22, 153, 233
磁気 Magnetismus…54, 165, 261
色彩 Farbe…54, 56
刺激物 Reizmitteln…168
始元 Anfang…20, 31, 254, 260, 262, 288-290, 300-306
自己 sich…28, 35
自己意識 Selbstbewußtsein…11, 14-16, 18, 21, 22, 27, 169, 210, 231-234, 238, 247, 280
自己運動 Selbstbewegung…174, 297
自己関係 Beziehung auf sich…34, 35, 72, 89, 169, 172, 174
自己規定 Selbstbestimmung…161, 164, 166, 181, 182
自己規定的 selbstbestimmend…170, 174, 177
自己内還帰 Rückkehr in sich…34
自己内反省 Reflexion in sich…34、58、73、170、179, 180,
自己内存在 Insichsein…66
自己のうちに in sich…39, 57, 107, 222
自己において自己に対して an und für sich…40
自己に関係する sich auf sich beziehen…13, 34
自己に対してある das Fürsichsein…58, 65
思考 Denken…11, 16
指示 Monstrieren…85
事象 Sache…29, 30, 61, 102-104, 108, 112, 117, 150, 241, 253, 287
事情 Umstände…117, 291
自然 Natur…18, 24, 25, 42, 50, 54, 62, 98, 126, 169, 176, 186, 189, 199, 209, 212, 215-217, 232, 238, 239, 255, 257, 260, 264, 284, 306, 307
自然科学 Naturwissenschaft…275
『自然科学の形而上学的原理』 *Metaphysische Anfangsgründe der Naturwissenschaften*…275
自然形式 Naturform…189
自然研究 Naturforschung…185

肯定的なもの das Positive…141, 295, 296, 298, 299
行動様式 Handlungsweise…158
合同 Kongruenz…269
興奮性・興奮状態 Irritabilität…222, 223
　興奮させる erregen…226
合目的性 Zweckmäßigkeit…184, 186, 254, 268
　外的合目的性 die äußere Zweckmäßigkeit…187, 199, 202, 210, 221, 226, 255, 279
　形式的合目的性 die formale Zweckmäßigkeit…279
　内的合目的性 die innere Zweckmäßigkeit…187
合目的的 zweckmäßig…198, 200, 201
公理 Axiom…7, 124, 267
合理的な rational…232
　合理的なもの das Rationelle…48
個人 Einzelnen, Individuum…20, 173, 210
悟性 Verstand…15-22, 29, 33, 44-47, 49, 99, 106, 124, 126, 208, 257, 269
　悟性概念 Verstandesbegriff…207, 236
　悟性形式 Verstandesform…127
　悟性推理 Verstandesschluß…132
　悟性的 verständig…273, 291
　悟性的なもの Verständiges…33, 250
　悟性論 Verstandeslehre…17
個体 Individuum…12, 164, 169, 172, 177, 216, 217, 220, 223-229
　中心的個体 Zentralindividuum…172
個体性 Individualität…114, 169, 174, 223, 227, 229, 230, 265
個体的 individual…15, 170, 171, 177, 223, 227, 228
古代 Altertum…292, 293
古代人 die Alten…292
答え Antwort…250
国家 Staat…44, 208-210, 258
固定する fixieren…39, 264
固定性 Festigkeit…45
固定的な fixiert…53
言葉・語 Sprache, Wort…63, 178, 261, 285→言語
異なったもの das Verschiedene…52
異なる verschieden…40, 42, 52, 95-97, 142, 149, 177, 180, 182, 201, 245, 248, 252, 264, 266, 270, 273, 276, 291, 292, 298, 304
このもの Dieses…58, 59, 83-86, 88, 89,
誤謬 Irrtum…242, 284
誤謬推理 Paralogismus…233
個別化 Vereinzelung…15, 30, 88, 165, 172, 218, 256, 260
　個別化されたもの das Vereinzelte…104
　個別化する vereinzeln…56, 68, 71, 89, 145, 168
個別性 Einzelheit…15, 21, 33, 34, 37, 39, 47, 48, 51-53, 55, 57-59, 66, 72, 73, 75, 78-81, 85-89, 94, 100, 102, 103, 109, 110, 115, 118, 119, 121, 123, 125, 130-132, 134-137, 139, 140-143, 145, 147, 148, 152, 153, 159, 160, 164-170, 179, 180, 193, 196, 202, 213, 222, 229, 230, 237, 240, 241, 252, 254, 260, 265, 270, 278, 279, 283, 298
　個体的個別性 die individuelle Einzelheit…265
　自己自身に関係する個別性 die sich auf sich selbst beziehende Einzelheit…265
　抽象的個別性 die abstrakte Einzelheit…237
　直接的個別性 die unmittelbare Einzelheit…237
　非個別性 Nicht-Einzelheit…85
個別的な einzeln…33, 56, 66, 67, 71-74, 80, 82, 92, 108, 115, 131, 132, 143, 148, 150, 159, 160, 171, 176, 217, 220, 228, 237, 238, 259, 267, 300
　個別的なもの das Einzelne…13, 19, 27, 35, 52, 53, 56-59, 61, 63-66, 68, 70-76, 79-82, 84-88, 91, 94, 100-102, 109-111, 113, 115, 118, 127, 132-137, 139-141, 143, 148, 166, 190, 217, 223, 253, 254, 259, 270, 277, 283
個物 das Einzelne…136, 140
孤立させる isolieren…295
　孤立した isoliert…30, 39
根 Wurzel…250
根拠 Grund…8, 20, 23, 51-54, 57, 62, 64, 65, 71, 78, 93, 103, 104, 107, 117, 118, 145, 146, 151, 154, 160, 200, 253, 263, 272, 274, 283, 289, 305
根源性 Ursprünglichkeit…9, 10, 13, 163, 186
根源的 ursprünglich…10, 15, 21, 163, 180, 181, 226
　根源的事象 die ursprüngliche Sache…13
　根源的分割 die ursprüngliche Teilung…59, 62, 222, 231, 239

形態 Gestalt…97, 147, 215, 216, 222, 228, 255
形態化 Gestaltung…42, 215, 224, 225
系列 Reihe…188, 264
決意・決断 Entschluß…203, 204, 254, 307
決意する sich entschließen…193
結果 Wirkung…9, 10, 42, 67, 105, 145, 146, 165, 178, 188, 191, 192, 199, 200, 203, 205, 208, 247, 249, 274, 283
欠陥・欠如 Mangel…11, 225, 290
結合 Verbindung, Vereinigung…15, 21, 73, 120, 123, 128, 130, 134, 250, 255, 266, 272, 295
結合する verbinden, vereinigen, verknüpfen, zusammenschließen…22, 63, 102, 109, 112, 117, 121, 122, 125, 132, 133, 136, 139, 141, 142, 178, 181, 195, 196, 200-202, 243, 247, 249, 252, 256, 271, 272, 283
結合術 ars combinatoria…129
結合術的計算 kombinatorischer Kalkül…129
決定論 Determinismus…161, 184
結論 conclusio, Schlußsatz…111, 114, 115, 117, 123, 125, 130, 133, 134, 136, 140, 143, 148, 201, 242, 279, 288
牽引 Anziehen…173
原因 Ursache…9, 10, 42, 145, 146, 158, 160, 163, 165, 184, 186, 188, 191, 192, 199, 200, 207, 220, 226, 246, 247, 261, 291
作用的原因 wirkende Ursache…184
自己原因 Ursache ihrer selbst…13
原因性 Ursachlichkeit…9, 163
限界 Grenze…39, 41, 78, 215, 262, 272, 273
言語 Sprache…54
原子 Atom…160, 237, 238, 284→アトム
原子論 Atomismus…217
現実・現実性 Wirklichkeit…8, 57, 66, 68, 99, 100, 104, 144, 146, 147, 155, 173, 192, 208, 209, 216, 217, 225, 228, 229, 241, 258, 260, 278, 279, 280, 282, 283
現実化する realisieren…286
現実的な wirklich…156, 169, 215, 223, 228, 229, 258, 283
現実的なもの das Wirkliche…8, 65, 71, 99, 104, 142, 210, 233, 257, 278
犬儒家 Kyniker…293
現象 Erscheinung…10, 16, 19, 20, 23, 24, 37, 62, 65, 70, 84, 89, 93, 145, 147, 155, 184, 186, 188, 207-209, 211, 214, 225, 226, 232, 236, 237, 239, 240, 253, 257, 273, 283
現象する erscheinen…9, 21, 65, 84, 113, 145, 155
現象的 erscheinend…20, 283
現前している vorhanden…283
元素 Element…177
元素的自然 die elementarische Natur…176
原則 Grundsatz…16, 156, 247, 274
限定 Determination…35
厳密さ Strenge…275
権利 Recht…101, 107, 294
原理 Prinzip…16, 40, 41, 43, 45, 90, 96-98, 101, 160, 172, 174, 176, 185, 186, 189, 219, 222, 248, 253, 257, 262-264, 266, 273, 291

【こ】

項 Seite, Glied…61, 67, 69, 72, 87, 93, 145, 146, 248, 262, 263, 270, 305
行為 Handeln, Handlung, Tat, Tun…6, 63, 158, 169, 201, 213, 277, 282
合一する zusammengehen…178
考察 Betrachtung…294, 295
構成 Konstruktion…250, 268, 299
構成する konstruieren…227, 299
構成的 konstitutiv…22
構成部分 Bestandstück…50
合成 Zusammensetzung…158
合成された zusammengesetzt…160
合成する zusammensetzen…38, 50, 51, 248
交接 Begattung…230
抗争 Widerstreit…280
構想 Anlage…5
構想力 Einbildungskraft…14
後続するもの das Nach…305
後退する rückwarts gehen…304
肯定的な positiv…38, 51, 76, 98, 141, 143, 147, 167, 170, 296

136, 144, 146, 163, 169, 187, 189, 208, 238, 247, 248, 257, 258, 264, 275, 279, 280, 294
偶然的なもの das Zufällige…92, 102, 144, 167, 187, 209, 254, 292
空想 Phantasie…274
偶有性 Akzidentalität…142
偶有的属性 Akzidenz…15, 65, 71, 74, 90, 159, 191
偶有的なもの Akzidentelle…84
具体化 Konkretion…37, 113, 196, 270
具体化する konkretisieren…109, 150, 195, 229
具体的 konkret…25, 53, 61, 62, 96, 98, 104, 124, 125, 131-133, 140, 142, 177-179, 190-193, 199, 214, 217, 222, 223, 236, 240, 241, 245, 247, 254-257, 260, 261, 266, 285, 290, 291, 303, 304
具体的なもの das Konkrete…19, 27, 35-37, 39, 45, 56-58, 66, 71, 74, 89, 100, 110, 113, 115, 118, 133, 139, 223, 246, 256, 258, 260, 262, 264, 291, 300, 303
苦痛 Schmerz…225
区分 Einteilung…28
区別 Unterschied…29-31, 33-35, 38-43, 45, 47, 49-52, 57, 59, 61, 65, 67, 72, 82, 90, 92, 95-98, 100, 108, 151, 155, 158-160, 162, 167, 173, 174, 182, 191, 192, 200, 204, 210, 217, 220, 223, 229, 231, 241, 245-249, 253, 257, 262, 264-268
絶対的区別 absoluter Unterschied…222
量的区別 der quantitative Unterschied…96
区別性 Unterschiedenheit…161
区別する unterscheiden…8, 21, 28, 33, 34, 37, 39, 43, 57-59, 69, 73, 76, 82, 83, 94, 99, 101, 103, 107, 164, 167, 173, 178, 182, 199, 200, 212, 216, 220, 222, 228, 231, 235, 242, 251, 257, 260, 270, 276, 291, 298, 303
繰り返し Wiederholen…249
加える addieren…250

【け】

経過 Verlauf…211, 305
契機 Moment…8, 9, 21, 29, 31, 33, 34, 37, 40, 43, 47, 56, 58, 59, 62, 69, 71, 76, 94, 97, 98, 102-104, 106, 109, 140, 141, 143, 153, 156, 168, 176-178, 180, 183, 186, 190, 192, 193, 196, 200, 201, 203, 205-206, 211, 215, 216, 219, 220, 221-226, 228, 229, 242, 246, 253, 254, 263, 276, 280, 289, 291, 292, 297, 298, 300, 305
継起的 sukzessiv…16
経験 Erfahrung…21, 22, 48, 136, 153, 189, 208, 209, 232, 235, 274
経験主義 Empirismus…98
経験的 empirisch…18, 23, 24, 48, 49, 75, 88, 96, 98, 138, 139, 189, 207, 232, 233, 234, 237, 239, 255, 258, 263, 270, 289
計算 Kalkül, Operation…52, 54, 129-131, 248-251
計算機 Rechenmaschine…129
繋辞 Kopula…63, 64, 67, 69, 72, 82, 85, 90, 92, 99, 102, 104, 105, 155
啓示する offenbaren…29, 71
形式 Form…106, 108, 110, 112, 114-116, 119, 120, 122, 126-129, 131, 138, 141-143, 146, 147, 149-151, 153, 154, 164, 172, 186, 187, 192, 193, 195, 199-202, 204, 208, 209, 211, 214, 216, 225, 226, 228, 229, 231, 233, 240, 252-254, 259, 262, 264, 266, 272, 274, 282, 284-291, 296, 299-304, 306
形式関係 Formverhältnis…110
形式区別 Formunterschied…254
絶対的形式 die absolute Form…25
論理的形式 die logische Form…25
形式主義 Formalismus…26, 109, 122, 125, 149, 154, 170, 299
形式的 formal…17, 25, 31, 106, 109, 111, 114, 116, 117, 120, 124, 125, 128, 129, 142, 143, 149-151, 153, 177-179, 182, 186, 187, 192, 193, 195, 196, 211, 217, 240, 241, 247, 263, 268, 271, 289, 297, 301, 304
形式規定 Formbestimmung…82, 88, 115, 116, 119, 122, 125, 129, 135, 139-141, 149
形而上学 Metaphysik…154, 184, 187, 231-233, 235, 236, 238, 275, 292
芸術 Kunst…284, 285
芸術作品 Kunststück…156
係数 Koeffizient…250
形成する formieren…37

212, 215, 222, 224, 225, 230-232, 235, 239, 240, 241, 248, 249, 251, 253, 256-259, 261-265, 267-270, 276, 278-280, 282, 284, 285, 289, 300, 301, 303, 306
規定された規定性 die bestimmte Bestimmtheit …47, 58, 81
概念規定・概念規定性 Begriffsbestimmung, Begriffsbestimmtheit…113, 124, 127, 241, 252, 258, 271
形式規定・形式規定性 Formbestimmung, Formbestimmtheit…115, 116, 122, 125, 129, 223, 259, 262, 285
思惟規定 Denkbesimmung…251, 260
思想規定 Gedankenbestimmung…246, 256, 260
自己規定・自己規定的 Selbstbestimmung, selbstbestimmend…184, 185, 191, 198, 202, 205, 206, 218, 222, 254, 279
自己を規定する sich bestimmen…191, 204, 224
無規定性 Unbestimmtheit…273
無規定な unbestimmt…301, 303
帰納 Induktion…134-139
帰謬法的証明 apagogischer Beweis…188
義務 Pflicht…107
客観 Objekt…15, 16, 22, 23, 26, 138, 157, 159-180, 182, 184-187, 189, 190, 193-200, 202-205, 209, 210, 211, 214, 218, 225, 226, 232, 234, 238, 240, 242, 243, 245, 251-254, 280, 286, 287
客観化 Objektivierung…152, 181, 196, 205
客観化する objektivieren…181, 224, 229
客観的 objektiv…16, 22, 30, 46, 65, 88-92, 94, 96, 99, 100, 102, 104, 108, 136, 151, 158, 165, 169, 170-173, 175, 176, 180, 183, 187, 189-194, 197, 198, 200, 202-204, 207-209, 213, 215, 216, 218, 219, 224-227, 234, 240, 241, 243, 252, 253, 261, 278, 280, 282-284, 286, 290, 293, 297
客観的なもの das Objektive…100, 215, 217, 242, 278, 281, 288
客観性 Objektivität…16, 17, 22, 23, 30, 32, 62, 103, 108, 143, 146, 150-152, 154, 155, 157, 158, 163, 174, 176, 179-181, 183, 190, 193-198, 201-206, 208-219, 221-228, 231, 234, 238, 240, 242, 243, 271, 278-284, 286, 292, 306
絶対的客観性 die abrolute Objektivität…216
究極のもの Letztes…294
境位 Element…66, 98, 280, 288
教育学 Pädagogik…126
教会 Kirche…209
共感 Sympathie…238
凝集 Aggregierung…173
享受 Genuß…199
共通性 Gemeinschaftlichkeit…87, 159, 187, 256
共通な gemeinschaftlich…257
共通のもの das Gemeinsame…58, 139
強度 Intensität…167
共同性 Gemeinschaft…178
虚偽の falsch…293
極 Extrem…31, 70-72, 76, 100, 101, 106-111, 115, 118, 120-122, 124, 125, 127, 128, 131, 135, 137, 139, 141-144, 146, 149, 150, 172, 173, 178, 179, 181, 182, 185, 195-197, 201, 218, 240, 287
曲線 Bogen, die krumme Linie…53, 261
近代 die neuere Zeit…242, 250, 292
近代人 die Neuern…292
緊張 Spannung…180, 229
緊張させる spannen…185
緊張した gespannt…177, 178, 180, 181

【く】

空間 Raum…18, 45, 53, 54, 216, 255, 267, 272, 280, 292, 293, 297, 306
空間規定 Raumbestimmung…272
空間形象 Raumgestalt…261
空間性 Räumlichkeit…293
空間的 räumlich…19, 22, 107, 233, 234, 237
空間的図形 Raumfigur…261
空虚・空虚な das Leere, leer…17, 21, 25, 37, 44, 45, 115, 235, 242, 263, 272, 295, 304
空虚さ Leerheit…273
偶然性 Zufälligkeit…23, 42, 96, 102, 118, 121, 143, 146, 155, 156, 169, 198, 264, 280
偶然的 zufällig…36, 40, 44, 49, 62, 92, 93, 96, 97, 100, 102, 103, 113-115, 117, 119, 120, 123, 132,

記憶・記憶力 Gedächtnis…14, 50, 158, 208, 274
機械 Maschine…249
機械的 mechanisch…54, 129-131, 158, 162-164, 166, 167, 171, 176, 193, 195, 196, 198-200, 209, 210, 220, 225, 226, 250
　機械的因果性 die mechanische Kausalität…190
　機械的過程 der mechanische Prozeß…162, 164, 166, 167, 170, 174, 199
　機械的機制 Mechanismus…157, 158, 163, 164, 169, 170, 173-175, 184-187, 190, 198, 199, 205, 211, 226
　機械的客観 das mechanische Objekt…190, 191, 196
　機械的原因 die mechanische Ursache…184
　機械的法則 das mechanische Gesetz…189
　機械論 Mechanismus…184-188
機械装置 Mechanik…171
幾何学 Geometrie…7, 46, 249, 254, 261, 267, 268, 271-273
　幾何級数 geometrische Progression…116
　ユークリッド幾何学 die Eukleidische Geometrie…268
器官 Organ…264
　受精器官 Befruchtungsteil…265
畸形 Mißgeburt…258
帰結 Folge, Resultat…7, 85, 93, 114, 124, 125, 128, 145, 146, 166, 200, 201, 221, 271, 274, 294, 295, 299, 300, 302, 303, 306
記号 Symbol, Zeichen…52-54, 178, 260
　記号学 Charakteristik…130
　普遍的記号学 die allgemeine Charakteristik, characteristica universalis…130
刻まれた eingeschnitten, insectum…222
記述 Beschreibung…28, 254
技術 Technik…191
基準 Kriterium…26, 256
起成因 causa efficiens…184
基礎 Grund, Grundlage…7, 69, 78, 83, 91, 132, 170, 177, 180, 183, 242, 255, 259, 265, 274, 295, 300, 301, 303
　基礎づけ Begründung…304
　基礎づける begründen…253, 304
　基礎にあるもの das zugrunde Liegende…62, 83
規則 Regel…87, 129, 174, 263
帰属する zukommen…63, 67, 90, 139, 140, 151
基体 Substrat…15
既知の bekannt…244, 245
規定 Bestimmung…8, 13, 16, 18, 20, 21, 25, 27-30, 33, 35-37, 41, 44, 49, 50, 52-54, 56, 57, 59, 64, 68, 69, 75-78, 81-85, 89, 90, 94, 96, 97, 100-102, 119, 121, 122, 124-127, 131-133, 136-138, 141, 146, 149, 150, 153, 165, 173, 195, 201-203, 207, 210, 212, 221, 223, 228, 231-233, 238, 242, 245-247, 250-257, 266-272, 274, 276, 278, 279, 281, 283, 286-289, 291, 292, 294, 296, 297, 299, 303, 304, 306
規定可能性 Bestimmbarkeit…225, 283
規定可能な bestimmbar…223, 243, 281, 283
規定された bestimmt…34, 42, 44, 54, 56, 64, 79, 81, 86, 89, 97, 100, 106, 107, 111, 113, 114, 119, 121, 141, 151, 160, 162, 167, 170, 172, 174, 180, 188, 189, 193, 210, 219, 220, 229, 236, 247, 251-253, 262, 269, 278, 280, 283, 284, 288, 289, 291, 300
規定されたもの Bestimmtes…33, 41, 47, 75, 79, 89, 113, 122, 149, 160, 162, 186, 194, 220, 254, 266, 269, 270, 286, 291, 297
　規定された規定されたもの das bestimmte Bestimmte …55
規定されてあること Bestimmtsein…15, 33, 89, 160, 170
規定する・規定作用 bestimmen…15, 25, 33, 43, 47-49, 57, 60, 61, 78, 79, 84, 86, 89, 92, 96, 97, 107, 144, 151, 152, 156, 165, 166, 174, 186, 190, 194, 195, 198, 199, 222, 224, 243, 244, 248, 252, 284, 286, 291, 300, 304
規定性 Bestimmtheit…13, 14, 16, 18, 21, 27, 29, 34, 35, 37-47, 49, 50, 53, 55-60, 64, 68, 71, 74, 78-82, 84, 89, 91-98, 100-105, 107, 109-113, 117-125, 128, 131-133, 139, 141-143, 147, 149, 150, 152, 154, 155, 160-162, 164-173, 176-182, 184-187, 191, 193, 195-197, 199, 200, 202-204, 210-

感覚性 Sinnlichkeit…273
感覚的 sinnlich…17, 19, 20, 22, 24, 26, 45, 54, 77, 153, 207, 208, 234, 256, 264, 269, 270, 272, 273, 288, 293
感覚的意識 sinnliches Bewußtsein…17, 18, 20, 293
感覚的なもの das Sinnliche…22, 46, 107, 272, 273
還帰 Rückkehr…56, 80, 125, 172, 198, 205, 284
還帰する zurückkehren, zurückkommen…10, 14, 51, 55, 56, 59, 62, 104, 110, 147, 167, 198, 211, 212, 218, 221, 229, 284
自己内還帰 Rückkehr in sich…34, 48, 57, 59, 66, 147, 194, 197, 204, 205, 215, 218, 303
関係 Beziehung, Verhältnis…8-13, 16-18, 24, 26, 30, 31, 33, 35, 36, 40, 42, 45, 51-54, 58, 108, 110, 112, 113, 115, 117, 120, 121, 124, 127, 128, 130, 131, 134, 136, 142-145, 147, 156-159, 164, 167, 173, 175, 176, 178, 179, 184, 186, 190, 191, 195-197, 208, 212, 215, 216, 223, 224, 242, 243, 245, 247, 248, 250-252, 255, 262, 263, 265, 266, 268, 270, 271, 274, 282, 288, 294-297, 301, 303,
関係概念 Verhältnisbegriffe…247
関係規定 Verhältnisbestimmung…131, 200
関係づける beziehen…106, 241, 252, 256, 295
関係様式 Verhältnisweise…8
肯定的関係 die positive Beziehung…80
主観的関係 die subjektive Beziehung…63
絶対的関係 die absolute Beziehung…104
相互関係 Beziehung aufeinander, Verhältnis zueinander…72, 86, 143, 168, 252
措定された関係 die gesetzte Beziehung…105
同一的関係 die identische Beziehung…92
否定的関係 die negative Beziehung…58, 66, 95, 193, 218, 245
本質的関係 die wesentliche Beziehung…59
目的関係 Zweckbeziehung…191, 243, 282
目的論的関係 die teleologische Beziehung…157
関係する sich beziehen…9, 10, 18, 36, 40, 41, 125, 156, 158, 167, 171, 178, 180, 184, 198, 200, 201, 208, 211, 221, 226, 230, 236, 240, 298
自己に関係する sich auf sich beziehen…13, 15, 36, 37, 39, 47, 55, 56, 58, 71, 79, 109, 113, 146, 147, 168, 174, 192, 218, 221, 223, 228, 235, 240, 243, 251, 260, 265, 291, 305
自己関係 Beziehung auf sich…13, 29, 38, 72, 88, 89, 109, 110, 112, 146, 156, 166, 172, 192, 196, 216, 234, 289, 297-300
完結する vollenden 136
還元 Reduktion…20, 182
還元する zurückführen…110, 128, 253, 256, 269
感受性 Rezeptivität…168, 222, 223, 225
感情 Gefühl…16, 17, 20, 23, 152, 222, 223, 225, 238, 257
自己感情 Selbstgefühl…224, 227, 228
関心 Interesse…20, 156
関数 Funktion…87, 250
感性 Sinnlichkeit…22, 114, 272
完成 Vollendung…243
完成する vollenden…162, 243, 245, 278
間接帰謬法的 apagogisch…188
間接的 mittelbar…198
完全性 Vollständigkeit…31, 40, 42, 95, 97, 136
完全な vollständig…49, 158, 162, 213, 263
観点 Rücksicht…263
カント Kant…15-18, 21, 22, 25, 26, 77, 114, 187-189, 207, 208, 232, 233, 235, 247, 275
カント哲学 Kantische Philosophie…16, 21, 22, 24, 27, 28, 48, 49, 235, 292, 294, 299
観念 Idee…208, 293
観念性 Idealität…174, 175, 213, 285
観念的な ideell…43, 58, 164, 173, 174, 285
観念的なもの das Ideelle…174
観念論 Idealismus…21
主観的観念論 subjektiver Idealismus…245
心理学的観念論 psychologischer Idealismus…21
超越論的観念論 transzendentaler Idealismus…25
関連 Zusammenhang…113

【き】

偽の falsch…114

学問性 Wissenschaftlichkeit…232
学問的 wissenschaftlich…19, 293
解析学 Analytik…247, 250
幾何学→幾何学
経験科学・経験的な学問 die empirische Wissenschaft…232, 274
経験的心理学 die empirische Psychologie…232, 239→経験的霊魂論
形而上学 Metaphysik →形而上学
合理的心理学 die rationale Psychologie…235→合理的霊魂論
個別科学 die einzelne Wissenschaft…305
自然科学→自然
『自然科学の形而上学的原理』→自然
自然的精神の学 die Wissenschaft des natürlichen Geistes…238
純粋な学 die reine Wissenschaft…239
心理学 Psychologie→心理学
数学 Mathematik…251, 275
精神の学 die Wissenschaft des Geistes…238, 239, 307
総合的学問・総合的な学 die synthetische Wissenschaft …259, 268, 274
哲学 Philosophie→哲学
哲学的諸学 die philosophischen Wissenschaften …285
反省的学問 die reflektiernde Wissenschaft…275
物理学 Physik→物理学
分析的学 die analytische Wissenschaft…247, 275
拡散する sich breit machen…164
確実性 Gewißheit…205, 212
確証 Beglaubigung, Bewahrung…101, 256
確信 Gewißheit 156, 224, 225
確信した gewiß sein…228, 238, 240, 241, 243
自己確信 die Gewißheit seiner selbst…278
拡大 Erweiterung…303
拡張 Erweiterung…86
格率 Maxime…189, 293
掛け算 Multiplikation…248, 250
仮言的 hypothetisch…144-147, 149
仮言判断 das hypothetische Urteil→判断
仮言推理 der hypothetische Schluß
加工する bearbeiten…198
化合 Vereinigung…182
重ね合わせ Decken…269
加算 Addition…248
仮象 Schein…10, 13, 20, 103, 173, 199, 203, 210, 285
仮象する scheinen…238
ガス Gasarten…261
仮説 Hypothese…22, 274
仮説的 hypothetisch…304
数える zählen…249
課題 Aufgabe…88, 136, 245, 248→問題
固さ Härte…164
形 Figur, Form…124, 159
価値 Wert…6, 208
合算する zusammenzahlen…249
活性化する begeisternd…180
合致する entsprechen, zusammengehen…10, 12, 13, 27, 86, 99, 171, 199, 202, 208-210, 212, 215, 237, 241, 249, 254, 280, 284, 299
活動・活動性 Tätigkeit…9, 146, 147, 156, 179, 182, 191-193, 196-198, 200, 216, 283, 286, 287, 297, 300
活動的 tätig…190
過程 Prozeß…162, 166, 169, 170, 173, 176, 177, 191, 199, 212, 218, 221, 226, 227, 229, 238
仮定 Annahme…11, 12, 267
仮定する annehmen…139, 188, 263, 274
カテゴリー Kategorie…15, 16, 21, 22, 24, 26-28, 36, 48, 51, 53, 235, 236, 242, 248, 293
可能な möglich…99
可能性 Möglichkeit…8, 54, 66, 71, 93, 178, 179, 189
可分性 Teilbarkeit…255
可変性 Veränderlichkeit…46, 211
可変的な veränderlich…84, 202, 211, 257
可変的なもの das Veränderliche…46, 256
神 Gott…50, 56, 62, 107, 151, 153, 238
換位 Umkehrung…17
換位命題 umgekehrter Satz…71
感覚 Sinn…257

258
概念契機 Begriffsmoment…193, 221, 253, 266
概念的認識 die begriffliche Erkenntnis…152, 153, 257
概念的把握 Begreifen…14, 16, 17, 50, 60, 77, 124, 185, 207, 233, 252, 285
学問的概念 der wissenschaftliche Begriff…293
客観的概念 der objektive Begriff…30, 191, 215, 231, 282, 284
規定された概念 der bestimmte Begriff…52, 54, 57, 61, 69
具体的概念 der konkrete Begriff…181, 291
形式的概念 der formale Begriff…217, 242
肯定的概念 der bejahende Begriff…51
悟性概念 Verstandesbegriff…77, 207, 233, 236
自己を把握する概念 der sich begreifende Begriff…305
自体的概念 der Begriff an sich…297
自体的対自的概念 der an und für sich bestimmte Begriff…283
実在的概念 der reale Begriff…30
十全な概念 der adäquate Begriff…207
従属概念 der subordinierte Begriff…52
自由な概念 der freie Begriff…238, 276
主観的概念 der subjektive Begriff…191, 210, 211, 214, 215, 229, 231, 241, 245, 251, 276, 278, 281, 284, 288, 306
純粋概念 der reine Begriff…33, 34, 45, 56, 214, 234, 285, 305, 307
措定された概念 der gesetzte Begriff…290
絶対的概念 der absolute Begriff…39
全体的概念 der totale Begriff…210
神的概念 der göttliche Begriff…306
対自的概念 der für sich seiende Begriff…231, 243
単純な概念 der einfache Begriff…196, 225, 256
直接的概念 der unmittelbare Begriff…258
同位概念 der koordinierte Begriff…52
同一的概念 der identische Begriff…287
特殊概念 der besondere Begriff…33, 34
内的概念 der innere Begriff…182
反省した概念 der reflektierte Begriff…279
反対概念 der konträre Begriff…51
被制約的概念 der bedingte Begriff…51
必然的概念 der notwendige Begriff…51
否定概念 der verneinende Begriff …51
普遍的概念 der allgemeine Begriff…34, 227
没概念性・没概念的 Begriffslosigkeit, begriffslos…235, 246, 272, 276
未展開の概念 der unentwickelte Begriff…256
無限な概念 der unendliche Begriff…276
矛盾概念 der kontradiktorische Begriff…51, 77
理性概念 Vernunftbegriff…77, 207, 208
理性的概念 der vernünftige Begriff…284
概念的 begrifflich…20
概念の判断 das Urteil des Begriffs…241, 258
回復 Wiederherstellung…106, 298
回復する herstellen…34, 64, 105, 150, 294, 299
解剖学 Anatomie…126
解放する befreien…211
外面性 Äußerlichkeit…29, 38, 62, 69, 103, 118, 119, 136, 141, 150, 172-174, 176, 190, 191, 199, 200, 202, 204-206, 211, 213, 215, 216, 219, 220, 224, 232, 253, 257, 280
外面的 äußerlich…29, 57, 58, 103, 118, 119, 193, 204, 219, 225, 226, 248, 257, 288
外面的なもの das Äußerliche…117
ガウス Gauss…250
化学 Chemie…181
化学的 chemisch…176-181, 186, 193, 209, 210, 220, 226, 262
化学機序 Chemismus…157, 175, 176, 180, 181, 185, 186, 188, 190, 191, 198, 226
角 Winkel…53, 269
格 Figur…110, 120, 125-129
第一格 die erste Figur…109, 110, 120, 123, 128, 135
第三格 die dritte Figur…120, 121, 137, 147
第二格 die zweite Figur…118, 120, 135, 147
第四格 die vierte Figur…123
学・学問 Wissenschaft…17, 22, 24, 25, 46, 48, 49, 126, 214, 232, 237-239, 251, 247, 259, 260, 262, 267, 270, 272-275, 305, 306

外への映現 Schein nach außen…38, 55
二重の映現 Doppelschein…38, 39, 55
映現する scheinen…28, 36, 40, 54, 59, 68, 93, 108, 131, 160, 285
影像 Schein…12, 28, 31, 34, 37, 39, 41, 59, 70
映像 Bild…274, 305
永続する perennierend…282
エックス x…232, 234
英知的 intelligibel…22
エレア学派 die Eleatische Schule…293
円 Kreis…261, 270
演繹 Deduktion…14, 15, 22, 48, 114, 247, 262, 267, 288, 301, 304
演繹する deduzieren…266
超越論的演繹 die transzendentale Deduktion…15
円環 Kreis…125, 305
円錐曲線 Kegelschnitt…270
延長 Ausdehnung…12

【お】
オイラー Euler…52
覆い…244
大きさ Größe…52, 124, 248, 269, 272, 267, 273
多くあること Vielheit…88→数多性
応用された angewandt…27
応用する anwenden…274
臆見 Meinung…26, 42, 43, 284, 290
音 Ton…261
同じもの dasselbe…248
終わり Ende…166, 200
音節 Silbe…260

【か】
懐疑主義 Skeptizismus…233
外延 Umfang…53, 74, 94, 135, 303
外延量 die extensive Größe…236
外界 Außenwelt…240
外化 Äußerung…191, 285
外化する äußern…191, 192, 264, 285
解決 Auflösung…249
外在性 Äußerlichkeit…30, 35, 44, 63, 94, 110, 121, 127, 137, 140, 147, 155, 166, 169, 171-173, 182, 183, 185, 190, 191, 195, 196, 198, 199, 203-205, 211, 215-218, 220, 221, 223, 225, 226, 237, 242, 264, 282, 306, 307
相互外在性 Außereinandersein…255, 273
外在的 äußerlich…20, 29, 30, 35, 42, 46, 49, 51, 54, 58, 63, 66, 86, 88, 89, 91, 93, 94, 97, 99-101, 108, 111, 121, 123, 124, 129, 131, 136, 137, 139, 141, 143, 145, 149, 156, 158, 160, 162, 166, 169, 172, 173, 175, 180, 182-184, 186, 187, 191-194, 197-202, 205, 208, 210, 216, 218, 220, 223, 225, 233, 234, 248, 249, 252, 254-257, 264, 265, 271, 276, 280, 297, 299
外在的なもの das Äußerliche…16, 19
開示 Aufschluß…203, 276
開示する manifestieren…8, 36, 65, 193
解消 Auflösung…41, 47
解消する auflösen, auslöschen…46, 67, 305
解析学 Analytik…87
蓋然的 problematisch…102, 136
蓋然的なもの das Problematische…103
蓋然判断 das problematische Urteil…99, 102
解体 Auflösung…226
解体する auflösen…71, 245
外的な außer…21, 46, 54, 63, 95, 100, 117, 144, 160, 172, 173, 178, 180, 187, 190, 195, 202, 203, 205, 221, 268, 271, 272, 278, 280, 286
概念 Begriff…21-27, 29-39, 41-57, 106-109, 112-114, 116-119, 121, 122, 124, 125, 127-132, 134, 136, 143, 146, 149-152, 154-156, 158, 159, 162, 163, 166, 167, 171-175, 178, 180-185, 187, 190-229, 231, 232, 235, 237, 240-245, 247, 249, 251-254, 257-259, 262-266, 268, 269, 271, 273, 275-278, 282, 285-290, 292, 293, 295, 297, 300-303, 305-307
概念規定 Begriffsbestimmung…57-60, 67, 69, 70, 72, 76, 86, 94, 95, 108, 112, 124, 127, 142, 191, 239, 242, 250, 252, 254-257, 266, 268, 270, 271, 288
概念規定性 Begriffsbestimmtheit…60, 67, 124,

索　引

→は関連・参照項目を指す。

【あ】

愛 Liebe…37, 177
曖昧な dunkel…49
悪 das Böse…258, 280, 281
悪無限 die schlechte Unendlichkeit…87, 116, 136, 282→無限進行
与えられた gegeben…248, 253, 259
　与えられたもの das Gegebene…242, 244, 247, 253, 254, 262, 264, 268, 281
圧迫する drücken…171
集まり Anzahl, Aggregat…53, 257, 288
集まる aggregieren…163
アトム Atom…247→原子
ア・プリオリ a priori…21, 26, 188, 189, 247
ア・ポステリオリ a posteriori…247
アリストテレス Aristoteles…28, 63, 110, 123, 235
あれかこれか entweder-oder…95, 96, 148
ある・である Es gibt, ist, sind…48, 59, 67, 69, 111
或るもの Etwas…16, 41, 69, 71, 78, 118, 138, 207

【い】

生きた lebendig…219, 221, 227-229, 272
生きたもの・生き物 das Lebendige…209, 220-229, 290→生命体
幾つかのもの einiges…85-87, 89, 249
移行 Übergang…10, 34, 39-41, 45, 51, 65, 76, 113, 117, 121, 199, 246, 249, 305, 306
移行する übergehen…8, 24, 46, 55, 67, 146, 167, 198, 206, 218, 223, 227, 235, 247, 259, 265, 273, 284, 295
意志 Wille…186, 279, 281
意識 Bewußtsein…16, 17, 50, 101, 110, 156, 158, 232-234, 237, 238, 289-291, 293, 297, 307
　経験的意識 das empirische Bewußtsein…232
自己意識→自己主観的意識 das subjektive Bewußtsein…101, 110
依存性 Abhängigkeit…275, 276
依存する abhängen…269
依存的なもの das Abhängige…276
一 Eins…48, 58, 160, 247, 248, 255, 296
　質的な一 das qualitative Eins…58
位置 Stellung…53, 119, 123, 125
一面性 Einseitigkeit…100, 178, 235
一者 das Eine…62, 172
一致 Übereinstimmung, Einstimmung…25-27, 49, 50, 52, 68, 75, 104, 108, 209, 286
一致する entsprechen…53, 74, 84, 99, 101, 102, 104, 139, 174, 210, 213, 230, 232, 258, 276, 280
一体である Einssein…217
イデー Idee…207
色 Farbe…261
因果関係 Kausalitätsverhältnis…13, 163
因果性 Kausalität…8-10, 42, 72, 93, 163, 188, 190
　機械的因果性 die mechanische Kausalität…190
因果律 Gesetz der Kausalität…189

【う】

ヴォルフ Wolff…275, 277
受け取る aufnehmen…165, 246, 262
内・内に…38, 93, 271
内なる inner…30, 105, 143, 146, 191, 291
　内なるもの Inneres…29, 30, 92, 106, 110, 150, 175, 194, 205, 213, 219, 276
　内にとどまるもの Innerliches…12
宇宙 Universum…161
移ろい Übergang…261
移ろいやすさ Vergänglichkeit…284
運動 Bewegung…8, 30, 31, 53, 67, 68, 77, 89, 109, 165, 193, 204, 206, 212, 286, 292, 293, 297, 300
　運動させる bewegen…171, 219
　自己運動 Selbstbewegung…285
運命 Schicksal…169, 280

【え】

永遠性 Ewigkeit…45
永遠な ewig…235
影響 Einfluß…238
映現 Schein…38, 65
　内への映現 Schein nach innen…38, 55

訳者略歴

山口祐弘（やまぐち・まさひろ）

1944年、東京生まれ。1968年、東京大学文学部哲学科卒業。1976年、東京大学大学院人文科学研究科哲学専門課程博士課程単位取得満期退学。1986年、ブラウンシュヴァイク大学客員研究員。1989年、東京理科大学在外研究員。Ph.D. 現在：東京理科大学理学部教養学科教授。

主要著書：『ヘーゲル読本』（共著）法政大学出版局（1987）、『近代知の返照―ヘーゲルの真理思想』学陽書房（1988）、『ドイツ観念論における反省理論』勁草書房（1991）、改訂2版（2001）、『意識と無限―ヘーゲルの対決者たち』近代文芸社（1994）、『カントにおける人間観の探求』勁草書房（1996）、『原典による哲学の歴史』（共著）公論社（2002）、『哲学をつくる』（共著）知泉書館（2005）、『ヘーゲル哲学の思惟方法―弁証法の根源と課題』学術出版会（2007）、『ドイツ観念論の思索圏―哲学的反省の展開と広袤』同（2010）。

主要訳書：ヘーゲル『理性の復権―フィヒテとシェリングの哲学体系の差異』（共訳）アンヴィエル（1982）、再刊・批評社（1995）、ヴォルフ『矛盾の概念―18世紀思想とヘーゲル弁証法』（共訳）学陽書房（1984）、ホルクハイマー『理性の腐蝕』せりか書房（1987）、ユンク『原子力帝国』社会思想社（1989）、ツィンマーリ『哲学への問い―ヘーゲルとともに』哲書房・理想社（1993）、シュベッペンホイザー『アドルノ―解放の弁証法』（共訳）作品社（2000）、フィヒテ『一八〇四年の知識学』哲書房（2004）。

新装版　ヘーゲル論理の学
第三巻　概念論

二〇二五年四月二〇日　第一刷印刷
二〇二五年四月二五日　第一刷発行

訳者　山口祐弘
装幀　小川惟久
発行者　福田隆雄
発行所　株式会社作品社
〒一〇二-〇〇七二
東京都千代田区飯田橋二ノ七ノ四
電話　（〇三）三二六二-九七五三
FAX　（〇三）三二六二-九七五七
振替　〇〇一六〇-三-二七一八三
https://www.sakuhinsha.com

本文組版　米山雄基
印刷・製本　シナノ印刷㈱

ISBN978-4-86793-086-1　C0010